# DICIONÁRIO DAS RELIGIÕES

# DICIONÁRIO DAS RELIGIÕES

Mircea Eliade e Ioan P. Couliano
*Com a colaboração de H. S. Wiesner*

Tradução
IVONE CASTILHO BENEDETTI

*wmf* **martinsfontes**
SÃO PAULO 2019

*Esta obra foi publicada originalmente em francês com o título*
*DICTIONNAIRE DES RELIGIONS por Librairie Plon, Paris, em 1990.*


**1ª edição** *1995*
**3ª edição** *2019*

**Tradução**
*IVONE CASTILHO BENEDETTI*

**Revisão da tradução**
*Maria Ermantina Galvão*
**Revisão gráfica**
*Márcio Della Rosa*
*Renato da Rocha Carlos*
**Produção gráfica**
*Geraldo Alves*
**Digitalização**
*Alexandre Alex Alves*

**Dados Internacionais de Catalogação na Publicação (CIP)**
**(Câmara Brasileira do Livro, SP, Brasil)**

Eliade, Mircea, 1907-1986.
Dicionário das religiões / Mircea Eliade e Ioan P. Couliano ; com a colaboração de H. S. Wiesner ; tradução Ivone Castilho Benedetti. – 3ª ed. – São Paulo : Editora WMF Martins Fontes, 2019.

Título original: Dictionnaire des religions.
Bibliografia.
ISBN 978-85-469-0261-3

1. Religião – Dicionários I. Couliano, Ioan P. II. Wiesner, H. S. III. Título.

19-26040 CDD-200.3

**Índice para catálogo sistemático:**
1. Religião : Dicionários 200.3

Maria Alice Ferreira – Bibliotecária – CRB-8/7964


***Editora WMF Martins Fontes Ltda.***
*Rua Prof. Laerte Ramos de Carvalho, 133 01325-030 São Paulo SP Brasil*
*Tel. (11) 3293-8150 e-mail: info@wmfmartinsfontes.com.br*
*http://www.wmfmartinsfontes.com.br*

*Para Christinel Eliade*

Afirmo que, em Sua sabedoria, Ele não estava inclinado
a dar mais e que Ele não queria dar.
Por que não queria, não sei.
Mas Ele sabe.

Alberto Magno (1206-1280), *Opera* XXVI 392.

Kānā fī'l-imkan abda ' mimmā kān.
Existem como possibilidade mais maravilhas do que as existentes.
al-Biqā ī (1404-1480), *Tahdim al-arkān*, fol. 48 a.

# PREFÁCIO

Em maio de 1975, ao termo dos dois trimestres que eu passara em Chicago como estudante, Mircea Eliade falou-me pela primeira vez sobre o projeto deste dicionário, mas o contrato só foi assinado vários anos depois. Ocupado em terminar *Histoire des croyances et des idées religieuses* (História das crenças e das idéias religiosas), ele só voltou a pensar no dicionário em 1984, quando conversamos sobre ele em duas oportunidades: em Paris e em Groningen. Mircea Eliade desejava, naquela época, condensar a *História* num único volume, um *digest* sobre as religiões para o leitor não especializado, mas estava tratando de outros projetos, como a direção dos trabalhos para a *Enciclopédia das Religiões* publicada pela editora Macmillan de Nova York. Teve então a idéia de fundir o dicionário e o compêndio da história das religiões num único volume em que as religiões seriam apresentadas em ordem alfabética e não cronológica. Uma segunda parte serviria de índice geral e conteria algumas informações suplementares, mas a leitura (alfabética) dos capítulos da primeira parte não seria menos agradável e instrutiva que a do "romance da história das religiões" que Eliade já não encontrava tempo de escrever. Depois que concordamos em adotar essa fórmula, não a submetemos mais a nenhuma modificação essencial.

Existe um número razoavelmente grande de dicionários das religiões, compilações de um só autor ou obras coletivas (ver a *Nota Bibliográfica* a seguir). Mas não é preciso dizer que escrever um dicionário desse tipo, que seja a um só tempo correto (do ponto de vista científico) e acessível, é empresa insana, a menos que o autor (ou autores) disponha de um filtro que lhe permita lançar luzes originais sobre o sistema das religiões. (Mas, nesse caso, não é provável, ou mesmo inevitável, que o caráter parcial ou pessoal da empresa lhe seja, mais cedo ou mais tarde, censurado pela crítica?) Mircea Eliade decerto possuía seu próprio filtro hermenêutico, assim como uma incomparável experiência no estudo das religiões. Além disso, era dotado de uma curiosidade tão extraordinária quanto sua flexibilidade metodológica. Na verdade, no fim da carreira, ele invejava a liberdade e a criatividade de que gozam os cientistas em relação aos historiadores e aos outros acadêmicos das ciências humanas, cujas inibições ele explicava como um grande complexo de inferioridade. Nos artigos mais complexos deste dicionário, ressaltaremos o caráter de *sistema* da religião; esta concepção, ainda que expressa de modo diferente, está presente já nos primeiros livros de Mircea Eliade. E, se a introdução do dicionário parece situar numa perspectiva nova as relações entre vários métodos de caráter sistêmico cujos contrastes haviam sido preferencialmente ressaltados até agora, é porque a conciliação era possível e por certo inevitável. Pois a distância existente entre método e metodologia é a mesma que existe entre ciência e tecnologia, e pressupostos vizinhos podem gerar resultados muito distanciados.

O gênero próprio da obra de consulta dificilmente pode contentar-se com um princípio estruturante. São-lhe necessários dados atualizados sobre toda uma categoria de fenômenos a respeito dos quais o historiador não tem condições de possuir conhecimentos especializados. Fiel a um ideal várias vezes enunciado por Mircea Eliade, tentei constantemente alargar o horizonte de meus conhecimentos em história das religiões até lhes integrar a bibliografia essencial de todas as religiões conhecidas. Sem todos os resumos que venho publicando desde 1974 em *Aevum, Revue de l'histoire des religions, History of Religions, Studi e Materiali di Storia delle Religioni, Journal for the Study of Judaism, Journal of Religion, Church History* e outros, ter-me-ia sido impossível levar a bom termo este projeto de dicionário das religiões. Do mesmo modo, os contatos mantidos, em certas épocas de minha vida, com historiadores e filósofos eminentes marcaram profundamente minhas pesquisas. Gostaria especialmente de mencionar aqui Ugo Bianchi em Milão; Michel Meslin e Jacques Flamant em Paris; Maarten J. Vermaseren em Amsterdam, de 1978 a 1983; Moshe Barasch em Jerusalém; Carsten Colpe em Chicago, 1975; Hans Jonas, com quem me reencontrei em New Rochelle, em Luxemburgo, e em Groningen; Hans Kippenberg, Florentino García-Martinez e Hans Witte, em Groningen; Michael Stone em Wassenaar; Gösta Ahlstrom, Dieter Betz, J. J. Collins e Adela Yarbro Collins, Wendy Doniger, Robert Grant, David Hellholm, Bernard McGinn, Joseph M. Kitagawa, Arnaldo Momigliano, Michael Murrin, Frank Reynolds, Larry Sullivan, David Tracy e Anthony Yu, em Chicago; e muitos outros colegas e amigos cuja obra e/ou presença exerceram profunda influência em mim ou me permitiram, às vezes, evitar os enganos que qualquer estudioso não especializado parece condenado a cometer.

De 23 de março de 1986 até sua morte, ocorrida em 22 de abril daquele mesmo ano, vi Mircea Eliade todos os dias. Até 13 de abril, nossas discussões de trabalho geralmente tinham por objeto este dicionário. Apresentei-lhe todos os tipos de notas bibliográficas, mas nenhuma das partes fora ainda redigida. Como a *Enciclopédia das Religiões* já estava no prelo e Mircea Eliade vira todos os seus verbetes, confiou-me a tarefa de escrever o texto do dicionário a partir dos três primeiros volumes de sua *Histoire des croyances* (História das crenças), do quarto tomo (obra coletiva da qual ainda esperávamos vários capítulos) e da enciclopédia. Evidentemente, ele teria revisto e modificado meu manuscrito antes de entregá-lo ao editor.

Infelizmente esse não foi o destino deste dicionário. Eliade não está mais entre nós para dar sua aprovação final ao trabalho. Contudo, como ele fazia questão de que este projeto se realizasse, eu não quis abandoná-lo. E, como a tarefa ameaçasse ultrapassar minhas forças, discuti com a Sra. Christinel Eliade a possibilidade de recorrer a um colaborador. Tive a felicidade de encontrar em H. S. Wiesner, M. A. do famoso Instituto de Línguas Orientais da Universidade de Chicago e M. A. de religião de Harvard, um colaborador perfeitamente informado sobre a obra de Mircea Eliade e sobre bibliografia relativa a várias civilizações antigas e modernas do Oriente Médio.

Durante os trabalhos, iniciados em Wassenaar, nos Países Baixos, quando eu era *Fellow in Residence* do *Netherlands Institute for Advanced Study* – cuja acolhida aproveito o ensejo para agradecer –, decidimos rever todas as fontes importantes, primárias e secundárias, antes de redigir cada artigo. Nossa atividade prosseguiu em Cambridge; Massachusetts; Chicago; na Universidade Americana do Cairo; na Andaluzia, em busca dos esplendores mouros; e em Amherst, Massachusetts, onde desfrutamos a hospitalidade de Kurt e Dorothy Hertzfeld e a excelente biblioteca do Amherst College. A complexidade de nossa atividade explica suficientemente por que o texto definitivo do dicionário não ficou pronto antes do início de 1989. Mas o processo de verificação ao qual submetêramos todo o material dava-nos também a certeza de que o próprio Mircea Eliade teria aprovado nosso trabalho sem grandes modificações.

Nunca o saberemos. Mas qualquer pessoa que tenha conhecido Mircea Eliade lembra-se da extraordinária generosidade desse homem, cuja única ambição profissional era o progresso da história das religiões. Estou convencido de que ele teria aceitado com entusiasmo tudo o que este dicionário comporta de novo enquanto método, mas também preciso assumir plena responsabilidade por seu conteúdo e por sua forma. Mesmo sendo autor espiritual deste projeto, nenhuma responsabilidade cabe a Mircea Eliade pelos eventuais erros de seus redatores.

Ioan P. Couliano

*Chicago, 5 de janeiro de 1989*

# NOTA BIBLIOGRÁFICA E ABREVIAÇÕES

Existem inúmeros dicionários das religiões. O mais completo, sob o aspecto quantitativo, é o *Dictionnaire des religions* publicado sob a direção de Paul Poupard (1984, segunda edição em 1985, 1.838 pp.), redigido por numerosos autores de orientação católica.

Outra obra do mesmo gênero (29 autores) foi publicada em inglês sob a direção de John R. Hinnels: *The Facts on File Dictionary of Religions*, Facts on File, Nova York, 1984, 550 pp., publicado simultaneamente por Penguin Books com o título *The Penguin Dictionary of Religions* (Harmondsworth, 1984). Propõe-se substituir outras compilações mais antigas, como *A Dictionary of Religion and Ethics*, sob a direção de Shailer Mathews e Gerald Birney Smithe (Macmillan, N. York, 1921, 513 pp.), ou *An Encyclopedia of Religion*, redigida por Vergilius Ferm (The Philosophical Library, N. York, 1945, 844 pp.; apesar do título "enciclopédia", trata-se, na realidade, de um dicionário).

Ainda em inglês, há *A Dictionary of Comparative Religion*, General Editor S. G. F. Brandon (Weidenfeld & Nicholson, Londres, 1970, 704 pp.). Para as religiões classificadas segundo critérios geográficos e cronológicos, temos uma obra como *World Religions. From Ancient History to the Present*, de Geoffrey Parrinder (Facts on File, Nova York-Bicester, terceira edição de 1983, publicada pela primeira vez em 1971 com o título *Man and His Gods*, 528 pp.), que contém uma exposição de vinte e uma religiões (ou grupo de religiões). Também existem dicionários fartamente ilustrados que visam a um público muito amplo, como *The International Dictionary of Religion*, de Richard Kennedy (Crossroad, N. York, 1984, 256 pp.).

Em alemão, Franz König redigiu *Religionswissenschaftliches Wörterbuch. Die Grundbegriffe* (Herder, Frankfurt, 1956, 955 pp.), enquanto, em 1985 (Kröner, Stuttgart, 679 pp.), era publicada uma nova edição (quarta, dirigida por Kurt Goldammer) do *Wörterbuch der Religionen* de Alfred Bertholet e Hans Freiherrn von Campenhausen (1952).

Existem histórias gerais das religiões em italiano, francês e alemão, redigidas por especialistas em todos os domínios. A melhor é *Histoire des Religions*, publicada na *Encyclopédie de la Pléiade* sob a direção de Henri-Charles Puech (3 volumes, Gallimard, 1970-76; 1.486 + 1.596 + 1.460 páginas). Quantitativamente mais modesto, o *Handbuch der Religionsgeschichte*, sob a direção de Jan Peter Asmussen, Jörgen Lassöe e Carsten Colpe (3 vols., Vandenhoeck & Ruprecht, Göttingen, 1971-1975, 525 + 536 + 550 pp.), foi redigido por eruditos escandinavos (com as contribuições de Carsten Colpe e Mary Boyce) e traduzido para o alemão.

Nosso *Dicionário* não se inspira em nenhuma das obras precedentes. Foi redigido, na medida do possível, a partir das fontes e da bibliografia crítica de trinta e três religiões ou grupos de religiões estudadas na primeira parte, adotando-se, de modo geral, o ponto de vista de *Histoire des croyances et des idées religieuses* de Mircea Eliade (3 volumes publicados, Payot, Paris, 1976-1984, 491 + 519 + 361 pp.), sempre com consultas a *The Encyclopedia of Religion*, em 16 volumes, Mircea Eliade General Editor (Macmillan, N. York, 1987). Essas duas obras aparecem nas bibliografias que concluem cada capítulo de forma abreviada:

Eliade, H. (seguido do volume/parágrafo), e

ER (seguido do volume, páginas).

Reduzimos ao estritamente necessário as abreviações do texto. a.C. significa "antes de Cristo" e d.C. significa "depois de Cristo". O sinal especial (↔), o único, aliás, inserido no texto, significa "remeter-se a". Indica o número em que figura a religião na primeira parte (por exemplo, (↔ 6) significa "remeter-se ao capítulo sobre budismo"), seguido, em geral, pelo parágrafo (por exemplo, [↔ 6.10] significa "remeter-se ao parágrafo dedicado ao budismo tibetano no capítulo geral sobre o budismo"). Se não for seguido por mais nada, o sinal (↔) indica simplesmente que a palavra por ele acompanhada no texto figura na parte geral do *Dicionário* (por exemplo, "... o budismo (↔)..." significa "O termo *budismo* figura na parte geral deste *Dicionário*." Para não complicar o uso do *Dicionário*, tentamos evitar a repetição freqüente do sinal (↔).

A transcrição de palavras em sânscrito e em árabe seguiu na medida do possível os padrões internacionais, mas os nomes repetidos com freqüência às vezes só estão corretamente transcritos na primeira vez em que aparecem no texto. A transcrição das palavras chinesas e hebraicas foi simplificada, a exemplo de *The Encyclopedia of Religions* e outras obras de consulta.

## INTRODUÇÃO

# A RELIGIÃO COMO SISTEMA

O epistemólogo Karl R. Popper tinha mais motivos do que pensava para deplorar aquilo que chamava de "pobreza do historicismo". Isso porque as metodologias históricas demoram a incorporar noções correntes que já revolucionaram há muito tempo outras ciências humanas, como as noções de "sistema", "complexidade", "informação". A obra de Edgar Morin teve o mérito de popularizá-las na França, o que nos escusa defini-las aqui. A obra do matemático Benoît Mandelbrot abriu perspectivas extraordinárias para a descrição das propriedades matemáticas dos objetos naturais em termos de "fractais". Qualquer ramificação infinita que corresponda a certa regra é um "fractal". Os pensamentos que circulam no espaço de minha consciência produzem este texto ao manipular o fractal da língua francesa, o de uma linguagem especializada e o do gênero "Dicionário" e da espécie "Introdução", obedecendo igualmente a outras ordens latentes: "simples", "claro", "sucinto", "sem notas", "público não especializado", "circunspecção", etc. Mas meu olhar se dirige para a janela, procurando a luz que vai transformar-se em crepúsculo, e um nome familiar traz um sorriso aos meus lábios. Minha vida é um sistema muito complexo de fractais, um sistema que se move simultaneamente em várias dimensões. Conto algumas delas, como "professor", "colega", "vizinho", ou "amor", "leitura", "música", "cozinha", e depois paro. A cada instante estou sendo feito por todas essas dimensões e por milhares de outras que nem estão (ainda) definidas pelos dicionários e cujas combinações são praticamente infinitas. Um espaço matemático cujo número de dimensões é infinito chama-se "espaço Hilbert". Com o matemático americano Rudy Rucker, posso definir minha vida como "um fractal no espaço Hilbert".

Ainda que muito mais complexo, o transcorrer deste dia na cidade de Chicago também é "um fractal no espaço Hilbert"; o mesmo acontece com a história desta cidade, com a história do centro-oeste americano, com a dos Estados Unidos, com a dos continentes americanos e do mundo inteiro, das origens a nossos dias. *Todas* essas histórias que se contêm umas nas outras são ramificações infinitas, que têm um número infinito de dimensões.

Se é possível admitir definições tão genéricas que parecem não estar levando a nada, é mais difícil aceitar a idéia de que a vida, esse fenômeno anárquico por excelência, "forme um sistema". Na realidade, minha vida organiza-se a partir de um mecanismo de opção binária, pois a cada momento ela colide com uma "informação" que gera um "sistema": às 6 horas e 35 minutos da manhã o alarme do meu despertador toca, pondo-me diante da escolha de levantar-me ou não. Se o fizer, o que costuma acontecer, estarei diante da alternativa de tomar um banho ou não, após o que se apresenta a alternativa do desjejum, da escolha dos alimentos, etc. Durante todo esse tempo, meus pensamentos seguem um curso determinado por minhas atividades, meus sentimentos, etc., moldando-se sempre a situações e modelos comunicativos infinitamente complexos. Sei o que minha vida é (um fractal no espaço Hilbert), mas não sou capaz de descrevê-la em toda a sua complexidade, a menos que a reproduza tal qual é. Só posso vivê-la (o que faço). Mas não ocorre o mesmo a opções fundamentais que estou operando em todos os momentos, aquelas que "formam um sistema". Sou capaz de descrevê-las, sabendo contudo que representam apenas uma das facetas de um sistema infinitamente mais complexo.

Mas de que maneira a religião forma um sistema? Alguns autores, aliás com orientações muito diferentes, como Émile Durkheim, Marcel Mauss, Georges Dumézil, Mircea Eliade e Claude Lévi-Strauss, enfatizaram todos a idéia de que a religião corresponde a certas *estruturas* profundas. Em seu livro fundamental, *Les Formes élémentaires de la vie religieuse* (1912), Durkheim exprimia a idéia de que o sistema religioso é heteronômico, no sentido de codificar outro sistema: o sistema das relações sociais no interior de um grupo. Como Durkheim, Georges Dumézil permaneceu, até o fim da vida, fiel à concepção do mito como "expressão dramática" da ideologia fundamental de cada sociedade humana (*Heur et malheur du guerrier*, p. 15). Ao contrário, analisando em várias oportunidades o mito de Asdiwal entre os índios tsimshian da costa noroeste da América do Norte, Claude Lévi-Strauss chega a uma conclusão diametralmente oposta à de Durkheim e de Dumézil, e escreve, especialmente, que "esse mito... escolhe sistematicamente transpor todos os aspectos da realidade social para uma perspectiva paradoxal" (*Paroles données*, p. 122). Isso significa que, para Lévi-Strauss, o sistema da religião é autônomo em relação ao sistema da sociedade.

Apesar de todas as diferenças que os opõem, o que há de comum entre Mircea Eliade e Claude Lévi-Strauss é que ambos valorizam as "regras" segundo as quais a religião é construída e, portanto, o seu caráter sistêmico; e ambos ressaltam a autonomia da religião em relação à sociedade.

Mas de que maneira é possível traduzir para a prática os resultados dessa constatação bastante vaga, segundo a qual a religião (e todo o resto) é um sistema? Na realidade, essa não é uma descoberta recente, mas implica, em primeiro lugar, que os dados da religião são *sincrônicos* e que a distribuição diacrônica deles é uma operação cujas causas podemos escusar-nos de analisar; ou então, se resolvermos fazer essa análise, será preciso remetermo-nos constantemente a dimensões sempre novas de fractais infinitamente complexos. Nesta perspectiva, a religião não possui uma "história" e a história em dado momento não é definida por uma "religião", mas apenas por alguns resíduos incompletos de uma religião. Pois uma religião é, primeiro, um sistema infinitamente complexo e, depois, a parte desse sistema que foi escolhida durante sua história; ora, apenas uma parte infinitesimal desse fractal está presente em dado momento que se pode chamar "agora". O "agora" do budismo é bem mais reduzido que o budismo que existiu (e continua existindo), enquanto este é bem mais reduzido que o sistema do budismo em sua forma ideal de ser (ou seja, compreendendo *todas* as ramificações possíveis do fractal gerado por suas premissas, por suas condições de existência, etc.).

Cumpre mais uma vez ressaltar que essa perspectiva não é nova. Os heresiólogos cristãos, como Irineu de Lyon ou Epifânio de Salamina, e os doxógrafos árabes, como al-Nadīm e Shahrastānī, já compartilhavam a concepção sistêmica da religião, sabendo perfeitamente e mostrando a todo momento que qualquer heresia é a variante de outra e que as diversas doutrinas religiosas apresentam coincidências segundo regras bastante evidentes. E quem melhor que o historiador dos dogmas cristãos para saber que todas essas idéias pelas quais as pessoas eram capazes de matar-se mutuamente dimanavam umas das outras de acordo com um mecanismo que nenhuma "realidade" tinha fora das consciências humanas, esses aparelhos cuja função parece ser a de pulverizar pensamentos *ad infinitum*, segundo certas premissas que derivam, por sua vez, de pressupostos aleatórios? É impossível saber (empiricamente) se Jesus Cristo pertence à mesma categoria de Deus Pai ou se lhe é inferior, e, se não for nenhum desses o seu caso, qual é a relação hierárquica exata entre os dois. Mas é perfeitamente possível *predizer*, se forem conhecidos os dados do sistema (neste caso, que há uma Trindade divina composta por três "pessoas" ou, pelo menos, por três membros que têm nomes individuais), *todas* as soluções possíveis para o problema, as quais, na realidade, não são em absoluto "históricas" (embora tenham sido enunciadas por personalidades distintas em épocas distintas), pois estão sincronicamente presentes no sistema. Em outras palavras, antes que haja um Ário ou um Nestório, *eu sei* que haverá um Ário ou um Nestório, pois suas soluções fazem parte do sistema, e é esse sistema que pensa Ário e que pensa Nestório, no momento em que Ário e Nestório acreditam, por sua vez, estar pensando o sistema. E o que é válido para a cristologia ou para a mariologia é também válido para qualquer outro sistema, inclusive para a ciência e a epistemologia, e até para a análise sistêmica de cada um desses sistemas.

Este não é o momento de tratarmos das conseqüências dessa perspectiva sistêmica. Mas como se justifica o fato de tê-la adotado num simples dicionário, que é uma obra de consulta? Foi por nós adotada porque permite ao leitor observar os mecanismos que criam os diversos aspectos de uma religião. Mas é evidente que só foi possível utilizar a análise sistêmica quando a complexidade dos dados o permitia, como, por exemplo, no caso do budismo, do cristianismo e do islamismo. Quando o espaço reservado à exposição dos elementos essenciais de uma religião era restrito demais, fizemos apenas uma descrição sintética, levando em conta, tanto quanto possível, as fontes primárias e secundárias mais importantes.

Por isso este *Dicionário* apresenta, no mínimo, três "dimensões" ou níveis de leitura: o nível da exposição "objetiva", que contém os dados essenciais de numerosas religiões; o nível "literário", que permitirá a cada leitor ler, se não o "romance" da história das religiões, como queria Eliade, pelo menos uma seqüência de narrativas referentes ao mesmo assunto; e, finalmente, o nível de uma análise das estruturas dos sistemas religiosos, de suas semelhanças e diferenças. Como a luz da lâmpada que incide no vídeo, meus pensamentos que se afastam do computador e estas páginas que nele ficarão impressas, as três dimensões deste livro estarão simultaneamente presentes a cada momento. Pois os livros têm vida própria, e essa vida nada mais é que um fractal no espaço Hilbert.

*Alguns elementos bibliográficos.* Sobre a descrição matemática da natureza e do pensamento, veja-se, em particular, o livro de Rudy Rucker, *Mind Tools. The Five Levels of Mathematical Reality* (Houghton Mifflin, Boston, 1987). Sobre as relações entre Georges Dumézil e Émile Durkheim, ver C. Scott Littleton, *The New Comparative Mythology. An Anthropological Assessment of the Theories of Georges Dumézil* (University of California Press, Berkeley-Los Angeles, 1966). Sobre as relações entre mito, ideologia e sociedade, ver G. Dumézil, *Heur et malheur du guerrier. Aspects mythiques de la fonction guerrière chez les Indo-Européens* (Flammarion, Paris, 1985). A famosa "gesta de Asdiwal" foi objeto do nono capítulo da *Anthropologie structurale deux* (Plon, Paris, 1973) de Claude Lévi-Strauss e de *Asdiwal revisité*, em *Paroles données* (Plon, Paris, 1984). Sobre as críticas de Durkheim na obra de Lévi-Strauss, ver Guido Ferraro, *Il linguaggio del mito. Valori simbolici e realtà sociale nelle mitologie primitive* (Feltrinelli, Milão, 1979), e Sandro Nannini, *Il pensiero simbolico* (Il Mulino, Bolonha, 1981), pp. 17-25. Sobre a evolução da perspectiva sistêmica em Mircea Eliade, ver meu livro *Mircea Eliade* (Cittadella, Assis, 1978). Para uma análise sistêmica de todo um complexo de religiões, ver meu *Gnoses dualistes d'Occident* (Plon, Paris, 1990).

# PRIMEIRA PARTE

# AS RELIGIÕES

# SUMÁRIO DA PRIMEIRA PARTE

1. África (Religiões da)
2. América Central (Religiões da)
3. América do Norte (Religiões da)
4. América do Sul (Religiões da)
5. Austrália (Religiões da)
6. Budismo
7. Canaã (Religião do)
8. Celtas (Religião dos)
9. Confucionismo
10. Cristianismo
11. Dualistas (Religiões)
12. Egito (Religião do)
13. Eslavos e povos bálticos (Religião dos)
14. Germanos (Religião dos)
15. Grécia (Religiões da)
16. Helenística (Religião)
17. Hinduísmo
18. Hititas (Religiões dos)
19. Indo-Europeus (Religiões dos)
20. Islamismo
21. Jainismo
22. Judaísmo
23. Mesopotâmia (Religiões da)
24. Mistérios (Religiões de)
25. Oceania (Religiões da)

26. Pré-História (Religiões da)
27. Romanos (Religião dos)
28. Taoísmo
29. Tibete (Religião do)
30. Trácios (Religião dos)
31. Xamanismo
32. Xintoísmo
33. Zoroastrismo

# 1

# Religiões da ÁFRICA

1.0 *Classificações.* O homem nasceu na África há pelo menos cinco milhões de anos. Hoje, o continente abriga numerosos povos que falam mais de 800 línguas (das quais 730 estão classificadas). Seus habitantes foram distinguidos por "raças" e por "áreas culturais", mas há vinte e cinco anos esses critérios mostraram-se insuficientes. Embora a delimitação das línguas não seja precisa, a classificação lingüística é, sem dúvida, preferível às outras.

Joseph H. Greenberg propôs, em 1966, uma divisão do continente africano em quatro grandes grupos lingüísticos, compostos por várias famílias. O mais importante é o grupo Congo-Kordofan, cuja principal família é a nigério-congolesa. Uma subfamília pertencente a esta comporta as línguas bantos. A área lingüística Congo-Kordofan abrange o centro e o sul da África.

Um segundo grupo lingüístico, que compreende as línguas dos nilóticos, do Sudão Ocidental e do Médio Níger, é o grupo nilo-saariano.

Ao norte e a nordeste estende-se a área do grupo afro-asiático, que compreende as línguas semíticas faladas na Ásia Ocidental, o egípcio, o berbere, as línguas kuchitas e as do Chade, como o hauçá.

O quarto grupo comporta as línguas comumente chamadas do "clique" (devido aos quatro sons característicos da língua dos bosquímanos), às quais Greenberg deu o nome de khoïsan e cujos principais falantes são os bosquímanos e os hotentotes.

As fronteiras religiosas não acompanham o contorno das fronteiras lingüísticas. Nos países do norte desenrolou-se a longa história do islamismo egípcio e berbere, este último, principalmente, impregnado de cultos de possessão femininos, que já foram comparados ao antigo culto grego de Dioniso, e de magias africanas. No sincretismo afro-islâmico, o *marabu*, receptivo ao *baraka* ou força espiritual, é a personagem central. Antes do islamismo, houve o judaísmo das tribos berberes e o cristianismo africano que, na expansão do movimento puritano donatista combatido por Agostinho (354-430), já prenunciava esse particularismo dos berberes, que sempre os fez escolher uma forma de religião que não coincidia exatamente com a de seus dominadores.

A oeste a situação é diferente. No Senegal convivem os cultos autóctones, a cruz e o crescente. Quanto mais se avança para o sul, tanto mais complexa se torna a escolha. Na Guiné, na Libéria, na Costa do Marfim, em Serra Leoa e em Benim, predomina o sincretismo. Os mandês são islamizados, mas o mesmo não ocorre com os bambaras, os miniankas e os senufos. Na federação nigeriana prosperam os cultos autóctones. A religião dos iorubas é uma das mais importantes da região.

O sincretismo domina a África equatorial e o sul evangelizado pelos portugueses e pelas missões protestantes britânicas e holandesas. A leste, o sincretismo dos bantos é dominado pelo estandarte do Profeta. Finalmente, as tribos dos Lagos (zandes, nuers, dincas, masais), a despeito da atividade missionária inglesa, continuam praticando as religiões de seus ancestrais.

Em face de tal diversidade, o historiador das religiões não tem facilidade de escolha. Pode fazer um apanhado geral sem se deter em lugar nenhum, como B. Holas em *Religions de l'Afrique noire* (1964); pode tratar da matéria segundo uma perspectiva fenomenológica, sem atribuir importância alguma às divisões geográficas e históricas, como fez Benjamin Ray em *African Religions* (1976); e pode, enfim, escolher certo número de religiões representativas e descrevê-las individualmente, comparando-as, como fez Noel Q. King em *African Cosmos* (1986). Cada uma dessas opções tem vantagens e desvantagens. A única solução viável numa obra de consulta como esta é tentar combinar essas três opções.

Mas antes de ir mais longe é preciso observar que, mesmo não sendo universais, numerosas religiões autóctones da África partilham duas características comuns: a crença num Ser Supremo, muitas vezes um *deus otiosus* que se afastou dos assuntos humanos e, por conseguinte, não está ativamente presente no ritual; e a adivinhação em forma dupla (por possessão espírita oracular e por diversos métodos geomânticos), que, por sua vez, parece provir dos árabes.

## 1.1 *Religiões da África Ocidental*

1.1.1 *A religião dos iorubas*, entre as africanas, é provavelmente a que tem maior número de praticantes (mais de 15 milhões), na Nigéria e nos países limítrofes, como o Benim. Recentemente, um número relativamente grande de africanistas explorou suas inesgotáveis sutilezas.

Ainda no início deste século, a coletividade ioruba era dominada por uma confraria secreta que nomeava o mais alto representante do poder público (o rei). Antes de sua nomeação, o rei de nada sabia, pois não era membro da confraria dos Ogbonis.

Ser membro desse clube fechado significa falar uma língua ininteligível aos profanos e praticar formas de arte hierática e monumental inacessíveis à maioria dos iorubas. Envolvido no segredo iniciático, o culto interno dos ogbonis continua misterioso. No centro: Onila, Grande Deusa Mãe do *ile*, que é o "mundo" elementar no estado caótico, antes de organizar-se. O *ile* opõe-se, por um lado, ao *orum*, que é o céu enquanto princípio organizado, e, por outro, ao *aiyê*, o mundo habitado, proveniente da intervenção do *orum* no *ile*. Enquanto todos conhecem os aspectos assumidos pelos habitantes do *orum*, os *orixás*, que são objeto de cultos exotéricos, e o *deus otiosus* Olorum, que não é cultuado, a presença do *ile* na vida dos iorubas é carregada do inquietante mistério da ambivalência feminina. A deusa Iemanjá é fecundada pelo próprio filho Orungã, e os produtos do incesto constituem grande número de deuses e espíritos. Iemanjá é a mestra das feiticeiras iorubas, que a tomaram por modelo dado o desenrolar excepcional e atormentado de sua vida. Outra situação associada à feitiçaria é a esterilidade, representada pela deusa Olôkun, mulher de Odudua.

Uma terceira situação que leva à feitiçaria é a da Vênus ioruba, a deusa Oshun, protagonista de uma série de divórcios e escândalos. É a inventora das artes mágicas, e as feiticeiras consideram-na uma das suas.

O mundo organizado mantém-se afastado do *ile*. O criador é Obatalá, deus que forma o embrião no ventre materno. Com ele, o *orum* enviou para o *aiyê* o deus dos oráculos Orunmila, cujos instrumentos de adivinhação estão presentes nas casas tradicionais iorubas. A adivinhação Ifá é uma forma de geomancia proveniente dos árabes. Comporta dezesseis figuras básicas, cujas combinações determinam o prognóstico. O adivinho não interpreta a sentença; limita-se a recitar versos pertencentes ao repertório tradicional, mais ou menos como os comentários do *I Ching*, o antigo livro de adivinhação chinês. Quanto mais versos o adivinho conhecer, tanto mais respeitado será por sua clientela.

Outro orixá importante é o Exu Trapaceiro, pequeno e itifálico. Por um lado, provoca o riso e, por outro, engana. É preciso saber torná-lo propício mediante sacrifícios de animais e oferendas de vinho de palmeira.

O padroeiro dos ferreiros, cujo estatuto é muito particular em toda a África e implica o isolamento e a suspeita, mas também a atribuição de poderes mágicos ambivalentes, é o deus guerreiro Ogum. Essa mesma ambivalência encontra-se nas idéias que os iorubas têm dos gêmeos. A anomalia do nascimento de gêmeos representa um dilema para os povos africanos: é preciso ou neutralizá-la enquanto ruptura do equilíbrio do mundo (caso em que um dos gêmeos ou os dois devem ser suprimidos), ou prestar-lhe reverência especial. Os iorubas dizem que, em passado distante, preferiam a primeira solução, mas que um oráculo ordenou-lhes que adotassem a segunda. Entre eles, os gêmeos são alvo de atenção especial.

Se Obatalá modela o corpo, Olodumaré insufla-lhe o espírito (*emi*). Na morte, as componentes do ser humano retornam para os *orixás* que as redistribuem através dos recém-nascidos. Há, porém, componentes imortais, pois os espíritos podem voltar para a terra e tomar posse de um dançarino Egungum. Este passa a mensagem dos mortos para os vivos.

Cerimônia que combina terror e alegria, a dança Geledê é feita em homenagem às mulheres-ancestrais, deusas terrificantes que é necessário lisonjear.

1.1.2 *Religião dos akans*. Os akans são um povo de língua twi, do mesmo tronco kwa dos iorubas; formam uma dúzia de reinos independentes em Gana e na Costa do Marfim, sendo o mais importante o dos achantis. Sua organização por clãs, em oito unidades matrilineares, não coincide com a organização política. Como os iorubas, os achantis têm seu *deus otiosus* celestial, Nyame, que fugiu do mundo dos humanos por causa do barulho insuportável que as mulheres fazem quando batem inhames para fazer pirão. Em cada casa achanti, Nyame tem um pequeno altar acomodado numa árvore. Por ser deus criador, é invocado constantemente ao lado da deusa da terra, Asase Yaa.

Os achantis veneram as divindades pessoais *abosuns* e as impessoais *asumans* e invocam os ancestrais (*asamans*) usando escabelos escurecidos com sangue e outros materiais. A casa do rei tem seus escabelos negros que recebem oferendas periódicas. A instituição monárquica dos achantis comporta um rei (Asantehene) e uma rainha (Ohennemmaa), que não é sua esposa nem sua mãe, mas uma representante do grupo matrilinear que se identifica com o grupo político.

A festa religiosa principal em todos os reinos akans é o Apo, período de reflexão sobre os ancestrais e de cerimônias purificadoras e propiciatórias.

1.1.3 *Visão do mundo dos bambaras e dos dogons do Mali.* Germaine Dieterlen escrevia, em 1951, em seu *Essai sur la religion bambara*: "Pelo menos nove populações de importância desigual (dogons, bambaras, ferreiros, kurumbas, bozos, mandingas, samogos, mossis, kules) vivem no mesmo substrato metafísico, se não religioso. Têm em comum o tema da criação por um verbo inicialmente imóvel, cuja vibração vai determinando aos poucos a essência e, depois, a existência das coisas; o mesmo ocorre com o movimento em espiral cônica do universo, que está em extensão constante. Têm a mesma concepção da pessoa e da geminidade primordial, expressão da unidade perfeita. Uns e outros admitem a intervenção de uma hipóstase da divindade que, às vezes, assume o aspecto de um redentor e senhor do mundo, cuja forma é idêntica em todos os lugares. Todos crêem na necessidade da harmonia universal, como na da harmonia interna dos seres, estando as duas interligadas. Um dos corolários dessa noção é o sutil mecanismo da desordem que chamamos impureza, por falta de termo melhor, e que é acompanhado pelo das práticas catárticas muito desenvolvidas."

Na cosmogonia dos dogons, os arquétipos do espaço e do tempo estão inseridos, sob a forma de números, no seio do deus celeste Amma. É o Trapaceiro Raposa Branca, Yurugu, que institui o espaço e o tempo reais. Em outra versão, o universo e o homem são criados a partir de uma vibração primordial que procede, em forma helicoidal, de um centro e cujo impulso é dado por sete segmentos de diferentes comprimentos. Cosmização do homem e antropomorfização do cosmos são as duas operações que definem a visão dogon do mundo. Assim, segundo G. Calame-Griaule (*Ethnologie et langage*), o dogon "procura seu reflexo em todos os espelhos de um universo antropomórfico, onde cada haste de capim, cada mosquito é portador de uma 'palavra'". É idêntica a importância da palavra entre os bambaras, como ressalta Dominique Zahan (*Dialectique du verbe chez les Bambaras*): "O verbo estabelece [...] uma aproximação entre o homem e seu Deus, ao mesmo tempo que uma ligação entre o mundo objetivo concreto e o mundo subjetivo da representação." A palavra pronunciada é como uma criança que vem ao mundo. Há várias operações e instrumentos cuja finalidade é facilitar o parto da palavra pela boca: o cachimbo e o fumo, o uso do caroço de cola, limar e esfregar os dentes, tatuar a boca. No fundo, parir a palavra não é uma operação sem risco, pois ela rompe a perfeição do silêncio. O silêncio, segredo que se cala, tem valor iniciático que caracteriza a condição original do mundo.

No princípio, não havia necessidade de linguagem, pois tudo o que existia estava integrado numa "palavra inaudível", um sussurro contínuo que o criador rude, fálico e arborícola Bemba confiou ao criador celeste, requintado e aquático, Faro. Muso Koroni, mulher de Bemba, que engendrara as plantas e os animais, sentiu ciúme do marido, que copulava com todas as mulheres criadas por Faro. Por isso traiu-o, e Bemba perseguiu-a e agarrou-a pela garganta, estrangulando-a. Desse tratamento violento da esposa, infiel ao marido infiel, nasceram as rupturas no fluxo sonoro contínuo, absolutamente necessárias para engendrar palavras, uma língua.

Como os dogons, os bambaras acreditam na decadência da humanidade, sendo o surgimento da linguagem apenas um de seus sinais. No plano individual, a decadência caracteriza-se pelo *wanzo*, a feminidade desregrada, feiticeira, do ser humano que, no estado perfeito, é andrógino. O sustentáculo visível do *wanzo* é o prepúcio. A circuncisão retira do andrógino seu componente feminino. Despojado da feminidade, o homem sai à procura de uma esposa e é assim que aparece a comunidade. A circuncisão física ocorre na primeira iniciação infantil, o *n'domo*, enquanto a última das seis *dyows* (iniciações) sucessivas, o *kore*, tem por objetivo restituir ao homem a feminidade espiritual, tornando-o novamente andrógino, portanto perfeito. O *n'domo* marca a entrada do indivíduo na existência social; o *kore* marca sua saída, para reunir-se à plenitude e à espontaneidade divinas. Os dogons e os bambaras construíram, com base em seus mitos e rituais, toda uma "arquitetônica do conhecimento", sutil e complexa.

## 1.2 *Religiões da África Oriental*

A região leste da África comporta 100 milhões de habitantes pertencentes aos quatro grandes grupos lingüísticos mencionados acima (↔ 1.0), que formam mais de duzentas sociedades distintas. Um suaíle simplificado serve de língua veicular na região, mas a maioria das pessoas fala línguas bantos, como os gandas, nyoros, nkores, sogas e gisus em Uganda; os kikuyus e kambas no Quênia; e os kagurus e gogos na Tanzânia. As religiões dos povos bantos apresentam algumas características comuns, como o caráter de *deus otiosus* do criador que, com exceção dos kikuyus, é visto como figura distante que não intervém nos acontecimentos do dia-a-dia. Conseqüentemente, sua presença no ritual geralmente é pequena. As divindades ativas são os heróis e os ancestrais, muitas vezes consultados em seus santuários por médiuns que, em estado de transe, entram em comunicação direta com eles. Em princípio, os espíritos dos mortos também podem possuir o médium. Por isso, convém aplacá-los e fazer-lhes oferendas periódicas. Vários rituais têm a finalidade de livrar a sociedade de certos estados de impureza nos quais se incorreu em virtude da transgressão, voluntária ou involuntária, da ordem.

A adivinhação de tipo geomântico simplificado é encontrada na maioria dos povos da África Oriental. É praticada com o fim de ajudar as decisões binárias (sim/não), de denunciar um culpado ou de prever o futuro. Como o feitiço é considerado a causa da morte, da doença e do infortúnio, a adivinhação também serve para mostrar o autor de um malefício mágico a fim de puni-lo. O estudo de E. E. Evans-Pritchard sobre os zandes esclarece as relações entre feitiçaria e oráculos.

Todos os povos da África Oriental conhecem a iniciação pubertária, geralmente mais complexa entre os meninos que entre as meninas. A maioria dos povos bantos pratica a circuncisão e a clitoridectomia ou a labiectomia. As iniciações guerreiras mais intensas servem às vezes para cimentar a unidade de organizações secretas, como os Mau-maus dos kikuyus, no Quênia, que participaram da libertação do país.

Os povos nilóticos da África Oriental compreendem os shilluks, os nuers e os dincas na República do Sudão; os acholis em Uganda; e os inos no Quênia. A religião dos nuers e dos dincas é bem conhecida, graças aos trabalhos excepcionais de E. E. Evans-Pritchard e de Godfrey Lienhardt. Como outros habitantes da região dos Lagos (masais, por exemplo), os nuers e os dincas são criadores transumantes de gado. Esse dado ecológico é importante em sua religião. Os primeiros seres humanos e os primeiros bovinos foram criados juntos. O deus criador não mais participa da história humana. Os diversos espíritos que podem ser invocados e os ancestrais estão próximos do homem.

Nas duas sociedades encontram-se especialistas do sagrado que se comunicam com as forças do invisível: os sacerdotes-leopardos entre os nuers e os mestres do arpão entre os dincas, que executam o rito do sacrifício do boi para livrar a comunidade da desonra e o indivíduo da doença que o acometeu. Os profetas dos nuers e dos dincas são personagens religiosas possuídas pelos espíritos.

## 1.3 *Religiões da África Central*

1.3.1 *Religiões dos bantos*. Cerca de dez milhões de bantos vivem na África Central, na bacia do rio Congo, numa área que se estende desde a Tanzânia, a leste, até o Congo, a oeste. Os mais conhecidos são os ndembos e os leles, graças aos trabalhos de Victor Turner (*The Forest of Symbols*, 1967; *The Drums of Affliction*, 1968) e de Mary Douglas (*The Lele of the Kasai*, 1963).

No centro das religiões bantos figuram os cultos espíritas e os rituais mágicos de propiciação. São ligadas aos primeiros: as sociedades secretas iniciáticas criadas por certos povos como os ndembos, mas também a instituição mais difundida dos oráculos régios e dos "cultos de aflição", que consistem em exorcizar os espíritos "aflitos" que possuem os vivos. Esses espíritos às vezes são marginais pertencentes a diversos grupos étnicos; pedem aos médiuns que falem em sua língua. A feitiçaria, como atividade feminina por excelência, não existe entre todos os povos bantos.

O criador, que é assexuado, de modo geral tornou-se um *deus otiosus*; não recebe culto, mas é invocado nos juramentos.

1.3.2 *Os pigmeus da floresta tropical* formam três grupos principais: akas, bakas e mbutis, de Ituri ao Zaire, estudados nos célebres livros de Colin Turnbull, entre os quais o mais conhecido é *The Forest People* (1961). Incitados pela vontade do Padre Wilhelm Schmidt (1868-1954) de encontrar, em todos os povos sem escrita, crenças monoteístas originais, muitos missionários católicos e grande número de etnógrafos confirmaram a existência, nos três grupos, da crença num criador que se torna *otiosus*. Mas Colin Turnbull nega que os mbutis reconheçam um deus criador: para eles, deus é o habitat, a mata. Entre eles encontra-se certa pobreza ritual: não têm sacerdote e não praticam adivinhação. Têm ritos de passagem associados à circuncisão para os rapazes e ao isolamento para as moças, quando de suas primeiras regras.

### 1.4 *Religiões da África do Sul*

Os bantos emigraram para o sul em duas vagas: entre 1000 e 1600 d.C. (sotos, tswanas, ngunis – entre os quais os zulus –, lovedus e vendas) e no século XIX (tsongas). Segundo o africanista Leo Frobenius (1873-1938), a fundação do antigo reino do Zimbabwe está ligada aos ancestrais dos hungwes, vindos do norte. Num mito karanga, a realeza sagrada realizava o equilíbrio dos contrários: o calor e a umidade, simbolizados pelas princesas de vagina úmida e pelas princesas de vagina seca. As primeiras deviam copular com a grande serpente aquática, às vezes chamada Serpente Arco-Íris, que é um ser sobrenatural presente entre muitos povos da África Ocidental e Meridional. As princesas de vagina seca eram as vestais que alimentavam o fogo ritual. Em tempos de seca, sacrificava-se uma princesa de vagina úmida para obter-se chuva.

Os rituais de iniciação pubertária são mais complicados entre os rapazes que entre as moças. A circuncisão não é geral e a clitoridectomia não é praticada, embora o ritual comporte um simulacro de excisão. O simbolismo iniciático baseia-se na passagem da noite para o dia, da escuridão para a luz solar.

1.5 *As religiões afro-americanas* surgiram nos meios de escravos oriundos do oeste da África, nas ilhas do Caribe, na costa leste da América do Sul (Suriname, Brasil) e da América do Norte.

1.5.1 *Os cultos afro-caribenhos* são, ao lado das religiões afro-guianesas, os mais autenticamente africanos, embora tenham tomado de empréstimo ao catolicismo certos nomes e certas noções. O vodu haitiano, cujo papel na conquista da independência do país é conhecido, é um culto de possessão organizado em torno de divindades (*lwas*) de origem fom e ioruba, enquanto na *Santeria* cubana e no xangô de Trinidad os espíritos invocados são os *orixás* dos iorubas (↔ 1.1.1). Nos três casos, sacrifícios sangrentos e danças que terminam em transe servem de meio de comunicação com os deuses, que ora têm nomes africanos, ora nomes de santos da Igreja Romana, atribuídos a divindades autenticamente africanas. A rede do vodu abrange o conjunto da sociedade haitiana, fazendo e desfazendo bruxarias, com seus segredos e sua reputação de ocultismo.

Os ancestrais são venerados em vários cultos sincréticos como o cumina, o convince e a dança cromanti dos escravos fugitivos da Jamaica, o Big Drum Dance nas ilhas de Granada e de Coriaco, Kele em Santa Lucia, etc.

Em vários outros cultos, como o dos mialistas da Jamaica, dos batistas chamados *shouters* em Trinidad e dos *shakers* de São Vicente, os elementos cristãos são mais importantes que as crenças africanas.

Os rastafarianos da Jamaica são principalmente um movimento milenarista. Para o ocidental médio, eles se resumem ao penteado *dreadlock* e à música reggae, mas sua filosofia e sua música têm numerosos adeptos tanto no Ocidente como na África.

A identificação da Etiópia de que fala o Salmo 68,31 com a pátria prometida dos afro-jamaicanos suscitou um movimento político quando o príncipe (Ras) etíope Tafari (donde "rastafarianos") foi coroado imperador da Abissínia em 1930, com o nome de Hailé Sellasié. Com o tempo, sobretudo depois da morte do imperador, o movimento cindiu-se em vários grupos que não partilham a mesma ideologia nem as mesmas expectativas políticas.

1.5.2 *Os cultos afro-brasileiros* surgiram por volta de 1850, a partir de elementos de origens diversas, e apresentam feições autenticamente africanas, como a possessão pelas divindades *orixás* e a dança extática. No Nordeste, o culto é chamado candomblé; no Sudeste, macumba; mas a umbanda oriunda do Rio de Janeiro tornou-se muito popular a partir de 1925-1930. Proibidos no início, os cultos de possessão representam hoje um componente essencial da vida religiosa do Brasil.

1.5.3 *As religiões afro-guianesas* surgiram no Suriname (ex-Guiana Holandesa) entre a população crioula da costa, mas também entre os escravos fugitivos que se refugiaram no interior do país. A religião dos crioulos da costa chama-se *winti* ou *afkodrê* (do hol. *afgoderij*, "idolatria"). Ambas conservam crenças africanas antigas e autênticas.

1.5.4 *A vida religiosa dos africanos dos Estados Unidos da América* é conhecida pela sua intensidade; sua peculiaridade é que, submetidos a uma evangelização mais rigorosa e eficaz que em outros lugares, os negros americanos não conservaram intactos muitas crenças e rituais africanos. A idéia de um retorno à África foi propagada sem sucesso pela *American Colonization Society* a partir de 1816 e, com mudanças de tom, por várias igrejas negras por volta de 1900. Inúmeros afro-americanos, decepcionados com a incapacidade das igrejas cristãs de responderem a suas aspirações sociais, adotaram o judaísmo e, principalmente, o islamismo. Hoje existem duas denominações muçulmanas entre os africanos americanos, ambas provenientes da *Nação do Islã* fundada por Elijah Muhammad (Elijah Poole, 1897-1975) em 1934, a partir de uma organização constituída por um muçulmano (Wallace D. Fard), mas que também tira proveito do clima criado pela organização paralela *Templo Mouro de Ciência* (*Moorish Science Temple*) de Noble Drew Ali (Timothy Drew, 1886-1929) e pela propaganda missionária dos ahmadis da Índia iniciada em 1920. Em 1964, o grupo *Mesquita Muçulmana* (*Muslim Mosque*), de Malcolm X (Malcolm Little, 1925-1965), desligou-se da *Nação do Islã*. Depois da morte de Elijah Muhammad em 1975, seu filho Warithuddin (Wallace Deen) Muhammad transformou a *Nação do Islã* em uma organização filiada ao islamismo ortodoxo (sunita), com o nome de *Missão Muçulmana Americana* (*American Muslim Mission*). A *Nação do Islã* (*Nation of Islam*) é hoje uma organização dirigida pelo pastor Louis Farrakhan, de Chicago, que continua na direção traçada por Elijah Muhammad.

1.6 *Bibliografia*. Sobre as religiões africanas em geral, ver B. C. Ray, *African Religions: An Overview*, in ER 1, 60-69; E. M. Zuesse, *Mythical Themes*, in ER 1, 70-82; B. Jules-Rosette, *Modern Movements*, in ER 1, 82-9; V. Grottanelli, *History of Study*, in ER 1, 89-96. Ver também B. Holas, *Religions du monde: L'Afrique noire*, Paris, 1964; Benjamin C. Ray, *African Religions: Symbol, Ritual, and Community*, Englewood Cliffs N. J. 1976; Noel Q. King, *African Cosmos. An Introduction to Religion in Africa*, Belmont CA 1986. Uma boa coletânea de textos religiosos africanos foi feita por L.V. Thomas e R. Luneau, *les Religions de l'Afrique noire. Textes et traditions sacrées*, 2 vols., Paris, 1981.

Sobre as religiões da África Ocidental, ver H. A. Witte, *Symboliek van de aarde bij de Yoruba*, Groningen, 1982, e I. P. Couliano in *Aevum* 57 (1983), 582-3; Marcel Griaule, *Dieu d'Eau*, Paris, 1966; M. Griaule-G. Dieterlen, *Le Renard Pâle*, Paris, 1965; G. Dieterlen, *Essai sur la religion bambara*, Paris, 1951; Geneviève Calame-Griaule, *Ethnologie et langage. La parole chez les Dogons*, Paris, 1965; Dominique Zahan, *La Dialectique du verbe chez les Bambaras*, Paris-La Haye, 1963; D. Zahan, *Sociétés d'Initiation Bambara: le N'Domo, le Koré*, Paris-La Haye, 1960.

Sobre as religiões da África Oriental, ver W. A. Shack, *East African Religions: An Overview*, in ER 4, 541-52; B. C. Ray, *Northeastern Bantu Religions*, in ER 4, 552-57; J. Beattie, *Interlacustrine Bantu Religion*, in ER 7, 263-6; J. Middleton, *Nuer and Dinka Religion*, in ER 11, 10-12; E. E. Evans-Pritchard, *Nuer Religion*, Oxford 1956; *idem, Witchcraft Oracles and Magic among the Azande*, Oxford, 1980 (1937); Godfrey Lienhardt, *Divinity and Experience: The Religion of the Dinka*, Oxford, 1961.

Sobre as religiões da África Central, ver E. Colson, *Central Bantu Religion*, in ER 3, 171-8; S. Bahuchet e J. M. C. Thomas, *Pygmy Religion*, in ER 12, 107-10; Colin M. Turnbull, *The Forest People. A Study of the Pygmies of the Congo*, Nova York, 1962.

Sobre as religiões da África Meridional, ver M. Wilson, *Southern African Religions*, in ER 13, 530-38; L. de Heusch, *Southern Bantu Religions*, in ER 13, 539-46.

Sobre as religiões afro-americanas, ver G. Eaton-Simpson, *Afro-Caribbean Religions*, in ER 3, 90-98; Alfred Métraux, *le Vaudou haïtien*, Paris, 1958; A. J. Raboteau, *Afro-American Religions: An Overview*, in ER 1, 96-100; idem, *Muslim Movements*, in ER 1, 100-102; Y. Maggie, *Afro-Brazilian Cults*, in ER 1, 102-5; R. Price, *Afro-Surinamese Religions*, in ER 1, 105-7.

# 2

## Religiões da
# AMÉRICA CENTRAL

2.0 A região centro-americana é, de alguma forma, o equivalente americano do Crescente Fértil. Abrigou grande número de civilizações adiantadas (toltecas, olmecas, zapotecas, mistecas, etc.), entre as quais se destacam as dos maias e dos astecas.

2.1 *Os maias*, que possuem uma escrita hieroglífica parcialmente decifrada e um calendário complexo e preciso cujas equivalências com o calendário gregoriano já é possível estabelecer, são os herdeiros culturais dos olmecas, cuja civilização florescera por volta de 1200 a.C. Os vestígios mais antigos dos maias, porém, só remontam aos anos 200-300 d.C. para se apagarem pouco a pouco em virtude de uma invasão militar proveniente de Teotihuacán (atual México), mas reaparecem em seguida, atingindo o apogeu nas condições geofísicas muito desfavoráveis da floresta tropical. Por volta de 750 d.C., surgem quatro centros urbanos importantes (Tikal, Copán, Palenque e Calakmul), em torno dos quais gravita grande número de cidades secundárias e de povoados, sendo, porém, improvável a existência de um estado maia centralizado.

Por motivos desconhecidos, sendo mais prováveis os de invasão e de guerra religiosa, entre 800 e 900 a população abandonou as cidades, deixando os magníficos monumentos entregues à selva. Depois dessa catástrofe, a cultura maia concentrou-se na península de Yucatán, onde numerosos centros urbanos surgiram entre 900 e 1200 d.C. Entre eles, Chichén Itzá parece ter sido conquistado pelos toltecas de Tollán (precursores dos astecas) e tornou-se um de seus pólos de expansão. Segundo a lenda, foi o próprio herói mítico Quetzalcóatl-Kukulkán (Serpente com plumas de Quetzal) que, em 987, conduziu os exilados de Tollán (Tula de Allende, ao norte do México), então invadida pelas forças do deus destruidor Espelho Escuro (Tezcatlipoca), até Yucatán e fundou Chichén Itzá. Abandonada por volta de 1200, Chichén Itzá transmitiu seu esplendor à cidade de Mayapán, perto de Mérida, esta destruída por volta de 1441. Quando os invasores espanhóis desembarcaram na América Central, a civilização maia estava em declínio. Na primavera de 1517, com a aproximação dos imensos galeões negros de uma potência desconhecida, os habitantes de Yucatán lembraram-se das antigas profecias sobre o retorno de Tezcatlipoca: "Nesse dia as coisas cairão em ruína..."

Alguns grupos esparsos escaparam à aculturação forçada; serão encontrados, depois da Segunda Grande Guerra, na selva de Chiapas, em torno de extraordinários templos abandonados. Hoje, mais de dois milhões de descendentes dos antigos maias vivem na América Central: iucateques, choles, chontales, lacandones, zotziles, tzeltales, tojolabales, quichés, cakchiqueles, zutuhiles, etc., que falam cerca de trinta dialetos muito diferentes. Continuam sendo os depositários de rituais sagrados pois, apesar de serem bons católicos há quatrocentos anos, nunca deixaram de praticá-los.

2.1.1 *Religião*. Depois da destruição levada a cabo por um zeloso frade espanhol, Diego de Landa, apenas três livros escritos em hieróglifos maias sobreviveram, mas alguns sacerdotes maias utilizaram seu dialeto e o alfabeto latino para transmitir-nos sua antiga mitologia. Os documentos mais importantes desse gênero são o *Popol Vuh* dos maias quichés e os *Livros de Chilam Balam*, dos iucateques.

O sacerdócio supremo dos maias estava nas mãos do *halach uinic* ("homem verdadeiro"), cujas funções estendiam-se também ao ensino da escrita hieroglífica, aos cálculos relativos ao calendário e à adivinhação.

O momento culminante do culto é o sacrifício, chamado *p'a chi* ("abrir a boca") em iucateque, segundo a prática que consiste em esfregar o sangue da vítima na boca da estátua do deus. As vítimas raramente eram animais; dava-se preferência aos sacrifícios humanos, e certos deuses tinham suas predileções, como os Chacs, deuses da chuva, que gostavam do sangue precioso das crianças. O sangue, substância tão nobre que é representada nos relevos por plumas de *quetzal*, era extraído de várias maneiras: pela técnica espetacular da extração do coração, por perfuração, por descorticação, etc. Nos ritos de penitência todos se sangravam, e para tornar as chagas mais memoráveis usava-se um espinho de arraia.

Apesar de não ter caráter verdadeiramente monoteísta, o culto do deus celeste Itzam Na ("Casa do Iguana"), representado como um edifício cuja porta de entrada é a boca do deus, aproxima-se do monoteísmo, pois as outras divindades do panteão maia (Chacs, Sol, Lua, etc.) são seus servidores. Itzam Na também é um deus infernal, do fogo e da medicina.

A existência humana prolonga-se, depois da morte, no paraíso celeste, no mundo inferior ou no lugar, também celestial, de repouso do guerreiro.

Os mitos maias, dos quais o *Popol Vuh* é um repertório muito interessante, contêm temas já conhecidos: a destruição periódica do mundo pela água e pelo fogo, a criação de um homem solúvel em água e incapaz de mover-se, ou ainda de um homem lenhoso cuja rigidez se opõe à maleabilidade do outro, etc. A origem mítica do milho é uma combinação daquilo que o etnólogo Ad. E. Jensen (1899-1965) chamou de mitos *demas* com os mitos *prometéicos*. Os primeiros apresentam o surgimento de certas plantas comestíveis, sobretudo tuberosas, como conseqüência do sacrifício de uma divindade chamada *Dema* na Indonésia, enquanto os últimos dizem respeito principalmente ao roubo dos cereais ao céu. A cabeça cortada dos deuses sacrificados está na origem do jogo ritual da bola, cuja importância era considerável na América Central. A partida era acirradamente disputada, pois os jogadores da equipe derrotada eram decapitados.

2.2 *Os astecas* que, como os toltecas, são um grupo de língua náuatle, instalam-se, por volta de 1325, na ilha de Tenochtitlán, no lago que cobria então uma parte do vale do México. Provêm do norte, onde não tinham sido um povo dominador, mas dominado. Partem à procura da Terra Prometida, guiados pelo Sumo Sacerdote Huitzilopochtli, encorajado pelo deus Espelho Escuro (Tezcatlipoca) e engendrado de novo pela Deusa Mãe Coatlicue. Estabelecidos no planalto mexicano, tornam-se rapidamente um povo de conquistadores cuja atividade principal foi definida como "imperialismo místico". De fato, obsedados pela necessidade de sacrificar novas vítimas para que o sangue delas garantisse o movimento do Sol, os astecas vão buscá-las entre os povos vizinhos.

Quando Hernán Cortés (1485-1547) chegou a Yucatán em 1519, com 508 soldados e 10 canhões, o império asteca de Montezuma II (assim como o império inca sob Atahuallpa) não mostrava os sinais de declínio da civilização maia. Explorando habilmente a crença no retorno de Quetzalcóatl e no fim do mundo, mas sobretudo as rivalidades entre as cidades astecas, Cortés, em dois anos, conquistou um grande império, pondo termo assim a dois séculos de história, sangrenta e triunfante, dos astecas.

2.2.1 *Religião*. Os astecas constroem sobre o prestigioso lugar mítico de Teotihuacán ("local de deificação"), centro de uma cultura avançada que desaparecerá por volta de 700 d.C., mas dará origem à dos toltecas de Tula. Os toltecas herdam-lhe vários deuses, como Quetzalcóatl e Tezcatlipoca, a escrita, o calendário, a adivinhação. Num dos mitos astecas mais ricos em conseqüências rituais, Teotihuacán é a planície mítica onde o sacrifício dos deuses inaugurou a Quinta Idade (ou Sol) do mundo. Os quatro primeiros sóis tinham sucumbido à destruição violenta. Ali, na planície de Teotihuacán, os deuses reúnem-se para fabricar um novo Sol e uma nova raça humana. Tezcatlipoca e Quetzalcóatl modelam o casal humano primordial e dão-lhe milho como alimento. Para criar o Sol é preciso imolar um deus. Mas o novo Sol e a nova Lua, nascidos do sacrifício de dois deuses pelo fogo, não podem mover-se. Todos os outros deuses vertem então seu sangue sob o cutelo sacrifical de Ecatl, e o Quinto Sol acaba por movimentar-se. Só Xolotl foge vergonhosamente para escapar da morte; tornar-se-á o deus dos Monstros e do que é duplo, como os gêmeos.

Esse sacrifício primordial deve ser renovado periodicamente para que o Sol mantenha seu curso. Por isso é que os astecas, povo do Sol, são obsedados pelo sangue e pelo dever de obtê-lo para que a Quinta Idade perdure. Donde as hecatombes de vítimas, mulheres e prisioneiros de guerra, ritualmente imolados diante do santuário de Huitzilopochtli, no alto do Templo Mayor de Tenochtitlán, que é o centro simbólico do poder asteca. Embora os astecas conheçam tantos meios de matar quanto os maias, preferem recorrer à extração do coração. Numa atmosfera mística marcada pelo som de instrumentos de sopro e percussão (os centro-americanos não conheciam instrumentos de corda), o sacerdote sacrificador arremessa o coração rapidamente extraído num vaso destinado à alimentação sangrenta dos deuses, asperge com sangue a imensa imagem de Huitzilopochtli e então, depois de cortar a cabeça da vítima, deposita-a num patamar, destinado a isso, ao lado das outras. O cadáver, jogado para a parte baixa da plataforma sacrifical, é então objeto de uma refeição canibal praticada pela multidão.

Como os maias, os astecas tinham uma cosmologia bastante elaborada que compreendia treze céus, sendo treze o número fundamental do calendário divinatório de duzentos e sessenta dias (que não deve ser confundido com o calendário solar normal) e das especulações numerológicas. A existência de dois calendários dava ensejo a grande número de festas, fixas ou móveis, às quais se acresciam cerimônias propiciatórias, de ações de graças, de consagração, etc. O consumo da cerveja (*pulque*), em quantidades tão abundantes quanto entre outros povos centro-americanos, marcava o desenrolar das grandes festas cuja preparação era muitas vezes acompanhada por privações e macerações. Na festa do Sol, em 4 Ollin, a comunidade se sangrava em sinal de penitência.

2.3 Com poucas exceções, *os povos da América Central de hoje* assimilaram as línguas e a religião dos conquistadores cristãos, o que modificou ou simplesmente obliterou suas próprias tradições.

Fragmentos incompreendidos de mitologias, de cosmologias e de referências divinatórias e ritualistas ainda emergem no imaginário centro-americano como destroços de um vasto complexo religioso arcaico engolido pela selva.

O Ser Supremo dos indígenas de hoje pode ser o Deus Pai ou o Jesus Cristo de Cortés ou de Pizarro, identificado com o Sol por tribos como os quichés e os tepehuas. Mas é principalmente Maria, a Virgem de Guadalupe, que conquistou posição central no panteão indígena. Em dezembro de 1531, a Virgem Indígena apareceu na coluna sagrada da deusa asteca Tonantzin, mãe imaculada de Huitzilopochtli, e dirigiu-se aos nativos em língua náuatle. Desde então, ela vela por eles e atende às suas súplicas mais humildes, melhor que qualquer outro poder estabelecido jamais atendeu naquela região da terra.

2.4 *Bibliografia.* M. Léon-Portilla, *Mesoamerican Religions: Pre-Columbian Religions*, in ER 9, 390-406; H. von Winning, *Preclassic cultures*, in ER 9, 406-9; D. Heyden, *Classic Cultures*, in ER 9, 409-19; H. B. Nicholson, *Postclassic Cultures*, in ER 9, 419-28; K. A. Wipf, *Contemporary Cultures*, in ER 9, 428-38; D. Heyden, *Mythic Study*, in ER 9, 436-42; Y. González Torres, *History of Study*, in ER 9, 442-46; J. M. Watanabe, *Maya Religion*, in ER 9,

298-301; D. Carrasco, *Aztec Religion*, in ER 2, 23-29; D. Carrasco, *Human Sacrifice: Aztec Rites*, in ER 6, 518-22.

Sobre os maias, ver especialmente J. E. S. Thompson, *Maya History and Religion*, Norman Oklahoma, 1972; cf. Couliano in *Aevum* 49 (1975), 587-90; Charles Gallenkamp, *Maya. The Riddle and Rediscovery of a Lost Civilization*, N. York, 1987.

Sobre os astecas, ver Jacques Soustelle, *Les Aztèques*, Paris, 1970; e sobretudo a obra recente de David Carrasco, *Quetzalcoatl and the Irony of Empire: Myths and Prophecies in Aztec Tradition*, Chicago, 1982.

Sobre os mitos demas e os mitos prometéicos, ver Ad. E. Jensen, *Mythes et cultes chez les peuples primitifs*, trad. franc., Paris, 1954.

# 3

## Religiões da
# AMÉRICA DO NORTE

3.0 *O índio americano*, como mostra a excelente obra de Elémire Zolla, *Os Letrados e o Xamã* (em italiano, 1969), foi alvo de interpretações sempre flutuantes por parte dos colonizadores, que lhe destruíram a cultura. A maioria dessas interpretações, enfatiza Zolla, nada revelam sobre o próprio indígena, mas apenas sobre as concepções dominantes dos euro-americanos nesta ou naquela época: puritanismo religioso, iluminismo, romantismo, exaltação do progresso (que considera os indígenas ora com certa benevolência desdenhosa, ora com hostilidade). Essas visões geralmente têm em comum a idéia de que o indígena demonstra relativamente pouco interesse pela civilização dos europeus colonizadores, quer se trate de religião ou de tecnologia. (Apenas com uma exceção: alguns índios das planícies, que nossa imaginação formada pelos *westerns* dificilmente separa de seus cavalos, nunca tinham visto sequer um desses animais antes do século XVIII, quando eles chegaram do México, provenientes da Espanha.) As autoridades não precisariam de tanto para justificar o genocídio. Os calvinistas holandeses, cujas façanhas na África do Sul ficaram mais célebres, não hesitam em dispensar-lhes o tratamento reservado aos animais ferozes, e o governador Kieft instituiu uma recompensa para cada escalpo de indígena em Nova Holanda. Antes de se tornarem ingleses, o sul do estado de Nova York e o estado de Nova Jersey já haviam sido desembaraçados de seus indígenas. Os ingleses adotaram o mesmo tratamento, mas aumentaram as recompensas: em Massachusetts, em 1703, um escalpo de índio valia

60 dólares; na Pensilvânia, o escalpo de um espécime masculino valia 134 dólares e o de uma mulher, 50 dólares, segundo uma lógica patriarcal tacanha, pois é evidente que a taxa de aumento da população depende das mulheres e não dos homens. Os índios da Costa Leste que escaparam da morte foram deportados para o oeste do Mississipi pelo presidente Andrew Jackson, depois do Removal Act de 1830, que expulsou de seu próprio território até mesmo os bons cherokees devidamente batizados e orgulhosos por terem imitado com tanta eficácia a civilização dos invasores. Sempre "selvagem" e, à época, simplesmente "bárbaro", o indígena cujo símbolo passou a ser os shoshones da Grande Bacia, chamados *Diggers* (cavadores, comedores de raízes) pelo explorador Jodediah Smith em 1827, era considerado um ser em estado deplorável de pobreza e higiene. Nas palavras do escritor romântico Washington Irving, até os caçadores profissionais franceses, aliás muito mais favoráveis que os puritanos a uma política de integração racial, nada encontram de bom entre os shoshones, a quem chamam *os dignos de piedade*. Ninguém está livre de cometer os equívocos mais atrozes: em 1861, o bom Mark Twain corrige o darwinismo no que se refere aos índios, pois os ancestrais deles parecem descender não dos primatas mas do gorila, do canguru ou do rato da Noruega. E em 1867 o *Weekly Leader* de Topeka, digno herdeiro dos piedosos holandeses, considera-os apenas um bando de ladrões infames, vadios, fedorentos e ímpios, para os quais qualquer homem honesto só pode desejar a exterminação total: *"A set of miserable, dirty, lousy, blanketed, thieving, faithless, gut-eating skunks as the Lord ever permitted to infect the earth and whose immediate and final extermination all men, save Indian agents and traders, should pray for."* Essa prece, que era a mesma do general William Sherman na mesma época, de alguma forma foi atendida, apesar dos grandes sobressaltos do fim do século XIX, que assiste ao surgimento do movimento milenarista da Ghost Dance Religion. O general Phil Sheridan preconizou a destruição dos bisões para subtrair aos índios seu meio de subsistência. O massacre de Wounded Knee (29 de dezembro de 1890) inaugurou uma época em que a "reserva" era a única alternativa possível à integração. Mas, entrementes, etnógrafos e etnólogos cujos nomes hoje são legendários, como James Mooney ou Franz Boas, descreveram a incomparável riqueza e a diversidade das crenças e dos costumes das sociedades indígenas. Hoje, como sempre, esse mundo estranho excita a imaginação, mas a descoberta de complexidades novas, de profundezas inesperadas,

não o torna necessariamente mais acessível para nós do que o foi para nossos predecessores, principalmente porque às vezes parece haver uma intromissão da ficção, como nas narrativas cada vez mais extraordinárias do romancista Carlos Castañeda.

3.1 *A origem dos índios americanos* foi objeto de longo debate. Não se contentando em fazer deles egípcios, troianos ou cartagineses, uma das hipóteses mais persistentes pretendia que fossem as dez tribos perdidas de Israel.

Na realidade, os ancestrais dos índios provêm da Sibéria. Atravessaram a seco a extensão congelada do estreito de Bering, em perseguição à caça. Há onze mil anos, chegaram até a extremidade meridional da América do Sul. As culturas monumentais cujos vestígios foram encontrados no norte do México não se igualam em grandeza às da América Central (↔ 2). Os índios norte-americanos resguardam, entretanto, seus particularismos. Ao chegarem os primeiros europeus, eles falavam mais de quinhentas línguas.

O extremo norte e as ilhas são povoadas pelos esquimós. Daí até a fronteira atual entre o Canadá e os Estados Unidos, estendiam-se os territórios indígenas pertencentes às famílias lingüísticas dos algonquinos (a leste, como os ojibwas e os penobscots) e dos atapascos (no centro e a oeste: yellowknives, chipewyans, kaskas, slaves e beavers).

A leste e sul dos Grandes Lagos estendiam-se os territórios dos grupos lingüísticos iroqueses e sioux. Mais ao sul, os muscogis somavam-se aos algonquinos, sioux, iroqueses e cadoanos.

As Planícies Centrais eram principalmente habitadas por tribos sioux (assiniboines, crows, dhegihas, gros-ventres, chiweres, mandans, aricaras, hidatsas, etc.). Pejorativo na origem, o termo "sioux" designa sobretudo as tribos aparentadas aos dakotas, lakotas e nakotas. Seis outras famílias lingüísticas estão presentes: algonquiana (crees, cheyennes, blackfeet), atapasca (apaches), cadoana (pawnees, aricaras), kiowa-tanoana, toncauana e uto-asteca (comanches, utes).

A costa noroeste foi dividida em três setores: setentrional (tlingit, haidas, tsimshian); central (bellacoolas, nutkas, kwakiutl) e meridional (salish, chinuk).

A Grande Bacia era habitada por índios pertencentes a uma única família lingüística, como os shoshones e os paiutes. O Planalto e a Califórnia abrigavam povos de grande diversidade lingüística e cultural.

Ao sul, seis famílias lingüísticas estão representadas: uto-asteca, hoka, atapasca, tanoana, zuñi e keres. A classificação econômica segmenta o parentesco lingüístico. Os índios sedentários pueblos, por exemplo, que habitam nos povoados (*pueblos*), falam línguas tanoanas (tiwas, tewas, towas), keres, zuñi, uto-astecas (hopis). Alguns desses *pueblos* foram habitados sem interrupção a partir do século XII. Os navajos e os apaches são índios atapascos que emigraram do Canadá para o sul antes da chegada dos colonizadores espanhóis.

3.2 *Os esquimós*, que se autodenominam *inuit* ("homens"), vivem ao longo das costas árticas do nordeste asiático, do Alasca, do Canadá e da Groenlândia. As ilhas Aleutas são habitadas por um povo aparentado aos esquimós. Como os povos do norte da Sibéria, os esquimós fazem do xamanismo o cerne de sua religião (↔ 31). Como sua subsistência está ligada à pesca ou à caça, têm cerimônias expiatórias e propiciatórias para os espíritos dos animais mortos.

3.3 *Os índios do norte* têm mitologias complexas que abrangem várias idades do mundo, cada uma com os seres míticos que lhes são próprios, como o herói cultural cujas façanhas são particularmente variadas. Essas proezas, que muitas vezes se combinam com as de um Trapaceiro (*Trickster*) ou sofrem sua influência, têm no Alaska um animal como protagonista, enquanto no restante do território é um ser humano. Os rituais desempenham papel relativamente pouco importante na vida coletiva dos indígenas do Canadá. O xamã, cujo conhecimento é revelado em sonho, é o único especialista religioso da região (↔ 31).

3.4 *Os índios do nordeste* dos Estados Unidos têm em comum o conceito de um poder totalizador, chamado *manitó* entre os povos algonquinos, *oki* entre os hurões e *orenda* entre os iroqueses. Bom ou mau, esse poder encarna em certos seres e objetos. Comunica-se com os seres humanos por intermédio dos espíritos. Os povos da costa nordeste têm uma vida ritual riquíssima, com cerimônias propiciatórias e expiatórias para a caça e para as plantas comestíveis e ritos de passagem mais ou menos complexos. Acredita-se que o indivíduo tenha espíritos pessoais por ele invocados mediante ritos de tipo xamânico. Talismãs, máscaras e outros objetos cheios de "poder" recebem cultos especiais. Em certas sociedades formaram-se confrarias iniciáticas de curandeiros, como o midewiwin dos ojibwas, ao passo que em outras elas são desconhecidas. A personagem religiosa da região é o xamã, especializado na cura (e na adivinhação) pela técnica da "tenda trepidante" (*shaking tent*) e pela sucção dos agentes espirituais patogênicos.

A crença na feitiçaria e os rituais praticados pelos curandeiros para combatê-la distinguem os índios da costa sudeste, como os cherokees, dos da costa nordeste. Rituais diários de imersão em água eram considerados importantes para a sobrevivência do grupo. Entre as cerimônias sazonais, a do Ano Novo era a mais marcante, associada ao amadurecimento do milho.

3.5 *Os índios das planícies* formam um conglomerado de culturas que só aparece no século XVIII com as migrações de vários grupos de índios, possuidores de cavalos provenientes do México, em busca de caça. Nesse cadinho cultural, a vida religiosa de povos muito diferentes adquire vários traços comuns, como a cerimônia da Dança do Sol e a existência de confrarias guerreiras. Essa região torna-se, na verdade, o teatro de lutas incessantes. A procura de visões por parte dos homens guerreiros permite que os colonizadores encontrem no álcool barato um instrumento eficaz para livrar-se dos indígenas. A importação de plantas alucinógenas, como o peiote, por volta de 1850, provocou a organização de cultos e confrarias cujos membros partilhavam certos rituais secretos e certas visões.

Durante o ritual da tenda do suor (*sweat lodge*), um grupo de homens suporta os sofrimentos de um calor intenso, flagelam-se com galhos, dançam e cantam. O vapor quente purifica o guerreiro ou o visionário.

Nas Planícies, o xamã e o curandeiro ou curandeira assumem a função importante (e remunerada) de mestre de cerimônia. Formam uma casta que, como nossos médicos, utiliza uma linguagem especial. É um ancião (*kurahus*) que conduz a cerimônia propiciatória *hako* entre os pawnees, durante a qual os laços simbólicos entre gerações tornam-se mais intensos. É o curandeiro (mulher entre os blackfeet) que dirige a Dança do Sol (Sun Dance), originalmente pertencente à confraria médica dos mandãs mas que depois passou a ser a cerimônia mais importante de todas as tribos reunidas na região. Durante a *Sun Dance*, os homens suportavam sofrimentos físicos atrozes com o fito de se aproximarem mais do Grande Espírito. Proibida em 1880, essa dança reapareceu em 1934 e, desde 1959, os ojibwas e os lakotas reintroduziram-lhe mortificações severas.

Também entre os índios das Planícies apareceu, por volta de 1870, o culto milenarista chamado *Ghost Dance* (Dança dos Fantasmas), incentivado pelos mórmons de Utah que ainda acreditam serem os índios as dez tribos perdidas de Israel. O profeta Wovoka anunciou que os índios deveriam parar de lutar, purificar-se e adorar o Grande Espírito por meio da dança, pois a opressão dos colonizadores europeus cessaria assim como havia chegado, engolida por um terremoto que só pouparia os indígenas. A proibição da Ghost Dance não foi eficaz. Em 1890, o governo enviou tropas que massacraram 260 sioux inocentes que se dirigiam a Wounded Knee Creek, em Dakota do Sul, para praticarem suas cerimônias.

O culto do cacto alucinógeno mexicano chamado peiote, *peyotl* (membrana) em língua asteca (*Lophophora williamsii*), disseminou-se entre os índios das Planícies mais ou menos na mesma época em que surgiu a Ghost Dance. O culto só foi considerado ilegal em 1964, quando o Tribunal de Justiça da Califórnia declarou que sua proibição não representava uma restrição inconstitucional à liberdade religiosa, uma vez que esse culto não era estruturado como uma religião. O primeiro livro do romancista Carlos Castañeda (*A Erva do Diabo*), publicado em 1968 como obra de etnologia, provavelmente pretendia apresentar o culto do peiote como uma verdadeira religião.

3.6 *Os índios do noroeste*, que geralmente associamos aos grandes totens que eles só começaram a fabricar depois que os colonizadores lhes forneceram instrumentos de ferro, vivem numa região onde a pesca sempre foi capaz de garantir-lhes uma fartura de alimentos que as tribos de caçadores só conheceram depois da chegada dos cavalos espanhóis do México. Os tlingits, haidas, tsimshians, haislas, bellacoolas, kwakiutls, nutkas, salishs, makahs, quileutes, skokomishes, chinuks, tilamuks, coos, tolowas, yuroks, hupas e karoks da Colúmbia Britânica e da costa noroeste dos Estados Unidos (Washington, Oregon) têm em comum várias instituições, crenças e rituais. A abundância de gêneros alimentícios e a instituição das circunscrições administrativas possibilitam explicar o *potlatch*, festa em que cada um distribui presentes aos outros membros de sua coletividade e aos vizinhos territoriais. A quantidade de bens distribuídos depende da classe social, e os chefes ou aqueles que aspiram a modificar sua posição hierárquica são obrigados a prodigalizar (ou destruir) quantidades incríveis de bens. A mesma hierarquia social funcionava em virtude de um sistema complicadíssimo de dívidas. Era exatamente seu caráter não restituível que lhes garantia o poder social; pagar uma dívida a uma pessoa significava desonrá-la. Além disso, a aristocracia tinha o monopólio do comércio com os inúmeros espíritos ancestrais. Vários índios do norte e do noroeste acreditavam na preexistência das almas em número limitado e na metensomatose; isso explica claramente o culto dos ancestrais e o respeito a suas marcas de reconhecimento, que só sua descendência podia ostentar.

A instituição do xamanismo, raramente hereditária e em geral aberta a qualquer indivíduo visionário, era conhecida em toda a região. Um xamã também podia funcionar como feiticeiro em relação a outro grupo social. A feitiçaria era punida com a morte.

Nas mitologias da costa noroeste, a presença do Trapaceiro (*Trickster*), como o Corvo dos tlingits, é muito marcante.

As cerimônias mais importantes da região eram as danças extáticas celebradas durante o inverno.

3.7 *Os índios californianos* conhecem os espíritos dos ancestrais e animais, os seres míticos como o herói cultural e o Trapaceiro (*Trickster*), a instituição xamânica e procuram ter visões, como os do Planalto, da Grande Bacia e das Planícies. Têm festas religiosas de primícias, cerimônias da puberdade (especialmente para as meninas) e tendas do suor em que o homem exsuda suas impurezas. Mas o que tipifica essa região é o uso de uma poção psicotrópica extraída do *toloache*, termo náuatle para designar *Datura stramonium*, planta tóxica também mencionada na feitiçaria européia. Em certas regiões, o culto do *toloache*, que dava acesso às visões e, portanto, ao mundo dos espíritos, era muito elitista. Várias cerimônias coletivas (por exemplo, rituais fúnebres) estavam associadas a essa planta. Uma delas evoluiria para o culto do *Kuksu* (nome do herói criador da tribo dos pomos) do norte da Califórnia, formando confrarias secretas de máscaras.

3.8 *Os índios pueblos* – trinta e um povoados habitados por índios pertencentes a seis grupos lingüísticos diferentes – têm em comum uma economia agrícola sedentária e numerosas crenças. Com as antigas religiões da América Central, têm em comum o mito de várias criações e destruições do mundo. Todos reconhecem seres sobrenaturais, os *kachinas*, palavra que também designa as máscaras cerimoniais pelas quais as presenças sobrenaturais são conduzidas para a vida ritual dos pueblos.

Os índios hopis têm um sistema complexo de confrarias religiosas; cada uma delas preside a uma das cerimônias periódicas. Os kachinas (nome também de uma dessas sociedades religiosas) aparecem em público de março a julho, enquanto de janeiro a março exibem-se nos *kivas* ou câmaras cerimoniais. Em fevereiro, quando da cerimônia Powamuy, as crianças são iniciadas no culto dos kachinas. Em julho, a cerimônia Niman ("regresso") fecha o ciclo dos kachina, começando então o ciclo sem máscaras. Os símbolos mais importantes na vida ritual dos hopis são o milho, que simboliza a vida para esse povo de agricultores, e as penas de pássaros, que acreditam serem capazes de transportar as preces dos vivos para os espíritos.

Os zuñis têm outras confrarias religiosas, que compreendem a dos kachinas e a de seus sacerdotes.

Em 1680 surgiram os guerreiros dos kachinas de todos os *pueblos*, contra os colonizadores espanhóis, matando seus padres e obrigando-os a retirar-se para o sul. Em 1690, o território foi reconquistado pelos espanhóis, com exceção do *pueblo* isolado dos hopis, que nunca mais foi submetido à aculturação forçada. Nos outros *pueblos* nasceram cultos sincretistas.

3.9 *Bibliografia.* Sobre os índios americanos em geral e a história da colonização dos Estados Unidos, ver Elémire Zolla, *I letterati e lo sciamano*, Milão, 1969; Peter Farb, *Les Indiens. Essai sur l'évolution des sociétés humaines*, trad. franc., Paris, 1972; William T. Hagan, American Indians, Chicago, 1979.

W. Müller, *North American Indians: Indians of the Far North*, in ER 10, 496-76; J. A. Grim e D. P. St. John, *Indians of the Northeast Woodlands*, in ER 10, 476-84; D. P. St. John, *Iroquois Religion*, in ER 485-90; W. K. Powers, *Indians of the Plains*, in ER 10, 490-99; S. Walens, *Indians of the Northwest Coast*, in ER 10, 499-505; T. Buckley, *Indians of California and the Intermountain Regions*, in ER 10, 505-13; P. M. Whiteley, *Indians of the Southwest*, in ER 10, 513-25; Å. Hultkranz, *North American Religions: An Overview*, in ER 10, 526-35; S. D. Gill, *Mythic Themes*, in ER 10, 534-41; J. D. Jorgensen, *Modern Movements*, in ER 10, 541-45; R. D. Fogelson, *History of Study*, in ER 10, 545-50.

Sobre as religiões da América do Norte em geral, ver Åke Hultkranz, *Belief and Worship in Native North America*, Siracusa, N.Y., 1981, e *The Study of American Indian Religions*, N. York, 1983. Sobre as sociedades e rituais de iniciação xamânica, o livro mais belo continua sendo o de Werner Müller, *Die blaue Hütte. Zum Sinnbild der Perle bei nordamerikanischen Indianern*, Wiesbaden, 1954.

Sobre a *Ghost Dance*, o livro clássico é de James Mooney, *The Ghost-Dance Religion and the Sioux Outbreak of 1890*, edição abreviada, Chicago, 1965 (1896); sobre o culto do peiote das origens até 1964, Weston La Barre, *The Peyotl' Cult*, Hamden, Connecticut, 1964.

# 4

## Religiões da
# AMÉRICA DO SUL

4.0 *A América do Sul* é um imenso território ocupado por povos de grande diversidade. Embora nenhuma divisão territorial faça justiça à sua variedade, a que apresentamos a seguir tem aceitação geral: a) Área andina (da Colômbia ao Chile), que abrigou a cultura dos incas do Peru; b) Área da Floresta Tropical, em grande parte coberta pela floresta amazônica, compreendendo também a Guiana; c) Área do Gran Chaco; d) Área meridional, até a Terra do Fogo.

Algumas culturas sobreviveram à conquista européia, como a dos quíchuas e dos aimarás do Peru e da Bolívia e a dos araucanos no Chile; as dos tupis, caraíbas, arauaques, tucanos e panos na Guiana; as das tribos jês do leste do Brasil; finalmente, as hoje desaparecidas tribos dos fueguinos, como os selk'nams.

Até a publicação do livro *Icanchu's Drum* (*O Tambor de Icanchu*), de Lawrence E. Sullivan, não existia nenhuma síntese da história religiosa do conjunto do continente sul-americano. O leitor que desejar aprofundar-se no assunto poderá agora consultar com segurança essa obra única, feita para um público não especializado.

4.1 *Área andina.* As grandes culturas andinas, entre as quais a mais conhecida é a dos incas (século XV), floresceram nos vales altos das montanhas, povoados já há dez mil anos. Na época da conquista espanhola, o império dos incas abrangia a imensa extensão da costa oeste, do Peru ao Chile. Desaparece em 1532, quando seu último soberano é decapitado pelos conquistadores.

4.1.1 *Período antigo.* A agricultura, que não parece ter sido precedida por uma economia pastoril, aparece em forma primitiva na costa peruana por volta de 7000 a.C., três milênios depois das migrações procedentes do norte. Em torno de 2500 a.C., mudanças climáticas acarretam a evolução da economia de colheita de produtos silvestres para a horticultura sedentária. As proteínas animais não são fornecidas pela caça, mas pela pesca. O milho, cujo ancestral na América Central tem mais de sessenta mil anos, propaga-se no Peru por volta de 1400 a.C. e uma variedade aperfeiçoada é obtida em cerca de 900 a.C. Nessa época a irrigação, que possibilita o desenvolvimento de uma agricultura avançada, e o Estado que organiza essa irrigação engendram-se mutuamente, sendo possível o surgimento de ambos graças a um culto religioso que exalta, com grande probabilidade, a gênese mítica dessa nova civilização sem par na região. Esse período está ligado a um complexo cultural descoberto em Chavín, no planalto setentrional, enquanto o litoral meridional é dominado, por volta da mesma época, por uma cultura que produziu uma enorme necrópole nas grutas de Paracas. Infelizmente, excetuando-se os monumentos, não há fontes sobre o culto de Chavín, cuja significação continua inacessível para nós. Sua divindade principal, representada com a forma de um felino (jaguar ou puma), fez enorme sucesso na área andina durante um período de quinhentos anos.

Qualquer vestígio de homogeneidade cultural desaparece subitamente dos Andes por volta de 300 a.C., ao passo que as técnicas agrícolas continuam a melhorar graças à adoção de novas plantas e da cultura em terraços. Uma única necrópole de Paracas, que contém 429 múmias de personalidades importantes, indica que mudaram os procedimentos de sepultamento e as crenças no além.

Em torno de 200 d.C., as culturas pertencentes a essa etapa intermediária parecem atingir o apogeu. São teocráticas, restabelecem os direitos da divindade felina, praticam o sacrifício humano e manifestam o mesmo interesse obsessivo pelo crânio humano de suas predecessoras: o crânio é deformado metodicamente no nascimento e trepanado abundantemente durante a vida e na morte; os crânios dos adversários são colecionados como troféus de guerra.

Apesar de não serem superpovoados, os vales costeiros tinham população maior que a atual. Seus habitantes viviam com fartura, animados por ideais religiosos capazes de produzir uma tecnologia avançada e de realizar projetos cuja audácia chegava às raias do impossível, como o canal de La Cumbre, de 113 quilômetros, que ainda está em funcionamento.

Uma dessas culturas, a dos moches, erige templos imensos, sendo os mais conhecidos duas pirâmides chamadas Templo do Sol e Templo da Lua. A cerâmica pintada informa-nos que os moches praticavam a circuncisão e a cura xamânica das doenças pela sucção do espírito que se manifestava como objeto tangível. Utilizavam ideogramas inscritos em favas. Sua sociedade era teocrática, sendo particularmente respeitada a casta dos guerreiros. O papel das mulheres limitava-se estritamente ao lar.

A cultura costeira dos nazcas, que data do mesmo período, legou-nos numerosos exemplares de troféus cranianos achatados, pintados e amarrados em guirlanda para serem transportados. Os nazcas produziram aqueles enormes desenhos em rochas ferrosas do vale de Palpa, destinados a serem contemplados de cima por alguma divindade celestial, que codificavam conhecimentos astronômicos cujo sentido em geral desconhecemos.

Perto do fim desse período, a civilização megalítica de Tiahuanaco (Bolívia) exerce sobre as culturas andinas uma influência comparável à dos chavins em época anterior. Os megalitos, construídos a 4.000 metros de altitude, formam um centro sem similar no mundo, com pirâmides de terraços, portas frisadas, plataformas, reservatórios e estátuas. Ao ser abandonada, sua construção ainda não estava terminada.

Por volta de 1000 d.C., os Andes conhecem uma etapa de organização política semelhante ao feudalismo ocidental. No norte, constitui-se o reino de Chimu, o mais importante desse período, que se estende sobre muitos vales, cada qual com seu próprio centro urbano. Sua capital Chanchán (perto de Trujillo) é um monumento de planejamento urbano; abrigando mais de cinqüenta mil habitantes, é dividida em dez bairros retangulares, cada qual com suas casas, seus reservatórios de água e seus templos piramidais.

4.1.2 *Uma história espantosa.* A fundação do império dos incas, por volta de 1200 d.C., é atribuída ao herói mítico Manco Capac e a suas irmãs, que se instalaram no vale de Cuzco. A expansão espetacular do estado inca só ocorreu a partir do oitavo imperador, Viracocha Inca, e de seu filho Pachacuti, que o sucedeu no trono em cerca de 1438. Até a morte de Topa Inca, filho de Pachacuti, em 1493, o império tinha cinco mil quilômetros de comprimento, estendendo-se do Equador até o centro do Chile. A edificação desse império é comparável aos feitos de Alexandre e Napoleão. Mais espantoso ainda é esse enorme território ter sido conquistado por um bando de aventureiros espanhóis.

A morte do imperador Huayna Capac, em 1525, foi seguida por uma guerra entre seus dois filhos rivais: Huáscar (instalado em Cuzco) e Atahuallpa (instalado em Quito, no Equador). Atahuallpa venceu e foi proclamado soberano em 1532. Pizarro, atraído pelos relatos sobre o ouro fabuloso do Peru, desembarcou com cento e oitenta homens. Aqui a religião se confunde com a história. Atahuallpa presumiu que Pizarro fosse o grande deus Viracocha que voltava para a terra com seu séquito para anunciar o fim do mundo. Pizarro aproveitou-se disso e aprisionou-o sem encontrar resistência. O imperador conseguiu resgatar-se enchendo a cela de ouro, mas não foi libertado. Condenado à morte, submeteu-se ao batismo cristão, o que lhe valeu ser estrangulado em vez de ser queimado vivo, em 29 de agosto de 1533. O último pretendente ao trono inca foi decapitado quarenta anos depois.

4.1.3 *Religião dos incas*. No império comunista dos incas, a religião oficial – que era a dos quíchuas de Cuzco, provavelmente muito parecida com os cultos menores por ela assimilados – era assunto de Estado. Entre as três parcelas de terra que os camponeses deviam cultivar, a destinada aos deuses era a primeira; seguiam-se a do imperador e a destinada à subsistência da família. Os objetos sagrados, ou *huacas* das populações conquistadas, eram transportados em procissão para Cuzco e instalados nos santuários onde continuavam sendo alvo de peregrinações de pessoas vindas de províncias distantes. Mas a categoria dos *huacas* abrangia também tudo o que estava investido de caráter sagrado: colinas, pedras, árvores, tudo o que existisse de estranho, de monstruoso.

A organização do império dos incas é inteiramente marcada por uma utopia racional, cujos relatos, ao chegarem à Europa, devem ter influenciado o filósofo Tommaso Campanella no início do século XVII. A Igreja inca, por seu caráter altamente organizado, conforma-se à regra geral do sistema. No centro, está o imperador, que é o Estado, a Lei, e que também é Deus. Ele mesmo um *huaca*, iguala-se Àquele que não tem igual, ao deus Viracocha, nascido da espuma do lago Titicaca e desaparecido na espuma do oceano, andando sobre as águas em direção noroeste, a mesma de onde apareceram, em 1532, Pizarro e seus homens.

A metafísica de Viracocha é complexa. Ele é o criador do mundo natural e social, o que implica sua ascendência sobre o panteão inca, no qual o Sol tem posição central. O maior templo de Cuzco é a ele dedicado. Os templos dos incas não eram abertos aos fiéis; eram os refúgios dos sacerdotes e das Virgens do Sol, escolhidas entre as jovens mais puras, instruídas a expensas do Estado para se tornarem vestais, ou segundas esposas dos grandes dignitários ou do próprio imperador. Se o imperador "pecasse" com uma vestal, bastar-lhe-ia admitir a transgressão; mas qualquer um que agisse assim seria condenado à morte com a concubina.

O Sol era representado nos templos por estátuas antropomórficas e por enormes discos de ouro. Se o imperador era Filho do Sol, a imperatriz era Filha da Lua, irmã-esposa do Sol, venerada no templo sob a forma de estátuas antropomórficas de prata. Os incas utilizavam comumente um calendário lunar, paralelamente ao calendário solar.

Pachacamac, deus da terra, com sua esposa infernal Pachamama, e Illapa, deus dos fenômenos meteorológicos, também eram divindades importantes.

No ápice da hierarquia eclesiástica, havia um Sumo Sacerdote, parente próximo do imperador, cercado por um conselho de nove homens, todos nobres. Numerosos sacerdotes eram delegados para inspecionar as províncias onde residiam os velhos guardiões dos *huacas*, sacerdotes voluntários que nada ganhavam dos cofres do governo central.

O templo não era local de reunião. Era nas praças públicas que se realizavam as cerimônias coletivas, muitas vezes acompanhadas por sacrifícios de animais, com fins tanto propiciatórios quanto divinatórios. Mas os sacrifícios considerados mais eficazes eram os de crianças de dez anos, escolhidas pela perfeição física e moral e felizes por serem diretamente expedidas para o além, que, aliás, era reservado só aos nobres. Ao contrário dos costumes dos astecas e mesmo daqueles dos maias, os sacrifícios humanos não eram freqüentes entre os incas. Sacrificavam-se, porém muito mais raramente, segundo técnicas semelhantes às dos astecas, prisioneiros de guerra escolhidos entre os mais fortes.

Como no Egito (↔ 12), os sacerdotes incas eram os administradores de tudo o que dissesse respeito à saúde, desde o "corpo político" do Estado até o corpo humano, acumulando assim as funções de sacrificante, adivinho e médico-xamã. Como os *barus* babilônicos (↔ 23), inspecionavam cuidadosamente as entranhas dos animais sacrificados, lendo nelas predições para o futuro. Mas também praticavam a cura das doenças pela sucção de um objeto que se acreditava representar o agente patogênico produtor do desequilíbrio orgânico. Além disso, eram quiropráticos e punham no lugar órgãos deslocados, mediante manipulação externa, sendo sobretudo excelentes cirurgiões, capazes de realizar operações delicadas como a trepanação, cuja real finalidade nos escapa em vários casos.

Infelizmente, a ausência de fontes escritas provenientes dos próprios incas torna impossível o conhecimento mais profundo de suas teologias. A existência de "monges" e "monjas" (vestais do Sol), assim como a prática da confissão secreta, impressionaram os religiosos espanhóis. Mas a sutileza do pensamento inca, perdida para sempre, só nos chega através de frases hesitantes, ingênuas ou involuntariamente mendazes de informantes estrangeiros.

4.2 *Religiões da floresta tropical.* A imensa área da selva dos rios Orenoco e Amazonas, que também compreende as regiões montanhosas da Guiana, é povoada por grande número de tribos pertencentes às famílias lingüísticas dos arauaques, caraíbas, panos, tucanos e tupis. Embora cada grupo tenha sua própria religião ou variante de religião, de qualquer forma é possível discernir vários traços comuns, seja no plano da mitologia, como fez Claude Lévi-Strauss em suas monumentais *Mythologiques*, seja no plano das idéias, das práticas e das instituições, como fez recentemente Lawrence E. Sullivan.

As principais *divindades* dessa área ocupam uma posição intermediária entre um Ser Supremo e um herói cultural, sendo geralmente mais pronunciada esta última função. Como já assinalamos noutro capítulo (↔ 2.1.1), o etnólogo Ad. E. Jensen observava, a propósito das estruturas mitológicas dos molucanos do Arquipélago Indonésio, que parece ser possível aplicar dois arquétipos a grande número de mitos de criação presentes em todo o mundo: o das divindades *demas*, cujo corpo sacrificado dá origem às plantas tuberosas como as batatas, e o de Prometeu, que geralmente se refere ao segredo dos cereais roubados aos céus.

O deus lunar Moma dos uitotos do noroeste da Amazônia é uma divindade *dema* bem caracterizada, que não corresponde bem ao tipo de Ser Supremo celestial que certos etnólogos lhe atribuíram. A mitologia do deus solar criador Purá dos uarequenas da Guiana, com suas destruições periódicas do mundo, está, em compensação, mais próxima do tipo de Ser Supremo, que parece mais bem ilustrado pelo *deus otiosus* Karu-sakairê de outra tribo caraíba, a dos mundurucus. De fato, depois de criar o mundo natural e o mundo humano, Karu-sakairê foi mortalmente ofendido pelos homens e retirou-se para regiões inacessíveis dos céus. Voltará no fim do mundo para destruir a humanidade pelo fogo.

Fundamental na experiência religiosa dos índios da floresta tropical é a existência de um universo invisível que se sobrepõe ao de todos os dias e ao qual só se tem acesso através dos estados alterados de consciência, como o sonho, o transe, a visão provocada pela inalação de drogas, etc., ou ainda por uma predisposição mística natural ou adquirida por treinamento especial. A sobreposição dos mundos é tal que os seres do outro mundo geralmente assumem formas de animais como o caimão, a anaconda, o jaguar ou o abutre, cuja essência superior apenas os especialistas podem reconhecer. Mas tudo pode ter um prolongamento no invisível, e os sanemás da fronteira entre o Brasil e a Venezuela distinguem oito categorias de *hewkulas* ou seres ocultos.

Entre esses espíritos, os Donos dos Animais têm importância especial em certas sociedades, pois acredita-se que regulem o afluxo de animais e peixes destinados à alimentação.

Os espíritos dos ancestrais também são importantes, pois, invisíveis, participam da vida social dos vivos. Uma das almas humanas, a que continua existindo depois da morte física, pode assombrar os vivos ou trazer-lhes benefícios, conforme o caso. As idéias que os índios sul-americanos têm sobre a alma diferem, em geral, das três principais doutrinas encontradas tanto no Oriente quanto nas regiões do Mediterrâneo: metensomatose, traducianismo, nova gênese. Os índios tendem a crer num reservatório de substância psíquica no qual a alma retorna a um estado indistinto. A animação de um novo ser humano ocorre pela atribuição de uma porção dessa substância. Essas idéias correspondem mais ou menos às de certos gnósticos que aceitavam parcialmente a doutrina católica da neogênese das almas; às de Averróis (Ibn Rushd, 520/1126-595/1198), que considerava o Intelecto uno e indistinto e negava, conseqüentemente, a sobrevivência individual da alma; e, marginalmente, às do cabalismo tardio, que concebe a possibilidade de o indivíduo possuir mais de uma alma e incorporar tantas almas célebres quantas queira. Secularizada, essa idéia transformou-se na reflexão de Benedetto Croce, segundo a qual o leitor de Dante *é* Dante no momento da leitura.

Uma idéia da multiplicidade das almas é-nos dada pela psicologia dos jivaros do leste do Equador, que distinguem a alma "comum" da alma "perfeita" e da alma "vingadora". A alma comum é o atributo da maioria dos mortais; a alma perfeita só pode ser obtida depois da visão do mundo invisível. Mas o jivaro deve exorcizar essa alma perfeita que o torna sequioso de sangue. Obterá outra ao matar um inimigo; possuidor de duas almas perfeitas, passará a ser invulnerável. Sem poder adquirir mais de duas, poderá, entretanto, apoderar-se daí por diante do poder contido em outras almas.

A alma vingadora é a que aparece ao morrer um possuidor da alma perfeita que deseja vingar-se de seu assassino. É por isso que os jivaros praticam a redução dos crânios dos inimigos (*head shrinking*), pois acreditam que a alma vingadora ficará assim retida na cabeça reduzida como numa armadilha.

O especialista religioso dos índios sul-americanos é o xamã (↔ 31), que acumula funções de curandeiro do corpo social e de médico que cura o corpo humano, quando este é afetado por um agente patogênico proveniente do mundo invisível.

É fácil perceber que o sistema religioso dos índios sul-americanos é uma rede da maior complexidade que serve de base para sua cultura e que é impossível distinguir a parte "profana" da parte "religiosa" de sua existência. Afinal, o mundo, para cada um de nós, não passa de uma operação mental, única e sem compartimentos distintos: não há fronteiras onde se pare de "pensar de maneira profana" para "pensar de maneira religiosa" ou vice-versa. "Sagrado" e "profano" misturam-se forçosamente, falam a mesma língua e proclamam em uníssono o mesmo "discurso".

4.3 *Religiões do Gran Chaco.* O Gran Chaco (Chaco significa, em língua quíchua, "terreno de caça") ocupa o centro do continente sul-americano, entre o Mato Grosso e os Pampas. É povoado pelas famílias lingüísticas dos zamucos, tupis-guaranis, matacos, guaicurus-cadivéus e arauaques. Todas as tribos pertencentes a essa região têm em comum a instituição do xamanismo (↔ 31) e a crença em seres sobrenaturais, habitantes do universo invisível que se sobrepõe ao nosso. Seus mitos contam a origem do mundo, das plantas, dos animais, dos seres humanos, da iniciação e do xamanismo. Entre os seres sobrenaturais há Seres Supremos mais ou menos confundidos com os heróis culturais e com as divindades *demas*; Prometeus, ladrões de cereais e/ou do fogo; Trapaceiros, personagens matreiras encontradas nas duas Américas (mas também em outros continentes), cujas funções criadoras podem ser mais ou menos amplas. É impossível discernir aqui os aspectos individuais de todos esses seres míticos nas tribos pertencentes a essa região.

4.4 *Religiões dos Pampas, da Patagônia e da Terra do Fogo.* Várias tribos dessa região, hoje desaparecidas, foram visitadas pelos etnólogos. Atenção especial foi dada aos índios fueguinos (selk'nams ou onas, iagãs ou iamanas e alacalufes), entre os quais identificou-se a crença num Ser Supremo. Entre os onas, o deus Temakuel já se retirou para as alturas celestes, deixando a seu primeiro antepassado, Kenos, a incumbência de administrar o mundo. Os onas não perturbam Temakuel com preces freqüentes, mas fazem-lhe oferendas diárias em alimentos.

4.5 *Os movimentos milenaristas dos tupis-guaranis* do Mato Grosso parecem ter começado pouco depois da chegada dos colonizadores europeus. Em 1539, doze mil tupis saíram do Brasil à procura da Terra Sem Mal; quando chegaram ao Peru, não restavam mais que trezentos. As doenças e a fome haviam exterminado os outros. Em 1602, os jesuítas puseram fim ao êxodo de três mil índios da Bahia, conduzidos por um pajé à procura da Terra Sem Mal. Esses episódios continuarão até o século XX. Foram dadas, a essas migrações suicidas, várias explicações, segundo as quais poderia tratar-se de fenômenos de "messianismo", locais ou aculturados, de "movimentos de povos oprimidos" (coisa que os tupis não eram), ou ainda de um mecanismo interno da sociedade que se defende, pela autodestruição, contra o surgimento ameaçador da instituição do Estado (P. Clastres).

4.6 *Bibliografia.* P. Rivière, *Indians of the Tropical Forest*, in ER 13, 472-81; M. Califano, *Indians of the Gran Chaco*, in ER 13, 481-86; O. Zerries, *South American Religions*, in ER 13, 486-99; J. A. Vázquez, *Mythic Themes*, in ER 13, 499-506; D. A. Poole, *History of Study*, in ER 13, 506-12.

Sobre os incas, ver J. Alden Mason, *The Ancient Civilizations of Peru*, Harmondsworth, 1968.

Sobre as mitologias dos índios sul-americanos, não existe trabalho melhor que os quatro volumes das *Mythologiques* de Claude Lévi-Strauss (1964-1971) e o recente volume intitulado *La Potière jalouse*, Paris, 1986.

Sobre os milenarismos dos tupis-guaranis, ver sobretudo Hélène Clastres, *La Terre sans mal. Le prophétisme tupi-guarani*, Paris, 1975; Pierre Clastres, *La Société contre l'État. Recherches d'anthropologie politique*, Paris, 1974; cf. I. P. Couliano, *Religione e accrescimento del potere*, em Romanato-Lombardo-Couliano, *Religione e Potere*, Turim, 1981, 218-22.

Sobre as religiões sul-americanas em geral, ver o excelente livro de Lawrence E. Sullivan, *Icanchu's Drum. An Orientation to Meaning in South American Religions*, N. York, 1988.

# 5

# Religiões da AUSTRÁLIA

No norte do continente australiano, em Arnhem Land, e no centro, as religiões dos aborígines resistiram à aculturação. Apresentam numerosos traços unitários.

É assim que os aborígines conhecem um deus criador que se retira para as alturas distantes do céu, onde os homens não podem encontrá-lo. Só sai de seu espaço misterioso para apresentar-se nas iniciações mais secretas. Conseqüentemente, não é esse o *deus otiosus* que o aborígine invoca na vida cotidiana, mas o herói cultural e os seres autógenos do chamado período "onírico" (*alchera* ou *alcheringa*). Esses seres são celestiais e podem circular livremente entre a terra e o céu, usando, por exemplo, uma árvore ou uma escada. São os autores de uma "segunda criação", ou seja, da organização do mundo enquanto lugar geográfico habitável. Trata-se, evidentemente, de uma geografia sagrada, em que cada indivíduo ainda pode contemplar, na presença de uma rocha ou de uma árvore, os gestos dos seres míticos primordiais, desaparecidos nas entranhas da terra ou no céu. Os últimos tiveram o cuidado de retirar a ponte entre a terra e o céu, marcando assim a fratura definitiva entre esses dois níveis do espaço, que são, na realidade, dois níveis ontológicos.

O aborígine aprende a história sagrada de seu mundo durante iniciações e cultos secretos iniciáticos (*kunapipi* e *djanggawul*) que, apesar de nem sempre estarem ligados a ritos de circuncisão e subincisão, invariavelmente transmitem conhecimentos mitológicos fundamentais aos neófitos.

Os ritos de puberdade entre os meninos são mais complicados e violentos que entre as meninas, quando estas têm as primeiras regras. Embora a circuncisão não seja generalizada na Austrália, o menino sofrerá uma "morte simbólica" acompanhada de ferimentos rituais, aspersão de sangue e de uma letargia durante a qual se acredita que ele "se lembrará" das origens sagradas do mundo. O culto secreto *kunapipi* geralmente se baseia no ciclo mitológico das irmãs Wawilak, que recebem conhecimentos secretos da Grande Serpente fálica: é uma "terceira criação", a criação do espaço cultural dos aborígines.

O mesmo esquema de morte e de renascimento ritual é mais nítido nas iniciações xamânicas. O candidato é "morto" e "operado" pelo colégio dos curandeiros, que substituem seus órgãos internos por órgãos imperecíveis de natureza mineral. Durante esse período, a alma do neófito faz uma viagem dantesca ao céu e ao inferno. Reconstituído, o novo xamã gozará de faculdades especiais.

Na maioria dos complexos míticos relativos à iniciação, a Serpente Arco-Íris desempenha papel importante. É ela que guarda, nos lagos e nas fontes em que mora, aqueles cristais de quartzo que, provenientes da época onírica e do mundo celestial, servem para construir os órgãos minerais do novo xamã. É a serpente aquática Wonambi que, nos desertos ocidentais, "mata" os neófitos. Em Queensland, ela manda-lhes para o corpo um pedaço de pau ou de osso que os curandeiros extrairão alguns dias depois, durante o processo de "reanimação" do futuro xamã. As substâncias mágicas percorrem a distância do céu à terra deslizando sobre o arco-íris. Por isso, temendo-se que os curandeiros não possam apoderar-se dos cristais celestes, proíbe-se o banho num lago ou num charco sobre o qual tenha passado a extremidade do arco-íris.

Entre os aborígines, a morte é vista como o resultado de malefícios. O ritual fúnebre comporta a punição do assassino presuntivo. O morto, como o xamã, viaja para o céu. Mas, ao contrário do primeiro, nunca mais poderá utilizar seu corpo físico.

5.1 *Bibliografia.* M. Eliade, *Religions australiennes*, tr. franc., Paris, 1972; cf. I. P. Couliano in *Aevum* 48 (1974), 592-3; A. P. Elkin, *The Australian Aborigines*, Sydney, 1964 (1938); R. M. Berndt, *Australian Religions: An Overview*, in ER 1, 529-47; C. H. Berndt, *Mythic Themes*, in ER 1, 547-62; S.A. Wild, *Mythic Themes* in ER 1, 562-66; K. Maddock, *History of Study*, in ER 1, 566-70.

# 6

# BUDISMO

6.1 A vasta *literatura* sobre o budismo deve ser classificada segundo a divisão tradicional do *tripiṭaka*, "coleção tríplice" dos *sūtras* (as *logias* do próprio Buda), do *vinaya* (disciplina) e do *abhidharma* (doutrina). Acrescentam-se-lhes numerosos *śāstras*, tratados sistemáticos de autores conhecidos, *jātakas* ou Vidas de Buda, etc.

Subsistem três *tripiṭakas*; um fragmentário dos monges Theravāda do Sudeste Asiático, redigido em páli; um dos Sarvāstivāda e dos Mahāsāṅghika, em traduções chinesas; e, finalmente, as coleções tibetanas (Kanjur e Tanjur), que são as mais completas. Também chegaram até nós numerosos escritos em sânscrito.

Buda recomendara a seus discípulos que se exprimissem em dialeto; o páli, língua do cânon Theravāda, era um desses dialetos (província de Avanti) e não a língua original da prédica de Buda. É por isso que o uso de termos pális nem sempre é cientificamente mais justificável que o de termos em sânscrito búdico, forma de sânscrito que utiliza muitas palavras *prakrits*.

6.2 *Buda*, palavra que significa, em páli e sânscrito, "Iluminado" ou "Desperto", foi, segundo todas as probabilidades, uma personagem histórica. Contudo, em suas Vidas ou *jātakas*, os dados mitológicos predominam a ponto de transformá-lo em protótipo do "homem divino", segundo a tradição indiana (ver *Jainismo*, 21.3) – que pertence a um sistema encontrado também em outras áreas geográficas. Esse sistema apresenta elementos comuns com os *theioi andres* dos gregos e com as biografias míticas mais tardias de outros fundadores de religiões, como Jesus, Mani, etc. Embora seja impossível discenir os elementos históricos, devem ser levadas em conta várias informações, segundo as quais o futuro Buda teria sido filho de um régulo do clã Śākya, no noroeste da Índia. As cronologias de seu nascimento variam de 624 a 448 a.C. Sua mãe morre alguns dias depois do parto, não sem ter sido beneficiada por todas as premonições que lhe anunciavam ter ela dado à luz um ser miraculoso. Segundo as versões docetas do nascimento de Buda, sua concepção e sua gestação foram imaculadas e o parto, virginal. Seu corpo teria revelado todos os sinais de um rei do mundo.

Aos dezesseis anos, Siddhārtha casa-se com duas princesas e leva uma vida sem preocupações no palácio paterno. Mas, saindo três vezes do palácio, toma conhecimento dos três males inelutáveis que afligem a condição humana: velhice, sofrimento e morte. Saindo uma quarta vez, vislumbra o remédio para eles ao contemplar a paz e a serenidade de um asceta mendicante. Ao acordar no meio da noite, os corpos flácidos de suas concubinas adormecidas revelam-lhe mais uma vez o caráter efêmero do mundo. Deixando rapidamente o palácio, entrega-se à ascese, mudando o nome para Gautama. Depois de abandonar dois mestres que lhe ensinam, respectivamente, a filosofia e as técnicas da ioga, pratica um regime de mortificações muito severas em companhia de cinco discípulos. Mas, compreendendo a inutilidade desse tipo de ascese, aceita uma oferenda de arroz e ingere-a. Indignados com essa prova de fraqueza, seus discípulos o abandonam. Sentando-se sob uma figueira, Śākyamuni (asceta do clã dos Śākyas) decide não se levantar antes de ter atingido a Iluminação. É assediado por Māra, que conjuga em si a Morte e o Diabo. Ao alvorecer, vence-o e torna-se Buda, possuidor das Quatro Verdades que, em Benares, passa a ensinar aos discípulos que o haviam abandonado. A primeira Verdade é que tudo é Sofrimento (*sarvaṃ duḥkhaṃ*): "O nascimento é Sofrimento, o declínio é Sofrimento, a doença é Sofrimento", tudo o que é efêmero (*anitya*) é Sofrimento (*duḥkha*). A segunda Verdade é que a origem do Sofrimento é o Desejo (*tṛṣṇa*). A terceira Verdade é que a abolição do Desejo acarreta a abolição do Sofrimento. A quarta Verdade revela o Caminho Óctuplo (*aṣṭapāda*), ou o Caminho do Meio, que leva à extinção do Sofrimento: Opinião (*dṛṣṭi*), Pensamento (*saṃkalpa*), Palavra (*vāk*), Ação (*karmanta*), Meios de existência (*ajīva*), Esforço (*vyayama*), Atenção (*smṛti*) e Contemplação (*samādhi*). As quatro verdades estão próximas da mensagem original de Buda.

Após esse primeiro sermão em Benares, a comunidade (*saṃgha*) de convertidos enriquece-se espetacularmente com brâmanes, reis e ascetas – demais para o gosto do Iluminado, que é obrigado a abrir às mulheres a via do monaquismo. Nessa ocasião ele prevê o declínio da Lei (*dharma*). Ciúmes de rivais e absurdas rixas de monges não são poupados a Buda. Seu primo Devadatta, segundo algumas fontes, teria tentado matá-lo para sucedê-lo. Com a idade de oitenta anos, Buda teria expirado em conseqüência de uma indigestão. Segundo os eruditos, detalhes desse tipo são embaraçosos demais para a religião para que sejam inventados; é, portanto, provável que sejam verdadeiros.

6.3 Depois dos funerais (*parinirvāṇa*), a sucessão do Buda à frente do *saṃgha* cabe a Mahākāśyapa e não a Ānanda, discípulo fiel que, por ter estado durante vinte e cinco anos servindo diretamente ao Iluminado, nunca tivera tempo para estudar as técnicas de meditação e para tornar-se um *arhat*, ou seja, um ser que atingiu o *nirvāṇa* e não mais voltará ao ciclo de reencarnações. Quando Mahākāśyapa convoca os *arhats* para o Concílio de Rajagṛha, Ānanda não é convidado. Retirando-se à solidão, domina rapidamente as técnicas da ioga e torna-se por sua vez um *arhat*. Questionado por Mahākāśyapa, Ānanda recita os *sūtras*, enquanto o discípulo Upali formula as regras da disciplina (*vinaya*).

Qual teria sido, segundo esses veneráveis documentos, a forma original da pregação de Buda?

Ao contrário do que muitos eruditos disseram, o budismo não é "pessimista". Na origem, trata-se de uma doutrina muito característica no conjunto das religiões do mundo, doutrina não afirmativa, mas, em primeiro lugar, *negativa*. O caminho do budismo é o caminho da aniquilação do Eu e, portanto, do mundo dos fenômenos. As certezas permitidas pelo Buda, em sua exemplar desconfiança acerca de qualquer discurso metafísico, são de ordem negativa; por isso os que amam o rigor lógico puderam perceber certo tipo de parentesco entre o método de Buda e o de certos neopositivistas, em especial Wittgenstein.

Neste sentido, o exemplo mais representativo continua a ser o do monge Malunkyaputta (*Majjhima Nikāya*, sūtta 63), perturbado pelo fato de Buda pregar, ao mesmo tempo, "que o mundo é eterno e que o mundo não é eterno, que o mundo é finito e que é infinito, que a alma e o corpo são idênticos e que não são idênticos, que o *arhat* existe depois da morte, que o *arhat* não existe depois da morte, que ele existe e não existe depois da morte, que não existe nem deixa de existir..." Apresentando-se a Buda para ser por ele instruído, obtém a seguinte resposta: "É como se um homem tivesse sido ferido por uma flecha envenenada e, enquanto seus amigos e sua família estivessem diligenciando obter-lhe um médico, esse homem dissesse: 'Não permitirei que me retirem a flecha antes de saber se quem me feriu é um guerreiro, um brâmane, um *vaiśya* ou um *śūdra*... Qual é seu nome e a que clã pertence... Se é alto, médio ou baixo... Se é negro, moreno ou amarelo...'", etc.

Assim também, quando o asceta itinerante Vaccha lhe apresenta todas as teses que acabamos de mencionar e suas antíteses, tentando compreender a doutrina do Buda, este nega ao mesmo tempo teses e antíteses, proclamando-se "livre de qualquer teoria". Diante da perplexidade de Vaccha, que raciocina nos termos de uma lógica simplista (se A não é verdadeiro, então não-A é verdadeiro), Buda pergunta-lhe se ele poderia responder à seguinte pergunta: Para onde vai um fogo que se apagou, para leste, oeste, sul ou norte? A confissão de ignorância de seu interlocutor permite que Buda compare o *arhat* a um fogo extinto: qualquer afirmação concernente à sua existência seria conjectural (*Majjhima Nikāya*, sūtta 72).

Pelo mesmo motivo que o leva à negação de qualquer teoria, Buda opõe-se à doutrina brâmane do *Eu (ātman)* como elemento invariável do agregado humano, sem contudo afirmar o contrário – principalmente que a morte produz a aniquilação completa do *arhat* (cf. *Samyutta Nikāya* 22,85), simplesmente porque, sendo aquilo que se chama "*arhat*", como qualquer outra coisa, mera convenção lingüística (cf. *Milindapañha* 25), não seria possível atribuir-lhe nenhuma existência real. Por isso é que os únicos atores do universo são o Sofrimento e a Extinção:

> Só há sofrimento, não
> há sofredor.
> Não há agente, só há
> o ato.
> O Nirvana é, mas não
> aquele ou aquela que o
> procura.
> O caminho existe, mas não
> aquele ou aquela que nele anda.
> (*Visuddhi Magga*, 16)

Recusando-se a ser levado pela via sem saída da especulação, a pregação de Buda visa essencialmente à salvação. Ao formular a lei da "produção condicionada" (*pratītya samutpada; Samyutta Nikaya* 22,90), Buda diz que todos os processos cósmicos derivam da Ignorância (*avidyā*) e toda salvação provém da cessação da Ignorância: "É a Ignorância (*avidyā*) que produz a Informação Inata (*saṃskāra*); é a Informação Inata que produz a Consciência (*vijñāna*); é a Consciência que produz os Nomes-e-Formas (*nāmarūpa*); são os Nomes-e-Formas que produzem os Seis Órgãos dos Sentidos (*ṣadatyayana*); são os Seis Órgãos que produzem o Contato (*sparśa*); é o Contato que produz a Sensação (*vedanā*); é a Sensação que produz o Desejo (*tṛṣṇa*); é o Desejo que produz o Apego (*upadana*); é o Apego que produz a Existência (*bhāva*); é a Existência que produz o Nascimento (*jāti*); é o Nascimento que produz a Velhice e a Morte (*jaramarana*)." O remédio para a Velhice e a Morte é, portanto, a cessação da Ignorância, que equivale à adoção de Buda, de sua Lei (*dharma*) e de sua Comunidade (*saṃgha*).

O *saṃgha* sofre uma cisão depois de um segundo Concílio ocorrido em Vaiśālī, dando origem ao sistema de seitas budistas que a seguir examinaremos.

O imperador Aśoka (274/268-236/234), neto de Candragupta (*c.* 320-296), fundador da dinastia dos Mauryas, converteu-se ao budismo, enviando missões a Bactriana, a Sogdiana e ao Śri Lankā (Ceilão). O sucesso desta última foi surpreendente, pois os cingaleses permanecem budistas até hoje. De Bengala e do Śri Lankā, o budismo conquista os países da Indochina e as ilhas da Indonésia (séc. I d.C.). Por Caxemira e pelo leste do Irã, propaga-se para a Ásia Central e para a China (séc. I d.C.); da China para a Coréia (372 d.C.); desta para o Japão (552 ou 538 d.C.). Implanta-se no Tibete no século VIII d.C.

De 100 a 250 d.C., desenvolve-se uma nova forma de budismo que tem consciência de formar um meio de libertação superior às doutrinas do passado. Por isso, autoproclama-se *Mahāyāna*, "Grande Veículo", em contraposição ao budismo anterior, que recebe o título de *Hīnayāna*, ou Pequeno Veículo. Ligeiramente depreciativo na origem, esse termo pode ser mantido na cronologia e na taxonomia do budismo, contanto que se lhe subtraia qualquer matiz pejorativo. O processo de formação do Mahāyāna não é inteiramente conhecido, mas uma etapa intermediária (cerca de 100 d.C.) fornece-nos documentos importantes. Por volta do século VII d.C., o Mahāyāna perde vitalidade. Será suplantado pelo budismo tântrico, do qual uma das variantes é o Vajrayāna, ou Veículo de Diamante. O tantrismo propaga-se bem depressa na China (716 d.C.).

O Mahāyāna e o Vajrayāna passam a ser ensinados em centros universitários indianos, sendo os mais importantes Nālandā e Vikramaśīla. Quando estes são destruídos, em 1197 e 1203, pelos conquistadores turcos, o budismo praticamente desaparece da Índia. É impossível explicar o seu desaparecimento em face do islamismo, enquanto o hinduísmo e o jainismo resistiram. Mas, assim como o budismo fora hinduizado, o hinduísmo assimilará numerosas idéias e práticas budistas. Mais adiante (↔ 6.7-10) acompanharemos o destino do budismo na Ásia e no Ocidente.

6.4 Do ponto de vista sistêmico, o *budismo Hīnayāna* representa um caso extremamente interessante, que será preciso comparar com o de outros sistemas com múltiplas ramificações (ou formação de seitas), como o jainismo, o cristianismo e o islamismo. É supérfluo dizer que o conflito doutrinário é uma dimensão fundamental do sistema e que não se deve em absoluto tentar interpretá-lo recorrendo a fórmulas econômicas ou sociopolíticas. Seja lá o que estiver em jogo, o "programa" religioso precede o "jogo", a sua atuação na história humana, e perpetua-se em termos religiosos; suas conseqüências sobre outros subsistemas que formam a história são incalculáveis e, na maioria das vezes, inesperadas.

O sistema hināyāna de seitas é complicado e faltam-nos muitos elos para reconstituí-lo. Entretanto, existe uma dicotomia fundamental, exatamente como nas outras religiões acima mencionadas, entre uma tradição "pobre" e uma tradição "rica", entre uma *tendência antrópica* e uma *tendência transcendental*. A primeira acentua a dimensão humana do fundador; a segunda, sua dimensão divina.

O primeiro cisma do budismo ocorreu em Pāṭaliputra, depois do segundo Concílio de Vaiśālī e antes do reinado de Aśoka. O motivo foi a qualidade do *arhat*, liberto ou exposto à impureza. Nos cinco pontos de controvérsia, a tradição "rica" defende o caráter falível do *arhat*, enquanto a tradição "pobre", mais conservadora, quer que o *arhat* seja perfeito. Quer-se saber se o *arhat* ainda está sujeito às tentações oníricas, se ele ainda abriga resíduos de ignorância ou se tem dúvidas sobre a fé, se pode receber ajuda na busca do saber ou se pode atingir a Verdade Última pela exclamação "Aho!" Os dois partidos chegam a um acordo apenas sobre um dos cinco pontos em litígio, mas a comunidade se divide sobre a questão impossível de dirimir, a da polução noturna dos *arhats*: a maioria do saṃgha (*Mahāsāṃghika*) sustenta que o *arhat* pode ser seduzido pelas deusas no sonho, enquanto os "Anciãos" (*Sthāviras*, donde *Sthāviravādins*) se opõem a essa idéia. Daí por diante, os Sthāviravādins representarão a tendência antrópica e os Mahāsāṃghikas, a tendência transcendental no interior do budismo.

Uma divisão ulterior separa os Sthāviravādins no que se refere ao conceito de "pessoa" (*pugdala*). Qual é a relação desta com os cinco *skandhas* que compõem o ser humano, a saber: *rupa* (qualidades comparáveis às "Formas" aristotélicas), *vedanā* (Sensibilidade), *saṃjñā* (Percepção), *saṃskāra* (Informação Inata) e *vijñāna* (Consciência)? Os Sthāviravādins ortodoxos consideram *pudgala* uma simples convenção lingüística sem nenhuma realidade, enquanto os discípulos de Vātsīputra (os Vātsīputrīyas) afirmam que o *pudgala*, apesar de não se identificar com os cinco *skandhas*, deles não difere; que não está nem entre eles nem fora deles. Entretanto, *pudgala* é uma quintessência que transmigra de corpo para corpo: motivo para que os adversários dos Vātsīputrīyas lhes censurassem a adoção subreptícia do antigo conceito bramânico de ātman (alma) do qual o Buda se desligara.

Cinqüenta anos depois, duas novas escolas surgem do tronco do Mahāsāṅghika: os Ekavyāvahārikas, que acreditam estar o Intelecto, por natureza, acima de qualquer mácula, e os Gokulikas (conhecem-se muitas variantes desse nome), para quem os cinco *skandhas* não têm valor nenhum.

É possível que o último edito do imperador Aśoka Maurya (237 a.C.), cujas simpatias pendiam para os Sthāviravādins, faça alusão à expulsão, da comunidade dos Anciãos, de alguns monges que formarão o núcleo de uma das seitas mais importantes do Hīnayāna: os Sarvāstivādins (de *sarvam asti*, "tudo é"). Na doutrina Sarvāstivāda, todos os *dharmas* ou fenômenos, tanto no passado quanto no futuro, têm existência real. Ao contrário, os Sthāviravādins ortodoxos afirmavam que nem o passado nem o futuro existem, enquanto outra divisão do mesmo tronco, os Kāśyapīyas ou Survasakas, acreditavam que só existem as ações do passado que ainda não produziram efeitos.

A proliferação de *abhidharmas* (comentários aos *sūtras*) contraditórios suscitou quatro novas escolas provenientes dos Vātsīputrīyas: os Dharmottarīyas, os Bhadrayanīyas, os Sammitīyas e os Ṣaṇṇagarika. Apenas o *abhidharma* dos Sammitīyas chegou até nós, e considera o *pudgala* um simples conceito.

É também uma polêmica sobre o *abhidharma* que produz a cisão dos Gokulikas e o surgimento dos Bahuśrutīyas, que já fazem a distinção, importante no Mahāyāna, entre os ensinamentos "terrestres" e os ensinamentos "transcendentes" do Buda, e dos Prajñaptivādins (de *prajñapti*, conceito), para os quais qualquer existência é apenas conceitual.

Mais próximos ainda daquilo que será o Mahāyāna, os Lokottaras ("Transcendentes") desligam-se do tronco do Mahāsāṅghika. Uma vez que, para eles, Buda é inteiramente transcendente (*lokottara*), professam uma forma de docetismo. Aliás, deve-se notar que o sistema de docetismo budista sobrepõe-se quase perfeitamente (mitologias à parte) ao mais tardio elaborado em meio cristão (ou paracristão).

É desnecessário estabelecer aqui a lista de todas as seitas do Hīnayāna. Mencionaremos apenas que os Theravādins, estabelecidos no Śri Lankā em meados do século III a.C. e cujo nome nada mais é que a forma páli do sânscrito Sthāviravādins, são um ramo dos Vibhajyavādins. É impossível reconstituir integralmente o sistema das escolas: as informações são escassas e contraditórias, faltam-nos numerosos elos intermediários. Entretanto, pode-se imaginar que o quadro histórico das seitas sobrepõe-se a uma parte da exploração lógica de todos esses "pacotes de relações" contidos na história do Buda, da comunidade original e da teologia primária proveniente de seu ensinamento. Assim é que outras seitas conhecidas ativam as oposições Buda/*saṃgha, sūtra/abhidharma*, transmigração/não-transmigração dos *skandhas*, etc.

Sejam quais forem as complexas ramificações do sistema, é contudo possível acompanhar a lógica das duas direções: a antrópica e a transcendental. À primeira vista, ao declararem que o *arhat* está acima de qualquer mácula, os Sthāviravādins parecem optar pela segunda tendência. Mas, na realidade, são os Mahāsāṅghikas que, aceitando o caráter falível do *arhat*, deixam de lado a humanidade de Buda: o que conta não é chegar à perfeição por meios humanos; ao contrário, é ser *desde já* perfeito. Seguindo essa tendência desenvolvem-se várias escolas do Mahāsāṅghika, nas quais brotará a maior parte das idéias que darão origem ao Mahāyāna.

6.5 A complexidade do *budismo Mahāyāna* recomenda logo à primeira vista uma abordagem sistêmica; mas descobrir suas conexões é uma operação difícil e delicada que não poderemos realizar aqui.

A doutrina do Mahāyāna aparece inicialmente na literatura dos sūtras da Gnose Transcendente (*prājñāpāramitā*), cujos primórdios devem ser situados em torno do ano 100 d.C. É uma *mudança do ideal de perfeição* que marca a passagem do Hīnayāna para o Mahāyāna. Enquanto o adepto do budismo hīnayāna aspira a tornar-se um *arhat*, ou seja, um ser que não mais sairá do estado de *nirvāṇa* para voltar ao odioso *saṃsāra*, ou ciclo de reencarnações, o adepto do Mahāyāna deseja ser um *Bodhisattva*, ou seja, um ser que, mesmo tendo atingido a Iluminação, sacrifica seu bem-estar ao de toda a humanidade, preferindo manifestar-se no mundo a retirar-se para o *nirvāṇa*. O Bodhisattva não será um *Pratyeka Buddha*, um Buda silencioso, mas um Iluminado que fala, age, socorre os infelizes: nova perspectiva que acreditamos ser influenciada pelas correntes da devoção hindu (*bhakti*).

Embora a compaixão pela humanidade afligida pela ignorância pareça caracterizar o ideal do Bodhisattva, a doutrina do Mahāyāna assume a difícil incumbência de elaborar uma lógica que permita operar, sem contradições, com noções contraditórias. Às vezes é chamada "lógica negativa", mas, na realidade, trata-se de uma lógica não aristotélica que, não reconhecendo o princípio do terceiro excluído, transcende a um só tempo a afirmação e a negação. É perfeitamente possível compreender por que certos espíritos científicos sequiosos de religião acharam recentemente que o Mahāyāna lhes propicia um modelo precioso para compreender os paradoxos da física moderna, já habituada às geometrias não euclidianas e à concepção de múltiplas dimensões do espaço. Na realidade, a sobreposição dos dois sistemas é só aparente: no caso do budismo, é a recusa da alternativa simples (se A não é verdadeiro, então não-A é verdadeiro) que leva a especulações audaciosas, enquanto a física infere suas topologias fantásticas, por um lado, do abandono do postulado euclidiano das paralelas e, por outro, dos visionários da Quarta Dimensão, como Charles Howard Hinton (1853-1907).

A lógica budista do "terceiro possível" tem múltiplas expressões, já a partir de um texto do Mahāyāna primitivo, como o *Saddharmapuṇḍarīka* (Sūtra do Lótus), em que Buda, enquanto ser eterno, não conheceu o "despertar" (a Iluminação). Na realidade, ele não só estava sempre desperto, como também nada há *para o que* despertar, pois o *nirvāṇa* não é substancial. Segundo a escola Yogācāra, o ser transcendente que é Buda pode multiplicar-se indefinidamente para a salvação dos homens, em épocas diversas ou na mesma época. Além do "corpo absoluto" (*dharmakāya*), o Mahāyāna confere-lhe um "corpo etérico" (*saṃbhogakāya*, literalmente "corpo da fruição") no qual o Buda "frui" seus próprios méritos religiosos no paraíso denominado Terra Pura, e, finalmente, um "corpo mágico" (*nirmāṇakāya*), no qual ele se encarna para salvar os seres humanos.

Os paradoxos já presentes nos textos pré-mahāyānos e nos do Mahāyāna primitivo recebem sanção final na obra do quase mítico Nāgārjuna (*c.* 150 d.C.), autor do "sistema do meio", o Mādhyāmika. Acima de tudo, Nāgārjuna exerce um ceticismo ativo em relação a todas as opiniões filosóficas tradicionais (*dṛṣṭi*), praticando a redução ao absurdo (*prasaṅga*). Com esse método, ele refuta o essencialismo de origem brâmane, afirmando que todas as coisas são desprovidas de essência própria e que, por conseguinte, o que existe é vacuidade (*śūnya*). Essa verdade última, que se opõe à verdade aparente e discursiva de todos os dias, implica também a identidade, na vacuidade (*śūnyatā*), do nirvāṇa e do saṃsāra, da existência fenomenal encadeada nos ciclos cármicos e da cessação destes.

Por volta de 450 d.C., a escola Mādhyāmika cindiu-se em um ramo que só conservou a lição negativa de Nāgārjuna (os céticos ou Prasaṅgika) e um ramo que conservou sua lição afirmativa (os Svatantrikas). Penetrando na China e no Japão, o budismo Mādhyāmika desaparecerá nesses países no século X, não sem ter contribuído de modo essencial para o surgimento do budismo Ch'an (Zen, em japonês).

A outra grande escola do Mahāyāna, o Yogācāra, constitui-se a partir de textos intermediários, como o *Laṅkāvatāra Sūtra* e outros, que sustentavam ser o universo uma construção mental e que, por conseguinte, não poderia ser provido de nenhuma "realidade" que não fosse ilusória. A certo Maitreya, personagem histórica ou mítica (na verdade Maitreya é o nome do Buda escatológico por vir), é atribuído um papel fundamental no surgimento do Yogācāra. Mas a difusão de suas doutrinas é obra dos irmãos Asaṅga e Vasubandhu, que desenvolvem a idéia do *citra matra* ("tudo é pensamento"), conferindo-lhe uma base psicocósmica no *ālayavijñāna*, literalmente "consciência etérica", receptáculo no qual todas as experiências ficam acumuladas em forma de escórias cármicas e determinam as existências sucessivas. No Ocidente, essa fora a teoria dominante desde os primórdios do gnosticismo (↔), uma corrente platônica radical. Fora adotada pela maioria dos neoplatônicos depois de Plotino. No

Oriente como no Ocidente, o problema era conseguir "queimar" sem deixar vestígios essas escórias que nos prendem ao cosmo.

6.6 *Budismo tântrico.* De influência hindu e popular, o budismo tântrico suplanta pouco a pouco o Mahāyāna (século VIII), acabando por substituí-lo. São conhecidas várias escolas do budismo tântrico indiano. A mais importante é a Vajraiāna ou "Veículo de Diamante", nome que já implica um simbolismo sexual (*vajra* = falo) que domina a estrutura significativa do tantrismo, sua "linguagem secreta" em vários níveis. De fato, os conceitos tântricos caracterizam-se pela qualidade, própria da serpente mítica que morde a própria cauda, de transmudar-se incessantemente, de tal modo que qualquer texto sempre estará aberto a uma leitura dupla. Por exemplo, *bodhicitta*, "pensamento da Iluminação", é o nome secreto do esperma no plano sexual, e a "Mulher-Gnose" (*prajñā*) é, ao mesmo tempo, a parceira, concreta ou imaginária, de um ato sexual ritual e o condutor central das energias medulo-espinais. Qualquer texto tântrico encerra, assim, duas exegeses possíveis: uma cujo referente é um ritual secreto, que geralmente termina numa união sexual cuja finalidade é obter a Iluminação, e outra cujo referente é metafísico.

6.7 *Budismo no Sudeste Asiático.* O budismo que se implantou no Sudeste Asiático e na Indonésia (onde seria suplantado pelo islamismo) foi o Theravāda, variante do Sthāviravāda propagado pelas missões do imperador Aśoka. Contudo, o budismo indochinês continuou eclético até o século XV d.C., quando a ortodoxia Theravāda proveniente do Śri Lankā (Ceilão) é adotada pelos Estados da Indochina. O budismo cingalês atinge vigor máximo no século XI d.C. É interessante notar que na Birmânia, na Tailândia, no Laos, no Camboja e no Vietnã o Buda não é encarado como pregador da renúncia ao mundo, mas como o *chacravartin*, aquele que gira a roda do Dharma, o Soberano, donde a simbiose entre budismo e o poder político. Esta levaria à construção de monumentos edificantes, simultaneamente enciclopédias e meditações de pedra, que resumem a doutrina e o caminho iniciático que leva à Iluminação.

Diante do colonialismo ocidental, o budismo iria conferir aos povos da Indochina um senso inalterável de sua própria identidade, mas ao mesmo tempo opor-se-ia à modernização inevitável do país. Esse lento processo de erosão do budismo agravou-se depois das revoluções comunistas que abalaram alguns desses países. Pode-se, pois, afirmar que na atualidade o budismo do Sudeste Asiático atravessa uma fase crítica.

6.8 *Budismo chinês*. Por volta do ano 130 já se verifica a presença do budismo em Changan, capital do império Han (206 a.C.-200 d.C.), dominado por um confucionismo (↔) rígido e escolástico. No início, o budismo é visto como uma estranha seita taoísta, sobretudo pelo fato de as primeiras traduções corretas dos textos indianos para o chinês só terem aparecido no fim do século III d.C., com a utilização, aliás, de equivalentes taoístas para traduzir os conceitos da nova religião.

Depois da conquista do Norte pelos hunos, o budismo mantémse no Sul pouco povoado, entre os aristocratas e os letrados, como Hui Yüan (334-416), fundador do amidismo (culto do Buda Amitābha) ou escola da Terra Pura. No século VI, o imperador Wu Liang converteu-se ao budismo, por ele favorecido em detrimento do taoísmo (↔). Mas, já antes dessa época, primeiro o budismo popular e depois o amidismo tinham retornado ao Norte, a despeito da resistência acirrada do confucionismo (↔). Foi no Norte que, no século V, instalou-se o grande tradutor Kumārajīva.

Sob as dinastias Sui e Tang, na China reunificada, o budismo prospera em todas as camadas sociais. Sua difusão capilar é assegurada pela escola Ch'an (Zen em japonês, do sânscrito *dhyāna*, "meditação"), que ensina a imanência do Buda e técnicas especiais de meditação para obter uma iluminação imediata. O Ch'an fala em nome de Bodhidharma, que seria o vigésimo oitavo patriarca do budismo indiano a partir do próprio Buda.

Outra escola muito influente é a T'ien-t'ai (japonês Tendai), fundada na montanha de mesmo nome em Chekiang, por Chih-i (531-97).

As extraordinárias vitalidade e prosperidade do budismo atrairão fatalmente a inveja da corte, provocando perseguições atrozes de 842 a 845: a religião será suprimida, seus santuários serão destruídos e os monges serão obrigados a voltar a ser leigos. É o declínio do poder do budismo chinês, que a partir de então perderá terreno para o confucionismo (↔), que passa a ser doutrina oficial do Estado (século XIV).

Eminentes especialistas em budismo chinês, como Anthony C. Yu, ressaltaram várias vezes que certa sinologia inspirada na ideologia do Iluminismo continua preferindo ignorar a contribuição fundamental do budismo para a cultura chinesa. Um indício da vitalidade do budismo, muito além das perseguições e da perda do poder diante do confucionismo (↔), é representado pelo romance *Hsi-yu chi*, ou *Viagem para o Ocidente*, muitas vezes atribuído ao funcionário Wu Ch'eng-en (século XVI). Da mesma forma que Paul Mus nos legou uma história do budismo na Ásia Meridional a partir da descrição do templo de Borobudur na ilha indonésia de Java, Anthony Yu, em sua magistral tradução integral de *Hsi-yu chi*, apresenta-nos, no fundo, toda a história do budismo chinês, da sua origem indiana e culta, mas também de seu extraordinário desenvolvimento popular. O romance conta os feitos do monge Hsuan-tsang, que, em 627, parte para a Índia para trazer de volta à China escrituras budistas autênticas. Mas Hsuan-tsang, que muitas vezes é objeto da ironia carinhosa do autor, não é o verdadeiro herói da história. Macaco, o ancestral semidivino, possuidor de todos os grandes poderes mágicos, é quem arrebata a atenção do leitor. Personagem majestosa e ao mesmo tempo ridícula, encarna os dois aspectos contraditórios de um passado mítico: a força espiritual e a simplicidade cômica.

6.9 *Budismo na Coréia e no Japão*. O budismo começa a propagar-se da China para a Coréia no século IV d.C., e o primeiro mosteiro budista neste país, que foi chamado o "reino dos eremitas", é erigido em 376. A partir daí, o budismo coreano passa a acompanhar com atenção e a adaptar para si toda a evolução do budismo chinês. Como na China, até o século X as igrejas budistas conhecem uma prosperidade sem limites, paralela à diminuição de sua mensagem espiritual. Exasperados com sua escolástica rígida, os representantes do budismo Shon (Ch'an, jap. Zen) constituirão uma facção independente. Mas esse cisma nacional não é acompanhado pelo declínio do budismo registrado na China depois do século IX. É só mais tarde, com a dinastia Yi (1392-1910), que o confucionismo se torna doutrina de Estado. Mesmo não sendo suprimido, o budismo será submetido a regulamentos severos de 1400 a 1450, sendo formalmente organizado em duas Igrejas, a de meditação Shon e a doutrinária Kyo. Na época moderna, o budismo coreano desenvolveu-se em harmonia com o budismo nipônico.

O budismo intelectualmente mais criativo da atualidade é certamente o japonês. Foi introduzido no Japão a partir da Coréia, durante a segunda metade do século VI, não tendo sucesso no início. A conversão da imperatriz Suiko (592-628), que se torna monja, e de seu sobrinho, o príncipe regente Shotoku (573-621), inaugura uma época de prosperidade para o budismo, que continuará na capital Nara, fundada em 710 (época chamada das "Seis Seitas"). Mais tarde, quando a capital é transferida para Heian (Quioto, 794-868), o budismo é submetido ao controle rigoroso do Estado. É grande a sua expansão nos meios populares durante o xogunato dos Kamakura (1185-1333), através do amidismo ou doutrina da Terra Pura (Jodo), o Paraíso ocidental do Buda Amitābha cujo nome (*nembutsu*) representa uma fórmula simples e eficaz de meditação. Os próprios xoguns Tokugawa (1600-1868), que transferem a capital para Edo (Tóquio), eram adeptos do Jodo, que favoreceram. Mas as *Ordenações* dos Tokugawa (1610-1615) identificam o budismo com o xintoísmo (↔) oficial, submetendo-o a controle governamental rigoroso.

Na Era Meiji (1868-1912), a coexistência pacífica entre budismo e xintoísmo acaba, brusca e brutalmente, com a declaração de ilegalidade do budismo e o movimento chamado *haibutsu kishaku*: "Matem os budistas e abandonem as Escrituras." O apelo não ficará sem resposta: inúmeros religiosos perecerão ou voltarão à laicidade, inúmeros santuários serão destruídos ou transformados em templos xintoístas.

Finalmente, ainda que falássemos há pouco da criatividade intelectual do budismo nipônico contemporâneo, ela não é fruto de uma organização florescente, comparável à das organizações religiosas sem fins lucrativos dos Estados Unidos, por exemplo. De fato, várias reformas, desde 1945, bem como a modernização radical do país, privaram as igrejas budistas de grande parte de sua base econômica tradicional.

A proliferação de doutrinas budistas no Japão, mesmo acompanhando a evolução geral do budismo chinês, não é desprovida de originalidade. Como veremos, certas sobreposições surpreendentes entre o sistema doutrinário cristão e o budista conduzem a problemas comuns, que às vezes serão tratados de maneira análoga pelos reformadores das duas religiões.

Entre as Seis Seitas antigas, é possível identificar algumas com as mesmas discussões doutrinárias que produziram as escolas do budismo indiano. As seitas Jojitsu, Kusha e Ritsu pertencem ao Hināyāna; as seitas Sanron, Hosso e Kegon, ao budismo Mahāyāna.

O Tendai (chinês T'ien-t'ai, da montanha homônima), introduzido no Japão em 806 pelo monge Saicho (767-822), goza da simpatia da corte imperial de Heian. O texto fundamental dessa escola é o *Saddharmapuṇḍarīka*, na tradução de Kamārajīva (406 d.C.); sua tese é a de que todos os seres possuem a natureza do Buda e participam de seu *dharmakāya*.

O Shingon (chinês Chen-yen, do sânscrito *mantra*) é uma forma de tantrismo "da mão direita", ou seja, não sexual, sistematizado pelo monge Kukai (774-835), que viaja para a China (804-806) e é instruído por um mestre indiano de Caxemira. A iconografia do Shingon é particularmente importante na arte religiosa japonesa.

Uma terceira escola, amidista ou Jōdō shū, é fundada pelo sacerdote Honen (ou Genku: 1133-1212).

Finalmente, o Zen (chinês Ch'an, do sânscrito *dhyāna*), que já produzira várias escolas na China, chega ao Japão com duas variantes: o Rinzai Zen, que encontrará numerosos adeptos entre os samurais, introduzido pelo sacerdote Eisai (1141-1215), e o Sōtō Zen, mais meditativo e popular, introduzido pelo sacerdote Dōgen (1200-1253). A composição social dos adeptos das duas escolas está resumida na seguinte fórmula: *rinzai shogun, sōtō domin*, ou seja, Rinzai para os aristocratas, Sōtō para os camponeses.

Essas quatro grandes seitas do budismo japonês adotam posições diversas para com o mesmo problema da graça, que, no Ocidente, provocara a controvérsia entre Pelágio e Agostinho e mais tarde oporia os protestantes aos católicos. O Tendai e o Jōdō, contrariamente ao Zen e o Shingon, são de tendência mais quietista. O Tendai afirma que a iluminação está em nós desde o nascimento; trata-se apenas de encontrá-la. O Jōdō shū, como Agostinho na polêmica contra Pelágio, afirma que ninguém pode obter a Iluminação por seus próprios esforços (*jiriki*), mas que toda salvação provém da graça do Buda (*tariki*). Defrontando com o mesmo problema, Shinran (1173-1262), discípulo de Hōnen e fundador do Jōdō Shinshū ou Verdadeira Seita da Terra Pura, encontra uma solução que se poderia chamar luterana, se não lhe faltasse um termo, fundamental nas especulações de Lutero sobre Agostinho: o da predestinação. Realmente, uma vez que, para Shinran, a salvação é democrática, podem-se encontrar mais analogias entre ele e certos anabatistas, pois ele afirma que todos *já* estão salvos e que, por conseguinte, não é necessário trilhar a via do ascetismo, sendo permitido o casamento.

Em contrapartida, o Shingon afirma o princípio do *sokushin jobutsu*: é possível *tornar-se* Buda no presente imediato, executando-se certos rituais tântricos.

Da mesma forma, o Zen sustenta que é possível chegar à Iluminação por esforços próprios, mas, enquanto o Rinzai prefere recomendar técnicas simples de eficácia imediata, como o *koan*, fórmula paradoxal e muitas vezes acompanhada por gestos inesperados, o Sōtō só tem uma regra: a da meditação em postura sentada (*zazen*).

O Japão possui uma escola nacional de budismo na seita de Nichiren (1222-1282), inicialmente adepto de um Tendai, que logo se tornou estreito demais para seu desejo de reforma. Personalidade de uma intransigência pitoresca e extraordinária, ele ataca violentamente o budismo de seu tempo, acusando-o de decadência; arroga-se, aliás, um direito espiritual direto para exprimir suas críticas, pois está convencido de ser um Bodhisattva ou até vários ao mesmo tempo. Muitas vezes exilado, condenado à morte e depois perdoado, nunca abandona sua cruzada contra os monges, o governo, a época abominável e podre que o viu nascer. Suas mensagens, enviadas do limiar da morte, são suficientemente perturbadoras para garantir-lhe uma enorme popularidade: "Eu, Nichiren", declara ele no *Kaimokusho* ["Despertar para a Verdade", 1272], "fui decapitado entre a hora do Rato e a do Boi, no décimo segundo dia do nono mês do ano passado, e então morreu o idiota em mim. Vim a Sado em espírito e, no segundo mês do segundo ano, escrevi este tratado para enviá-lo a meus adeptos. E como foi ele escrito por um espírito é possível que vos assombreis."

Atualmente o budismo está dividido em um número de escolas que ultrapassa o de todas as outras organizações religiosas do Japão: 162 em 1970.

6.10 *Budismo tibetano*. O budismo monástico indiano, disciplina (*vinaya*) dos Mūlasarvāstivādins, instala-se no Tibete em fins do século VIII; mas já em meados do século IX serão sentidas todas as espécies de influências, provenientes principalmente da China, mas também do tantrismo indiano. No século XI ocorre um renascimento do budismo tibetano com o retorno às fontes indianas: o monge Atīśa, guru (lama) por excelência, é convidado a ir ao Tibete (1042-1054), onde um de seus discípulos será o fundador da ordem monástica Bkagdams-pa; e Marpa, o Tradutor (1012-1096), viaja para a Índia, de onde traz uma forma de tantrismo ascético que lhe fora ensinado por seu guru Naropa (956-1040) e que ele transmitirá, por sua vez, ao famoso Milarepa, guru de Sgam-po-pa, fundador da ordem Bka-brgyud-pa. Um discípulo de Sgam-po-pa, ao fundar a ordem Karma-pa ("Monges negros"), estabelecerá, com base em dados esotéricos, uma linhagem sucessiva de Grandes Lamas. Esse procedimento será adotado por outras ordens, particularmente a dos Dge-lugs-pa ou "Gorros Amarelos" (século XIV), cujo superior, denominado Dalai Lama, obterá, no século XVII, o exercício da autoridade civil no Tibete, ficando a autoridade espiritual a cargo de outro Grande Lama Amarelo residente no mosteiro de Tashilumpo.

Estabelecer distinções doutrinárias entre essas ordens "ortodoxas" e seus múltiplos ramos seria empresa ambiciosa demais para o âmbito desta obra. Ao lado delas, constituem-se em ordem os praticantes da religião pré-budista (↔ 29) Bon (Bon-po) e os budistas Antigos (Rñin-ma-pa), cujo primeiro guru seria Padmasambhava (século VIII) e cujas práticas e doutrinas precedem, na maioria dos casos, o renascimento do século XI.

Os Bon-pos são francamente heterodoxos, excluídos do conjunto das ordens budistas dominadas pelos Gorros Amarelos. Se aspiraram a fazer parte delas foi porque suas doutrinas se constituíram dialeticamente quando da primeira penetração do budismo no Tibete. Os Bon-pos recorrem ao argumento da antiguidade, de uma origem sagrada nas brumas do país mítico ocidental Shambhala (Tazig) e de um Buda próprio que não é o impostor Śākya-muni. Suas práticas xamânicas e mágicas influenciaram muito os Antigos (Rñin-ma-pa ou Monges Vermelhos, uma das duas ordens que ostentam essa cor), que a reforma dos Gorros Amarelos, organização fundada por Tsong-ka-pa (1357-1419) encontra às voltas com o laxismo e as superstições mágicas.

Em razão dessa oposição aos Monges Vermelhos que marca a constituição da ordem mais forte do budismo lamaico do Tibete, não é surpreendente ver que os monges Amarelos não estarão dispostos a aceitar a autenticidade das doutrinas dos monges Vermelhos, enquanto outras ordens serão mais tolerantes com eles. A situação será também complicada pela prática, comum entre os Antigos e os Bon-pos, de revelar a existência de "tesouros enterrados" (*gter-ma*), apócrifos atribuídos ao próprio Padmasambhava ou a outros veneráveis mestres, e "descobertos" em lugares ocultos ou simplesmente nas profundezes insondáveis do espírito de algum indivíduo. As escolas do budismo tibetano podem ser classificadas entre esses dois extremos representados pelos monges Amarelos e pelos Vermelhos.

O budismo lamaico tornou-se religião de Estado em outro país, a Mongólia, onde se propagou em duas vagas: no século XIII e no século XVI.

6.11 *Bibliografia*. Sobre o budismo em geral, ver. Eliade, H. 2/147-54; 185-90; F. E. Reynolds e Ch. Hallisey, *Buddhism: An Overview,* in ER II, 334-51; F. E. Reynolds, *Guide to the Buddhist Religion*, Boston, 1981; Edward Conze, *Buddhism. Its Essence and Development*, N. York, 1959.

Sobre o Buda, ver F. E. Reynolds e Ch. Hallisey, *Buddha*, in ER II, 319-32; André Bareau, *Recherches sur la biographie du Bouddha dans les Sutrapitaka et les Vinayapitaka anciens*, 2 vols., Paris, 1963-1971.

Sobre a história do budismo indiano, ver L. O. Gómez, *Buddhism in India*, in ER II, 351-385; Étienne Lamotte, *Histoire du Bouddhisme indien des origines à l'ère Śaka*, Louvain, 1958; A. K. Warder, *Indian Buddhism*, Delhi-Patna-Varanasi, 1970; John S. Strong, *The Legend of King Aśoka. A Study and Translation of the Asokavadana*, Princeton, 1983.

Sobre as seitas do Hīnayāna, ver A. Bareau, *Buddhism, Schools of: Hīnayāna Buddhism*, in ER II, 444-57; André Bareau, *Les Sectes bouddhiques du Petit Véhicule*, Saigon, 1955; do mesmo autor, *Les Premiers Conciles bouddhiques*, Paris, 1955; Nalinaksha Dutt, *Buddhist Sects in India*, Calcutá, 1970.

Sobre o budismo Mahāyāna, ver Nakamura Hajime, *Buddhism, Schools of: Mahāyāna Buddhism*, in ER II, 457-72.

Sobre o budismo tântrico, ver A. Wayman, *Buddhism, Schools of: Esoteric Buddhism*, in ER II, 472-82.

Sobre o budismo no Sudeste Asiático, ver D. K. Swearer, *Buddhism in SE Asia*, in ER II, 385-400; sobre as noções fundamentais do budismo cingalês, ver Nyantiloka, *Buddhist Dictionary. Manual of Buddhist Terms and Doctrines* (1952), Colombo, 1972; sobre a simbiose do budismo com o poder real na Tailândia, ver S. J. Tambiah, *World Conqueror and World Renouncer. A Study of Buddhism and Polity in Thailand against a Historical Background*, Cambridge, 1976.

Sobre o budismo chinês, v. E. Zürcher, *Buddhism in China*, in ER II, 414-26; S. Weinstein, *Buddhism, Schools of: Chinese Budhism*, in ER II, 482-87; Arthur F. Wright, *Buddhism in Chinese History*, Stanford-Londres, 1959; Paul Demiéville, *Le Bouddhisme chinois*, Paris, 1970; Kenneth K. S. Ch'en, *The Chinese Transformation of Buddhism*, Princeton, 1973; W. Pachow, *Chinese Buddhism: Aspects of Interation and Reinterpretation*, Lanham MD 1980. A tradução integral do romance *Viagem para o Ocidente* se deve a Anthony C. Yu, *The Journey to the West*, 4 vols., Chicago, 1977-1983; do mesmo autor, ver *Religion and Literature in China: The "Obscure Way" of the Journey to the West*, in Ching-i Tu (Ed.), *Tradition and Creativity: Essays on East Asian Civilization*, New Brunswick-Oxford, 1987, 109-154; e *"Rest, Rest, Perturbed Spirit!" Ghosts in Traditional Chinese Prose Fiction*, in *Harvard Journal of Asiatic Studies* 47 (1987), 397-434.

Sobre o budismo coreano, ver R. E. Buswell, Jr., *Buddhism in Korea*, in ER II, 421-6. Sobre o budismo no Japão, ver Tamaru Noriyoshi, *Buddhism in*

*Japan*, in ER II, 426-35; Araki Michio, *Buddhism, Schools of: Japanese Buddhism*, in ER II, 487-93; Joseph M. Kitagawa, *Religion in Japanese History*, N. York, 1966; *Japanese Religion. A Survey by the Agency for Cultural Affairs*, Tóquio-N. York-S. Francisco, 1972; E. Dale Saunders, *Buddhism in Japan. With an Outline of its Origins in India*, Filadélfia, 1964; *A Short History of the Twelve Japanese Buddhist Sects* (Tóquio, 1886). Traduzido do original japonês por Bunyin Nanjio, Washington, 1979. Sobre o Shingon, ver Minoru Kiyota, Shingontsu, in ER XIII, 272-8; sobre Shinram, ver A. Bloom, *Shinran*, in ER XIII, 278-80; sobre o Zen, ver especialmente *Essais sur le Bouddhisme Zen* de D. T. Suzuki, traduzidos para o francês sob a direção de Jean Herbert, Paris, 1972 (1940). Uma boa coletânea de textos dos grandes fundadores do budismo japonês é *Honen, Shinran, Nichiren e Dogen, Le Bouddhisme japonais. Textes fondamentaux de quatre moines de Kamakura*. Prefácio e tradução francesa de G. Renondeau, Paris, 1965. *O Despertar para a Verdade*, de Nichiren, foi traduzido para o inglês por N. R. M. Ehara, *The Awakening to the Truth or Kaimokusho*, Tóquio, 1941 (em francês, com o título de *Traité qui ouvre les yeux*, em Renondeau, 190-296).

Sobre Kukai, ver Thomas P. Kasulis, *Reference and Symbol in Plato's Cratylus and Kukai's Shojijissogi*, in *Philosophy East and West* 32 (1982), 393-405.

Sobre o budismo no Tibete, ver H. Guenther, *Buddhism in Tibet*, in ER II, 406-14; D. L. Snellgrove, *Buddhism, Schools of: Tibetan Buddhism*, in ER II, 493-98; Giuseppe Tucci, *The Religions of Tibet*, Berkeley, 1980. Para uma nova classificação doutrinária, ver Matthew Kapstein, *The Purificatory Gem and its Cleansing: A late Tibetan polemical discussion of apocryphal texts*, in *History of Religions*, 1989. Sobre o budismo mongol, ver W. Heissig, *Buddhism in Mongolia*, in ER II, 404-5.

# 7

# Religião do CANAÃ

7.0 Os povos das planícies da Síria e da Arábia estiveram em migração perpétua durante milhares de anos. Uma população de língua semítica apareceu na Palestina antes de 3000 a.C., na chamada Idade do Bronze Antiga. Por volta de 2200 a.C., as invasões dos amoritas provocaram novas mudanças nas estruturas socioculturais, situação essa que se repetiu com a chegada dos israelitas no fim do segundo milênio. Na costa do Mediterrâneo, os cultos agrícolas misturavam-se aos panteões celestes dos pastores nômades. Além dos santuários e das estatuetas encontradas nas escavações arqueológicas, nossas fontes referentes às tradições religiosas desses povos resumiram-se, durante muito tempo, às informações fragmentárias e muito polêmicas contidas no Antigo Testamento, a algumas inscrições cuneiformes de Mari e Tell el-Amarna e a algumas passagens de autores helenistas e romanos. Em 1929, as escavações de Ras Shamra trouxeram de volta à luz a antiga cidade de Ugarit, representante da civilização cananéia no fim da Idade do Bronze (*c.* 1365-1175 a.C.).

Situado na costa da Síria, o porto de Ugarit existia desde o início do segundo milênio. Por volta de 1350 a.C. surgiu uma escrita cuneiforme, feita por incisão de um estilete em argila úmida. Antes que a invasão dos povos marítimos, em cerca de 1175 a.C., destruísse aquela civilização, numerosos textos foram imortalizados dessa maneira, compreendendo inscrições votivas, feitiços, orações, listas de deuses e, sobretudo, antigos mitos de idade indeterminada.

7.1 No pináculo do *panteão de Ugarit* está o deus El, criador do universo e pai dos deuses, transcendente e benévolo, mas distante e impotente nos assuntos humanos, nos quais foi substituído pelo implacável Baal, filho de Dagon, deus da tempestade que se assemelha à divindade mesopotâmica Adad. Os escribas e a tradição popular reconhecem mais de um El e mais de um Baal, e seus nomes significam, genericamente aliás, "deus" e "senhor". Certos Elim e Baalim eram, provavelmente, distinguidos por seus locais de culto; outros, em virtude de qualidades especiais que lhes eram atribuídas. Baal é o Poderoso, o Alto, o Cavaleiro das Nuvens, o Príncipe, Senhor da Terra. Nos textos míticos, seus inimigos são Yamm (o "Mar"), os "Vorazes" maléficos e Mot (a "Morte") cuja vitória sobre ele é temporária.

A esposa de El é a deusa-rainha Asherah (Athirat), que tem atributos marinhos. Mais ativa é Anat, irmã ou esposa de Baal, poderosa deusa do Amor e da Guerra, às vezes representada em pé, sobre o dorso de um leão. Reunidas na pessoa de Ashtart-wa-Anat, as duas deusas iriam mais tarde transformar-se na divindade síria Atárgatis, cujos atributos marinhos e culto da fertilidade resistirão até os primórdios do cristianismo. Entre os outros deuses de Ugarit, há Arswa-Shamem (Terra-e-Céu), um deus e uma deusa lunares, algumas filhas de deuses: a estrela matutina e a estrela vespertina (Vênus), Kothar o ferreiro, Rashap o mau e outros deuses trazidos de fora. Os ancestrais, principalmente os pertencentes a uma linhagem real, eram deificados e cultuados, paralelamente a toda uma assembléia de divindades inferiores sem nomes individuais.

7.2 *O culto cananeu*, tal como pode ser reconstituído a partir das estatuetas de metal e de terracota, concentrava-se em dois casais divinos: El e Athirat, soberanos do outro mundo, e Baal e Anat, soberanos deste mundo. A cidade de Ugarit abrigava os templos de Baal e de Dagon, e provavelmente também de outros. Os grandes templos, que possuíam rebanhos e depósitos de azeite e de vinho, deixaram mais vestígios que os pequenos santuários dos cultos populares. O rei e a rainha presidiam ao culto do Estado e participavam ativamente dos rituais, das festas e das preces para obter a proteção divina para a cidade. Os sacerdotes (*khnm*, que corresponde ao hebreu *kohanim*) e os funcionários religiosos chamados *qdshm* eram encarregados dos templos e das cerimônias de culto, que compreendiam oferendas, sacrifícios, purificações e os cuidados prestados à estátua da divindade.

Outros especialistas cuidavam do culto dos mortos, cujo evento principal era uma cerimônia orgiástica. Os funerais eram acompanhados por um banquete ao qual se atribuía o poder de apaziguar os mortos. Havia sacerdotes cuja função era divinatória e exercitavam-se em moldagens de fígados em argila, como os encontrados em Mari, na Mesopotâmia. As pessoas comuns provavelmente recorriam à magia e às invocações propiciatórias.

7.3 *A mitologia ugarítica* é totalmente impregnada pelas lutas pelo poder entre El e Baal e entre este e seus adversários. Entre esses conflitos, um dos mais conhecidos é o combate entre Baal e a divindade aquática Yamm, representada ora como ser humano, ora como monstro marinho. Encorajado pelo pai El, Yamm prepara-se para expulsar Baal do trono, mas este, com a ajuda das armas mágicas fabricadas por Kothar, o ferreiro divino, acabará por vencer o duelo. O combate lembra, evidentemente, a derrota do monstro marinho Tiamat, vencido pelo deus mesopotâmico Marduque, segundo a quarta tábua da Gênese babilônica, *Enuma Elish*, assim como a vitória de Javé (Jeová) sobre o mar em certos Salmos e em Jó 26,12-13.

Quando a deusa Anat mostra seu poder em combate, Baal envia-lhe um convite à paz e, como no *Enuma Elish*, informa-lhe de seu desejo de ganhar um templo para ser adorado. Anat consegue a autorização de El e constrói-se um grande templo para Baal.

Outro combate opõe Baal a Mot, a Morte, outro rival descendente de El. No esquema da natureza, o reino de Baal está associado à fertilidade e à abundância, enquanto o reino da morte significa seca e fome. Depois de trocarem mensageiros, que visitam Mot em seu abrigo de lodo e imundície, Baal aceita ir até o mundo inferior, cercado por seu cortejo de chuva, vento e nuvens. Aqui uma lacuna interrompe a seqüência da narrativa. Quando esta é retomada, Baal está morto, causando assim o desespero de El e Anat, pois nenhum filho de El tem capacidade para subir ao seu trono. Depois de enterrar Baal, Anat reencontra Mot e, literalmente, pulveriza-o: retalha-o, esmaga-o, grelha-o, tritura-o e depois o espalha pelos campos para que seja comido pelos pássaros. A relação entre esses episódios é obscura, mas, depois do esquartejamento de Mot, El sonha que Baal e a prosperidade voltarão ao país, o que realmente acontece. Por sua vez, Mot não é eliminado; mas, sete anos depois, Baal terá sobre ele uma vitória decisiva, que lhe restituirá o reinado para toda a eternidade.

Os textos de Ugarit também contêm narrativas de Kirta e Aqhat. Ambas se iniciam com o episódio de um rei justo afligido pela esterilidade, tema retomado pelo Antigo Testamento. Os deuses põem fim ao seu desespero, mas a partir daí imiscuem-se no destino dos seres humanos. Anat decide a morte de Aqhat, o filho desejado, quando este a insulta e nega-lhe seu arco mágico. Kirta ganha uma esposa em combate, mas esquece sua promessa a Asherah e adoece. Mais tarde, um de seus filhos o acusará de injustiça no governo do reino.

Apesar das lacunas do texto, essa literatura permite-nos lançar um olhar sobre o mundo histórico, mitológico e religioso que os israelitas acabarão por ocupar e cujo reflexo transmitirão à cultura ocidental.

7.4 *Bibliografia.* Eliade, H 1/48-52; A. M. Cooper, *Canaanite Religion: An Overview*, in ER 3, 35-45; M. D. Coogan, *The Literature*, in ER 3, 45-68.

Os textos estão disponíveis na tradução francesa de André Caquot e outros, *Textes ougaritiques*, Paris, 1974. Os diversos aspectos dessa literatura estão ilustrados em: Roland de Vaux, *Histoire ancienne d'Israël, des origines à l'installation en Canaan*, Paris, 1971; P. Garelli, *Le Proche-Orient asiatique des origines aux invasions des Peuples de la Mer*, Paris, 1969; G. Saadé, *Ougarit: Métropole cananéenne*, Beirute, 1979; J. M. de Tarragon, *Le Culte à Ugarit*, Paris, 1980.

# 8

## Religião dos CELTAS

8.1 *População e língua.* Os celtas aparecem na história no século V a.C. e instalam-se numa área que vai da Península Ibérica à Irlanda e à Inglaterra, até a Ásia Menor (Galácia).

Identificam-se com a chamada "Cultura de La Tène", ou Segunda Idade do Ferro. Sua expansão é barrada pelos germanos, romanos e dácios. Em 51 a.C., César conquista a Gália. Alguns celtas mantêm-se ainda, sob domínio estrangeiro, na Inglaterra e na Irlanda. Hoje, as línguas célticas já não são faladas fora da zona insular (irlandês, gaélico, galês) e na costa bretã, oriunda da Inglaterra e não dos antigos gauleses.

8.2 *Fontes.* Uma vez que os druidas eram proibidos de fixar seus conhecimentos secretos por escrito, não há documentos diretos referentes à Gália, além dos monumentos influenciados pela arte romana. Em compensação, as fontes indiretas, de Júlio César a Diodoro da Sicília e Estrabão, são abundantes.

A situação é diferente no caso dos celtas insulares, cujas informações diretas são abundantes, mas provêm, em geral, de fontes medievais às vezes influenciadas pelo cristianismo. Vários manuscritos irlandeses do século XII d.C. registram por escrito antigas tradições. Duas famosas coleções do século XIV, o *Livro Branco de Rhydderch* e o *Livro Vermelho de Hergest*, contêm tradições galesas, como as da coletânea chamada *Mabinogi*.

8.3 *A religião da Gália* só chegou ao nosso conhecimento por meio da interpretação dada pelos romanos. César menciona um deus supremo que identifica com Mercúrio e quatro outros deuses, respectivamente identificados com Apolo, Marte, Júpiter e Minerva. Embora esse depoimento seja muito controvertido, parece ter fundamento à luz da arqueologia. Mercúrio deve ser o deus, de que restam várias estatuetas, que os irlandeses chamam Lug. Seu nome permaneceu em muitos topônimos.

Como os celtas ofereciam vítimas humanas a três divindades (Teutates, Esus e Taranis), cada uma delas poderia, a rigor, ser o Marte de Júlio César. Teutates parece antes um nome genérico que significa "deus da tribo" (cf. irlandês *tuath*, "pequeno reino tribal").

Há vários concorrentes ao título de Apolo e a escolha não é fácil. São mais de quinze nomes, como Belenus, Bormo, Grannus, etc.

O Júpiter gaulês era o ancestral mítico dos druidas. Não foi identificado.

Minerva identificava-se com várias divindades locais, como mostram a iconografia e as inscrições votivas. Na Irlanda, uma dessas divindades era Brigit, associada à poesia, à medicina, à técnica. Sua personalidade mítica e sua festa sobreviveram sob o disfarce da Santa Brígida cristã (Brigit de Kildare).

Os monumentos iconográficos conservam o aspecto e o nome de várias outras divindades, como os deuses silvestres Sucellus e Nantos, e sobretudo o deus Cernunnos ("chifrudo"), que tem chifres de cervo.

8.4 *As tradições irlandesas* contam-nos a história mítica da ilha desde o dilúvio. Os primeiros imigrantes sofrem ataques constantes dos Fomóirés, seres malvados vindos do além-mar. Uma nova vaga de imigrantes traz as leis e a sociedade civil. São seguidos pelos Tuathas Dê Danann, "as tribos da deusa Dana", iniciados no saber mágico e possuidores de vários objetos mágicos (a lança de Lugh que garante a vitória, a espada inexorável do rei Nuada, o caldeirão inesgotável de Dagda e uma pedra que serve para escolher o verdadeiro rei). Os Tuathas Dê Danann são conduzidos pelo deus Lugh em pessoa na grande batalha de Magh Tuiredh contra a raça dos Fomóirés que, vencida, será banida para sempre da Irlanda. Foi depois dessa batalha que chegaram à ilha os primeiros celtas, provenientes da Espanha. Seu vidente Amharghin, que sabe, por seu poder oculto, neutralizar a legítima prudência dos Tuathas diante dos recém-chegados, põe assim os pés na terra irlandesa. Mas as relações entre celtas e Tuathas sempre serão tensas, como mostram as diversas batalhas que travam entre si. Finalmente, os Tuathas retiram-se para o mundo subterrâneo e cedem o espaço visível aos celtas.

8.4.1 Na Irlanda, *a instituição druídica* estava associada a Uisnech, o "centro" do país, lugar consagrado onde provavelmente ocorriam as grandes festas periódicas.

A realeza céltica era sagrada. Era obtida depois do contato sexual do futuro rei com a deusa representante de seu reino ou com uma substituta da Grande Deusa eqüina (Rhiannon, a Épona gaulesa, etc.). De fato, em sua *Topografia da Irlanda* (século XII), Gérard de Cambrai fala da sagração do rei irlandês, cuja cena principal seria o acasalamento público do futuro rei com uma égua branca cuja carne cozida serviria em seguida de refeição para a assembléia.

8.4.2 O chamado *ciclo heróico de Ulster* tem como protagonista o jovem Cuchulainn, que mora na corte do rei Conchobar, em Ulster. A rainha Medhbh de Connacht envia um exército para apoderar-se do touro marrom de Cuailnge e o povo de Ulster, enfeitiçado, não é capaz de opor-lhe resistência. Mas Cuchulainn lutará sozinho contra o exército de adversários, e um combate feroz entre o touro retinto de Cuailnge e o touro de Connacht porá fim à epopéia. A carreira do semideus Cuchulainn será breve, pois seus inimigos o matarão por meios mágicos.

Outro herói mítico é Fionn mac Cumhail, chefe do Fian, confraria de iniciados guerreiros. Como Cuchulainn, Fionn possui poderes mágicos, que utiliza para eliminar as forças sobrenaturais que ameaçam sua terra.

8.5 *As tradições galesas* estão preservadas em primeiro lugar numa coletânea impropriamente chamada *Mabinogi*, constituída por narrativas compostas, muito provavelmente, durante os séculos XI e XII d.C. Entre as onze peças contidas no *Livro Vermelho de Hergest* (cerca de 1325), duas são sem importância e três parecem resumir a matéria de três romances arturianos, ainda bastante recentes na época, de Chrétien de Troyes (século XII). Os outros contêm o que foi chamado de "mitologia céltica decadente", cujas personagens são deuses difíceis de classificar. Um deles, Pwyll, tem relações curiosas com o outro mundo, onde, aliás, ele reina durante um ano. Sua mulher é a deusa eqüina Rhiannon, uma variante de Épona, identificada, na época do sincretismo romano, com a deusa grega Deméter-Erínis, que se transforma em égua para fugir dos assaltos de Poseidon, que, por sua vez, transforma-se em cavalo (Poseidon Hippios) para unir-se a ela. Dessa união nascem Perséfone e o cavalo Aréion (*Pausânias* 8.25,5-7). A variante veda (*Rigveda* 10.17,1-2) indica-nos que se trata de um mito indo-europeu. Nos três casos, a progenitura da deusa é humana e eqüina, o que é confirmado na mitologia irlandesa (*Noínden Ulad*).

Outras narrativas galesas contêm tradições denominadas "xamânicas" pelos eruditos, cujo protagonista é Cei, que se transformará no lúgubre senescal Key do ciclo arturiano. Finalmente, o protótipo galês de Merlin é o poeta-mágico Taliesin, que se vangloria de possuir "todas as artes mágicas da Europa e da Ásia". Mas outras personagens como Math, Gwyion filho de Dôn (= deusa Dana), Llwyd, etc. também são capazes de façanhas fabulosas.

8.6 *Bibliografia*. Eliade, H 2/169-72; P. Mac Cana, *Celtic Religion*, in ER 3, 148-66.

Sobre a mitologia gaélica, ver P. K. Ford, *The Mabinogi and other Welsh Tales*, Berkeley-Los Angeles-London, 1977, e I. P. Couliano in *Aevum* 53 (1979), 398-401.

# 9

# CONFUCIONISMO

9.1 *O cânon* confucionista repousa nos seis "clássicos" (*ching*): o *I Ching* ("Livro das Mutações"), o *Shih Ching* ("Livro das Odes"), o *Shu Ching* ("Livro da História"), o *Li Chi* ("Livro dos Ritos"), o *Yueh Ching* ("Livro da Música") e o *Ch'un-ch'in* ("Anais da Primavera e do Outono"). O próprio Confúcio parece ser o autor do último. Os oráculos do *I Ching* eram conhecidos por ele, que, provavelmente, fez-lhes um comentário. No século XII d.C., o *Livro da Música*, que sempre fora fragmentário, foi substituído por um texto ritual, o *Chu Li* (Ritos de Chu). As máximas de Confúcio são conhecidas com o nome de *Analectos* (*Lun yu*). Subsiste uma versão sua do século II a.C.

9.2 *Confúcio* é o nome latinizado de K'ong Fu-tse ("Mestre K'ong"), fundador do confucionismo. Seu nome verdadeiro seria K'ung Ch'iu e teria nascido em meados do século VI a.C. na província de Chan-Tung, onde seu pai pertencia à aristocracia militar inferior. Sua educação e seus primeiros passos foram modestos. Ele gostava dos rituais e da música, mas isso não lhe rendeu nenhuma função pública. Foi só aos cinqüenta anos que se tornou funcionário, mas abandonou o cargo ao fim de um ano. Essa situação repetiu-se em vários outros Estados. Finalmente, voltou à terra natal para exercer um emprego público humilde e dedicar-se ao ensino de um grupo restrito de discípulos de poucas posses, que ele tentava transformar em *jens*, seres humanos perfeitos. O modelo que se poderia utilizar para dar uma idéia do *jen* não é o cavaleiro medieval, mas o *gentleman* que sobressai pela correção formal em todas as circunstâncias da vida, das mais corriqueiras às mais inesperadas. O que garante às coisas seu caráter próprio (*li*), às situações sociais sua continuidade, ao homem sua posição no conjunto da sociedade, é o *ritual*.

A moral confuciana, que se tornará a base do Império Chinês até 1911, não era aristocrática, mas burguesa. Não consolidava os privilégios do nascimento, mas os da educação e do comportamento formal; não favorecia os ímpetos do militar, mas a paciência do funcionário.

9.3 *Doutrina*. Embora o confucionismo faça parte das Três Religiões que constituem a herança tradicional dos chineses, é lícito perguntar se é, propriamente, uma "religião".

Aparentemente não. Sua vocação é *desmitologizar* as crenças chinesas: os seres sobrenaturais transformam-se em virtudes, o Céu deixa de ser um deus mas continua sendo um princípio que garante a ordem, etc. Em certo sentido, a crítica confuciana da religião tradicional assemelha-se à do budismo (↔ 6), mas, ao contrário deste, não se preocupa com a "salvação" do indivíduo, pelo simples motivo de que não há na vida social nada de que se deva ser salvo e, portanto, ninguém para salvar. "Quando se é incapaz de servir a seres humanos, como se pode servir a seres espirituais?" significa que é preciso abandonar a busca da realidade invisível. "Se não conheces a vida, como conhecerás a morte?" desencoraja as pessoas que têm alguma inclinação pelos segredos do além.

Ao contrário do budismo, que cria uma poderosa organização, com suas hierarquias de monges e leigos, o confucionismo não tem sacerdotes. Os oficiantes do ritual são os *jus*, letrados-burocratas que preenchem, mediante exame oficial, todos os cargos disponíveis da administração imperial, central e provincial. É difícil chamar "religião" a esse culto formal executado mecanicamente por não-sacerdotes para não-divindades nas quais eles não crêem!

Se não é uma religião no sentido comum do termo, o confucionismo tampouco é um sistema filosófico. Sua cosmologia, elaborada por Tung Chung-shu (176-104 a.C.), Primeiro Ministro do Imperador Wu-ti (140-87 a.C.) da dinastia Han, é rudimentar e feita de taoísmo. A lógica, assim como a mitologia, não interessa a Confúcio, cuja preocupação principal é encontrar o Caminho (*Tao*) do Meio na sociedade humana e nas ações individuais, o Caminho que garanta o equilíbrio entre a vontade da Terra e a vontade do Céu. Esse "Céu", é preciso esclarecer mais uma vez, não é uma divindade, mas um princípio universal onipresente, oculto e indefinível, cujas operações "não fazem barulho e não têm cheiro".

Mesmo perseguindo um objetivo salutar, o confucionismo não é uma soteriologia religiosa. Na realidade, o confuciano não tem uma concepção negativa do mundo, como o budista ou o cristão; ele não entende a imortalidade, a exemplo do taoísta, como algo que pode ser adquirido individualmente, mas como um objetivo já alcançado pela sucessão natural das gerações; ele não tem uma relação direta, às vezes problemática e dolorosa, com Deus, como o judeu, e não treme diante do Céu como o muçulmano diante de Alá. O confucionismo não atribui ao ser humano nenhuma outra finalidade além daquela de tornar perfeita a sua humanidade (*jen*) cumprindo seus deveres segundo o que é apropriado e correto (*li*): *o pai deve ser pai, e o filho deve ser filho.*

Na realidade, a sociedade humana deve ser regida por um movimento educativo que parte de cima e corresponde ao amor paterno (por um *filho*) e um movimento de reverência que parte de baixo e equivale à piedade filial, único dever confuciano cujo caráter absoluto parece ter cunho quase passional. Infringir a regra da piedade (para com a família, o chefe, a pátria, o imperador, etc.) é a única definição do sacrilégio, segundo o confuciano. É evidente que tal ideologia paternalista poderia degenerar mais facilmente que outras em obediência cega aos interesses de um Estado totalitário.

9.4 *A história do confucionismo* na China é marcada, principalmente no início, pelas doutrinas dos filósofos Meng-tseu (Mêncio, século IV-III a.C.) e Hsun-tseu (século III a.C.). O primeiro acredita na bondade intrínseca da natureza humana; o segundo, em sua maldade inerente. O primeiro acredita que as regras e os rituais são interiorizados e exprimem sinceramente a vontade individual; o segundo, que eles não passam de submissão não desejada às coações sociais. O primeiro acredita que os sentimentos do rei para com o povo são paternais; o segundo, que o rei não tem sentimentos. Entre os dois há a mesma distância que separa o sombrio Agostinho do otimista Pelágio (↔ 10.4.7) ou Emmanuel Kant de Jean-Jacques Rousseau. A mecânica impessoal de Hsun-tseu triunfa inicialmente na escola legalista da dinastia Ch'in (221-207 a.C.) e sob os Han (206 a.C.-220 d.C.). Mais tarde, porém, sob os Sung (960-1279), o pensamento de Mêncio torna-se tão influente que ele acaba por ser considerado o "Segundo Sábio", único continuador legítimo de Confúcio. É assim que, contrariamente ao que se pode observar no Ocidente, onde as doutrinas pessimistas sobre a natureza humana são reiteradas por Agostinho, Lutero e Kant, na China a doutrina da bondade da natureza humana triunfa com o confucionismo de Han Yu (768-829 d.C.), filósofo que reabilita Mêncio na época Tang (618-907 d.C.).

O movimento conhecido com o nome de neoconfucionismo começa na época Sung. Reinterpreta a noção de *li* ("princípio") em termos ontológicos e desenvolve especulações cosmológicas. Os principais representantes do neoconfucionismo são os Cinco Mestres Sung do Norte (Shao Yung, 1011-1077; Chu Tun-i, 1017-1073; Chang Tse, 1020-1077; e os irmãos Ch'eng Hao, 1032-1085, e Ch'eng I, 1033-1107), seguidos por Chu Hsi (1130-1200), que realiza uma síntese metafísica original a partir da obra de seus predecessores. Em vida, Chu Hsi tem de vencer a oposição doutrinária de um colega do sul, Lu Hsiang-shan (1139-1193). Encontram-se duas vezes em 1175, mas continuam a criticar-se sem chegar a qualquer solução comum. Suas controvérsias têm uma estranha semelhança com as do nominalismo ocidental, mais ou menos na mesma época. Chu Hsi não tem igual como mestre da tradição confuciana. Do início do século XIV até 1912, o cânon confuciano, também utilizado no sistema burocrático chinês para o preparo dos temíveis exames públicos, é o fixado por Chu Hsi, e o estabelecimento da linhagem ortodoxa de transmissão do confucionismo também é obra sua. Sua escola só terá praticamente dois rivais importantes: Wang Yang-ming (1472-1529), na época Ming (1368-1644), e Tai Chen (1723-1777), na época dos manchus. Em 1912, a proclamação da República interrompeu temporariamente os sacrifícios oficiais ao Céu e a Confúcio, que foram retomados, porém, em 1914. Inicialmente pouco favoráveis ao confucionismo, os intelectuais chineses da República não demoraram a perceber seu papel fundamental na história do país. Perseguido na China comunista dos anos 60, o neoconfucionismo continuou atuante em Hong Kong e Taiwan, assim como nas comunidades chinesas dos Estados Unidos. Atualmente há um pensamento neoconfuciano vigoroso, como demonstram as obras de Tu Wei-ming e de outros filósofos e eruditos.

9.5 *Fora da China* o confucionismo propagou-se inicialmente na Coréia, antes da era cristã, mas foi só depois do fim do século XIV d.C. que o neoconfucionismo, com seu cânon formado pelos Quatro Livros e pelos Cinco Clássicos, instalou-se solidamente como filosofia do Estado Yi (1392-1910) e como sistema educacional e de exames públicos.

Da Coréia, o confucionismo penetrou no Japão em fins do século III d.C., onde se instalou em meados do século VII para desaparecer pouco depois. O neoconfucionismo chegou ao Japão, proveniente da China, depois da morte de Chu Hsi (em japonês, Shushi) e combinou-se com o budismo zen, ficando à sua sombra. Por volta de 1600, novos textos confucianos foram levados da Coréia. Chamaram a atenção de Fujiwara Seika (1561-1619) e de seu discípulo Hayashi Razan (1583-1657), que conseguiu para os ensinamentos de Chu Hsi uma posição modesta no Japão dos Tokugawa. Várias outras escolas confucionistas funcionaram paralelamente a esta.

No início do século XX, o confucionismo transformou-se em ideologia da conquista militar japonesa e desempenhou esse papel durante toda a Segunda Grande Guerra.

9.6 *Bibliografia.* J. Ching, *Confucius*, in ER 4,38-42; Wingtsit Chan, *Confucian Thought: Foundation of the Tradition*, in ER 4, 15-24; *Neo-Confucianism*, in ER 4, 24-36; L. G. Thompson, *The State Cult*, in ER 4, 36-8; J. Kim Haboush, *Confucianism in Korea*, in ER 4, 10-15; P. Nosco, *Confucianism in Japan*, in ER 4, 7-10.

Sobre a associação militarismo-confucionismo no Japão na Segunda Guerra Mundial, ver Warren W. Smith, Jr., *Confucianism in Modern Japan. A Study of Conservatism in Japanese Intellectual History*, Tóquio, 1959.

Sobre o neoconfucionismo contemporâneo, ver o livro de Tu Wei-ming, *Confucian Thought: Selfhood as Creative Transformation*, N. York, 1985.

# 10

# CRISTIANISMO

10.1 *Cânon*. O cânon cristão levou cerca de quatro séculos para constituir-se. Consiste nos 27 livros chamados Novo Testamento (em oposição ao Tanakh judaico ou Antigo Testamento): quatro Evangelhos (Marcos, Mateus, Lucas e João), os Atos dos Apóstolos (atribuídos ao redator do Evangelho segundo Lucas, que seria discípulo do Apóstolo Paulo), as epístolas dos Apóstolos (catorze atribuídas a Paulo, uma a Tiago, duas a Pedro, três a João e uma a Judas) e, finalmente, o Apocalipse (Revelação) atribuído a João. Em toda essa literatura, o Antigo Testamento freqüentemente é interpretado de forma alegórica, como profecia da vinda do messias Jesus Cristo. A bem da verdade, sua inclusão no cânon cristão chocou-se inicialmente com a resistência do teólogo Marcião de Sinope (*c*. 80-155). O problema foi reconsiderado mais tarde por Martinho Lutero (1527 e 1537) e pelo evangelismo alemão até o início do século XX (Adolf von Harnack).

A autenticidade dos documentos que constituem o Novo Testamento tem sido objeto de uma discussão que dura quinhentos anos. As cartas de Paulo, na medida em que são autênticas, representam o estrato mais antigo do cânon (*c*. 50-60). Ao contrário, muitas das outras epístolas canônicas só foram compostas durante a primeira metade do século II, quando seus pretensos autores já não eram mais vivos.

Quanto aos Evangelhos, trata-se de um produto tardio, fundado em diversas tradições. Os três primeiros (Mateus, Marcos e Lucas) são chamados *sinópticos* em virtude das semelhanças existentes entre eles, graças às quais é possível situá-los em três colunas paralelas. O Evangelho segundo Marcos, redigido por volta do ano 70, é o mais antigo. Os outros dois (por volta de 80) seguem Marcos e uma segunda fonte chamada Q. Escrito pouco antes do ano 100, o chamado Evangelho de João é mais esotérico e incorpora elementos platônicos muito pronunciados, sobretudo na assimilação de Cristo ao Logos de Deus, que é o plano divino da arquitetura do mundo. Por outro lado, o Evangelho de João contém uma opinião muito negativa sobre o mundo social (chamado "*este* mundo"), dominado pelo diabo, que aparece mais como adversário que como servidor de Deus. Essas concepções foram freqüentemente comparadas ao gnosticismo e à literatura essênia de Qumran, o que prova apenas que certos documentos do Novo Testamento são suficientemente vagos para admitir as teorias mais diversas. É verdade que os essênios, em todo o caso, e talvez já os gnósticos, pertenciam ao clima intelectual do tempo.

10.2 *Jesus Cristo*, profeta judeu de Nazaré na Galiléia, nascido no início da era que ganhou seu nome e crucificado, segundo a tradição, na primavera do ano 33, está no cerne da religião cristã. Sua vida e sua breve carreira de messias são descritas nos Evangelhos. As fontes históricas do tempo quase nenhuma informação contêm sobre Jesus, a tal ponto que uma corrente mitológica radical teve sérias dúvidas sobre sua existência. Embora comumente aceita hoje em dia, a existência de Jesus continua a esbarrar em numerosos problemas históricos.

O Jesus dos Evangelhos é filho de Maria, esposa do carpinteiro José. Depois de ser batizado por João Batista, profeta que depois foi condenado à morte pelo rei fantoche Herodes, Jesus começa a pregar e a fazer milagres. É impossível reconstituir sua mensagem original. Embora o cristianismo passe por religião da paz, é provável que Jesus mantivesse relações suspeitas com os zelotes, combatentes judeus fundamentalistas cuja finalidade era pôr termo à ocupação romana da Palestina. S. G. F. Brandon chega a acreditar que essas relações teriam sido muito íntimas. Seja como for, a atitude de Jesus não era de feição a atrair as simpatias das autoridades religiosas judaicas, que mandam prendê-lo e o entregam à justiça romana. A acusação não é, de modo algum, clara; de qualquer modo, parece que o que era blasfêmia para uns era sedição para outros. Depois de um julgamento sumário em que Pilatos (segundo os prudentes autores dos Evangelhos, que não desejam chocar as autoridades romanas) decide confiar a sentença ao povo judeu, Jesus é crucificado pelos soldados romanos sob a provável acusação de ser um falso messias. Morre e é enterrado no mesmo dia.

Um dos problemas mais espinhosos que a crítica moderna teve de enfrentar (aliás sem sucesso) foi estabelecer mais ou menos o que Jesus pensava de si mesmo. Acreditava ele ser o Filho de Deus? O messias (e *qual* messias)? Um profeta? Seja como for, o Jesus dos Evangelhos age como emissário de uma autoridade superior à própria Tora, cuja finalidade era reconduzir os pecadores a Deus e anunciar o advento do Reino de Deus. É inegável que Jesus chamava Deus pelo nome familiar Aba ("querido pai"), mas é de duvidar que seu sentimento filial tenha sido o mesmo que lhe foi atribuído pelas gerações posteriores, influenciadas por um platonismo ao qual não repugnava a idéia de que o mundo dos arquétipos se tivesse encarnado num ser humano. Os Evangelhos Sinópticos dão a Jesus, com bastante freqüência, o título de Filho do Homem (utilizado pelo profeta Daniel), cujo significado contextual infelizmente é impossível definir (em aramaico, significa simplesmente "homem"). Seus discípulos chamavam-no *masiah*, messias (ungido), ou seja, consagrado, em grego *christos*. Se foi crucificado com a inscrição "Jesus de Nazaré Rei dos Judeus", é provável que lhe fosse atribuída a idéia de pertencer à linhagem real davídica. Contudo, parece que ele nunca proclamou abertamente sua identidade de messias. Personagem enigmática, ele morre e seus discípulos afirmam que ressuscitou ao fim de três dias e que ficou entre eles durante quarenta dias (*Atos* 1,3; as tradições apócrifas dos gnósticos dão um número de dias muito superior). Mas, na época em que o cristianismo não passava de uma seita judaica, seitas como a dos ebionitas consideravam Jesus um simples profeta e não acreditavam em sua ressurreição. Foi Paulo que colocou a ressurreição no cerne da mensagem cristã.

10.3 *Paulo de Tarso*, o genial ideólogo do cristianismo, é uma personalidade complexa. Seu nome verdadeiro era Saulo e ele provinha de uma família judia da diáspora, suficientemente rica para permitir-lhe uma educação clássica ao lado de uma sólida instrução na Tora. Era cidadão romano e fariseu. Começa perseguindo os cristãos mas converte-se após uma visão de Cristo ressuscitado na estrada de Damasco. Sua atividade missionária começa logo depois e consiste na expansão do cristianismo fora do judaísmo, entre os gentios. Por volta do ano 48, Paulo e seus colegas, depois de passarem dois anos na Ásia Menor, embarcam para a Europa. Fundam as Igrejas de Filipos, da Tessalônica e de Corinto. Enquanto a corrente judaizante de Jerusalém continua encarando o cristianismo como um ramo do judaísmo e exige a circuncisão e o respeito às prescrições normativas da Tora, Paulo toma a decisão audaciosa de emancipar o cristianismo do judaísmo, opondo o regime da Lei à liberdade de que o cristão goza sob o regime bendito da Fé. Esse momento de crise e de tensão entre Paulo e a Igreja Mãe de Jerusalém, conduzida por Tiago, irmão de Jesus, e por Pedro, é objeto da Epístola de Paulo aos gálatas da Ásia Menor (cerca de 53). A atividade de Paulo em Éfeso termina com sua prisão. Mais tarde, encontramo-lo em Corinto, onde prepara a missão a Roma e à Espanha. Por volta de 57, visita Jerusalém e projeta a viagem a Roma. Pára em Cesaréia, onde fica preso durante dois anos, mas, pretextando sua cidadania romana, pede que seja examinado pelo imperador em pessoa. Assim, chega a Roma por volta do ano 60. Dois anos depois será executado sob Nero.

10.4 *A ortodoxia cristã* é o resultado de um processo que dura três séculos e meio e estabelece-se como um sistema com múltiplos subconjuntos interdependentes cujo funcionamento provém ou de um mecanismo interno de dissociação das duas grandes correntes existentes no interior da teologia cristã (a corrente judaica e a platonizante), ou da interação entre um subsistema central e subsistemas que gravitam em torno do cristianismo (suas "heresias") e não são propriamente cristãos.

10.4.1 O primeiro intelectual que ajuda a ortodoxia a definir-se por oposição a seus adversários é Marcião de Sinope (*c.* 80-155), rico armador de Ponto Euxino, cuja doutrina e cujos donativos são rejeitados pela Igreja de Roma. Justino, o Mártir (*c.* 100-165), primeiro apologista cristão, acusa-o, em 150-155, de ser o inimigo número um da religião e discípulo dos gnósticos. Primeiro teólogo biblicista da história, Marcião conclui ser impossível que o Novo e o Antigo Testamentos preguem o mesmo Deus. Assim, acentua ainda mais a distância existente entre judaísmo e cristianismo, encetada por Paulo. Mas a derrota de Marcião e da Igreja marcionista mostra que a ortodoxia não pretende renunciar à herança bíblica, que serve de prefiguração da salvação iniciada pelo sacrifício de Jesus Cristo, mas também como legitimação do surgimento e da missão histórica de Jesus. Retirai o Antigo Testamento, parece estar dizendo a Igreja, e o homem Jesus desaparecerá.

10.4.2 *O gnosticismo* (↔ 11.3) é, cronologicamente, o segundo (se não o primeiro) grande adversário da corrente principal do cristianismo. O primeiro heresiólogo a combatê-lo ferozmente foi Irineu de Lyon (*c.* 130-200), seguido por Hipólito de Roma (m. 235). Existe toda uma gama de posições gnósticas referentes à relação com o judaísmo e o cristianismo (ver Couliano, *Les Gnoses dualistes d'Occident*, Paris, 1990); contudo, é possível afirmar que o gnosticismo acentua a inferioridade do mundo e de seu criador, mais do que é indicado pela ascendência platônica comum da gnose e do cristianismo. É por essa razão que certos Padres da Igreja, que, aliás, exaltam a virgindade (condenando às vezes a procriação e as núpcias), não poderão decidir-se a admitir que o mundo é mau. Alguns deles, como Tertuliano de Cartago (*c.* 160-220), adotarão um padrão duplo, acusando os adversários gnósticos daquilo que, por outro lado, eles próprios professavam. Outros, como Clemente de Alexandria (m. *c.* 215), afirmam a superioridade radical da revelação mosaica sobre a filosofia grega, mas também aceitam a existência de uma elite "gnóstica" cristã que atinge o conhecimento de uma verdade inacessível à maioria dos fiéis. Entretanto, uma barreira intransponível acabará por erguer-se entre cristianismo e gnosticismo: o primeiro admite a verdade da Gênese Bíblica e adota o Deus da Tora, enquanto o gnosticismo transforma o Deus do Antigo Testamento em demiurgo *deste* mundo, em contraste com o Deus verdadeiro, primeiro e único, isolado em sua transcendência quase inacessível. Aceitando os termos da Gênese, os cristãos consideram o mundo bom; mas voltarão a aproximar-se dos gnósticos na doutrina da queda do casal humano primordial, sobretudo na interpretação dada pelo maniqueu convertido Agostinho, bispo de Hipona (ver abaixo).

10.4.3 Antes do Concílio de Nicéia (325), o Padre da Igreja mais importante e influente, se não o mais desconcertante, é certamente *Orígenes* (*c.* 185-254). Cristão e filho de um mártir cristão (203), estuda, provavelmente, filosofia com Amônio Sacas e, como Plotino (205-270), combate, enquanto platônico, os irmãos transviados que são os gnósticos, ao mesmo tempo que é influenciado por eles. Começa a escrever por volta de 215, para reconduzir ao seio da Igreja seu rico amigo Ambrósio de Alexandria, que se deixara tentar pelas sutilezas da gnose valentiniana. Naquelas deprimentes disputas eclesiásticas que não cessarão de intensificar-se depois da adoção do cristianismo como religião de Estado, Orígenes é ordenado padre em

Cesaréia, mas destituído do hábito pelo bispo do Egito. Deve ser esta a origem da lenda de sua excomunhão. O origenismo condenado nos séculos V e VI, mesmo utilizando seu nome, já não lhe diz respeito diretamente.

Orígenes escreve antes dos grandes conflitos trinitários e cristológicos do século IV. Sua teologia, portanto, não se esforça por ser explícita, o que a torna mais facilmente defensável, ou condenável, conforme o caso. Sua exegese alegórica da Bíblia não é mais elaborada do que as feitas posteriormente por Ambrósio e Agostinho. Como platônico, Orígenes acredita na preexistência das almas, mas sua doutrina não se confunde com a metensomatose platônica ou hindu. Estamos numa época em que prevalece ainda o traducianismo de Tertuliano, que acredita ser gerada uma alma nova pela copulação psíquica dos pais. Nenhuma razão se opõe ainda à adoção da posição de Orígenes; a ausência da metensomatose na Bíblia deve ter sido decisiva.

10.4.4 A importância da dialética das duas correntes principais da primeira teologia cristã, a *judaizante* e a *platonizante*, foi posta em evidência por R. M. Grant a partir dos debates cristológicos de Antioquia, onde uma cristologia "pobre" mede-se com uma cristologia "rica", de origem platônica, desenvolvida primeiramente por Orígenes, em Alexandria. A cristologia "pobre" parece remontar ao próprio Pedro (*Atos* 2, 22.36; 10, 38); compreende os ebionitas, que recusam a teologia de Paulo. É representada pelos três livros *Para Autólico* do bispo Teófilo de Alexandria e cria as bases daquilo que será denunciado mais tarde com o nome de "adocionismo": Jesus Cristo nasceu homem e só será adotado como Filho de Deus quando do batismo do Jordão. Ao contrário, a cristologia "rica", platônica, representada por Inácio e por seu discípulo Taciano, ressalta sobretudo a divindade do Cristo. Essa cristologia, que está ligada à filosofia alexandrina do Logos, prevalecerá sobre o adocionismo, que será condenado (264-268) na pessoa do heresiarca Paulo de Samósata, bispo de Antioquia. As controvérsias ficarão mais acirradas quando o cristianismo, primeiro tolerado (313) e depois incentivado e adotado no leito de morte pelo imperador Constantino (m. 337), se tornar religião de Estado (391), com a exclusão dos cultos pagãos.

10.4.5 No século IV, o processo de formação da ortodoxia recebe a contribuição fundamental dos *Padres da Capadócia*, Basílio de

Cesaréia (*c.* 329-379), seu amigo Gregório de Nazianzo (*c.* 329-391) e seu irmão Gregório de Nissa (*c.* 335-395), que consolidam o dogma da Trindade, formulado definitivamente no Concílio de Constantinopla em 381. Os Padres da Capadócia são origenistas e neoplatônicos.

10.4.6 Primeiro Padre ocidental nascido na religião cristã, *Ambrósio de Milão* (*c.* 339-397) provém de uma família da aristocracia imperial. Sua teologia tem como modelo Orígenes e Fílon de Alexandria, impregnado pelos textos de outros autores latinos.

10.4.7 *Agostinho*. Naquele período de glória da teologia cristã, que foi a segunda metade do século IV, infelizmente marcado por lutas intestinas nas quais a figura de Jerônimo (*c.* 347-420), tradutor da Bíblia para o latim, a chamada *Vulgata*, aparece como particularmente agressiva, outro Padre latino, Agostinho (354-430), bispo de Hipona, ocupa uma posição especial. Maniqueu durante nove anos, o jovem e ambicioso orador africano que se estabelece em Milão (384) percebe que o futuro está no cristianismo. Separa-se dos maniqueus e recebe o batismo de Ambrósio em 387. Ordenado padre em Hipona (Hippo Regius, hoje Annaba, na Argélia) em 391, torna-se bispo em 395. Dois anos depois, escreve as *Confissões*, dirigindo-se a todos os que não estavam satisfeitos com o mundanismo. Todavia, a experiência do mundanismo deve ter tido alguma serventia para a carreira de nosso arrependido, pois ele toma partido contra a rejeição maniqueísta do mundo e contra a Igreja dominante na África do Norte, a dos donatistas, que exigia pureza moral de seus padres. De fato, na heresiologia cristã, "donatismo" acabará por designar uma categoria (à qual pertencem, por exemplo, os valdenses) que recusa a validade do sacrifício *ex opere operato*, ou seja, apenas pela força da ação do sacerdote; é o ser moral deste último que influi no resultado da oblação, que, portanto, ocorre *ex opere operantis*. Encerrado numa implacável doutrina autoritária, Agostinho não hesitará diante de nenhum meio para vencer seus adversários, que ele efetivamente pulverizará, utilizando sem escrúpulos a força do Estado contra eles. Mas o maniqueísmo continua a falar nele e, por meio dele, torna-se, de algum modo, a doutrina oficial da Igreja. Tudo começa com a doutrina da graça do monge Pelágio (m. 418), que acredita firmemente no livre-arbítrio. Segundo ele, como segundo numerosos teólogos da época, a natureza humana é fundamentalmente boa e pode praticar o bem mesmo sem o auxílio da graça. O claro-escuro da experiência agostiniana do mundo, com o forte repúdio de um passado de voluptuosidade e frivolidade do qual, porém, o bispo muitas vezes devia sentir saudade, não corresponde à clareza meridiana da posição de Pelágio. Não é para uma Igreja de santos, mas para uma Igreja de pecadores como ele que Agostinho formula sua doutrina antipelagiana, especificando que todos os homens são herdeiros do pecado original e que, por conseguinte, só a graça poderá restituir-lhes a capacidade de escolher, devolver-lhes a mesma liberdade que, mal exercida, provocara a queda dos primeiros representantes da humanidade. Isso equivale a dizer que só Adão e Eva foram livres e escolheram o mal. O pecado original é herdado; cada um de nós, ao vir ao mundo, só tem a liberdade de escolher o mal, mas o auxílio da graça possibilita a escolha do bem. Contudo, a graça não é concedida a qualquer um, nem seus motivos são claros. É concedida só a certos predestinados ( *praedestinati*), segundo razões misteriosas de Deus. Além do mais, o número de predestinados é limitado ao dos anjos decaídos cujos lugares, no céu, estão vagos. O restante dos homens pertence à massa dos rejeitados (*massa perditionis*) e não participa da salvação. Diante do declínio do Império Romano, Agostinho afirma, na *Cidade de Deus* (413-427), a total independência da Igreja em relação a qualquer sistema político. A mesma posição se encontra em seu partidário Orósio (418): o Império desaparecerá, a Igreja subsistirá sob seus conquistadores.

10.4.8 *Realmente, os dias do Império do Ocidente estavam contados.* Se, no fim do século IV, os monges do Egito, sujos e barbudos, que se aventuravam até Roma, eram lapidados pela turba, a situação muda radicalmente quando os muros dos mosteiros tornam-se o único refúgio possível contra a anarquia que sucede à queda do império (476). Foi Bento de Núrsia (*c*. 480-543) que fundou a ordem monástica dos beneditinos e o mosteiro de Monte Cassino (*c*. 529). Esse herói do deserto fora um asceta solitário, como Antônio (*c*. 300), mas esse ideal era de consecução dificílima e as ocasiões de fracasso, inúmeras. O movimento cenobítico iniciado no Egito por Pacômio (292-346) oferece uma alternativa que o Oriente se apressa a aceitar e a propagar: a solidão coletiva. Adotando-a no Ocidente, Bento cria centros relativamente protegidos cuja finalidade, em última instância, como percebe muito bem o perspicaz monge Cassiodoro (m. 575), será cultivar elites intelectuais capazes de florescerem assim que as condições externas forem mais favoráveis. A primeira oportunidade só surgirá com a criação do Império Carolíngio (800). Carlos Magno (768-814) atrai para sua corte os religiosos e os leigos mais doutos do Ocidente, como Alcuíno (*c.* 730-804) de York, que se tornará abade de Saint-Denis (796); o historiador Paulo, o Diácono (*c.* 720-795); etc. Esse movimento intelectual implanta na Europa o ensino das *artes liberales* (o *trivium* e o *quadrivium*) e transforma os mosteiros em centros de preservação e difusão da cultura. Com bases sólidas estabelecidas por Gregório, o Grande (590-604), o papado, ao legitimar o império por ele ressuscitado em 800 para obter uma espada temporal contra as ameaças externas (os árabes e os berberes muçulmanos invadiram a Espanha em 711), cria, ao mesmo tempo, seu maior adversário. E a vida da Idade Média organiza-se, até depois do gibelino (partidário do império) Dante, segundo a penosa dialética Império-Igreja. O papa reformador Gregório VII (1073-85) proclama-se superior a qualquer autoridade temporal e recusa ao império (então alemão) o direito de conceder a investidura eclesiástica. O imperador Henrique IV depõe o papa em 1076; o papa, por sua vez, depõe e excomunga o imperador, que é obrigado por seus príncipes a mendigar o perdão do papa em Canossa (1077). Mas a luta se acirra e só terá solução nas armas: Henrique IV nomeia seu próprio papa (Clemente III), ocupa Roma (1083) e é por ele coroado (1084). As aventuras na luta pela supremacia européia continuarão durante séculos, num clima político cada vez mais complexo. Basta abrir qualquer livro de história para acompanhar as vicissitudes dessa disputa insolúvel entre o poder espiritual e o temporal. É apenas marginal a sua participação na história *religiosa* do Ocidente, que conhecerá um desenvolvimento espetacular a partir do século XII.

10.4.9 Aquilo a que se chama *"Renascimento do século XII"* (a fórmula pertence a Charles Homer Haskins) é, em grande parte, efeito de acontecimentos do século anterior: em 1085, os reinos de Castela e Leão, reunidos, conquistaram Toledo, ex-capital do reino visigodo, aos muçulmanos; em 1099, os cruzados da Terra Santa conquistaram Jerusalém aos turcos seljúcidas, proclamando em 1100 o Reino de Jerusalém sob Balduíno. Finalmente, a presença de Bernardo de Clairvaux (1091-1153) oferece uma nova leitura à história de seu tempo e insufla novos ideais religiosos, tanto no movimento monástico reformado quanto na busca espiritual dos laicos.

As conseqüências da tomada de Toledo são incalculáveis. Para lá afluem monges vindos de todas as partes, atraídos sobretudo pela aura de exotismo, progresso e mistério que envolve a civilização árabe – e menos pelo projeto manifesto do Colégio de Tradutores instalado em Toledo pelo arcebispo Raimundo, pouco depois de 1130: refutar os falsos princípios da religião muçulmana. Teólogos como Pedro o Venerável, abade de Cluny, e Rodrigo Giménez de Rada cumprem a missão, mesmo sem conseguirem esconder o interesse que têm pela cultura árabe; mas é para permitir que os tradutores, sob a direção do arquidiácono Dominicus Gundisalinus, realizem o lento e monumental trabalho de transpor a cultura árabe e, através dela, a Antiguidade greco-romana para o latim. O maior deles será Geraldo de Cremona (1114-1187), a quem se atribui a tradução para o latim de mais de setenta obras de medicina, ciência e filosofia em árabe. Por meio da atividade dos tradutores, a Europa cristã descobre e adota a filosofia de Aristóteles, que se tornará o fundamento da nova filosofia escolástica, propagada principalmente por Alberto Magno (1193-1280) e Tomás de Aquino (1225-1274). Seus precursores haviam sido pensadores como Anselmo de Aosta (1033-1109), Pedro Lombardo (m. 1160), autor das famosas *Sentenças*, e Pedro Abelardo (1079-1142), interessante por suas concepções sobre a superioridade da mulher sobre o homem, que parecem provir do amor cortês.

Mas a nova idade também é marcada por uma devoção especial à Virgem, Mãe de Deus, que a iguala, se não de direito pelo menos de fato, às pessoas trinitárias, verdadeira *regina coeli*, estrela benfazeja que intercede pelos homens. As catedrais, geralmente dedicadas a Nossa Senhora, que surgem no norte da França por volta de 1150, são o símbolo visível da nova espiritualidade. Aos poucos, as escolas que funcionam no interior dessas catedrais vão-se transformando em universidades autônomas. Na Occitânia dos trovadores, a contrapartida da devoção à Virgem é a devoção a uma Dama. Esse fenômeno, chamado amor cortês, cuja existência é negada por numerosos historiadores com o pretexto de que ele nunca foi praticado, consiste numa tensão intelectual do enamorado que, intensificando sem saciar seu desejo pela Dama, vive uma experiência especial que poderia ser comparada, sem hesitação, a uma experiência mística. Na Itália, o amor cortês produz o gênero poético chamado *Dolce Stil Nuovo*, ao qual está ligado o florentino exilado Dante Alighieri (1265-1321), autor da *Divina Comédia*. Ainda que as oportunidades de quedas e recaídas devessem ser numerosas, não resta dúvida de que a incessante tensão proveniente do desejo insaciado representava a chave dessa corrente de erotismo sublimado, cujo ideal é totalmente contrário ao ensinamento médico do tempo (que tratava o amor insaciado como uma síndrome perigosa e até letal). Também é certo que os romances do ciclo arturiano, cuja ideologia deve ter sido lançada por um centro de inteligência eclesiástico do norte da França (muito provavelmente cisterciense), transformam a devoção à Dama em prova constante da qualidade interior do cavaleiro. Trata-se, naturalmente, de uma qualidade mística, pois o ciclo arturiano propaga a idéia de que a luta contra os infiéis e a virtude são suficientes para garantir a santidade. Não se pode duvidar da profunda ligação existente entre a formação das ordens religiosas militares e o ciclo arturiano, com a santificação da pureza moral e do serviço à Dama.

A idéia de fundar a Ordem dos Templários acudiu a Hugues de Payens em Jerusalém e deve ter alguma relação com a ordem dos Assassinos ou *Nizaris* ismaelitas fundada por Hassan ibn Sabbah nas montanhas de Elburz, no Irã (↔ 20.6.3). Conhecidos com o nome de *muhamars*, "Vermelhos", os *fedayin* do califado ismaelita usavam barrete, cordão e botas vermelhas sobre um hábito branco. Os Templários usarão uma cruz vermelha sobre um manto branco, e os cavaleiros Hospitalários de São João de Jerusalém (de 1530 a 1798 cavaleiros de Malta), que muitas vezes invertem o simbolismo dos Templários, acabarão por adotar uma cruz branca sobre fundo vermelho como emblema. Em 1118, com o apoio do jovem Bernardo de Clairvaux, que mandará adaptar para eles severa regra de São Bento às condições da vida militar, os Templários receberão o reconhecimento oficial e terão direito ao uso de armas para defender os peregrinos na Terra Santa. Na prática, tornar-se-ão os especialistas da defesa de Jerusalém e, depois que o papa lhes concedeu (assim como aos Hospitalários) o privilégio de depender diretamente do poder pontifício, sem ter de passar pelo canal da burocracia eclesiástica, os Templários e seus êmulos, os Hospitalários, passaram a ser os verdadeiros senhores da Terra Santa. Audaciosas a ponto de serem temerárias na luta, essas milícias cristãs de elite saberão criar para si uma situação de importância extraordinária na vida do Ocidente. Os Templários garantem, de início, o transporte do dinheiro dos peregrinos na Terra Santa e depois, dispondo de uma rede de fortalezas que se estende da Escócia à Espanha, passam a transportar o dinheiro pela Europa e acabam por emitir certificados de câmbio. Banqueiros dos reis, não tendo de prestar contas de suas atividades a ninguém mais além do papa, os Templários, graças à sua riqueza e à sua independência, acabam por preocupar o poder do Estado em vias de consolidar-se.

A perda de Jerusalém em 1187 ainda não suscita dúvidas sobre a razão de ser dos Templários; ao contrário, em 1198, surge uma nova ordem militar na Alemanha: os Cavaleiros Teutônicos, que escolherão a fidelidade ao imperador excomungado Frederico II (1210-1250), já mostrando, com isso, os primeiros sinais desse particularismo alemão que se manifestará no século XVI. Em 1291, os últimos bastiões cristãos na Terra Santa cairão sob a pressão dos turcos mamelucos. Em 1307, desejando pôr termo ao poderio financeiro dos Templários, Filipe o Belo manda prender todos os Templários da França e exerce toda pressão possível sobre o papa (Clemente V, exilado em Poitiers e depois em Avignon, fora da jurisdição francesa mas perigosamente próximo do território do rei) para que rompa com eles. A Ordem dos Templários será dissolvida em 1312 e seu grão-mestre Jacques de Molay será, em 1314, a última vítima da encenação montada por Filipe e por seu chanceler, Guillaume de Nogaret.

Se a formação das ordens militares e o fenômeno do amor cortês encontram-se no terreno do ideal cavaleiresco propagado no século XII pelos romances de Chrétien de Troyes, é mais difícil determinar de que maneira os cátaros se integram no panorama do "Renascimento do século XII". Houve quem quisesse relacioná-los com o amor cortês; mas as provas são inconsistentes. São eles os fiéis de duas religiões oriundas do império bizantino cuja Igreja não mantém mais relações com a Igreja ocidental desde 1054 ("cisma do Oriente"). Uma delas, o bogomilismo, surgiu na Bulgária e se propagou em Constantinopla no início do século XI. É tratada como heresia e perseguida pelo fogo e pela espada, mas seus dogmas na realidade estão bem próximos da ortodoxia. Nela encontram-se antigas doutrinas docetas que dizem ser o corpo físico do Salvador (e provavelmente o de Maria) um fantasma enganador. Antijudaicos, os bogomilos transformam Javé em Satã.

A segunda doutrina dos cátaros, que substitui a outra na Occitânia depois de 1167, data do concílio cátaro de Saint-Félix-de-Lauragais, do qual participa o bispo bizantino Nicetas; é aquilo a que se chama "revitalização" de uma antiga heresia, o origenismo dos Padres do deserto de Nítria, no século IV. Os cátaros origenistas (os albigenses propriamente ditos), chamados "radicais" para distingui-los dos bogomilos "moderados" ("radical" e "moderado" dizem respeito às formas de "dualismo" que professam), têm uma doutrina mais elaborada, não desprovida de grandeza, que se manifesta principalmente no pensamento, muito pouco conhecido, de João de Lugio (talvez de Lugano), heresiarca lombardo de Bérgamo, em torno de 1250.

Em 1209, é lançada uma cruzada contra os albigenses, conduzida inicialmente por um militar de profissão, Simão de Montfort, que mandará arrasar cidades e povoados inteiros, sem se preocupar em distinguir os heréticos dos bons católicos. Mais moderada em seguida, a cruzada acabará por transformar-se numa guerra de conquista das regiões meridionais pela França. A luta entre a coroa de França e os senhores occitanos livres continuará acirrada, com reveses para ambos os lados até a romada da principal fortaleza cátara (Montségur) em março de 1244. Parece, todavia, que os chefes cátaros tiveram tempo de refugiar-se na Lombardia, onde surgirão pouco depois os famosos banqueiros e mercadores lombardos. De fato, os albigenses eram os banqueiros do sul e é possível que tenham levado consigo sua fortuna, como acredita Jean Duvernoy.

O instrumento da Inquisição Papal será criado durante a cruzada albigense (1231) e confiado à ordem dos Irmãos Pregadores, mais conhecida pelo nome de ordem dominicana, devido ao nome de seu fundador (1216) Domingos Guzmán. A *Ordo Praedicatorum* (OP) será seguida pouco depois (1223) pela ordem franciscana (frades menores), organização religiosa que professa uma ascese severa, criada por Francisco de Assis (1182-1226), que, na juventude, devorara os romances franceses de cavalaria e se tornara êmulo da perfeição moral de Percival e Galaad, sem, porém, pegar em armas como eles. Cavaleiro de Cristo e da Dama Pobreza, despoja-se de todos os bens terrestres e põe-se a serviço dos verdadeiros deserdados da terra, os pobres, os doentes e os infelizes. Pelas duas ordens mendicantes, a mensagem cristã se fará sentir até no âmago das massas, com conseqüências freqüentemente negativas, pois a chama da pregação milenarista e apocalíptica queimará às vezes com um ardor tenebroso. Serão principalmente os franciscanos "espirituais" (*Fraticelli*) que seguirão as idéias milenaristas do abade calabrês Joaquim de Fiore (*c.* 1135-1202), cuja obra profetizadora do advento de uma nova era para o mundo foi proclamada "evangelho eterno" por um franciscano em 1254.

10.4.10 *Nominalismo.* O edifício da escolástica, fundado sobre um sistema científico e filosófico aristotélico, parecia ter encontrado solução para todos os problemas de todos os mundos, quando uma plêiade de pensadores de qualidade começou a atacar sistematicamente seus pressupostos excessivamente estreitos. O líder dessa nova corrente será o franciscano John Duns Scot (m. 1308), seguido por Guilherme de Ockham (*c.* 1285-1349), com quem a "via moderna" ganha o nome de "nominalismo" e conquista a Universidade de Paris, onde será ensinada por professores famosos como Jean Buridan (m. 1358) e Nicole d'Oresme (m. 1382). O mérito extraordinário do nominalismo foi o de sacudir as premissas teológicas da escolástica, não admitindo que o mundo seja limitado ao modo de Aristóteles e de Ptolomeu. Nos meios nominalistas, freqüentemente perseguidos, nasce a doutrina da infinidade do universo e da pluralidade dos mundos, assim como a da posição arbitrária (ou seja, não central) da Terra no universo. Essas duas doutrinas serão expostas pelo nominalista alemão tardio, o cardeal Nicolau de Cusa (1401-1464).

10.4.11 *Os primórdios do humanismo.* A escolástica não é o único produto do século XIII que já não satisfaz os intelectuais do XIV. Estes descobrem que, no fundo, o que se esconde por trás da ciência dos árabes não é senão a Antiguidade greco-romana, e desejam abeberar-se diretamente na fonte e não por intermédio de traduções muitas vezes problemáticas. Menos dependentes do ideal religioso do século XIII, descobrem a sensualidade e expressam-na com uma franqueza sem par na história. Francesco Petrarca (1304-1374) e Giovanni Boccaccio (1313-1375) são os precursores dos humanistas do século XV que inventarão o conceito de "Idade Média", idade fanática e sombria que se interpõe entre os tempos novos e a Antiguidade greco-latina, época não apenas de esplendor intelectual, mas também de *verdade* científica. Na realidade, o humanismo acredita que o futuro deve ser descoberto no passado, pela aprendizagem do latim e do grego.

10.4.12 *Sincretismo platônico.* Uma vez que Aristóteles já fora descoberto e contribuíra para a elaboração de um produto (escolástica) que os tempos modernos haviam parcialmente renegado, em Florença vários indivíduos estavam convencidos de que apenas a revelação platônica poderia trazer a verdade definitiva. Por isso é que o banqueiro e industrial Cosme de Medici (m. 1464) decide confiar a Marsílio Ficino (1433-1499) a tradução da obra de Platão, seguida pelas *Enéadas* de Plotino e por numerosas obras dos filósofos neoplatônicos. Essa época, comumente conhecida com o nome de "Renascimento Italiano", caracteriza-se pelo chamado (na falta de nome melhor) "sincretismo platônico", ou seja, pela idéia, já defendida por Agostinho, de uma "revelação primordial" de Deus aos primeiros homens que povoaram a terra, revelação cujos vestígios são encontrados em todas as antigas religiões e que é interpretável em termos platônicos. Para Ficino e seu êmulo Giovanni Pico della Mirandola (1463-1494), isso equivale a dizer que Hermes Trismegisto, Zoroastro, Moisés e Orfeu eram, do mesmo modo, depositários de uma única e mesma verdade oculta. Essa verdade é expressa na magia neoplatônica e árabe, assim como na cabala judaica, descoberta por Pico della Mirandola que, animado pelo interesse pelas fontes anteriores aos gregos, aprende um pouco de hebreu, um pouco de aramaico e, talvez, um pouco de árabe. O princípio da educação moderna que passa pelo grego e pelo latim, bem como a metodologia do acesso direto às fontes, que nos permite distinguir o "especialista" do "diletante", são produto do humanismo do século XV e do Renascimento Italiano. Reforçados no século XIX pelo pedagogo Wilhelm von Humboldt (1767-1835), chegam até nós desprovidos de todos os fundamentos que os tornavam atraentes no século XV: a idéia de que o futuro luminoso deve ser buscado no passado e de que o conhecimento de outras culturas serve para descobrir as verdades ocultas, importantes para a salvação da humanidade.

10.4.13 *Os primeiros movimentos organizados da Reforma*, que se propõem voltar à pobreza original da Igreja, surgem no século XII. Os valdenses (1173) de Lyon são os mais importantes. Se os franciscanos sabem absorver uma parte das queixas legítimas da população, também contribuem para a criação de movimentos pauperistas e milenaristas. John Wycliff (m. 1384), professor em Oxford, é o iniciador do movimento dos lolardos, que rejeitam a eucaristia, o celibato dos padres e a hierarquia eclesiástica. A despeito de seus protestos, o pregador tcheco Jan Hus (queimado vivo em Constança em 1415) é considerado discípulo de Wycliff. É o criador de um movimento popular que, mais do que uma guerra religiosa, é simplesmente um movimento de independência da Boêmia contra os alemães. As tentativas ecumênicas dessa época parecem desembocar num entendimento entre as Igrejas ocidental e oriental, mas o idílio chega ao fim depois da queda de Constantinopla. Os conflitos entre Roma e Constantinopla, embora disfarçados em absurda disputa doutrinária em torno do *filioque*, palavra abusivamente introduzida pelos cristãos ibéricos no credo de Nicéia-Constantinopla, eram na realidade conflitos de poder. O patriarcado grego anula o tratado de união assinado em 1439 em Florença pelo imperador bizantino João VIII Paleólogo.

No início do século XVI, um cisma religioso bem mais dramático separa o norte alemão do resto da Europa. É obra do monge agostiniano Martinho Lutero (1483-1546), professor de Teologia na Universidade de Wittenberg, cujas meditações sobre Paulo e Agostinho levam à conclusão da inutilidade da intercessão da Igreja; da ineficácia dos sacramentos; da condição pecadora da humanidade, que torna impossível o celibato e abominável o casamento, ainda que necessário; da predestinação individual que não pode ser modificada por nenhuma obra humana; e, finalmente, da justificação unicamente pela fé, sem necessidade de boas obras. Depois de afixar as 95 teses (31 de outubro de 1517) na porta da catedral de Wittenberg, Lutero defende corajosamente suas idéias diante do cardeal legado Cajetan. Sob a influência do amigo humanista Philipp Schwarzerd Melanchton (1497-1560), Lutero acabará transigindo em muitos pontos da doutrina e da prática religiosa, ao passo que seu discípulo francês João Calvino (1509-1564), que dominará Genebra a partir de 1541, defenderá um protestantismo bem mais rígido, dogmático e sombrio. O movimento protestante conquista terreno entre os príncipes particularistas da Alemanha e da Suíça, que não aceitam de bom grado a autoridade papal. A secularização dos mosteiros é acolhida com alegria por bandos de cavaleiros armados e também pelos camponeses que, incitados pelo protestante radical Thomas Münzer, começam uma guerra, condenada por Lutero e ferozmente reprimida pela Liga dos Príncipes da Reforma (1525). O próprio movimento protestante não é unitário: fundamentalista em sua essência, contém todavia uma franja liberal considerável (anabatistas, entusiastas, menonitas, etc.). A situação complica-se também pelo fato de Lutero renegar suas idéias de juventude, sustentadas porém até o fim por antigos alunos e partidários, dentre os quais os mais radicais, Ulrich Zwingli (1484-1531) e João Calvino.

Por sua vez, a Igreja católica organiza a própria reforma (incorretamente chamada "Contra-Reforma", como se se tratasse de um movimento de oposição à Reforma; na realidade a Igreja católica faz um movimento interior, ao mesmo tempo em que aceita uma parte da crítica protestante). O herói dessa reforma será a Companhia de Jesus, ordem fundada em 1534 por Inácio de Loyola (1491-1556), cujos princípios serão definidos pelo longo Concílio de Trento (1545-1563). Como a reforma protestante, a católica é um movimento fundamentalista, cuja moral austera e numerosas interdições (por exemplo, a de ler as obras inscritas no *Index Librorum Prohibitorum*) marcam o advento dos tempos modernos. Em 1534, outra Igreja nacional, a Igreja da Inglaterra, separa-se da Igreja de Roma. Os conflitos religiosos e a conquista do poder pelos calvinistas puritanos serão a causa da revolução inglesa (1642).

10.5 É impossível resumir aqui toda a *história da expansão do cristianismo*. Os germanos são evangelizados por Ulfila e Bonifácio (680-754) e, por sua vez, enviam missões aos búlgaros eslavizados, cujo cã Bóris, porém, escolhe o batismo dos gregos (860). Ao contrário, a missão bizantina dos irmãos Cirilo (*c.* 826-869) e Metódio (*c.* 815-885), entre os morávios, não tem sucesso, mas o alfabeto criado por eles, conhecido com o nome de "cirílico", será adotado pelos eslavos. Em 988, o príncipe escandinavo Vladimir de Kiev escolhe o cristianismo oriental, que penetra em toda a Rússia.

A expansão territorial européia leva grande número de povos à evangelização. Pela concordata entre o papa e os reis da Espanha e de Portugal, o cristianismo estabelece-se firmemente na América do Sul, acompanhando as conquistas de Cortés (México) e de Pizarro (Peru). Os jesuítas, ao lado dos dominicanos e dos franciscanos, empregarão o melhor de suas energias na atividade missionária. Ordem nova e dinâmica, sua intenção é estabelecer o modelo europeu nas sociedades indígenas, criando uma elite local escolarizada. A massa da população, principalmente no Brasil, subtraída pelos jesuítas à morte certa que espera os trabalhadores nas fazendas e em outros empreendimentos europeus, é evangelizada nas reservas submetidas a um regime rigoroso de comunismo religioso. Do ponto de vista dos interesses dos colonizadores, a experiência dos jesuítas estava indo longe demais. A ordem será expulsa da América Latina em 1767. Pouco depois (1808), a própria Igreja colonial chegava ao fim, quando os Estados se libertam da tutela européia.

As missões da África, tanto protestantes quanto católicas, só se desenvolvem a partir da primeira metade do século XIX, com grande sucesso. A penetração do cristianismo na Ásia mostra-se mais difícil. À China chegam missionários em várias ocasiões (635, 1294, *c.* 1600), mas só conseguem implantar-se solidamente depois das guerras do ópio (1840-42). A missão de Francisco Xavier no Japão (1549) teve mais sucesso e, ao findar o século XVI, já havia lá trezentos mil cristãos. Esse período foi seguido por perseguições que duraram até 1858, quando foi descoberta a existência de criptocristãos, comunidades que haviam mantido a fé cristã em segredo.

No Sudeste Asiático, o catolicismo firmou-se nas Filipinas, com a conquista espanhola (1538). Nos países budistas, a expansão do cristianismo encontrou muita oposição.

Apesar da data relativamente antiga da fundação das primeiras Igrejas cristãs na costa ocidental da Índia, o cristianismo continua sendo estrangeiro no subcontinente indiano. Só foi majoritário na pequena colônia portuguesa de Goa (1510). Depois da conquista britânica da Índia (1858), todos os tipos de missões desenvolveram uma atividade considerável, sem, todavia, conseguir angariar para o cristianismo mais de 3% da população (1980). A Austrália e a Nova Zelândia foram, no século XIX, territórios de expansão dos anglicanos (1788), dos católicos (1838) e dos protestantes (1840).

10.6 Os grandes problemas da Igreja, tanto doutrinários quanto práticos, são debatidos nos *concílios*.

O primeiro concílio ecumênico é convocado pelo imperador Constantino em Nicéia (Ásia Menor), de 19 de junho a 25 de agosto de 325. Dele participam 318 bispos, que condenam o arianismo. O credo de Nicéia afirma a divindade plena de Cristo. A versão longa, ratificada pelo concílio da Calcedônia (451), é a profissão de fé dos cristãos até hoje.

O segundo concílio ecumênico foi convocado por Teodósio I em Constantinopla, em 381. Ocupa-se dos "pneumatomáquios", que acreditavam ser o Espírito Santo inferior ao Pai e ao Filho.

O terceiro concílio ecumênico foi convocado por Teodósio II em Éfeso (Ásia Menor), em 431, para pôr fim à disputa cristológica que opunha Nestório, patriarca de Constantinopla, a Cirilo, bispo de Alexandria no Egito. Os dois partidos excomungam-se reciprocamente, mas Cirilo consegue (433) que os nestorianos moderados aceitem o título de *theotokos* (Mãe de Deus) por ele dado à Virgem, além de suas opiniões referentes ao amálgama das duas naturezas de Cristo.

Foi o concílio da Calcedônia (451) que assumiu a posição cristológica mais firme, sancionando a teoria das duas naturezas de Cristo. Mas o debate não termina, o que obrigará Justiniano I a convocar o segundo concílio de Constantinopla (553) para reformular a decisão da Calcedônia, insistindo mais sistematicamente na divindade de Cristo. O origenismo é formalmente condenado nesse concílio.

No século VIII, o problema na ordem do dia é a controvérsia iconoclasta. O destino das imagens religiosas, ora aceitas, ora recusadas, é decidido nos sínodos de 754 e 787, e no sétimo concílio ecumênico de Constantinopla (869-870). Durante esses conflitos, as autoridades ocidentais pronunciaram-se várias vezes. A tensão entre Oriente e Ocidente fica intolerável quando os ocidentais se recusam a reconhecer o antiiconoclasta Fócio como patriarca de Bizâncio (863). Por sua vez, os bizantinos condenam o uso do termo *filioque* no credo (867). Fócio é deposto do patriarcado em 877 e reinstalado em 879-80 com o assentimento do papa. O Cisma do Oriente (1054) marca o início do declínio de Bizâncio, concluído com a conquista otomana (1453). Em contrapartida, o Ocidente passa a ser auto-suficiente. Os sínodos de Latrão (1123, 1139, 1179, 1215) têm a ambição de ser concílios ecumênicos. O último, principalmente, é conhecido por ter posto em uso o termo *transubstanciação*. Um concílio convocado para Lyon em 1274 tentou restabelecer a unidade das duas Igrejas, mas seus resultados foram sabotados por um sínodo de Constantinopla (1283).

O concílio de Vienne (1311-12) tratou de várias questões espinhosas, como as práticas da Ordem dos Templários e a interpretação da pobreza do Cristo, proposta pelos franciscanos espirituais. Os debates do concílio de Constança, convocado para pôr fim ao cisma do Ocidente (1378) – ou seja, àquela situação histórica em que vários papas competiam pelo reconhecimento geral da Igreja –, prolongaram-se de 1414 a 1418.

Uma nova tentativa para restabelecer a unidade das duas Igrejas foi o cerne de um concílio ecumênico que mudou várias vezes de local, de 1430 a 1442. Em 1439, a Igreja Latina e a Igreja Grega assinaram um tratado em Florença, seguido por tratados com a Igreja Armênia (1439) e as Igrejas Copta e Etíope (1442). Depois da ocupação de Bizâncio pelos turcos, um sínodo repudiou, em 1484, o tratado de 1439.

No século XVI, o concílio católico de Trento (13 de dezembro de 1545 a 4 de dezembro de 1563) responde com uma série de reformas ao clima de rigor moral instaurado pelos protestantes.

No século XIX, o concílio Vaticano I (1865-69) declarará a primazia e a infalibilidade do papa, acentuando assim as diferenças que separavam a Igreja Romana das outras confissões cristãs, mas também dos Estados laicos que se emancipam dos valores religiosos.

O último concílio católico (Vaticano II, 11 de outubro de 1962 a 8 de dezembro de 1965) desenrolou-se sob o signo da conciliação e da unidade ecumênica. Convocado pelo pontífice João XXIII, com a participação de mais de 2.000 bispos e superiores de ordens religiosas, o concílio atenuou o centralismo pontifical, aboliu a liturgia latina, substituindo-a por liturgias nas línguas locais, e reconheceu o valor dos métodos de estudo histórico das matérias religiosas.

10.7 *A teologia cristã* constitui um sistema que pode ser descrito em termos perfeitamente síncronos. Sua história, porém, forma outro sistema que mantém relações de interdependência muito complexas com o primeiro. Depois de expor as linhas mais gerais da história do cristianismo, poderemos concentrar-nos no sistema síncrono das possibilidades do pensamento cristão.

10.7.1 *A Trindade*. Uma das particularidades do cristianismo é a de especular sobre as complexas ligações entre três pessoas, numa estranha relação trinitária (Pai, Filho e Espírito Santo) e entre essa Trindade masculina e uma figura feminina (a Virgem Maria) que, por sua vez, mantém com cada pessoa trinitária uma relação difícil de ser descrita.

Por outro lado, as pessoas da Trindade são colocadas em diversas dimensões, estabelecendo-se assim numerosas combinações entre elas ou no interior delas, e segundo cada dimensão. A figura de Cristo, por exemplo, pode ser decomposta em sua divindade, sua humanidade, na constituição do agregado que se chama Jesus Cristo, em sua natureza, em sua substância, em sua posição hierárquica, etc. Podemos dizer que Jesus Cristo está no centro de um *fractal* multidimensional que se expande segundo regras de produção que podem ser descritas em termos binários. Assim é que se pode falar de um Cristo apenas divino, de um Cristo apenas humano, de um Cristo divino e humano ao mesmo tempo, ou de um Cristo de uma terceira natureza. Por sua vez, a natureza dupla de Cristo pode ser descrita como mista ou separada, acentuando-se o caráter distinto ou indistinto da mistura. Finalmente, a mistura pode conter mais de natureza divina que de natureza humana ou vice-versa.

Do ponto de vista hierárquico, as pessoas trinitárias podem ser descritas como iguais ou desiguais e as distinções entre elas podem ser especificadas de várias maneiras.

Isso revela apenas uma parte do fractal cristológico, que tentaremos estudar em maior profundidade.

10.7.2 *Cristologia "pobre"*. Os grandes conflitos cristológicos são em parte produto da existência de duas correntes: uma teologicamente "pobre", de origem judaica, e a outra teologicamente "rica", platônica. A cristologia "pobre" acentua a humanidade de Cristo. Seus representantes mais antigos são os ebionitas ("pobres"), seita judaico-cristã que remonta à fase em que o próprio cristianismo não passava de uma seita judaica. Os ebionitas seguem a Tora, praticam a circuncisão, respeitam o Sabá e as festas judaicas e rejeitam Paulo, em razão de sua hostilidade para com a Lei. Para eles, Jesus é um simples profeta, homem que nada tem de divino. A história da concepção imaculada e do nascimento virginal de Jesus não tem sentido.

A cristologia "pobre" inclui, entre suas fórmulas, o adocionismo, que examinamos brevemente acima (10.4.4). Ário (*c*. 250-336) é excomungado em 318 pelo bispo Alexandre de Alexandria por ter afirmado que Cristo era hierarquicamente inferior ao Pai. Foi contra o subordinacionismo ariano que se convocou, em 325, o primeiro concílio ecumênico de Nicéia. Para definir as relações Pai/Filho, esse concílio adotou o termo *homoousios*, já utilizado por Orígenes, para dizer que o Filho é "da mesma substância" que o Pai.

Uma versão mais elaborada da cristologia "pobre" encontra-se no nestorianismo, confissão da Igreja da parte mais oriental do Império Bizantino. O nestorianismo tem suas raízes fincadas na teologia antioquiana de Diodoro de Tarso e Teodoro de Mopsuéstia. Nestório, que se torna patriarca de Constantinopla em 428, afirma a total separação das duas naturezas do Cristo, a divina e a humana. É condenado no concílio de Éfeso (431). Depois da conquista muçulmana do Iraque, os nestorianos serão protegidos pelos califas Abássidas (750-1258), e seu chefe (*catholicos*) instala-se em Bagdá em 762. Depois da conquista mongol (1258), a sede do patriarcado é transferida para o norte do Iraque. As missões nestorianas no Extremo Oriente cessam depois dessa data e vários nestorianos de Chipre e da Índia passarão mais tarde para o catolicismo, enquanto a Igreja do Iraque será constantemente atacada pelos curdos e pelos turcos otomanos. Os *catholicoi* da chamada Igreja "assíria" do norte do Iraque vivem, desde 1933, exilados nos Estados Unidos.

A conseqüência da separação das duas naturezas de Jesus Cristo leva os nestorianos a elaborarem uma cristologia de tipo antioquiano (Deus desce no homem Cristo como desce nos profetas) e uma mariologia "pobre", pois acreditam que Maria só gerou o homem Jesus, não Deus. Por conseguinte, não lhe reconhecem o título de *Theotokos* (*Dei genitrix*), mas somente o de *Christotokos* (aquela que gerou o Cristo).

10.7.3 *A cristologia "rica"* geralmente está associada aos teólogos alexandrinos e, mais especialmente, ao patriarca Cirilo de Alexandria (m. 444). Tem diversas fórmulas, como a de Apolinário de Laodicéia (*c*. 310-390), que não crê na humanidade plena de Cristo e cujas opiniões são combatidas no concílio de Constantinopla (381). Apolinário constrói uma cristologia segundo a dimensão do agregado humano de Cristo, que deve compreender pelo menos um corpo e uma alma. Ora, ele nega que Cristo tenha alma humana: esta foi substituída pelo Logos divino. O concílio afirma, ao contrário, que Jesus teve alma humana.

Mais tarde, Eutíquio de Constantinopla (*c*. 378-454) sustenta que a natureza divina de Cristo absorve sua humanidade. Suas opiniões são refutadas pelo concílio da Calcedônia (451), que determina que Cristo tem duas naturezas: uma divina e uma humana. Vemos que, depois desse concílio, Nestório continua afirmando a separação das duas naturezas, construindo assim uma cristologia adocionista e uma mariologia "pobre". A corrente inversa ao nestorianismo é chamada, em geral, monofisismo ("uma só natureza"), embora aceite a teoria calcedoniana da dupla natureza. É num nível mais sutil que se opõe à concepção ortodoxa, ao afirmar que as duas naturezas de Cristo estão mescladas e que, por conseguinte, "Deus em Cristo" é um ser de uma espécie nova, nem divina nem humana.

O credo de Nicéia (325) afirmava que Cristo era da mesma substância que o Pai. Se isso é verdade, constatam os monofisistas, então não é possível que ele seja da mesma substância que o homem.

Depois de 451, o Egito e a Síria cristãos dão preferência à cristologia "rica" monofisista. O imperador Heráclio (610-641) procurará um acordo entre estes e os ortodoxos na fórmula do *monoenergetismo* e do *monoteletismo*, segundo a qual o Filho tem mesmo duas naturezas, mas uma só energia e uma só vontade oriundas do Pai. Contra essa posição, o concílio de Constantinopla (680) decidirá que Jesus Cristo tem duas vontades. Quando o Egito e a Síria são conquistados pelos árabes, os partidários do monofisismo ficam felizes por escaparem ao controle de Constantinopla. O monofisismo, que se torna confissão dos coptas, ao se combinar com idéias docetas, produz uma variante na Síria (o jacobismo). É indispensável compreender que ele se opõe ao nestorianismo (duas naturezas separadas) tanto quanto à fórmula ortodoxa (duas naturezas não separadas mas distintas). O monofisismo comporta uma mariologia "rica" que, esta sim, será reconhecida como ortodoxa. Contra os nestorianos, cuja cristologia é, em última instância, adocionista, o patriarca Cirilo de Alexandria afirma que Maria é *Theotokos, Dei Genitrix*, posição essa que a Igreja vai corroborar, ao proclamá-la *Mater Dei*.

São indispensáveis algumas explicações mariológicas. A posição que vai prevalecer é expressa, no século II, pelo *Proto-Evangelho de Tiago*: Maria permaneceu *virgo in partu et post partum*, ou seja, *semper virgo*. No conjunto das personagens da trama cristã primordial, ela vai acabar assumindo um papel cada vez mais sobrenatural. Assim, o II concílio de Nicéia (787) situa-a acima dos santos, aos quais só se reserva a reverência (*douleia*), enquanto a Maria se deve a "super-reverência" (*hyperdouleia*). Insensivelmente, ela se torna uma personagem da família divina, a Mãe de Deus. A *dormitio virginis* transforma-se em *Maria in caelis adsumpta*; os franciscanos excluem Maria do pecado original e ela se torna *Mater ecclesiae, mediatrix et intercessor* pelo gênero humano junto a Deus. Foi assim que o cristianismo acabou por instaurar no céu um modelo de família bem menos rigoroso e inexorável que o patriarcado solitário do Deus bíblico.

10.7.4 Examinando novamente esse breve dossiê cristológico, percebemos ser ele passível de uma interpretação síncrona e que todas as suas possibilidades já estão contidas de antemão no sistema:

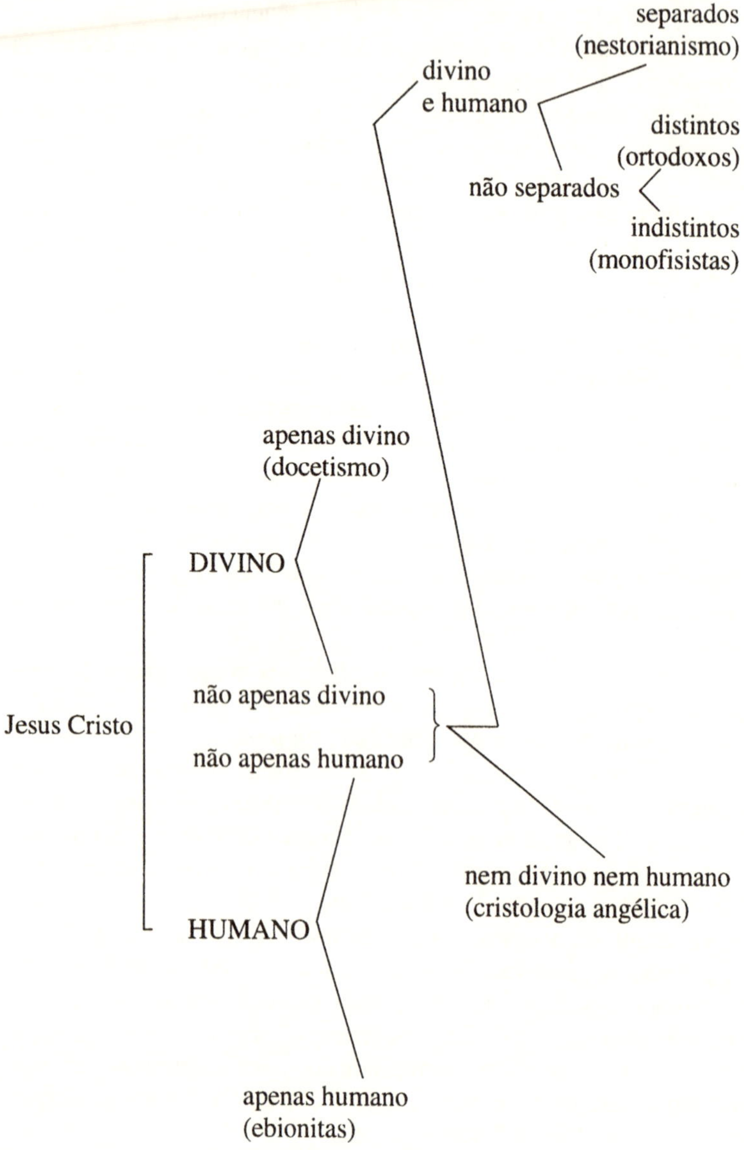

10.7.5 Outra dimensão cristológica é formada pelas *relações hierárquicas no interior da Trindade*. A posição ortodoxa afirma que o Pai, o Filho e o Espírito Santo são três hipóstases com a mesma substância (*ousía*) e a mesma energia (*energeia*). Entre as posições por ela excluídas estão o subordinacionismo, que pretende ser o Cristo inferior ao Pai; o pneumatomaquismo, corrente combatida por Basílio Magno no século IV, que pretende ser o Espírito Santo inferior ao Pai e ao Filho; o modalismo, segundo o qual o Pai, o Filho e o Espírito Santo são uma única pessoa com três nomes diferentes, etc. A conseqüência do modalismo é o patripassionismo, que afirma que, uma vez que Cristo é Deus, o Pai sofreu e morreu na cruz com ele. Como é fácil perceber, a hierarquia trinitária pode ser estudada em perspectiva sistêmica, síncrona, dimensional como: identidade/não-identidade, superioridade/inferioridade, etc.

10.7.6 *As grandes controvérsias animológicas* não são menos síncronas, pois desenvolvem-se segundo o esquema:

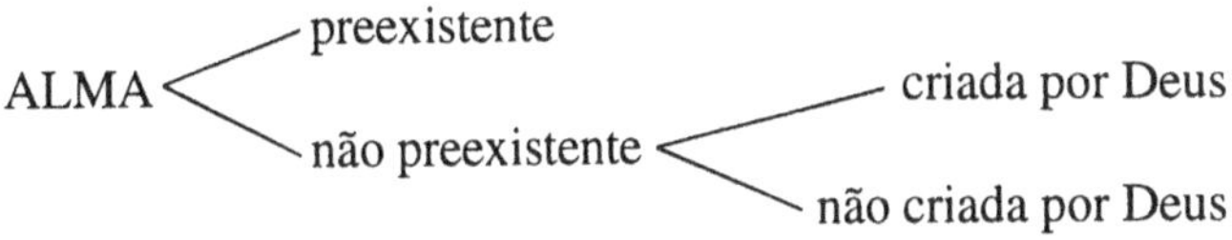


A concepção da preexistência da alma pode comportar a metensomatose clássica, platônica, ou o origenismo, doutrina mais sofisticada que implica a incorporação da alma nos diversos graus da escala das criaturas sutis, segundo seus méritos e deméritos.

Se a alma não é preexistente, ou é novamente criada por Deus (concepção que acabará por tornar-se ortodoxa), ou ela provém da multiplicação das almas dos pais (traducianismo, concepção sustentada por Tertuliano, que inicialmente teve prioridade sobre o criacionismo).

10.7.7 Finalmente, também se aplica uma perspectiva síncrona às *grandes controvérsias do livre-arbítrio*, tanto na época de Agostinho quanto na de Lutero.

Agostinho opõe-se a Pelágio, segundo o qual o pecado original é incapaz de obstar ao livre-arbítrio humano. Ao contrário, afirma Agostinho, Deus criou o ser humano dotado do livre-arbítrio de escolher entre o bem e o mal, mas, como ele escolheu o mal, perdeu a faculdade de conformar-se inteiramente com a vontade divina. Por isso, a graça é-lhe indispensável para a sua salvação. Como dirá Lutero, contra Erasmo, nessas condições o homem é antes dotado de um *servum arbitrium* do que de um *liberum arbitrium*.

Além disso, declara Agostinho, Deus decidiu, desde sempre, quem será salvo ou não, e envia a graça por decisão eterna. O número de predestinados (*numerus praedestinatorum*) é fixo e igual ao número dos lugares que se tornaram vacantes no céu com a queda dos anjos; o restante da humanidade está negativamente predestinado a fazer parte da *massa perditionis*. O concílio de Orange (529) declara ortodoxa a concepção de Agostinho, mas o concílio de Quiercy (853) rejeita a idéia da dupla predestinação (positiva e negativa), pois a *massa perditionis* não está predestinada por Deus, mas simplesmente entregue à punição eterna por causa de sua má escolha.

A Reforma reacende toda a discussão em torno da predestinação, que ocupa posição central nas questões doutrinárias levantadas por Lutero. Sob a pressão do amigo Melanchthon, o evangelismo ortodoxo abandonará a discussão sobre a predestinação, que será, porém, retomada pelo calvinismo. O sínodo de Dort (Países Baixos, 13 de novembro de 1618 a 9 de maio de 1619), constituído por representantes das confissões reformistas, confirmará o caráter duplo, positivo e negativo, da predestinação.

A mesma perspectiva sistêmica, aplicada aqui a alguns problemas, pode ser utilizada no estudo da totalidade da teologia cristã.

10.8 *A vida cristã* tem muitas dimensões. Para certas confissões, o ano litúrgico é muito importante e suas datas principais são o nascimento do Cristo, celebrado tradicionalmente em 6 de janeiro e depois transferido para 25 de dezembro, festa de Mitra *Sol invictus*; e a Páscoa, precedida por um jejum outrora rigoroso de quarenta dias e seguida pela celebração da Ressurreição. A eucaristia, ou seja, a administração da hóstia e do vinho consagrados, é considerada pelos católicos e pelos ortodoxos um dos sacramentos, ritos instituídos pelo próprio Jesus Cristo (entre os católicos: batismo, confirmação, eucaristia, extrema-unção, matrimônio, ordem, penitência). Sua freqüência varia segundo as épocas, intensificando-se entre os católicos até tornar-se prática cotidiana depois do concílio Vaticano II. A vida moral do cristão é importante em todas as confissões. Tem-se a tendência de dizer que o interesse pela moralidade torna-se preponderante nas Igrejas protestantes anti-sacramentais, como a calvinista, mas isso significa ignorar seu papel nas demais.

Apesar de terem, tradicionalmente, reforçado os valores da sociedade patriarcal, as Igrejas cristãs ofereceram, nas ordens, um refúgio a muitas mulheres, que assim tinham acesso à cultura e podiam usufruir certa independência, impossível em outras condições. Grande número de pesquisadores, como Ida Magli, Rudolph Bell, Dagmar Lorenz, etc., observaram que as únicas possibilidades de independência oferecidas às mulheres pelas sociedades da Idade Média e do Renascimento eram a religião e a prostituição. Por conseguinte, a instituição das ordens monásticas femininas passou por uma reinterpretação muito positiva. Ao contrário, a dissolução das ordens femininas e a obrigatoriedade do casamento pelo luteranismo, no século XVI, são hoje consideradas responsáveis pela dicotomia degradante que existe ainda em certas sociedades entre mulheres casadas e não casadas. Na Alemanha, quando das grandes perseguições contra as feiticeiras, e mesmo muito depois, o celibato feminino era alvo de uma desconfiança que podia transformar-se facilmente em repressão e que não atingia o celibato masculino. Como mostrou Prudence Allen, é o triunfo do aristotelismo no século XIII que generaliza a difamação cristã da mulher. Isso porque Aristóteles é o pai de uma teoria que terá uma das últimas variantes na versão freudiana da "privação do pênis": a mulher é um homem incompleto, defeituoso, na medida em que sua semente não contribui para a geração de um novo ser. Essa teoria, combinada com preconceitos comuns e infundados, como o da insaciável sexualidade feminina que leva o homem à ruína, ou o da "irracionalidade" da mulher, ambos justificando suas relações privilegiadas com o diabo, levaram à perseguição furiosa da feminidade, iniciada na Alemanha pela bula papal *Summis desiderantes affectibus* (1494) e pelo *Malleus maleficarum* (1496) dos inquisitores Institoris e Sprenger, e prosseguida um século depois com a caça às bruxas, mais intensa, como observa J. B. Russell, nos territórios marcados pelo protestantismo.

Tradicionalmente, a esperança cristã mais intensa estava na sobrevivência depois da morte e na recompensa celeste pelos méritos acumulados durante a vida. Simetricamente, o demérito acarretava a punição no inferno. O juízo final tornaria eternos os castigos e os favores transitórios. A idéia de um purgatório para expiar os pecados veniais só apareceu, como demonstrou brilhantemente Jacques Le Goff em *Naissance du purgatoire* (1981), entre 1024 e 1254, período que coincide aproximadamente com a extraordinária proliferação de Apocalipses que descreviam uma visita ao paraíso e ao inferno. O mais antigo é *Visio Beati Esdrae*, provavelmente do século X; seguem-se: *Visão de Adhamhnan*, da Irlanda (século XI), *Visão de Alberico de Montecassino* (1111-1127), *Visão de Tundal* (1149), *Tratado do Purgatório de São Patrício* (1189), etc. Foi nessa tradição que teve origem a *Divina Comédia* do florentino Dante Alighieri, que nada tem a ver com as narrativas islâmicas do *mi 'rāj* do Profeta.

10.9 É impossível concluir estas páginas sem uma vista d'olhos na *rica tradição mística cristã*, que pode ser encarada como uma forma de ascetismo contemplativo platônico acompanhado por atividades devocionais e, às vezes, litúrgicas. Em sua riqueza histórica, o misticismo cristão abarca quase toda a fenomenologia mística possível, enfatizando, porém, mais o êxtase do que a introspecção. A experiência mística tende à união com Deus no esquecimento total do corpo e do mundo. É Orígenes (↔ 10.4.3.) que, inicialmente, dá o quadro interpretativo de tal experiência, mas esta acabará por impregnar-se de neoplatonismo, sem, porém, perder a dimensão característica do *amor*, que a distingue daquele. O autor desconhecido, aluno do neoplatônico ateniense Proclo (410/12-485), que escreve sob o nome de Dionísio, o Areopagita, discípulo do apóstolo Paulo, inaugura uma forma de misticismo que, por insistir no caráter incognoscível de Deus (teologia negativa ou apofática), inaugura uma tradição que, não deixando de ser extática, assemelha-se também à "mística da vacuidade", presente no budismo. O estado de *fanā'*, no sufismo, o Deus de Mestre Eckhart (1260-1327), de Jan van Ruusbroec (1293-1381) e de Johannes Tauler (1300-1361), a *noche oscura* do carmelita João da Cruz (1542-1591), aluno da grande mística extática Teresa de Ávila, a perplexidade do protestante silesiano Jacob Böhme (1575-1624) diante do caráter insondável (e por conseguinte quase diabólico) de Deus Pai, tudo isso se prende ao modo teológico negativo, aliás magnificamente cultivado na especulação dos grandes nominalistas dos séculos XII ao XV. Mas, como observa muito bem Michel Meslin (*L'Expérience humaine du divin*, 1988), é impossível separar o misticismo do amor do misticismo pela vacuidade, que às vezes só aparece como uma etapa (o deserto, a noite) no caminho do místico. E nesse ponto intervém o misticismo especulativo, que enumera as fases da experiência mística. Seu modelo é o mesmo Dionísio, o Areopagita, sua tradição se propaga a leste e a oeste, de João Clímaco (m. *c.* 650), autor da *Escada (klimax) do paraíso*, que propõe uma hierarquia da experiência mística em trinta etapas (degraus), ao franciscano Boaventura de Bagnoreggio (1221-1274), autor de *Itinerarium mentis in Deum*.

Se toda mística do amor é, segundo a famosa expressão de Thomás de Kempis (1379/80-1471), uma imitação de Cristo, é indispensável ressaltar a existência de uma modalidade da experiência mística feminina por excelência, que se poderia chamar mística da eucaristia. Não se trata de uma simples variante do misticismo feminino do amor, notavelmente ilustrado pela madre beneditina Juliana de Norwich (1342-*c.* 1416), por Teresa de Ávila, por Teresa de Lisieux (1873-1897) e por muitas outras. Aliás, seria simplificar demais classificar todas as mulheres místicas sob o título misticismo do amor; uma visionária como Hildegarda de Bingen (1098-1179) explora todas as modalidades de misticismo.

O historiador Rudolph Bell acreditou detectar sintomas de anorexia nervosa em numerosas místicas italianas dos séculos XIII a XVII: Clara de Assis (*c.* 1194-1253), companheira mística de Francisco de Assis (1181-1226), Umiliana de' Cerchi (1219-1246), Margarida de Cortona, Catarina de Siena (1347-1380), Benvenuta Bojani (nascida em 1255), Angela de Foligno (m. 1309), Francesca Bussa (nascida em 1384), Eustachia de Messina (m. 1485), Colomba de Rieti (nascida em 1466) e Orsola Veronica Giulliani (1660-1727). Caroline Bynum Walker acrescentou vários casos provenientes de outras regiões da Europa, propondo uma interpretação sugestiva desse fenômeno. Bynum rejeita a analogia com a anorexia nervosa apontada por Bell. Para ela, o jejum e as outras mortificações, às vezes extraordinárias, às quais essas místicas se submetiam provinham na verdade de uma visão positiva de seu papel no mundo. Para elas, a eucaristia na qual Cristo se transforma em pão substancioso torna-se o símbolo de sua própria transformação: ao renunciar à alimentação, *elas mesmas se transformam em alimento*. Essa interpretação revolucionária de Bynum rejeita a tradição hermenêutica que vê em qualquer mortificação um exemplo de dualismo.

Se no Ocidente o misticismo evolui em quatro sentidos que se interpenetram sem demarcação categórica (teologia negativa, amor, mística especulativa e eucaristia), no Oriente ele assume um caráter mais técnico com o hesicasma fundado por Gregório Palamas (*c.* 1296-1359), que evolui no sentido de exercícios de visualização, respiração e meditação ("prece do coração"), que lembram a ioga e certos métodos do sufismo. Praticado pelos monges do mosteiro de Atos, o hesicasma propagou-se em todo o mundo ortodoxo, especialmente na Rússia, por meio dos textos reunidos no fim do século XVIII sob o título de *Philokalia*. A instituição tipicamente russa do *starets*, simultaneamente guru e marabu ortodoxo, é uma interpretação local do hesicasma. Outra forma de hesicasma russo, mais próxima do original e elaborada para as massas nos estabelecimentos do "staretsismo", é a "prece perpétua", que consiste em repetir mentalmente, como um mantra, o nome de Jesus Cristo.

10.10 *Bibliografia*. Uma boa e despretensiosa introdução à história geral do cristianismo é *Eerdmans' Handbook to the History of Christianity*, Grand Rapids, 1987. Como obras de referência, podem-se consultar os 21 volumes de *Histoire de l'Église des origines à nos jours* (Fliche-Martin), Paris, 1934-1964, e o *Dictionnaire de théologie catholique*, Paris, 1909-1950. Quanto ao aspecto doutrinário, uma boa visão geral é encontrada em Jaroslav Pelikan, *The Christian Tradition: A History of the Development of Doctrine*, 4 vols., Chicago, 1971-1984. Sobre a expansão do cristianismo, uma obra notável é a de Kenneth S. Latourette, *A History of the Expansion of Christianity*, em 7 volumes, N. York, 1937-1945. Quanto ao período antigo, uma boa visão histórica e doutrinária é dada por W. H. C. Frend nas 1.022 páginas de *The Rise of Christianity*, Filadélfia, 1984, a ser complementado com Johannes Quasten, *Patrology*, 4 vols., Utrecht, 1950-1960. Sobre os apologistas do século II, ver R. M. Grant, *The Greek Apologists of the IInd Century*, Filadélfia, 1988; A. J. Droge, *Homer or Moses? Early Christian Interpretations of the History of Culture*, Tubingen, 1989. Entre os melhores livros sobre a formação do cristianismo, é preciso apontar R. M. Grant, *Augustus to Constantine*, N. York, 1970, e, do mesmo autor, *Gods and the One God*, Filadélfia, 1986.

Uma boa introdução à civilização medieval está nas obras de Jacques Le Goff, *La Civilisation de l'Occident médiéval*, Paris, 1967, e *Pour un autre Moyen Âge*, Paris, 1977. Além disso, Le Goff dedicou um volume capital ao surgimento da doutrina do purgatório (*La Naissance du purgatoire*, Paris, 1981) e foi o redator do volume coletivo *Hérésies et société dans l'Europe préindustrielle* XI$^{e}$-XVIII$^{e}$ siècles, Paris-La Haye, 1968. Sobre a heresia medieval, ver, também, J .B. Russell, *Dissent and Reforme in the early Middle Ages*, Berkeley-Los Angeles, 1965, e R. I. Moore, *The Origins of European Dissent*, Londres, 1977; bibliografia em I. P. Couliano, *Les Gnoses dualistes d'Occident*, Paris, 1990. Sobre os rituais da cavalaria medieval, ver Michel Stanesco, *Jeux d'errance du chevalier médiéval. Aspects ludiques de la fonction guerrière dans la littérature du Moyen Âge flamboyant*, Leiden, 1988.

Sobre a tradição apocalíptica medieval, ver Bernard McGinn, *Visions of the End: Apocalyptic Traditions in the Middle Ages*, N. York, 1979; do mesmo autor, a introdução e a tradução de textos de Lactâncio, Adso de Montier-en-Der, Joaquim de Fiore, os espirituais franciscanos e Savonarola, em *Apocalyptic Spirituality*, N. York, 1979. Sobre as viagens para o além, ver I. P. Couliano, *Expériences de l'extase*, Paris, 1984.

Sobre o misticismo comparado, ver Michel Meslin, *L'Expérience humaine du divin*, Paris, 1988; Samuel Umen, *The world of the mystic*, N. York, 1988; Moshe Idel e Bernard McGinn (orgs.), *Mystical Union and Monotheistic Faith: An Ecumenical Dialogue*, N. York, 1989. Sobre a espiritualidade cristã, ver André Vauchez, *La Spiritualité du Moyen Âge*, Paris, 1975; *La Sainteté en Occident aux derniers siècles du Moyen Âge*, Roma, 1981; Bernard McGinn, John Meyendorff e Jean Leclercq (orgs.), *Christian Spirituality: Origins to the Twelfth Century*, N. York, 1987.

Sobre as concepções do corpo humano no fim da Antiguidade e na Idade Média, ver sobretudo Peter Brown, *The Body and Society: Men, Women, and Sexual Renunciation in Early Christianity*, N. York, 1988; Rudolph Bell, *Holy Anorexia*, Chicago, 1985; Caroline Walker Bynum, *Holy Feast and Holy Fast*, Berkeley, 1987. Sobre as concepções da mulher no cristianismo, ver Prudence Allen, *The Concept of Woman. The Aristotelian Revolution, 750 BC-AD 1250*, Montreal/Londres, 1985; Pierre Darmon, *Mythologie de la femme dans l'Ancienne France*, Paris, 1983; Barbara Becker-Cantarino (org.), *Die Frau von der Reformation zur Romantik*, Bonn, 1987. Sobre a caça às bruxas, ver I. P. Couliano, *Sacrilege*, in ER 12, 557-63.

Sobre os diversos aspectos do "Renascimento do século XII", cujos frutos são colhidos no século seguinte, ver Michel Pastoureau, *Vie quotidienne en France et en Angleterre au temps de chevaliers de la Table ronde*, Paris, 1976; Jean Richard, *le Royaume latin de Jérusalem*, Paris, 1953; *Les Croisades*, introdução de Robert Delort, Paris, 1988; Roger Boase, *The Origin and Meaning of Courtly Love*, Manchester, 1977.

Sobre a baixa Idade Média até a Reforma, ver Steven Ozment, *The Age of Reform, 1250-1550: An Intellectual and Religious History of Late Medieval and Reformation Europe*, N. Haven, 1980.

Sobre a magia em geral e a magia no Renascimento em particular, ver I. P. Couliano, *Éros et Magie à la Renaissance*, Paris, 1984, que também contém uma seleção bibliográfica de obras sobre o Renascimento.

Sobre o protestantismo, uma síntese equilibrada foi realizada por Martin Marty, *Protestantism*, N. York, 1972; sobre Lutero, ver Brian Gerrish, *Grace and Reason: A Study in the Theology of Luther*, Oxford, 1962; sobre Calvino, ver A. M. Schmidt, *Jean Calvin et la tradition calvinienne*, Paris, 1956.

# 11

## Religiões
# DUALISTAS

11.0 A palavra *dualismo* foi inventada em 1700 para caracterizar a doutrina iraniana dos dois espíritos (↔ 33). Mais tarde, os estudiosos descobriram que os mitos dualistas têm difusão universal e conhecem inúmeras transformações em todos os níveis culturais e em grande número de religiões, desde as estudadas pela etnologia até as "grandes religiões", como o budismo, o cristianismo, a religião grega, o hinduísmo, o islamismo, o judaísmo, etc. A definição mais simples de dualismo é: *oposição de dois princípios*. Isso implica um juízo de valor (bom/mau) e uma polarização hierárquica da realidade em todos os níveis: cosmológico, antropológico, ético, etc.

Tradicionalmente reconhece-se a existência de duas formas ou tipos de dualismo religioso: o *radical*, que afirma a existência de dois princípios coeternos responsáveis pela criação do que existe; e o *atenuado* ou monárquico (que não põe em dúvida a monarquia de um criador supremo), em que o segundo princípio se manifesta mais tarde e geralmente tem origem num erro do sistema iniciado pelo primeiro princípio.

11.1 Ugo Bianchi, autor da monografia *Il dualismo religioso* (1958, 1983), concluiu que os mitos que têm um *Trapaceiro (Trickster)* como protagonista são freqüentemente dualistas. O Trapaceiro é uma personagem matreira, humana ou animal, brincalhona e capaz de se transformar, que existe nos mitos de todos os continentes e muitas vezes se disfarça em uma das divindades ou semidivindades das grandes religiões, como Set na religião egípcia, Prometeu na grega ou Loki na escandinava. Na maioria dos casos, o Trapaceiro é masculino, mas também existem mitos típicos que têm como protagonista uma Trapaceira. Há uma categoria de mitos em que o Trapaceiro age como segundo criador do mundo ou de uma parte do mundo e desempenha, principalmente, o papel de quem põe a perder a criação da divindade suprema, introduzindo no mundo todos os males hoje existentes: a mortalidade dos homens, as dores do parto, etc. Trata-se, em geral, de episódios míticos pertencentes ao dualismo radical. Identificamos no mito bíblico da Gênese a presença discreta de um Trapaceiro (a serpente) *ex machina*, que revela a sexualidade ao casal humano primordial, provocando sua expulsão do paraíso, marcada pelo parto com dor, pelo domínio do homem sobre a mulher, pela maldição do trabalho, pela morte. O dualismo radical foi mantido de uma forma atenuada: a serpente foi criada por Deus. Mas é só começar a formular perguntas sobre sua natureza inteligente e maligna e já se entrevê que esse mito pode prestar-se a numerosas transformações interpretativas. Em todos os lugares – Américas, Eurásia, África e Oceania – o Trapaceiro (*Trickster*) pode ser certo "demiurgo matreiro", autor de uma contracriação de conseqüências muitas vezes funestas.

11.2 Ao lado de mitos de conteúdo dualista, existem *religiões e correntes dualistas* cuja atitude diante do mundo e do homem pode variar desde o anticosmismo (o mundo é mau) e o anti-somatismo (o corpo é mau) até o pró-cosmismo (o mundo é bom) e o pró-somatismo (o corpo é bom). O zoroastrismo (↔ 33) é uma religião dualista, pró-cósmica e pró-somática; o orfismo é uma corrente dualista anticósmica e anti-somática; o platonismo, corrente de idéias cuja influência religiosa foi enorme em todas as épocas, é fortemente anti-somático mas não anticósmico; outras religiões, enfim, como o gnosticismo, o maniqueísmo, o paulicianismo, o bogomilismo e o catarismo, sempre foram analisadas como grupos à parte, visto terem sido historicamente interpretadas como heresias cristãs. Suas características distintivas serão brevemente analisadas nos parágrafos seguintes.

11.3 O *gnosticismo* é uma religião que se manifesta nos primórdios da era cristã, sob a forma de numerosas correntes separadas e às vezes divergentes entre si. É típico do gnosticismo utilizar dois mitos, pertencentes, na maioria dos casos, ao dualismo atenuado: o da Trapaceira feminina, a deusa celeste Sophia, que produz o desastre ou o inconveniente cuja conseqüência será a criação do mundo; e o de um Trapaceiro masculino, aborto de Sophia, que fabrica o mundo a partir de uma substância ignóbil chamada "água" (Gn. 1,6) ou de resíduos ou sonhos provenientes do alto, do verdadeiro Deus. O demiurgo do mundo em geral identifica-se com o Deus do Velho Testamento. Só em alguns exemplos ele é francamente mau; é ignorante e orgulhoso, "louco", numa série de textos em língua copta, que figuram entre as coleções de papiros gnósticos, das quais a mais importante foi encontrada em Nag Hammadi, no Alto Egito, em 1945. Nos documentos referentes à gnose de Valentino (fls. 140-150), o demiurgo ignorante arrepende-se e é desculpado por ter criado o mundo.

No panorama das idéias da época, o gnosticismo é revolucionário pelo fato de contradizer os dois princípios afirmados ao mesmo tempo pela Bíblia e por Platão: o princípio da *inteligência ecossistêmica*, segundo o qual o mundo foi criado por uma causa inteligente e benévola; e o *princípio antrópico*, que afirma ter sido o mundo criado para o gênero de seres humanos que nele se encontra e que esses seres humanos foram criados para esse mundo. Ao contrário, o gnosticismo afirma que o demiurgo do mundo é ignorante; que, por conseguinte, o mundo é mau; e que o homem é superior ao mundo por conservar uma centelha de espírito proveniente do Pai distante e bom das gerações divinas. Evadir-se do cosmo será, portanto, a finalidade do gnóstico.

O gnosticismo utiliza, na maioria das vezes, materiais cristãos, e seu salvador chama-se, na maioria dos casos, Jesus Cristo. Este tem a função de revelar ao adepto a existência da centelha de espírito aprisionada em sua alma, gnose eterna que lhe permitirá remontar à sua origem hipercósmica. Jesus Cristo em geral não tem corpo físico (cristologia *doceta*) e, portanto, não pode sofrer realmente e morrer na cruz. As interpretações variam enormemente, mas em certos casos outra pessoa é crucificada (Simão de Cirene) enquanto o verdadeiro salvador fica rindo à sombra da cruz. Esse sorriso zombeteiro com que Cristo obsequia o demiurgo e seus acólitos sem dúvida representa um traço que não tem origem nos Evangelhos.

11.4 A maioria dos escritos do Novo Testamento já existiam de uma forma ou de outra na época de *Marcião de Sinope* do Ponto Euxino (*c*. 80-155), primeiro grande heresiarca que obrigou a Igreja cristã a definir sua atitude para com o cânon das Escrituras, sua cristologia, etc. Marcião não é um gnóstico, mas apenas um crítico racionalista da Bíblia. O deus do Antigo Testamento não preenche os critérios de onipotência, onisciência e bondade que lhe são aplicados. Por conseguinte, Marcião propõe um dualismo radical entre um Deus bom e desconhecido, que vive em seu mundo (imaterial?) no terceiro céu, e um demiurgo que não é bom, mas inferior e justo, o deus do Velho Testamento, criador do homem e deste mundo, feito de matéria corrompida pelo diabo. Não há comunicação entre os dois mundos até o momento em que o Deus bom concede Cristo gratuitamente ao sistema do mundo do demiurgo justo. Embora o corpo desse Cristo seja um fantasma enganador (variedade do chamado docetismo *fantasiasma*), seu sofrimento e sua morte têm realidade, à qual corresponde o martírio voluntário e libertador do adepto do marcionismo.

Ao contrário do gnosticismo, que em sua concepção do homem superior a seu criador é de um otimismo ímpar na história das idéias, o marcionismo é uma doutrina pessimista do mundo, pois nega o princípio da inteligência ecossistêmica, ao mesmo tempo que aceita o princípio antrópico: o mundo é de qualidade inferior (e, nesse sentido, "mau"), mas o homem não o transcende em absoluto. Ele não merece a salvação em virtude de seu parentesco com o Deus bom. A salvação é um dom gratuito e imerecido.

O marcionismo constituiu-se em uma Igreja que, por sua vocação para o martírio, acabou por extinguir-se no mundo romano, cuja vocação, por certo tempo, foi propiciar o martírio. Um número bastante grande de marcionitas, defensores da ascese, sobreviveu até o século V, nos campos da Síria, onde Teodoreto de Ciros convertia oito aldeias à ortodoxia.

11.5 O *maniqueísmo* é a religião gnóstica mais influente, fundada por Mani (216-276), profeta nascido numa comunidade batista mesopotâmica, cuja atividade se desenvolveu na Pérsia até seu martírio sob Bahram II. O maniqueísmo propaga-se no Ocidente até Roma, onde arrosta as perseguições até o século VI, e no Oriente até a China (694), tornando-se, por certo tempo, religião de Estado no império dos turcos úgricos (763-840). Como os marcionitas, ao serem expulsos das cidades, os maniqueus refugiam-se no campo, principalmente na Ásia Menor. Religião universalista fundada em revelações diretas e escritas, o maniqueísmo traduz suas escrituras para todas as línguas, adotando conceitos fundamentais das religiões locais, como o zoroastrismo e o budismo. Na realidade, ele não repousa absolutamente em fundamentos religiosos iranianos, como já se afirmou muitas vezes, mas elabora uma doutrina original a partir de sistemas gnósticos preexistentes. Caracteriza-se por seu dualismo radical, pela idéia peculiar do mundo como "mescla" de Trevas e de Luz, pelo otimismo anticósmico e ascetismo severo. A única inovação do maniqueísmo em relação aos sistemas gnósticos precedentes (que, aliás, nem sempre optam pelo dualismo monárquico contra o dualismo radical) é ter atribuído o ato da criação do mundo a um demiurgo bom chamado Espírito Vivo. O fato de o material com que é feito esse mundo consistir nas carcaças dos príncipes das Trevas levou grande número de estudiosos a concluir que o maniqueísmo é fortemente pessimista. Esse juízo certamente é falso, pois essas carcaças estão mescladas às porções de Luz engolidas pelas criaturas tenebrosas. Por mais padecente que seja nesse abraço da matéria, a Luz transparece, porém, em cada talo de capim. A experiência imediata que o maniqueu tem do mundo não é traumática. Evidentemente não lhe falta a reverência diante da criação de que carecem certos gnósticos. Essa parte da natureza, que é uma epifania da Luz, constitui um mistério para ele, objeto de incessantes perplexidades. O maniqueísmo estabelece uma linhagem de profetas que termina com o próprio Mani e atribui a Jesus uma função cósmica.

11.6 O *paulicianismo*, que só conhecemos pela narrativa ulterior de um escritor bizantino do século IX, Pedro de Sicília, enviado em missão (869) pelo imperador Basílio I junto aos chefes de um Estado pauliciano ameaçador que logo desapareceria (872), é uma forma de marcionismo popular que se desenvolve sem tradição escrita num meio inicialmente refratário a qualquer intelectualismo. Muitas vezes confundidos pelos estudiosos modernos com "paulianos" adocionistas armênios, no século IX os paulicianos do Eufrates foram deportados em massa para a Trácia (hoje Bulgária). Segundo Pedro de Sicília, a seita fora fundada no século VII por certo Constantino, oriundo de Mananali, cidade situada às margens do Eufrates superior.

As conseqüências éticas do dualismo radical professado pelos paulicianos compreendem a recusa dos sacramentos, com a qual provavelmente quisessem exprimir seu desprezo pelas instituições ortodoxas relaxadas.

11.7 Os *bogomilos* foram com freqüência, mas erradamente, associados aos paulicianos, devido à sua origem búlgara. Na realidade, mesmo partilhando com estes o desprezo pelos ortodoxos, os bogomilos nem mesmo são dualistas, pois afirmam que Satã não é o criador, mas apenas o organizador (o "arquiteto") do mundo. Nisso encontramos antigas doutrinas cristãs que haviam sido ortodoxas em sua época, como o traducianismo (uma alma nova nasce da copulação das almas dos pais), a concepção e o nascimento auriculares de Jesus Cristo, e outras, como o fantasiasma doceta, que, não sendo ortodoxas, gozam contudo de venerável antiguidade. O bogomilismo não é uma recrudescência da gnose. Foi concebido por religiosos bizantinos ultraconservadores, encratitas e vegetarianos.

O bogomilismo, que aparece na Bulgária no século X, logo se estabelece em Bizâncio, de onde se irradia para o Ocidente. Atravessando talvez a Dalmácia e seguramente a Itália, chega à França no início do século XII e desaparece pouco depois (1167), quando os bispos franceses são convertidos por um enviado de Bizâncio a uma nova heresia que professa o dualismo radical. O catarismo bogomilo se manterá no norte da Itália até o século XV e no século XIV fará novamente uma breve incursão no sul da França por meio de alguns neófitos do catarismo provençal, depois da destruição dos albigenses no século XIII.

11.8 Os *cátaros* são, portanto, adeptos de duas doutrinas distintas provenientes de Bizâncio. Uma é o bogomilismo e a outra, que é a dos albigenses do sul da França, de 1167 até a queda de Montségur em 1244, é uma mistura de origenismo com um pouco de maniqueísmo, operada por certo nos meios intelectuais ascéticos bizantinos. No norte da Itália, as diferenças doutrinárias das duas Igrejas cátaras exprimem-se na polêmica dos cátaros monárquicos (bogomilos) de Concorezzo, na Lombardia, chamados "búlgaros", com os cátaros radicais (origenistas) de Desenzano, no lago de Guarda, chamados "albaneses", talvez "albigenses".

Todos os documentos que possuímos sobre a doutrina dos cátaros radicais (dentre os quais sete tratados originais em latim, reunidos sob o título de *Liber de duobus principiis*) provêm do catarismo italiano. Eles vêem no origenismo, professado nos séculos IV e V por ascetas e intelectuais, principalmente no deserto egípcio, e condenado no século VI, a origem da parte mais importante de suas crenças, que compreendem a metensomatose (preexistência da alma), a corporeidade dos anjos, a dupla criação e a existência de mundos paralelos, a idéia da multiplicidade dos julgamentos das almas, a existência de corpos de ressurreição que não são os corpos físicos, e a negação da onipotência e do livre-arbítrio de Deus.

No século XV, uma igreja bosniana herética, existente desde o século XII, professa, ao que parece, o dualismo radical.

11.9 *Bibliografia.* Um comentário exaustivo das fontes e das doutrinas das religiões dualistas ocidentais é encontrado no livro de I. P. Couliano, *Les Gnoses dualistes d'Occident*, Paris, 1990.

# 12

## Religião do
# EGITO

12.0 Apesar de nossa familiaridade com a iconografia do Egito antigo, sua religião continua estranha e enigmática. A tal distância no tempo, a pluralidade é sentida como contraditória; as múltiplas estruturas do panteão, as variantes dos mitos e os deuses confundem-se e estão semeados de lacunas. Tudo tem sido reexaminado atualmente: a divindade do faraó, a realidade do além, a natureza exata de entidades como o *ba* e o *ka*, geralmente traduzidas por "alma" e "espírito", etc. Por outro lado, a tradição religiosa egípcia é extremamente conservadora. Resiste a qualquer mudança e possui seus modelos arquetípicos de deuses e heróis. É totalmente orientada para o além imutável em sua perfeição, cujos mistérios muitas gerações de pesquisadores tentaram decifrar.

12.1 *Período arcaico.* O estilo ímpar da iconografia egípcia, assim como a escrita hieroglífica, aparecem ao mesmo tempo que a primeira dinastia faraônica e a unificação dos vales setentrional e meridional do Nilo, por volta de 3000 a.C. Antes, os mesopotâmicos haviam estendido sua influência pela região, interrompendo sua monotonia com construções de adobe e com seus objetos de fabricação oriental, como os sinetes cilíndricos. Já em período anterior, as populações pré-históricas da região enterravam seus mortos voltados para o oeste, suprindo suas tumbas com bens para serem usados no além.

O início da história egípcia é o início da realeza, presente pela primeira vez na Placa de Narmer, em que o rei usa as coroas do Alto e do Baixo Egito. Na origem, os reis identificavam-se com Hórus; uma segunda dinastia, com Set ou com Hórus e Set juntos. Na mitologia, Hórus e Set haviam disputado a realeza. O *status* supra-humano do rei constituiu-se bem cedo e revelou-se instrumento político duradouro e eficaz. Menés, como foi chamado mais tarde o primeiro rei e unificador do Egito, fundou, segundo a tradição, a capital de Mênfis. Os reis das primeiras dinastias (Antigo Império) ordenaram a construção das pirâmides e dos complexos funerários maiores, cujas inscrições e fórmulas mágicas encerram suas primeiras teologias.

12.2 *Cosmogonias e teologias*. Uma cosmogonia que data do Antigo Império põe-nos em presença de Rá/Atum que cria Shu (Ar) e Tefnut (Umidade), que produzem Geb (Terra) e Nut (Céu). Por sua vez, estes dão origem a Osíris e Set, a Ísis e Néftis. O rei justo da Terra, Osíris, foi morto por seu irmão Set. Ísis conseguiu ficar grávida do morto Osíris e gerou Hórus, filho que vingará Osíris e com o qual o faraó se identifica.

Como na Mesopotâmia (↔ 23), cada templo das grandes cidades, sedes do poder, criava sua própria cosmogonia com o deus local no ápice da hierarquia. O ovo do qual saíra o criador provinha do lago de Hermópolis. Ele emergira do caos aquático expresso por quatro seres: Ocultação, Trevas, Estado Amorfo e Abismo Aquoso. Em Heliópolis, surgira das águas uma colina primordial de areia, ainda visível no local em que o mundo começara. Quanto aos atos cosmogônicos, os mais rudes, como a masturbação ou a expectoração do deus criador, eram muito valorizados, mas nos principais centros religiosos surgiram teorias mais refinadas. Foi assim que, numa tradição mais tardia, Ptá concebe Atum no coração e cria-o pronunciando seu nome. Esse mito tornava Ptá superior a Atum e da mesma maneira Rá era superior a Atum, em virtude de sua posição anterior na cosmogonia.

O mundo, segundo os egípcios, era achatado e sustentava o céu, cuja forma de tigela invertida era, às vezes, a parte de baixo da vaca Hátor ou a parte da frente da deusa Nut, que todas as noites engole o sol. Grande número de deuses tem formas animais, o que não implica a adoração de animais, mas, talvez, o reconhecimento de uma alteridade essencial e mais profunda ou uma inteligência das qualidades arquetípicas das coisas vivas. A natureza proteiforme dos deuses egípcios é enigmática. São eles que criam os seres humanos, produzidos pela palavra de Ptá ou modelados no torno do oleiro. O espírito se conservará enquanto existir seu suporte físico. Essa preocupação com a subsistência faz com que a inumação segundo os ritos seja preferível à existência terrestre, mesmo confortável. As tumbas são mais importantes que as casas mais suntuosas e é impensável economizar em detrimento dos sacerdotes funerários.

12.3 *Primeiro período intermediário.* Aproximadamente em 2200 a.C., crise política e guerra civil dividiram o Egito durante cento e cinqüenta anos. As obras literárias desse período atestam uma individualização crescente e uma "democratização" da vida religiosa diante da anarquia social reinante. Fórmulas mágicas funerárias das antigas tumbas reais são encontradas nas sepulturas das pessoas que podiam pagá-las. Os textos chamados *Canções dos Harpistas* recomendam que se viva no presente. Um futuro incerto ameaça o país, quando as tumbas serão saqueadas e os inocentes, perseguidos. Tudo é motivo de dúvida: o eu, o além, os deuses, o faraó. Obras proféticas, como as *Advertências de Ipuwer*, apresentam-nos um velho sábio que se desfaz em injúrias contra as mentiras e a violência do rei e de seu reinado. Os *Conselhos para Merikere* deploram as vicissitudes da existência, ao mesmo tempo que exaltam os valores morais tradicionais do Egito, a justiça e a generosidade, especialmente para com os pobres. Uma peça particularmente interessante é a *Discussão de um homem cansado com seu Ba*, em que um homem desesperado com a maldade do mundo defende a causa do suicídio diante de sua alma, que o incentiva, ao contrário, a continuar vivendo e a aproveitar a vida. A alma, enquanto penhor da vida futura, promete ao homem que não o abandonará, mas a perspectiva do além não parece ter mais atrativos que esta existência imperfeita. Crescem os amargos queixumes contra o caos social – filhos que se erguem contra os pais e súditos contra o rei; são os estereótipos literários desse período, que persistirão durante séculos.

12.4 *Prática religiosa.* Como na Mesopotâmia (↔ 23), os deuses tinham suas capitais, cujos templos eram suas moradas. Em geral o interior dos templos era reservado aos sacerdotes em estado de pureza ritual. Equipes de sacerdotes de cabeças raspadas tinham numerosas funções: lavagem das estátuas, oferenda ritual de alimentos e bebidas, instalação da presença divina nas estátuas, transporte destas em procissões oraculares, etc. No templo de Amon, em Tebas, cujo pessoal contava algumas dezenas de milhares de pessoas, havia cerca de cento e vinte e cinco cargos diversos para preencher. A função principal das estátuas, onde se acreditava que o deus residia, era proferir oráculos diretos. Instaladas em suas cabines opacas no centro de barcas de dimensões variáveis (enormes e pesadas no caso de deuses poderosos), as estátuas saíam em procissão levadas pelos sacerdotes. A multidão muitas vezes se juntava aos carregadores, pois era um mérito contribuir para o transporte do deus. Quando interrogado sobre qualquer rixa, muitas vezes o deus funcionava como juiz entre duas partes; mas se uma delas não se sentisse satisfeita podia transferir a questão para outro deus. O oráculo era proferido segundo uma operação bastante estranha: se a resposta fosse "sim", acreditava-se que o deus tornasse mais pesada a proa da barca, forçando os carregadores a ajoelhar-se, ou empurrando-os para a frente; se a resposta fosse "não", fazia-os recuar. Mas às vezes eram apresentados ao deus oráculos inscritos com "sim" e "não", entre os quais lhe era solicitado escolher. A intervenção dos sacerdotes nas operações divinas era mais marcante no caso dos oráculos medicinais. No santuário de Deir el-Bahari, em Lúxor, a voz do deus Amenófis ditava a cada paciente a receita para a cura. Era um sacerdote escondido no santuário que falava por uma abertura secreta na abóbada. Quando algum curioso abria a porta, o sacerdote tinha tempo de desaparecer. Os sacerdotes de Karanis em Faiyum tinham métodos mais sutis. Escondidos atrás das grandes estátuas ocas dos deuses, faziam-nas falar através de tubos.

Um templo podia dispor de um *scriptorium* e de bibliotecas especiais onde os rolos podiam ser preservados durante gerações. A função de sacerdote ou sacerdotisa chefe era politicamente importante; nela os reis colocavam seus filhos ou amigos poderosos. Os templos, como os cidadãos ricos, possuíam propriedades imóveis no vale do Nilo, marcando assim seu peso na estabilidade e na unidade do país.

As pessoas comuns esperavam alcançar justiça na sociedade e no universo. O faraó era a encarnação de *maat*, ordem e verdade. A literatura sapiencial egípcia, as coleções de aforismos morais como a *Sabedoria de Ptá-hotep*, da V dinastia, e a *Sabedoria de Amenemope*, do Novo Império, têm um espírito que lembra os Provérbios do Antigo Testamento, cuja mensagem às vezes é semelhante. Os numerosos amuletos protetores, propiciatórios e curativos – escaravelhos e efígies – são o testemunho de um importante estrato de crenças populares. Acreditava-se que a magia tinha sido transmitida aos homens pelos deuses, para permitir que se defendessem das adversidades do destino. Fórmulas mágicas inscritas em papiro ou óstracos eram usadas nos templos e nas casas. Os nomes e sons que continham eram dirigidos aos deuses para invocar-lhes ajuda. Em última instância, os deuses eram manipuláveis pela magia.

Na religião popular, Osíris, vencedor da morte e juiz dos mortos, tinha uma posição especial. Simbolizava o renascimento, e todos procuravam seu conselho. Abidos, local tradicional de sua sepultura, era o local mais importante de peregrinação no Egito. Tais centros culturais mantinham um comércio ativo de oferendas e imagens votivas, de pedidos inscritos em estelas, de bens perecíveis. As principais festas estavam associadas ao transporte dos deuses, invisíveis no centro das barcas cerimoniais, ao som da música e em meio a danças. A popular festa de Min era um festival sazonal da colheita, incorporado ao culto real. Desse evento participava um touro branco sagrado.

12.5 *Reforma de Akhenaton.* No século XIV a.C., depois da expulsão dos hicsos, que foi seguida por um período de conquistas a leste e de diplomacia internacional, o jovem rei Amenófis IV empreendeu uma reforma política e religiosa radical, transformando Áton, o disco solar, em divindade suprema do panteão egípcio. Mudou seu próprio nome de "Amon-está-satisfeito" (Amenófis) para "Aquele que agrada a Áton" (Akhenaton), transferiu a capital de Tebas para Akhetaton (Tell el-Amarna) e mandou riscar o nome de Amon de todas as inscrições. Esse movimento foi chamado henoteísmo, monolatria e até monoteísmo. Seja o que for, seu alcance político é evidente: os poderosos sacerdotes e oficiais dos templos de Amon estavam destituídos de seus consideráveis privilégios. Os novos templos de Áton não tinham teto. Um novo estilo de arte naturalista associou-se à revolução de Akhenaton. O disco solar era representado com os raios terminados por mãos, às vezes oferecendo a cruz *ankh* aos presentes. O rei colocou-se pessoalmente na posição de intercessor divino entre a humanidade e Áton, fonte única de toda vida.

Depois da morte de Akhenaton, sua mulher Nefertite provavelmente reinou por pouco tempo com o nome de Smenkhare. Os poderosos sacerdotes de Amon apoderaram-se de seu filho Tutankhaton, reconduzindo-o ao culto de Amon, mudando-lhe o nome para Tutankhamon. Depois do fim da dinastia, que era a XVIII, o movimento de Áton foi considerado uma execrável heresia.

12.6 *A morte: viagem e memória.* Na origem, o além parece ter sido posto no céu e associado ao oeste. Sabemos como era importante a tarefa de preservar o morto pela mumificação e por todo um arsenal de objetos e de procedimentos, como a tumba de porta falsa, as estátuas e imagens do duplo (*ka*), nas quais o espírito se refugiava, a cabeça onde o espírito podia instalar-se graças à cerimônia de animação ou "abertura da boca", as oferendas de alimentos e mobiliário, as estatuetas de servos e soldados, etc. Poderosas maldições mantinham à distância os saqueadores de tumbas. Os passantes eram chamados para fazer oferendas, reais ou simbólicas, aos mortos, para dar-lhes provisões. A viagem do morto tinha importância capital. Fórmulas mágicas, postas nos túmulos, eram consideradas capazes de facilitar a passagem para o além.

As primeiras fórmulas mágicas, os textos das pirâmides, consistem em cerca de 760 inscrições encontradas nas antigas tumbas reais a partir da de Unas, último rei da V dinastia (século XXIV a.C.). Nos textos das pirâmides assistimos aos rituais de inumação do rei e à sua ascensão, que culmina quando o deus solar o recebe na eternidade, segundo a teologia do templo de Rá em Heliópolis. O rei, imortal devido à sua divindade, levanta vôo, na forma de pássaro, escaravelho ou gafanhoto para o Campo das Oferendas, situado ao leste no céu. Para ser transportado para a outra margem de um lago, devia purificar-se. Para atingir o nível seguinte, devia responder com fórmulas mágicas a um interrogatório iniciático. Como era comparado ao imortal Osíris, o rei não tinha de encontrar-se com Osíris, o juiz. Finalmente, era instalado num trono celeste a exemplo do Deus solar, a fim de reinar sobre seu povo por toda a eternidade.

Os textos dos sarcófagos, provenientes da IX à XIII dinastia (séculos XXII a XVII a.C.), reinterpretam os dados dos antigos textos das pirâmides. Estão inscritos no interior dos sarcófagos de madeira. Neles, Osíris e o juízo dos mortos ocupam posição central. A partir da VI dinastia, a descentralização política e o surgimento de potentados locais puseram as grandes tumbas ao alcance das famílias nobres e ricas. Nelas são encontrados os mesmos temas que os textos das pirâmides reservavam à apoteose do rei, mas com forma popular.

Uma terceira fase no desenvolvimento da literatura funerária é representada pelo texto comumente chamado *Livro dos Mortos*. Da XVIII dinastia (século XVI a.C.) até o período romano, esse livro era posto no ataúde. Munia o morto, para a viagem e o julgamento, de fórmulas mágicas extraídas, na maior parte, dos textos dos sarcófagos, com certas reinterpretações. Seu conteúdo mágico atualmente é claro: acreditava-se que aplacavam os deuses.

12.7 *Bibliografia.* Eliade, H 1,25-33; L. H. Lesko, *Egyptian Religion: An Overview*, in ER 5,37-54; D. B. Redford, *The Literature*, in ER 5, 54-65.

Texto em J. B. Pritchard et al., *Ancient Near Eastern Texts relating to the Old Testament*, Princeton, 1967 (ANET); L. Speelers, *Textes des cercueils du Moyen Empire égyptien*, Bruxelas, 1947; Miriam Lichtheim, *Ancient Egyptian Literature: A Book of Readings*, 3 vols., Berkeley, 1973-1980; Paul Barguet, *Le Livre des Morts des Anciens Égyptiens*, Paris, 1967.

Como obra de consulta, Hans Bonnet, *Reallexikon der ägyptischen Religionsgeschichte*, Berlim, 1952.

Obras históricas sobre a religião egípcia: Jacques Vandier, *La Religion égyptienne*, Paris, 1949; Siegfried Morenz, *La Religion égyptienne*, Paris, 1962; Serge Sauneron, *Les Prêtes de l'Ancienne Égypte*, Paris, 1957.

# 13

## Religião dos
# ESLAVOS E POVOS BÁLTICOS

13.0 Os eslavos entram na história européia aproximadamente no ano 800 a.C., mas sua expansão só ocorre mil e quatrocentos anos depois, quando a língua indo-européia proto-eslava se divide em três ramos (do oeste, do sul e do leste). No século X, os eslavos ocupam uma zona que vai da Rússia à Grécia e do rio Elba ao Volga. O eslavo ocidental dará origem ao polonês, ao tcheco, ao eslovaco e ao vênedo (desaparecido); o eslavo meridional, ao esloveno, ao servo-croata, ao macedônico e ao búlgaro; e o eslavo oriental, ao russo e ao ucraniano. Os eslavos foram cristianizados nos séculos VIII e IX.

13.1 As *fontes* escritas sobre a religião eslava são posteriores ao século VI d.C. (Procópio de Cesaréia). Entre elas, as mais importantes são a *Crônica de Kiev* (século XII), sobre a cristianização da Rússia (988) sob Vladimir I, e as crônicas das campanhas antipagãs dos bispos Otto de Bamberg (século XII, escritas por Ebbo, Herbord e um monge anônimo de Priefling), Thietmar de Merseburgo e Geraldo de Oldemburgo (Helmond de Bosau), referentes aos eslavos ocidentais. As únicas fontes diretas são arqueológicas e consistem em alguns templos e estátuas. Finalmente, o folclore eslavo guarda a memória de certos deuses pré-cristãos.

13.2 A *Crônica de Kiev* cita sete deuses dos eslavos orientais (Perun, Volos, Khors, Dazhbog, Stribog, Simarglu e Mokosh), aos quais eram feitos sacrifícios. Marija Gimbutas acredita que Khors, Dazhbog e Stribog são aspectos de uma divindade solar por ela chamada Deus Branco (Belobog); entre os eslavos ocidentais, esse deus, que se opõe a Veles, o deus infernal, recebe os nomes de Iarovit, Porovit e Sventovit. Na *Chronica slavorum*, Helmond fala de um deus celeste, pai dos deuses, que não cuida do governo do mundo. Essa função cabe a Perun, deus do Trovão, cujo nome provém da raiz *per-*, "golpear"; em polonês, *piorun* significa "raio". Entre os bálticos (lituanos), o deus da Tempestade, Perkunas, usa um nome que deriva da palavra indo-européia que designa "carvalho", árvore muitas vezes consagrada às divindades celestiais. É provável que, com o nome de Perun, a dinastia Rurikide de Kiev, que era de origem escandinava, prestasse homenagem ao deus germânico Thor, cuja mãe é Fiorgynn (de "carvalho") na mitologia norueguesa. Depois da cristianização da Rússia, a mitologia de Perun foi transferida para a de Santo Elias, chamado *gromovnik* ("o tonitruante"), cuja festa era celebrada em 20 de julho com cerimônias de penitência. Enquanto administrador da chuva, Elias era, evidentemente, considerado responsável pela colheita.

Entre os seres sobrenaturais masculinos, é preciso considerar os inumeráveis espíritos domésticos, chamados familiarmente *ded* (vovô) ou *dedushka* (vovozinho), os espíritos da floresta (Leshiis) e os ancestrais. Mas a maioria dos seres sobrenaturais entre os eslavos são femininos: Mat'Syra Zemlia (Mãe Terra Úmida); Mokysha (cf. Mokosh na lista do século XII), a Parca associada a outros seres femininos detentores dos segredos do destino humano; Baba Yaga, fria, feia e letal; Ved'ma, a feiticeira; as ninfas das águas (*vilas*) e das árvores (*rusalkas*), etc.

13.3 Os *povos bálticos* entram na história européia em meados do II milênio a.C., mas nada se encontra sobre eles em fontes escritas até o século X d.C., quando os germanos e os dinamarqueses iniciam a ocupação de seus territórios. Durante essa conquista, que será concluída no século XIV pela cristianização dos bálticos, um povo báltico (os velhos prussianos ou prutenos) será completamente assimilado, enquanto outros dois (lituanos e letões) manterão sua identidade.

13.3.1 O panteão dos bálticos, como o dos eslavos, comporta três divindades principais: um deus celeste inativo (lituano, *Dievas*; letão, *Dievs*), um deus do trovão (lituano, *Perkunas*; letão, *Perkuons*) e uma deusa solar, Saule, cuja função, aliás, não corresponde à do Plutão eslavo, Veles. Ao lado destes, há a Mãe Terra (letão, Zemen mate) e os inumeráveis seres sobrenaturais femininos, chamados "Mães".

13.4 *Bibliografia*. Eliade, H 3, 249-51; M. Gimbutas, *Slavic Religion*, in ER 13, 353-61; H. Biezais, *Baltic Religion*, in ER 2, 49-55.

# 14

## Religião dos
## GERMANOS

14.0 *Os germanos* são um grupo de antigas tribos indo-européias cuja presença é arqueologicamente documentada no norte da Europa em torno de 600 a.C. Nessa época, seus vizinhos eram os lapões e os fineses, ao norte; os povos bálticos e as tribos iranianas dos citas e dos sármatas, ao leste; os gauleses ao sul. Na época das conquistas romanas (século I a.C.), eles praticavam a pecuária, a agricultura e a caça.

14.1 *Fontes.*

As fontes diretas mais importantes da religião dos germanos remontam à época dos viquingues. O Edda poético, em língua islandesa, contém dez poemas sobre os deuses e dezoito sobre os heróis. O Edda em prosa, obra do historiador islandês Snorri Sturluson (1179-1241), é um manual de poesia escáldica em três partes, cujo prefácio, o *Gylfaginning*, é uma introdução à mitologia norueguesa. A primeira parte da história dos reis noruegueses de Snorri (*Heimskringla*), chamada *Ynglingasaga*, é dedicada à origem mítica da realeza nórdica.

14.2 *Cosmogonia-cosmologia, teogonia-teologia.*

14.2.1 *A cosmogonia* no *Gylfaginning* é apresentada de acordo com três poemas do Edda (*Vafthrúdhnismál, Grimnismál* e *Voluspá* ou "Profecia da Vidente"). Inicialmente, só havia um grande vazio chamado

Ginnungagap. Antes da terra, foi Niflheimr, o mundo da morte, que veio à existência. Do grande poço Hvergelmir, corriam onze rios; no sul, estendia-se o mundo incandescente Múspell, pertencente ao Gigante Negro Surtr. A água dos rios transformava-se em geleira em contato com Ginnungagap; e, por ação do fogo de Múspell sobre o gelo, apareceu um ser antropomorfo gigantesco, Ymir. Do suor de sua axila direita saiu um casal de gigantes, e uma de suas pernas engendrou um filho com a outra.

Do gelo fundido sai a vaca Audhumla, que alimenta Ymir com leite e se alimenta com gelo salgado, dando assim origem a outro ser, Búri, cujo filho Borr desposa Bestla, a filha do gigante Bolthorn. Desse casal nascem três filhos: Odim, Vili e Vê. Os três irmãos divinos matam o gigante Ymir, cujo sangue engole a raça dos gigantes, com exceção de Bergelmir e os seus. Os deuses transportam o corpo de Ymir para o meio do Ginnungagap, onde sua carne forma a terra; seu sangue, as águas; seu crânio, o céu; seus ossos, as montanhas; seus cabelos, as árvores, etc. Os astros, cujo movimento é regulado pelos céus, são as fagulhas que escapam de Múspell.

No meio da terra circular, cercada por um grande oceano, os deuses construíram um cercado com as sobrancelhas de Ymir: Midhgardhr, destinado a ser habitado pelos homens, que foram criados pouco depois. E depois que construíram Asgardhr, morada dos deuses, a criação terminou.

O casal humano primordial foi criado por Odim com duas árvores, Askr e Embla, encontradas na praia. Odim conferiu-lhes vida, enquanto Hoenir deu-lhes a sensibilidade, e Lodurr deu-lhes a forma humana e a palavra.

14.2.2 O mundo fica à sombra da árvore cósmica Yggdrasill, *axis mundi* que sustenta as abóbadas celestes. Segundo os escandinavos ocidentais, Yggdrasill é um freixo no qual se reúne diariamente o conselho dos deuses. Yggdrasill tem três raízes fincadas nos três mundos: o dos mortos (Hel), o dos gigantes de gelo e o dos homens. A seus pés brotam várias fontes (embora na origem fosse, provavelmente, apenas uma): Urdhr, fonte do destino; Mímir, fonte da sabedoria; e Hvergelmir, fonte dos rios terrestres. Da casca da árvore corre o líquido vivificante *aurr*.

14.2.3 *Teologia*. Os deuses dividem-se em duas classes: Ases e Vanes. Asgardhr é a cidade dos Ases, dos quais os importantes são Odim e

Thor. No princípio dos tempos, os Ases travam uma guerra longa contra os Vanes, que termina com uma troca de reféns: o Vane Njordhr e seu filho Freyr ficam entre os Ases, enquanto Mímir e Hoenir vão ficar entre os Vanes. Nessa guerra, o papel da deusa Vane Freya não fica muito claro, mas é provável que ela implante em Asgardhr a cobiça da qual os Ases nunca mais conseguirão livrar-se. Ensina as artes mágicas (*seidhr*) a Odim.

14.2.4 Júlio César e, principalmente, Tácito (*Germania*) já nos dão informações importantes sobre os deuses dos germanos. Tácito assimila o deus Odim-Wodan a Mercúrio, interpretação ainda corrente no século IV, quando o dia de Mercúrio (quarta-feira, em francês *mercredi*) será chamado pelos germanos "dia de Wodan" (inglês *Wednesday*, neerlandês *woensdag*, etc.). A esse "deus que reina sobre todas as coisas" (*regnator omnium deus*) são oferecidos sacrifícios humanos. Outras divindades são identificadas com Marte e com Hércules ou com Júpiter, deus do Trovão. Tácito menciona também uma deusa misteriosa, equivalente de Nerto, e o culto de dois gêmeos divinos, equivalentes de Castor e Pólux.

No tempo dos viquingues, Odim ainda é o deus soberano, mas é Thor que recebe mais homenagens no culto.

## 14.3 *Escatologia.*

14.3.1 *O fim do mundo* está ligado à atividade de uma personagem de primeira importância na mitologia germânica, o gigante Loki, que se intromete em todos os assuntos dos Ases. Filho da giganta Laufey, acasala-se com a giganta Angrbodha, que gera o lobo Fenrir e a serpente Midhard, que circunda o universo – seres ameaçadores e destruidores. Loki pode ser descrito como a personagem presente nas mitologias de todo o mundo, denominada Trapaceiro (*Trickster*), ser mais antigo que os deuses, brincalhão e muitas vezes malvado, às vezes bissexual ou transexual e também extravagante e ridículo. Em seu papel feminino, Loki pare o cavalo de oito patas Sleipnir, que foi engendrado pelo garanhão Svadhilfari, e dá origem a uma raça de seres chamados *flagdh*. No Edda poético, Loki não manifesta nenhuma propensão à maldade. Só o poema tardio *Lokasenna* atribui-lhe grande número de malfeitorias.

14.3.2 Uma dessas malfeitorias, que tem relação direta com o fim do mundo, é o *assassinato de Baldr*, filho resplandecente de Odim, que tem sonhos premonitórios sobre sua morte próxima. Sua mãe Friga pede a todas as coisas do mundo que jurem não fazer mal a Baldr, mas esquece o broto de visco. Com ciúme de Baldr, Loki disfarça-se de anciã e fica sabendo desse segredo pela própria Friga; depois disso, arma o irmão cego de Baldr, Hodhr, com o broto de visco e dirige-o para Baldr, para que o atire contra ele em sinal de alegria. Baldr morre imediatamente, mas a deusa Hel aceita libertá-lo se ele estiver sendo pranteado por todas as coisas existentes no mundo. E tudo, até as pedras, chora seu desaparecimento, menos a giganta Thokk, que não passa de Loki disfarçado. Uma vez que a condição não é satisfeita, Hel retém Baldr.

Como punição pelo assassinato de Baldr, os deuses amarrarão Loki a uma pedra com as entranhas de seus próprios filhos. Sobre ele fica uma serpente cuja peçonha escorre sobre sua cabeça, provocando-lhe mil tormentos. Mas o espertalhão escapa desse local de tortura pouco antes do fim do mundo.

14.3.3 *O Ragnarok* ("destino dos deuses") ou fim do mundo não é um processo de curta duração. A destruição já faz parte da própria árvore Yggdrasill, cuja folhagem é devorada por um cervo, a casca está em processo de apodrecimento e a raiz é objeto da gula da serpente Nidhhoggr. Depois de um início idílico, os deuses travam entre si uma guerra cega, durante a qual a cobiça se insinua em Asgardhr. O penúltimo ato da tragédia é o assassinato de Baldr. O último é o desencadeamento de todas as forças terríficas que os Ases haviam temporariamente submetido: Loki e seus descendentes, o lobo Fenrir e a Grande Serpente cósmica. Precedidas por sinais precursores aterrorizantes, as forças de destruição lançam-se sobre Asgardhr, com Loki à testa dos gigantes indomáveis e Surtr, senhor de Múspell, à testa dos demônios de fogo que incendiarão o cosmo. Os Ases e seus adversários destroem-se mutuamente: o lobo Fenrir mata Odim; Vídharr, filho de Odim, mata Fenrir; Thor e a Grande Serpente matam-se mutuamente; Freyr é morta por Surtr; todas as luzes celestes se apagam e a terra incandescente é engolida pelo mar. Mas ela reemergirá como domínio do bom e inocente Baldr e de uma raça humana sem pecado que residirá sob uma cúpula de ouro.

### 14.4 *Xamanismo e iniciações guerreiras.*

14.4.1 A existência de aspectos xamânicos (↔ 31) foi observada em Odim, o Ase soberano, detentor do poder mágico *seidhr*. Como os xamãs, Odim possui um cavalo miraculoso (Sleipnir), com oito patas, e dois corvos oniscientes; pode mudar de forma, conversar com os mortos, etc.

14.4.2 *Berserkr.* Odim também é deus da guerra e seus guerreiros têm destino privilegiado: depois da morte, vão para o palácio celeste Valholl e não para a morada de Hel, a deusa dos Infernos. Na realidade, a morte do guerreiro equivale a uma experiência religiosa suprema, de natureza extática.

O guerreiro atinge o estado de *berserkr* ("com pele de urso"), que é uma mistura de furor assassino e invulnerabilidade, imitando o comportamento de um carnívoro, em primeiro lugar o lobo.

14.4.3 Na sociedade dos germanos, Odim é o deus dos *jarls* (nobres) e não goza de popularidade entre os *karls* (homens livres), cujo deus é Thor. Os bandos armados de Odim aterrorizam as aldeias. Além disso, esse deus exige o sacrifício de vítimas humanas, que são enforcadas nas árvores, talvez para recordar o fato de que o próprio Odim, suspenso durante nove meses à árvore Yggdrasill e ferido por uma lança, obtivera a sabedoria mágica das runas e o dom precioso da poesia.

14.5 *Bibliografia.* Eliade, H 1, 173-77; E. C. Polomé, *Germanic Religion*, in ER 5, 520-536.

Fontes traduzidas por F. Wagner: *Les Poèmes héroïques de l'Edda*, Paris, 1929; e *Les Poèmes mythologiques de l'Edda*, Liège, 1936. Sobre Loki, ver Georges Dumézil, Paris, 1986.

# 15

## Religiões da
# GRÉCIA

15.1 *Religião minóica.* A civilização cretense do segundo milênio a.C. toma seu nome do lendário rei Minos, que mandou construir o famoso labirinto. Se este não é o grande palácio de Cnossos, decorado com achas duplas (*labrys*), provavelmente é a imagem deformada das antigas grutas transformadas em santuários a partir do neolítico. A civilização cretense caracterizava-se pelos vastos complexos de palácios, por sua arte que celebrava a natureza e por suas duas formas de escrita: uma hieroglífica derivada da língua indo-européia luviana da Anatólia ocidental, e outra proveniente da Fenícia, como a língua que codifica, a Linear A, que parece ser de origem semítica. Declinando depois da explosão da ilha vulcânica de Tera (Santorino), a cultura minóica foi em parte preservada e em parte substituída pela expansão da robusta civilização micênica (*c.* século XV a.C.).

Os temas da religião minóica estão expressos na iconografia: os afrescos coloridos dos palácios, o metal decorado, os vasos e as estatuetas. Todas essas representações indicam que a principal divindade da ilha era uma Grande Deusa da natureza que se manifestava a seus sacerdotes e a seus adoradores, às vezes em companhia de seu frágil parceiro masculino, um deus adolescente, provavelmente da categoria das divindades que morrem e voltam à vida. A deusa veste uma saia em forma de sino, tem os seios nus e os braços erguidos. Entre seus atributos figuram as serpentes e as panteras. É senhora dos animais, mas também das montanhas e dos mares, da agricultura e da guerra, rainha dos vivos e dos mortos. Os símbolos principais da sacralidade minóica são a acha dupla da deusa e os chifres estilizados de touro ("chifres de consagração"), ambos de origem anatoliana. A pomba e o touro designam, respectivamente, a deusa e o deus.

O culto minóico consistia em sacrifícios e oferendas nas grutas (Camares, Psicro, etc.) e no alto das montanhas (por exemplo, o Túmulo de Zeus, característico do motivo do deus morredouro em Creta), nos santuários rurais construídos em torno de árvores sagradas ou em câmaras especiais dos palácios. As escavações arqueológicas de Arthur Evans e outros descobriram vestígios de sacrifícios de touros e outros animais menores, de oferendas queimadas e libações. À deusa eram oferecidas estatuetas votivas, armas e santuários em miniatura. Da vida religiosa cretense faziam parte rituais de fogo no alto das montanhas, procissões e acrobacias sobre chifres de um touro.

15.2 *A religião micênica* pertence a um povo que fala grego e faz a divindade celeste masculina, indo-européia, triunfar sobre a antiga deusa de Creta, a *potnia therōn* (senhora dos animais). Essa civilização marítima florescente, que se apodera da rica cidade anatoliana de Tróia, enleia em conflitos principescos até as conquistas dos "povos do mar" (séculos XII-IX a.C.), que marcam seu declínio completo.

As inscrições na chamada escrita Linear B revelaram a existência de panteões locais, com divindades como Poseidon, Zeus, Hera, Ártemis, Dioniso, Erínis, etc., na maior parte conhecidas posteriormente na Grécia. As oferendas feitas a esses deuses são semelhantes às da Grécia antiga, embora seja muito provável a prática de sacrifícios humanos, tanto na época minóica quanto na micênica.

15.3 *A religião grega arcaica e clássica* transparece em mitos e rituais de enorme riqueza. O mito está na base do ritual e ambos são simultaneamente locais e gerais, pois as variantes locais muitas vezes têm correspondências em outros lugares. O mesmo ocorre com os deuses: seus atributos, lendas e até mesmo seus nomes variam segundo a região e o contexto cultural. Em Delfos, em seu oráculo, Apolo é o Pítico; em sua ilha nativa, ele é o Délfico; na Ilíada, é Febo, que atira a flecha de longe. Os poemas homéricos são pan-helênicos no seu esforço deliberado de só mencionarem os atributos comuns dos deuses. A religião grega é de uma extraordinária complexidade e abrange várias dimensões. As pesquisas em matéria de psicologia, sociologia, história, arte e lingüística revelam-nas uma após a outra, encontrando às vezes ressonância na interpretação moderna e permanecendo outras vezes impenetráveis, obscuras e perturbadoras.

15.3.1 *A religião civil*, que comporta um calendário sagrado e um sacerdócio nas diversas zonas da cidade, desenvolve-se do século XI ao VIII a.C. Caracteriza-se pelo sacrifício e consumo comunitário da carne da vítima animal. O antinomismo órfico e pitagórico, que se manifesta no século VI, com seu regime vegetariano e outras abstenções, critica inapelavelmente o sacrifício. Os mistérios de Elêusis são uma instituição secreta que deve garantir uma espécie de imortalidade a todos os cidadãos da *pólis* ateniense. No período helenista, outras comunidades de mistérios, mais exclusivas (↔ 24), serão o sinal de uma época cuja tônica recai no individualismo e na interiorização do ritual.

15.3.2 Essa tendência individualizante já estava presente numa personagem estranha, profética e curadora, tecnicamente designada com o termo composto *iatromante* (de *iatros*, "curador", e *mantis*, "adivinho"), muito semelhante aos xamãs do centro da Ásia (↔ 31).

Entre os iatromantes gregos que extrapolam o domínio do mito, os mais importantes são Epimênides de Creta, Hermótimo de Clazômenas, Aristeu de Proconeso, Empédocles de Agrigento e Pitágoras de Samos. São considerados capazes de proezas que compreendem a abstinência, a previsão, a taumaturgia, a ubiqüidade, a anamnese das vidas anteriores, a viagem extática e a translação no espaço. Toda a tradição pitagórica e platônica continuará louvando as proezas desses seres semidivinos e imitando-os com métodos teúrgicos que serão devidamente codificados na época romana.

15.3.3 Essa tendência, que se opunha à religião popular, manifesta-se também na *filosofia*, capaz de abolir a distância entre o humano e o divino e de socorrer a alma acorrentada no Hades. F. M. Cornford vê nos iatromantes a fonte primordial de toda a filosofia. Walter Burkert acredita que a filosofia ganhou importância a partir do surgimento do livro, meio de comunicação entre um indivíduo pensante e outro. O antropomorfismo colorido dos deuses sucede o ceticismo dos pré-socráticos que se desenvolve no racionalismo, a mais típica herança da Grécia. A descoberta da profunda religião de Platão é, contudo, sentida como um choque pelos que se deixam enredar nas numerosas armadilhas da dialética. O racionalismo grego não exclui a busca dos deuses ou da divindade, mas, ao contrário, implica o reconhecimento e a sistematização de nossas relações com eles. Quando deve enunciar uma verdade, que, por definição, é exterior ao processo dialético, Platão recorre ao mito. Um dos princípios fundamentais que animam seu pensamento é a hierarquia vertical do ser: somos seres inferiores que vivemos nas gretas da terra como vermes; já a superfície da terra (a "verdadeira terra") é como um paraíso para nós, com seus seres que se movem no ar da mesma maneira que nos movemos sobre o mar. Essa visão, delineada em *Fédon*, ganha precisão em *Górgias* (523 a ss), onde os habitantes da Verdadeira Terra vivem das Ilhas dos Bem-aventurados, cercados pelo oceano de ar. Os grandes mitos escatológicos e cosmológicos de Platão (*Fédon*, *Fedro*, *Timeu*, o mito de Er na *República* X) não fazem mais que prolongar as crenças relativas ao êxtase dos iatromantes. Apresentados um após o outro, os mitos platônicos descrevem como a alma individual caiu na prisão do corpo (*Crátilo* 400 b), como ela pode livrar-se praticando a "vida filosófica" que consiste no afastamento sistemático dos desejos do corpo, como a retribuição póstuma da alma ocorre em função direta do gênero de vida que levamos na terra. Como certos iatromantes, e provavelmente os puritanos órficos, Platão põe a metensomatose (reencarnação da alma em vários corpos, ao contrário da metempsicose, que seria a animação de vários corpos sucessivos por uma alma) no centro de seu roteiro religioso. A alma do filósofo perfeito terá a oportunidade de ser enviada às regiões superiores do cosmo para contemplar as Idéias imortais durante alguns milhares de anos; depois disso, será de novo exposta ao contato embrutecedor com o corpo. Se ela vencer o corpo durante vários ciclos sucessivos, ficará em contato permanente com as Idéias incorruptíveis. Mas, se não resistir às pressões do corpo, acabará por renascer em condições cada vez mais desfavoráveis: no limite inferior da hierarquia humana das encarnações masculinas, está o tirano; depois, a encarnação como mulher (mesmo acreditando na igualdade política entre mulheres e homens, Platão também acredita na inferioridade ontológica delas). Com Er de Panfília, Sócrates, narrador do *Fédon* e do *Fedro*, e Timeu de Locros, todos os recantos do outro mundo se nos tornam conhecidos, exceto as zonas inacessíveis dos deuses astrais, prelúdio do mundo extraordinário das essências ideais. Respeitando o silêncio de Platão sobre os mistérios dos astros, o platônico Plutarco de Queronéia (séculos I-II d.C.), também ele criador de mitos que rivalizavam com os de seu mestre, descreverá com detalhes apenas a função escatológica da Lua.

Na tradição platônica, a filosofia é uma religião e a religião é uma filosofia. Apenas uma questão de tônica indica se um ramo do platonismo se desenvolverá numa direção mais abstrata ou se acabará por abrir-se para o culto ou para o mistério. Em certo sentido, o cristianismo mantém os termos do dualismo platônico alma-corpo e uma escatologia platônica simplificada; em seu centro está o Logos platônico, compêndio do mundo das Idéias, que se fez homem para assumir os pecados da humanidade. As recentes tentativas para desvincular o cristianismo de seu contexto dualista platônico estão fadadas ao fracasso. O purismo filosófico de Plotino dá lugar a correntes neoplatônicas que exaltarão a teurgia e a magia e continuarão existindo em contexto cristão, tanto em Bizâncio, com Miguel Psellos, quanto em Florença, com a Academia Platônica de Marsílio Ficino (1433-1499).

15.3.4 *A literatura* geralmente fixa o mito. Tal será o caso das epopéias homéricas, orais na origem mas registradas por escrito nos séculos VII e VI a.C. Homero, Hesíodo e os outros poetas acabam tendo um peso teológico incalculável. A *Teogonia* de Hesíodo apresenta o nascimento das forças naturais e dos deuses a partir do Caos primordial, da Terra, do Tártaro e de Eros, dos antigos Titãs seguidos pela geração de Crono, que castra o pai Uranos (Céu), e pela de Zeus, que vence o pai Crono e o exila em algum lugar da terra, na Sicília ou, segundo outras versões, numa ilha do Atlântico. É ainda Hesíodo que explica a decadência da humanidade, sua passagem da idade de ouro à idade de prata e à idade de bronze dos grandes heróis homéricos, e finalmente à atual idade de ferro. Outros poetas didáticos, como Teógnis de Mégara, ou líricos como Safo, deram expressão aos novos desdobramentos na vida dos deuses.

O panteão grego foi definido como indo-europeu, mas sofreu a influência decisiva do Oriente Próximo e da Anatólia. Zeus é um deus celeste indo-europeu, rei da geração olímpica, dotado de um poder fecundador exacerbado. Seus atributos são o raio e a águia. Sua mulher legítima, Hera, muitas vezes enganada, inflexível, ferozmente ciumenta e além de tudo antipática, é o temível árbitro das ligações matrimoniais. Zeus tem grande número de filhos e um filho apenas com Hera: Ares, que não é exatamente simpático. Atena, a virgem sábia, saiu miraculosamente, vestida com sua armadura, da cabeça de Zeus, sem a cooperação de parceira feminina. Ela ensina às mulheres as artes domésticas; aos homens, as artes da guerra. Leto, da raça dos

Titãs, concebeu de Zeus os gêmeos Ártemis e Apolo. Ártemis, senhora dos animais (*potnia theron*), é a virgem caçadora que, em Braurônia por exemplo, preside às iniciações pubertárias femininas. Sob a aparência dessa personagem fria e inflexível, esconde-se uma grande divindade feminina provavelmente oriunda de um substrato pré-indo-europeu. Apolo, deus resplandecente mas distante da lira e do arco, companheiro das Musas, esconde sob a aparência racional os segredos mais profundos das faculdades proféticas, do êxtase visionário, da cura e das purificações. Maia, a ninfa, filha do gigante titânico Atlas, grávida de Zeus, dá à luz Hermes, o mensageiro, cujo nome é reproduzido nas pedras fálicas (*hermai*) que delimitam as propriedades, deus psicopompo e trapaceiro. Deméter, irmã de Zeus, gera Perséfone, rainha do inferno; e a tebana Sêmele dá à luz Dioniso. Afrodite, deusa do Amor, Istar/Astartéia, oriental que chega à Grécia através de Chipre, é mulher de Hefesto, o ferreiro coxo. Poseidon e Hades são irmãos de Zeus e presidem, respectivamente, a esfera das águas e a do inferno subterrâneo.

15.3.5 Dioniso é um deus extraordinário. Embora filho de Zeus e da princesa tebana Sêmele, é considerado oriundo das regiões misteriosas da Trácia ou da Frígia. Pois, mesmo sendo autóctone, representa o Estrangeiro em nós mesmos, as temíveis forças anti-sociais desencadeadas pelo divino furor. Ebriedade causada pelo vinho, excessos sexuais, máscaras e teatro nada mais são que sinais exteriores da loucura divina. Sua multidão de mênades, mulheres possessas, percorrem as montanhas em estado hipnótico, despedaçando com as próprias mãos os animais selvagens e saciando a fome com sua carne crua. Assim é que a lição de Dioniso opõe-se completamente às normas sociais.

15.3.6 *O orfismo* (ou melhor, *orphikos bios*, gênero de vida órfica) deve ser encarado como uma inversão semântica do dionisismo, que submete este último a uma mudança radical em seu curso. De fato, o orfismo não se limita a temperar os excessos do dionisismo; transforma-os em excessos de sentido contrário: é a abstenção que se torna norma, quer se trate do regime alimentar, quer da vida sexual. O mito central do orfismo é fortemente dualista: a raça humana foi criada das cinzas dos Titãs fulminados por Zeus por lhe terem matado e comido o filho Dioniso. Deve, portanto, expiar as conseqüências nefastas desse acontecimento primordial. O puritanismo órfico, que deve ter desempenhado papel considerável na doutrina anti-somática de Platão, é a expressão de uma visão da vida oposta aos estados de descontrole propiciados pelo dionisismo.

15.3.7 Depois da morte, a pessoa torna-se alma (*psyché*), que pode assombrar os vivos quando se apresenta a ocasião. Uma personalidade extraordinária transforma-se em *daimon*, mas essa não é a única origem dos *daimons* ou gênios, como a voz que fala a Sócrates. E. R. Dodds observou que, na *Odisséia* homérica, à medida que o papel de Zeus vai ficando mais limitado, aumenta o número de gênios. Outra categoria de seres intermediários, cujo culto é comprovado em Micenas desde o século VIII a.C., é representada pelos heróis, por exemplo Helena e Menelau. O túmulo de uma personagem ilustre transforma-se em *heroon*, centro de culto e lugar de onde emana o poder do herói, cujas relíquias, mesmo se transferidas para outro local, agem como talismãs para a comunidade que as possui. Os exemplos mais memoráveis desse culto das relíquias são a aquisição, pelos espartanos, do esqueleto de Orestes, com sete côvados de comprimento, e o retorno dos ossos de Teseu a Atenas. Édipo é um herói, pelo caráter extraordinário de sua vida e de sua morte; o moribundo da tragédia *Édipo em Colono* de Sófocles é procurado pelo valor talismânico de seu corpo, exatamente como os santos medievais eram procurados como relíquias potenciais. Outros heróis são fundadores de uma cidade ou ancestrais de uma linhagem nobre; outros ainda, como Héracles, Helena ou Aquiles, eram semidivinos desde o nascimento. Perseguido incessantemente por Hera, Héracles acabará por tornar-se divino depois da morte. O culto dos heróis compreendia libações, sacrifícios e competições atléticas que garantiam a coesão da comunidade. Na época helenística, os heróis transformaram-se em seres celestiais intermediários, como comprova o tratado *Sobre os mistérios do Egito*, do neoplatônico Jâmblico de Cele-Síria.

15.4 *Os sacrifícios* divinos, segundo a *Teogonia* de Hesíodo, foram manipulados em Mekone pelo Titã-"Trapaceiro" Prometeu, que ensinou aos homens como levar Zeus a escolher entre um monte de carne de um animal, coberta pelo estômago desse mesmo animal, e outro que continha sua carcaça coberta de gordura. Zeus escolheu o segundo monte, criando-se assim o protótipo do sacrifício (*Teogonia*, 556). O animal sacrifical era levado em procissão por pessoas enfeitadas com guirlandas até um altar onde era morto e cortado cerimonialmente em pedaços. A gordura e os ossos eram queimados para os deuses, enquanto a carne era assada, depois cozida e distribuída entre os participantes. Inscrições em pedra registram as leis sagradas da divisão das tarefas e da distribuição da carne nos sacrifícios públicos, mencionando os títulos e as funções dos oficiantes. A adivinhação pela leitura das entranhas da vítima ocorria nessa ocasião; provinha da Mesopotâmia e jamais atingiria o nível de complexidade dos extispícios mesopotâmicos (↔ 23.2). Os poemas homéricos e a literatura ulterior indicam que outras formas de adivinhação eram mais difundidas, como a interpretação dos sonhos, a observação dos pássaros e dos fenômenos meteorológicos, etc.

Os sacrifícios ctonianos, como observa J.-P. Vernant, destinados às divindades, aos heróis ou a dificultar as forças obscuras que ameaçavam o bem-estar da cidade, seguiam outra ordem. O altar era baixo e tinha um buraco para permitir que o sangue escoasse para o chão. A cerimônia realizava-se no crepúsculo e não era acompanhada por refeição, pois o animal era totalmente queimado. O sangue garantia o diálogo com as forças ctonianas. Na *Odisséia* (livro XI), o sangue bebido pelos mortos conferia-lhes o conhecimento e a voz.

Os mortos geralmente eram comemorados com refeições em família sobre os túmulos, por ocasião dos aniversários ou das festas, como a Genesia. Faziam-lhes libações e distribuíam-lhes bolos de cereais e mel.

A contaminação (*miasma*) resultante de qualquer desordem – assassinato, doença, transgressão de tabus, profanação de um santuário ou simplesmente ciúme de um deus – exigia reparação. Heróis que até então eram fontes de contaminação transformavam-se, depois de receberem uma compensação ritual apaziguadora, em fontes de proteção e felicidade. Às vezes era empregado um "bode expiatório" (*pharmakos*), que podia ser um homem. Ele era expulso da cidade depois de ser surrado e acusado de todos os seus pecados.

15.5 *O calendário festivo* variava de uma cidade para outra, mas continha grande número de cerimônias gerais, como as do ano novo. Em Atenas, depois de meses de purificação ritual e de preparação, celebravam-se as Panatenaias em meados do verão. Uma procissão partia das portas da cidade e dirigia-se à Acrópole para oferecer uma nova indumentária à estátua cultual de Atenas Pólia. Seguiam-se sacrifícios, corridas de cavalos e festas noturnas.

Uma festa antiga e difundida, que durava três dias, chamada Antestéria, era dedicada a Dioniso na primavera, quando o vinho novo estava fermentado. A cidade inteira a celebrava bebendo vinho misturado ou mesmo organizando uma grande bebedeira. Durante a noite, a mulher do *archon basileus* era oferecida a Dioniso em núpcias rituais. Acreditava-se que os espíritos dos mortos ficassem presentes na cidade até o encerramento das festas, quando eram expulsos.

Só as mulheres participavam das Tesmofórias de Deméter. Acampavam em choças fora da cidade, sacrificavam porcos e celebravam mistérios de fertilidade ctoniana.

15.6 Mas os *mistérios* por excelência de Atenas, e os mais ilustres do mundo antigo, eram celebrados em Elêusis, em honra de Deméter e de sua filha Perséfone (Core), arrebatada por Hades, e em honra de Baco. O hino homérico a Deméter transmite-nos uma parte do mito que os participantes dos mistérios com certeza tinham presente na mente, mas não explica o objetivo desses mistérios, cujo segredo permanecerá desconhecido para sempre.

Os iniciados purificavam-se pelo jejum e por um banho ritual no mar, segurando nos braços o porco que seria sacrificado para comemorar a descida de Core ao Hades. Uma procissão dirigia-se a Elêusis. Os participantes trocavam frases licenciosas. Visitavam a caverna de Plutão, a entrada do Hades. Os iniciados cobriam-se com véus, exatamente como Deméter outrora se velara em sinal de luto. Tomava-se uma bebida à base de cevada. No interior do santuário, chamado *telestérion*, antes teatro coberto do que templo, desenrolava-se o drama sacro, que comportava talvez uma cópula simbólica. O sacerdote mostrava finalmente aos participantes uma espiga de trigo. É provável que os mistérios elêusicos conferissem aos cidadãos de Atenas certas esperanças de imortalidade, que é impossível de definir sem cair na especulação gratuita.

15.7 *A tipologia do santuário grego é complexa*. Um recinto sagrado é chamado *temenos*. Geralmente cercados por muro, esses locais sagrados mantinham-se por centenas de anos. O cristianismo conservou sem escrúpulos a santidade de numerosos *temenoi*.

Um templo era a habitação de um deus, representado por uma estátua cultuada. No século V a.C., essas estátuas eram obras-primas de marfim e ouro sobre miolo de madeira. Nos santuários, as escavações geralmente trazem à luz grande número de estatuetas votivas e oferendas em moeda. Os doadores mais ricos mandavam erigir edifícios, estelas e estátuas.

Cada casa tinha um altar para sacrifícios e culto dos ancestrais. No século V a tendência foi fortalecer o culto público em detrimento do privado.

O oráculo era um santuário de tipo especial, cujo exemplo mais famoso é o de Delfos, considerado o *omphalos*, ou umbigo do mundo. A pítia, sacerdotisa de Apolo, ficava sentada sobre um trípode do mesmo tipo do empregado para cozer as carnes sacrificais. Entrava num transe provocado talvez por agentes exteriores e dava respostas ambíguas às perguntas que lhe eram feitas. Os sacerdotes do oráculo transformavam esses pronunciamentos, que abrangiam um vasto leque de assuntos, em versos de difícil compreensão. As funções do oráculo eram inúmeras. Servia de fiador de promessas e contratos, da alforria de escravos, de lugar de purificação ritual, de santuário, etc.

15.8 *Bibliografia.* Sobre a religião grega em geral, ver Ugo Bianchi, *La Religione greca*, Turim, 1975; Walter Burkert, *Griechische Religion der archäischen und klassischen Epoche*, Stuttgart, 1977. Sobre os iatromantes gregos, ver I. P. Couliano, *Expériences de l'extase*, Paris, 1984. Sobre o mito e o ritual gregos, ver J.-P. Vernant, *Mythe et pensée chez les Grecs*, 2 vols., Paris, 1965, e *Mythe et société en Grèce ancienne*, Paris, 1974; Marcel Detienne, *L'Invention de la mythologie*, Paris, 1981. Sobre as festas áticas, ver Ludwig Deubner, *Attische Feste* (1932), reimpressão, Hildesheim, 1966. Sobre o sacrifício grego em geral, ver Marcel Detienne e Jean-Pierre Vernant (org.), *La Cuisine du sacrifice en pays grec*, Paris, 1980. Sobre Dioniso, ver Henri Jeanmaire, *Dionysos: Histoire du culte de Bacchus,* Paris, 1951. Sobre Orfeu, ver W. K. C. Guthrie, *Orpheus and Greek Religion: A Study of the Orphic Movement*, Londres, 1952.

# 16

## Religião
# HELENÍSTICA

16.0 *O Helenismo* é a cultura que surgiu depois da expansão territorial de Alexandre (362-331 a.C.), caracterizada pelo uso da língua grega e pela hegemonia do pensamento grego. Cronologicamente, situa-se mais ou menos entre a morte de Alexandre e o advento do cristianismo (↔ 10), mas várias características dessa cultura, às vezes chamada helenístico-romana, persistirão até o fim do Império Romano (476) e mesmo depois. Portanto, é impossível fixar um fim preciso para o helenismo.

16.1 *A religião* dessa época é influenciada pelo pensamento de Aristóteles (384-322 a.C.), da síntese filosófica estóica (cerca de 300 a.C.) e do desenvolvimento geral da ciência, produzindo uma vaga de misticismo astral que se manifestará no século III no aparecimento da astrologia helenística. Esta se caracteriza pela combinação de elementos divinatórios, tomados de empréstimo às religiões egípcia e mesopotâmica, com a astronomia grega.

O culto ao rei, adotado por Alexandre e pela dinastia dos Ptolomeus do Egito (323-30 a.C.), provém claramente do Oriente e, na época romana, se transformará no culto ao imperador.

16.1.1 Uma tendência geral da época, que deve ter sido incentivada pelo dogma estóico da leveza da alma ígnea, é o desaparecimento dos locais de punição infernais que desempenhavam papel importante na geografia religiosa platônica, com suas cavernas nas entranhas da terra e seus rios terríficos, o Aqueronte, o Flegetonte e o Cocito. É possível que o discípulo de Platão, Heraclides do Ponto (nascido entre 388-373 a.C.), já tenha considerado todos os episódios da escatologia individual como de ocorrência celeste, mas é pouco provável que um pensador platônico tão tardio como Plutarco de Queronéia (*c.* 45-125 d.C.) tenha renunciado completamente ao Hades de Platão, situado no interior da Terra. Contudo, em Plutarco o inferno é efetivamente imaginado no espaço sublunar. Tendência semelhante manifesta-se também nas narrativas visionárias judaicas (*Henoc* etíope, *Testamentos dos Doze Patriarcas*) e no filósofo platônico judeu, Fílon de Alexandria (*c.* 15 a.C.-50 d.C.). No século II d.C. já é corrente no gnosticismo e no hermetismo uma doutrina que continuará fundamental no platonismo, de Macróbio (*c.* 400 d.C.) até Marsílio Ficino (1433-1499). Ela prevê a descida da alma individual para o mundo através das esferas planetárias e seu retorno às estrelas pelo mesmo caminho. As visitas ao céu são muito freqüentes nos primeiros séculos da Era Cristã, nas três grandes tradições da época: platonismo, religião judaica e cristianismo.

16.1.2 *A astrologia* como superposição de dois sistemas – o do movimento dos astros e o da existência terrestre – provém da Mesopotâmia e do Egito, mas a síntese helenística entre vários elementos orientais e a astronomia grega é única. Atribuída ao deus egípcio Hermes-Tot, ela surge no fim do século III a.C. e trata de predições tanto universais (*genikà, thema mundi*) quanto individuais, relativas ao futuro ou à etiologia, às prescrições e à posologia médicas (*iatromathematika*). A nova síntese astrológica, ainda corrente hoje em dia (embora, depois da Reforma, tenha perdido o *status* de ciência que lhe era atribuído ainda no Renascimento), está ligada ao nome de Cláudio Ptolomeu (*c.* 100-178 d.C.). A astrologia helenística chegou à Índia do século II ao III d.C. e no século VI à Pérsia, onde vários tratados foram primeiro traduzidos para o pálavi (persa médio) e depois para o árabe por Abu Ma'shar (Albumasar, 787-886).

16.1.3 *A magia* helenístico-romana mostra uma produção abundante de invocações, sinais, encantamentos, amuletos, maldições e hinos cujas fórmulas e receitas são conservadas em manuais escritos em grego e egípcio demótico – os célebres "papiros mágicos". Na literatura da época são também abundantes narrativas mágicas. A mais importante, também vinculada a outra instituição típica do helenismo, os mistérios religiosos (↔ 24), é o romance *Metamorfoses* ou *O asno de ouro*, do escritor latino nascido na África, Apuleio de Madauros (*c.* 125-170 d.C.).

O estudo da magia helenística mal está começando. Não existe uma sociologia das fórmulas mágicas. E no entanto é possível perceber, pela freqüência dos filtros de amor, que o caso mais comum é o do homem que deseja estar seguro da fidelidade da amante. Os homens procuram o mágico em número muito maior que as mulheres. Às vezes o cliente deseja livrar-se de um inimigo ou causar-lhe danos à saúde ou aos bens. Às vezes, também, a invocação de um demônio auxiliar garantirá a seu possuidor todos os tipos de faculdades sobrenaturais.

16.1.4 *Os taumaturgos*, apesar de não serem uma criação do helenismo, subsistirão na época cristã, e certos estudiosos chegaram a ver um mágico em Jesus. Na época, o milagre faz parte da existência cotidiana. Os mágicos não prometem a invisibilidade, o dom das línguas, a translação instantânea no espaço? Não estão eles convencidos de que é possível influenciar à distância não só os seres humanos mas também os elementos da natureza? Não é de surpreender que as pessoas dêem fé às narrativas mais inverossímeis. O retrato típico do "homem divino" helenístico é o de Apolônio de Tiana (século I d.C.), segundo a biografia de Filostrato (*c.* 217). Apolônio, iniciado na antiga sabedoria pitagórica, é êmulo dos brâmanes e dos sacerdotes egípcios.

Mais tarde, autores neoplatônicos como Porfírio (*c.* 234-301/5) e Jâmblico (*c.* 250-330) redigirão uma *Vida de Pitágoras* baseada em tradições anteriores, fazendo do antigo filósofo o protótipo de todo "homem divino" (*theios anēr*). A disciplina da *teurgia*, ilustrada pelos *Oráculos Caldeus* compostos no século II d.C. por Juliano o Caldeu e por seu filho Juliano o Teurgo e muito prezada pelos neoplatônicos, de Porfírio a Miguel Psellos, ensina como invocar os deuses e tirar proveito do trato com eles. Antes de se converter ao cristianismo e de tornar-se bispo, o neoplatônico Sinésio de Cirene (*c.* 370-414) ia compor um tratado *Sobre os sonhos* em que indicava o melhor terreno no sonho para encontrar os deuses. Mesmo na filosofia de Plotino (205-270), fundador do neoplatonismo, o objetivo supremo da existência é a união extática com o Intelecto Universal; seus discípulos acabarão por multiplicar os seres intermediários e os encontros com o numinoso.

16.1.5 *A alquimia* também é uma disciplina helenística que culmina nos séculos III-IV d.C. com os escritos de Zósimo e de seus comentadores. Os argumentos alquímicos integram-se plenamente no contexto religioso helenístico, cuja tônica está na iniciação e na mudança de estado dela decorrente, a "transmutação" qualitativa do indivíduo.

16.1.6 *O hermetismo* é uma das criações do helenismo. Já no século III a.C. haviam surgido livros de astrologia atribuídos à imemorial sabedoria do deus egípcio Hermes-Tot, mas aquilo que se chama *Corpus hermeticum* é uma coletânea de textos de diversos gêneros, redigidos de 100 a 300 d.C., que certamente sofreram modificações nos círculos gnósticos. Na realidade, o hermetismo é um rótulo colado sobre conhecimentos de astrologia, magia e alquimia tomados de empréstimo ao meio cultural da época. Só a cosmogonia do tratado Pimandro é original. A existência de uma comunidade hermética nos primeiros séculos da Era Cristã é problemática, mas sua existência na Idade Média com toda a certeza é ficção de mau gosto.

16.2 *Bibliografia*. Eliade, H 2, 209-11; I. P. Couliano, *Astrology*, in ER 1, 472-5; do mesmo autor, *Expériences de l'extase*, Paris, 1984, com numerosas referências bibliográficas. Consultar também, neste Dicionário, os capítulos dedicados às religiões dualistas (↔ 11) e às religiões dos mistérios (↔ 24). Sobre a magia helenística, ver Hans-Dieter Betz (org.), *The Greek Magical Papyri*, Chicago, 1985.

# 17

# HINDUÍSMO

17.1 *O vale do Indo*, que abrange o território do Paquistão do noroeste da Índia atual, viu desabrochar uma grande cultura mais ou menos contemporânea das do "Crescente Fértil", cujos centros parecem ter sido as cidades de Mohenjo-Daro e de Harapa. A partir de 1600 a.C., portanto *antes* da conquista ariana, essa cultura começa a declinar. Desprovida de templos, seus locais de culto podem também ter sido as bacias de ablução; realmente, as cidades possuem um impressionante sistema de água corrente e de canalizações. Estatuetas que representam uma divindade feminina parecem ter dominado o culto privado, enquanto o culto público era feito, com grande probabilidade, sob a égide de divindades masculinas com formas animais. Um deus itifálico, cercado de animais, foi identificado com um proto-Śiva Paśupati, o deus hindu de provável origem pré-ariana.

Por volta de 1500 a.C., os arianos, povo de guerreiros nômades indo-europeus, opõem sua ideologia de conquistadores à dos agricultores sedentários do vale do Indo. Na literatura dos arianos, a imagem dos aborígines não é lisonjeira: ora são demônios de pele negra, ora *dāsas* ("escravos"), adoradores primitivos do falo. Os arianos são carnívoros e praticam sacrifícios de animais. Mais tarde, os sacerdotes védicos adotarão o vegetarianismo.

17.2 *A tradição védica*, oral (*śruti*) em sua origem, compreende várias categorias de escritos cujo período de formação situa-se entre 1400 e 400 a.C.

As quatro coletâneas (*saṃhitās*) dos Vedas, que datam mais ou menos de 1000 a.C., compreendem o Ṛgveda, o Sāmaveda, o Yajurveda e o Atharvaveda. O Ṛgveda contém hinos utilizados pelo sacerdote *hotṛ*, que preside às oblações e à invocação dos deuses. As outras coletâneas são, na origem, manuais de culto dos assistentes: *udgātṛ*, especialista nos hinos que lhes transcreve o conteúdo no Sāmaveda; *adhvaryu*, mestre de cerimônias especializado no conhecimento das fórmulas sacrificais reunidas no Yajurveda; e finalmente o brâmane, que inspeciona a atividade das três primeiras classes de sacerdotes, recitando silenciosamente os versos do Atharvaveda. Os quatro sacerdotes védicos, cercados de assistentes, têm a função de executar perfeita e minuciosamente o ritual, que começa com o acendimento cerimonial dos três fogos sobre o altar que simboliza o cosmo e termina com o sacrifício (*yajña*). No *agnihotra*, a oferenda ao fogo, o *adhvaryu* e o beneficiário limitam-se a oferecer leite a Agni (Fogo). Esse é o sacrifício mais simples de toda uma série de oferendas vegetais e animais, em que o sacrifício do suco inebriante da planta chamada *soma* é um dos rituais mais importantes. Além dos ritos que exigem a presença de sacerdotes especializados, o chefe de família utiliza o altar doméstico para outras oferendas sazonais, mensais, votivas, expiatórias ou propiciatórias.

Uma categoria especial de ritos é constituída pelos *saṃskāras*, as "consagrações" referentes ao nascimento, ao noviciado (*upanayana*, apresentação do adolescente a seu *guru* brâmane), ao casamento e à morte.

A mitologia védica é muito complexa e não poderá ser exposta aqui em detalhes. Como os hinos do Ṛgveda atribuem as mesmas qualidades a divindades cujas funções são muito diferentes, às vezes é difícil restabelecer suas características básicas. Sūrya, Savitar e Viṣṇu são divindades solares; Vāyu está associado ao vento; Uṣas, à aurora; Agni, ao fogo; Soma, à bebida homônima. Varuṇa e Mitra são os responsáveis pela ordem cósmica de que fazem parte a ordem social e a moral. Rudra-Śiva é um deus inquietante, que inspira terror mesmo quando cura as doenças. Indra, enfim, é um deus guerreiro ao qual se atribuem numerosas características reservadas por outras religiões ao Trapaceiro (*Trickster*) (↔ 11), ser sobrenatural astuto, bulímico, hipersexuado e histrião às vezes trágico.

A evolução dos *asuras* e *devas* na Índia é paralela à dos *ahuras* e *daivas* do Irã (↔ 33), mas com sinais contrários: enquanto os devas são benéficos (como os ahuras iranianos), os asuras são demônios (como os daivas iranianos).

Se a mitologia védica é complexa, as cosmogonias veiculadas pelo Ṛigveda não lhe ficam atrás, principalmente em virtude de seu caráter contraditório, devido ao número de concepções diferentes que os autores dos hinos puderam ter ao longo de vários séculos. Ao lado da criação pelo sacrifício de um *anthropos* (Puruṣa) primordial (*Puruṣasūkta*, X 90), há outras mais abstratas que veiculam de certa forma a idéia de uma espécie de *big bang* original (X 129).

17.3 *Os Brāhmaṇas*, exposição dos rituais compostos pelos sacerdotes védicos de 1000 a 800 a.C., traduzem a cosmogonia do *Puruṣasūkta* em termos biológicos. Prajāpati, equivalente bramânico do *anthropos* primordial Puruṣa (*Śatapatha Brāhmaṇa* VI 1, 1, 5), cria por meio da ascese ardente (*tapas*) e da emanação (*visṛj*). Todo sacrifício singular remete à criação original e garante a continuidade do mundo por repetição do ato fundador. Os valores do sacrifício bramânico são muitos: tem alcance cosmogônico, função escatológica e também dá início a um processo de reintegração (*samdha, saṃskri*) de Prajāpati, que o sacrificante interioriza e aplica à sua própria pessoa, obtendo assim um Eu (*ātman*) unificado.

Uma vez iniciado, esse processo de interiorização é continuado pelos textos chamados *Araṇyakas* (Livros da Floresta) e principalmente pelos Upaniṣads ou ensinamentos espirituais dos mestres. Existem treze Upaniṣads contados como *śrutis* ("revelados"), dos quais os primeiros – *Bṛhadāraṇyaka* (Upaniṣad da Floresta Negra) e *Chāndogya* – foram compostos de 700 a 500 a.C. Nos Upaniṣads, o sacrifício védico "exterior" é completamente desvalorizado: é uma "ação" (*karman*), e toda ação, mesmo ritual, produz "frutos" de ordem negativa, pois eles contribuem para enlear o ser humano nos ciclos da metensomatose (*saṃsāra*). Como no platonismo, a metensomatose é concebida como um processo inteiramente mau. É fruto da ignorância (*avidyā*), criadora das estruturas do cosmo e da dinâmica da existência. O inverso da ignorância, a gnose (*jñāna*), é que liberta, ao desembaraçar a meada emaranhada de nossas vidas. Estamos diante de uma situação em que a privação ontológica é responsável por uma criação ilusória, e em que a abundância ontológica (gnose), liberta da ilusão, ao destruir a criação. A concepção do mundo dos Upaniṣads parece reaparecer nos textos gnósticos dos primeiros séculos d.C. (↔ 11.3). Nos dois casos trata-se de doutrinas acósmicas, que buscam a identidade humana em profundezas insondáveis, bem distantes da esfera contaminada da natureza, sinal de que a atividade psicomental, como a atividade exterior, perdeu todo o seu prestígio divino.

17.4 *A síntese hinduísta*, ou a ordenação dos conceitos fundamentais ainda vigentes hoje em dia, ocorreu depois do fim do período dos Upaniṣads, de 500 a.C. até o século V d.C. Nessa época são definidos os seis *darśanas* ("opiniões") ou escolas filosóficas tradicionais, a concepção de castas (*varṇas*) e das seis etapas (*āśramas*) da vida, a lei (*dharma*) tradicional, a diferença entre revelação (*śruti*) e tradição (*smṛti*), etc.

17.4.1 Já antes da composição das *Leis de Manu* (*Mānavadharmaśāstra*, século II a.C.-século I d.C.), o *corpus* da literatura *śruti* (palavra que significa literalmente "escutada", portanto "oral", mas cujo significado técnico é de literatura sacra ou "revelada" aos sábios e aos santos – *ṛṣis* – de outrora) estava concluído. Se a *śruti* compreende todos os textos hindus antigos, dos *Vedasaṃhitās* até os treze Upaniṣads reconhecidos como revelados, tudo o que vem depois constitui o conceito de *smṛti*, "tradição". Desta fazem parte os seis "membros do Veda" (*Vedāṅgas*) (fonética, gramática, métrica, etimologia, astronomia e ritual), os textos legalistas, como o *Mānavadharmaśāstra*, etc.

17.4.2 *As seis darśanas*, escolas filosóficas tradicionais, formam na realidade três pares: *mīmāṃsā/vedānta, nyāya/vaiśeṣika, sāṃkhya/yoga*. A escola nyāya cuida da lógica; a vaiśeṣika propõe uma cosmologia atomista; essas duas escolas estão fora do *corpus* da tradição védica (*smārta*). Mais próximos do smārta estão o sāṃkhya e a yoga. O primeiro, cujo aparecimento é impossível datar com precisão, é uma filosofia "emanacionista" cujos 24 princípios (*tattvas*) formam uma hierarquia vertical desde o par primordial Puruṣa/Prakṛti até as cinco qualidades materiais (*tanmātras*) e os elementos (*bhūtas*). O sistema sāṃkhya é a variante hindu do que os estudiosos chamaram "esquema alexandrino", que culminará nas filosofias gnósticas e neoplatônicas: o mundo visível, parcialmente ilusório, provém de um descenso de princípios que se vão distanciando cada vez mais das essências situadas no alto. Os cinco órgãos dos sentidos (*jñānendriyas*) vêm com os cinco órgãos da ação (*karmendriyas*) e as projeções materiais (*tanmātras*) que formam o mundo. Nosso interior foi fabricado antes do nosso exterior, que dele depende. Através dos princípios circulam três "estados" (*guṇas*) de todas as coisas: *sattva* (claridade, leveza), *rajas* (emoção, ação) e *tamas* (escuridão, inércia).

A yoga é um conjunto de técnicas, codificadas pela primeira vez por Patañjali em época desconhecida (*Yogasūtra*, do século II a.C. ao século V d.C.), que permitem ao praticante subir de volta a escada da descida dos princípios. A yoga tem oito "membros" (*aṣṭāṅgas*) ou etapas: abstinência ( *yāma*), observância (*niyāma*), posturas corporais (*āsanas*), técnicas de respiração (*prāṇāyāmas*), interiorização (*pratyāhāra*), concentração (*dhāraṇā*), meditação (*dhyāna*) e contemplação unitiva (*samādhi*). As técnicas corporais da yoga têm o objetivo de canalizar corretamente as energias (*prāṇas*) a fim de que estas circulem em certo ritmo pelos canais principais (*nāḍis*) do organismo sutil, para despertar a formidável energia serpentina *kuṇḍalini* enrodilhada no centro (chacra, "roda") basal (*mūlādhara*) e fazê-la subir através dos outros chacras até o "Lótus de Mil Pétalas" (*sahasrāra*) da abóbada craniana.

Dos seis darśanas, apenas o mīmāṃsa e o vedānta ("Fim do Veda") são *smārtas*, pois estão centrados nos Vedas. O Vedānta, em especial, está ligado à sabedoria dos Upaniṣads. Seu fundador é Bādarayaṇa (*c.* 300-100 a.C.), autor do *Brahmasūtra* ou *Vedānta-sūtra*.

17.4.3 *A teoria das castas (varṇas)* está formulada no *corpus* legal do *smārta*. Existem quatro níveis compartimentados na sociedade hindu: os brâmanes, os guerreiros (*kṣatriyas*), os mercadores-banqueiros (*vaiśyas*) e os servos (*śūdras*). Os homens das três primeiras castas são *dvijas*, "duas vezes nascidos", pois receberam o *upanayana* (iniciação). Têm a possibilidade de percorrer os quatro estágios da existência do homem hindu mas costumam parar no segundo: *brahmacāryā* (estudo), *gṛhastha* (chefe de família), *vānaprastha* (retiro na floresta), *sannyāsa* (renúncia ao mundo). Outra série quaternária especifica as metas (*arthas*) que merecem ser buscadas na vida. As três primeiras (*trivarga*) são metas humanas (*arthas* ou bens materiais, *kāma* ou eros e *dharma* ou a lei); a quarta é a libertação das metas humanas (*mokṣa*). O trivarga opõe-se ao mokṣa como os três primeiros *āśramas* opõem-se ao *sanyāsa* e como as três castas dos "duas vezes nascidos" opõem-se aos *śūdras*.

17.5 *A literatura épica* surge numa época em que as correntes do hinduísmo – Vaisnavismo, Saivismo e o culto da Deusa – começam a definir-se. A formação das epopéias *Mahābhārata* (século V a.C.-século IV d.C.) e *Rāmāyaṇa* (séculos IV-III a.C.) sobrepõe-se em parte à composição de outros textos como o *Harivaṃśa* (Genealogia de Kṛṣṇa, século IV d.C.) e os Purāṇas (300-1200 d.C.).

O *Rāmāyaṇa* (Feitos de Rama) de Vālmīki remonta provavelmente a uma data em que Rama ainda não era visto como uma encarnação ou *avatar* de Viṣṇu. Contudo, é impossível determinar os estratos sucessivos do texto que chegou até nós. O manuscrito mais antigo data apenas de 1020 d.C. A narrativa conta as mil e uma peripécias de Rama, que, com a ajuda do deus-macaco Hanuman, liberta sua mulher Sītā de Laṇkā, o reino de seu raptor, o demônio Rāvaṇa.

O *Mahābhārata (yuddha)* ou "O grande (combate) dos Bhāratas" (descendentes de Bhārata, o ancestral dos príncipes do norte da Índia) é um poema épico de cem mil *ślokas* (estrofes de dois ou quatro versos), oito vezes mais longo que a *Ilíada* e a *Odisséia* reunidas. Conta o terrível combate travado entre os cinco irmãos Pāṇḍavas e seus primos, os cem Kauravas, pelo reino de Bhārata. Kṛṣṇa, avatar do deus Viṣṇu, toma o partido dos Pāṇḍavas e dá a um deles, Arjuna, uma lição filosófica considerada um dos textos religiosos mais importantes da humanidade: "O Canto do Bem-aventurado", *Bhagavadgītā*, poema do século II d.C., inserido na estrutura do *Mahābhārata* (VI 25-42). O Hamlet indiano, Arjuna, não quer travar combate contra membros de sua família. Para vencer sua resistência, Kṛṣṇa apresenta-lhe os três ramos da yoga: a yoga da ação (*karmayoga*), a yoga da gnose (*jñānayoga*) e a yoga da devoção (*bhaktiyoga*). A via do karmayoga, ou seja, da ação desinteressada que não pressupõe mais a solidão e a renúncia (sannyāsa), impressionou o Ocidente habituado ao ascetismo intramundano protestante, mais especialmente o calvinismo.

A teoria dos avatares de Viṣṇu está exposta nas epopéias, nos dezoito Grandes Purāṇas e dezoito Pequenos Purāṇas, textos enciclopédicos compostos de 300 a 1200 d.C., e no *Harivaṃśa* ou "Genealogia de Viṣṇu" (século IV d.C.). Os dez avatares geralmente aceitos são Matsya (Peixe), Kūrma (Tartaruga), Vāraha (Javali), Nārasiṃha (Homem-Leão), Vāmana (Anão), Paraśurāma (Rama-com-o-Machado), Rāma, Kṛṣṇa, Buda e o avatar Kalki que virá no fim dos tempos. Nos Purāṇas e em muitas outras coletâneas filosóficas, como o *Yogavasiṣtha* (séculos X-XII d.C.), vê-se a elaboração das teorias complexas sobre os ciclos cósmicos. Wendy Doniger analisou suas surpreendentes implicações em seus belos livros *Dreams, Illusions and Other Realities* (1985) e *Other Peoples' Myths* (1988). Tradicionalmente, um ciclo cósmico (*mahāyuga*) compreende quatro idades (*caturyugas*): *kṛtayuga*, *tretāyuga*, *dvāparayuga* e *kaliyuga*, que corresponde mais ou menos à "idade de ouro" e às idades sucessivas até a "idade de ferro", na qual vivemos hoje. Mil mahāyugas formam um período cósmico (*kalpa*), chamado "um dia de Brahmā". O deus Brahmā, por sua vez, vive cem anos formados por trezentos e sessenta dias e noites cósmicas, ou seja, mais de trezentos bilhões de anos terrestres (um *mahākalpa*), e sua vida não dura mais que um piscar de olhos do deus supremo Viṣṇu. O fim da vida de um Brahmā marca a dissolução do universo (*mahāpralāya*).

17.6 Graças ao gênio de Śaṅkara (século VIII d.C.), comentador do *Brahmasūtra* de Bādarayaṇa, de nove Upaniṣads e do *Bhagavadgītā*, o Vedānta rejuvenesce em contato com o sistema *sāṃkhya*. A filosofia de Śaṅkara é chamada "não-dualista" (*advaitavāda*), pois implica o monismo absoluto do princípio impessoal *brahman* e o caráter ilusório (*māyā*) do mundo, criado por ignorância (*avidyā*) transcendental.

Outro representante do não-dualismo é Rāmānuja (m. 1137), que pertence à corrente devocional (*bhakti*) Vaiṣṇava. Ao contrário de Śaṅkara, que afirma a simplicidade fundamental do *brahman*, Rāmānuja crê na diversidade (*viśiṣṭa*) interna desse princípio. Rāmānuja chega a uma integração mais completa do Sāṃkhya no Vedānta.

Formado na escola de Śaṅkara, Madhva (1199-1278) logo lhe opõe sua própria visão dualista (*dvaita*) do mundo. Continuando na brecha aberta no monismo por Rāmānuja (cuja obra, aliás, ele não parece conhecer), Madhva nega a unidade do homem, do cosmo e da divindade.

17.7 *O hinduísmo devocional (bhakti)* tem raízes antigas. Seja Viṣṇu, Śiva ou a Deusa o alvo da devoção, esta cria seu próprio culto *pūjā*, que substitui os sacrifícios védicos (*yajña*), e seus próprios textos, como os *āgamas* e os *tantras*.

17.7.1 Apresentado já no *Bhagavadgītā* como uma das três vias da libertação, o *bhakti yoga* é o cerne da enorme escritura vaiṣṇava em 18000 *ślokas*, o *Bhāgavata purāṇa*, segundo a qual Viṣṇu-Kṛṣṇa "só ama a pura *bhakti*, sendo todo o resto supérfluo (*anyad vidambanaṃ*)" (VII 7, 52). Uma das narrativas fundamentais da devoção vaiṣṇava diz respeito ao amor que o jovem Kṛṣṇa inspira às *gopis* (moças que cuidam dos rebanhos) e à *rāsa-līlā*, dança de amor que ele dança com elas, multiplicando-se de tal maneira que cada *gopi* dance com ele e possa namorar seu próprio Kṛṣṇa. Esse episódio simbólico do *Bhagavāta purāṇa* deu ensejo à principal festa vaiṣṇava.

A devoção a Viṣṇu tem seus heróis e seus santos. O poeta Kabīr, nascido, segundo a tradição, no século XV em Benares, na casa de um muçulmano de condição modesta, é alvo da veneração de hindus e de muçulmanos. Na realidade, se Kabīr visa a uma unidade religiosa, faz isso rejeitando tanto o hinduísmo quanto o islamismo, tanto os ensinamentos dos pânditas quanto os dos mollahs. Nem sufi nem iogue, Kabīr exprime-se na linguagem a um só tempo pessoal e intemporal dos grandes místicos.

Caitanya, nascido Viśvambhara Miśra no meio muçulmano de Bengala (1486-1533), aos vinte e dois anos é tomado por ímpeto de devoção e se inicia com o sábio Keśava Bhāratī; depois vai morar em Puri (Orissa), onde muitas vezes é arrebatado pelo êxtase e instrui seus discípulos sobre os desígnos de Kṛṣṇa para o *kaliyuga*. Com efeito, a gnose já não é necessária para obter a libertação da *avidyā* (ignorância), basta o amor. Caitanya recomenda a cada um que escolha uma personagem da lenda de Kṛṣṇa e experimente em si mesmo a forma específica de amor que essa personagem tem por Kṛṣṇa. Ele próprio sente por Kṛṣṇa o mesmo amor de sua amante Rādhā. Seus discípulos consideram-no, portanto, uma encarnação simultânea dos dois esposos divinos. Caitanya escreveu muito pouco, mas incitou outras pessoas a escrever. Sua influência em Bengala foi extraordinária. No século XX, o culto de Kṛṣṇa-Caitanya foi objeto de um movimento de "revival" que se internacionalizou com o nome de *Krishna Consciousness* (1966).

Devoto de Rāma, o poeta Tulsīdās (*c.* 1532-1623) transforma o *Rāmāyāna* num poema bhakti de considerável popularidade.

17.7.2 *O culto de Śiva-Pāśupata* já está presente no *Mahābhārata*. Foi fundado por Lakulīśa (século II d.C.) e ganhou grande importância no sul da Índia por volta do século VII. Existem numerosas seitas śaivitas, entre as quais muitas professam doutrinas e práticas iogues e tântricas. Os Kālamukhas e os Kāpālikas sobressaíam na ascese antinomista. A partir do século VII, desenvolve-se uma literatura śaivita que reconhece vinte e oito *āgamas* ortodoxos e cerca de duzentos tratados auxiliares (*upāgamas*). Além do saivismo doutrinário, existe um devocional e poético, especialmente desenvolvido na linhagem dos sessenta e três Nāyanmāres, os místicos do Tamilnadu.

17.7.3 *Uma terceira divindade* que é objeto de devoção é a Deusa (*devī*), muitas vezes chamada Grande Deusa (*mahādevī*) ou Śakti. Conhecidas desde o século VI d.C., as deusas Durgā e Kālī têm aspecto terrível, sendo-lhes às vezes dirigidos cultos sangrentos. Śakti tem posição central no tantrismo.

17.7.4 *O tantrismo hinduísta* precede, provavelmente, o tantrismo budista (↔ 6.6); implanta-se solidamente na Índia no século VII d.C. e floresce durante o período seguinte, do século IX ao XIV. Suas divindades foram adotadas pelo hinduísmo popular.

Embora haja um tantrismo vaiṣṇava, Śiva e sua Śakti (energia feminina), ou simplesmente Śakti, são os principais deuses do tantrismo. As diversas doutrinas dos textos tântricos, chamados *āgamas*, *tantras* ou *saṃhitās*, não são originais. Tomam muitos elementos de empréstimo ao sāmkhya-yoga. As práticas tântricas são extremamente elaboradas e fundadas numa fisiologia sutil que apresenta semelhanças mais ou menos estreitas com a da yoga, mas sempre se expressa em "linguagem dupla" que contém alusões sexuais. Sua tônica recai sobre a meditação baseada em *mantras* comunicados ao discípulo durante a iniciação (*dīkṣā*), sobre posturas (*mudrās*) e imagens simbólicas (*maṇḍalas*, das quais uma das mais simples e difundidas é a *yantra*), sobre cerimônias complexas (*pūjas*) e, finalmente, sobre técnicas sexuais que, aliás, nem sempre pressupõem a cópula ritual nem a retenção do sêmen.

17.8 *Sikhs*. A palavra *sikh* deriva do páli *sikkha* (sânscrito *śiṣya*), "discípulo". O sikhismo pode ser considerado um ramo da mística de tipo *bhakti*.

17.8.1 *Bābā Nānak* (1469-1538), fundador do sikhismo, manifestou precocemente a vocação religiosa. Filho de Kṣatriyas de Lahore (Punjab, hoje Paquistão), concebe o projeto de harmonizar o hinduísmo com o islamismo e prega cantando, acompanhado pelo *rabab* (instrumento de cordas de origem árabe) por um músico muçulmano. Depois de uma experiência mística que teve aos vinte e nove anos, Nānak declarou: "Não há hindus, não há muçulmanos."

Sua doutrina pode ser considerada uma reforma do hinduísmo, principalmente no que se refere ao politeísmo, à rígida separação em castas e ao ascetismo como penhor da vida religiosa. Teve discípulos hindus e muçulmanos.

Contra o politeísmo, Nānak propõe um monoteísmo sem concessões, que, em sua insistência na impossibilidade da encarnação de Deus, inspira-se no islamismo. Mas a união extática com Deus é possível, e os gurus sikhs a obtiveram. Do hinduísmo, os sikhs herdam as doutrinas do *māyā* (poder criador da ilusão), da reencarnação e do *nirvāṇa* como cessação do ciclo penoso das transmigrações. Brahmā, Viṣṇu e Śiva são a trindade divina criada pelo māyā. Para atingir a salvação, é indispensável ter um guru, repetir mentalmente o Nome divino, cantar os hinos, associar-se a homens santos. As mulheres são beneficiárias dos ensinamentos dos gurus da mesma maneira que os homens; e, mesmo sendo praticada por certos gurus, a poligamia não é regra. O ascetismo e as mortificações são contrários ao espírito do sikhismo. Diante de Deus, todos são iguais; as castas não são necessárias.

17.8.2 *O guru Nānak foi sucedido por uma linhagem de nove gurus*, dirigentes religiosos, categoria que se tornou hereditária a partir do segundo deles: Angad (1538-1552), Amar Dās (1532-1574), Rām Dās (1574-1581), Arjan (1581-1606), Har Gobind (1606-1644), Har Rāi (1644-1661), Har Krishan (1661-1664), Teg Bahādur (1664-1675), Gobind Singh (1675-1708). Angad criou o alfabeto sagrado dos sikhs a partir de caracteres punjābis. Arjan começou a construção do Har Mandar, o Templo de Ouro, no meio do lago Amritsar e criou o *Granth Sāhib* ou *Nobre Livro dos Sikhs* (mais tarde, *Adī Granth* ou *Primeiro Livro*), escritura sagrada que contém hinos de Arjan; o Japjī ou prece sagrada composta por Nānak; os cantos dos primeiros gurus e dos quinze predecessores, dos místicos hindus ou muçulmanos, entre os quais Kabīr (1380-1460), o santo de Benares que pode ser considerado precursor direto de Nānak. Perseguido pelos soberanos muçulmanos mongóis que haviam conquistado o norte da Índia (os Mogóis, 1526-1658), Arjan incita o filho Har Gobind a tomar as armas. Hostis às bebidas alcoólicas, ao fumo e às mortificações do corpo, os sikhs cultivariam as virtudes militares que os transformariam em verdadeira potência armada, sobretudo depois da execução do guru Teg Bahādur em 1675. Seu filho Gobind Rāi, chamado Singh (Leão) depois de seu batismo de guerra, criou o Khanda-di-Pāhul ou

Batismo da Espada, que transforma os adeptos ajuramentados em Leões até a morte. Cria também as regras da comunidade dos sikhs, que deviam usar os 5 KK: *kes* (cabelos longos), *kangha* (pente), *kripan* (espada), *kach* (calças curtas), *kara* (pulseira de aço). Abolindo todas as distinções de casta, Gobind Singh tornou-se comandante de um poderoso exército de párias transformados em Leões. Antes de morrer, aboliu a instituição do guru. Em sua honra foi constituído um novo *Granth*, conhecido pelo nome de *Granth* do Décimo Guru, que contém o *Japjī* de Gobind Singh, o "Louvor ao Criador" (*Akal Ustat*), hinos dedicados à Santa Espada, símbolo do poder benéfico de Deus, e o "Drama Maravilhoso", uma história em verso dos dez gurus.

17.9 *O neo-hinduísmo* é um movimento nacional indiano que tenta integrar os valores ocidentais e tornar a sabedoria indiana acessível ao Ocidente. O reformador bengali Rammohan Roy (1774-1833) é partidário da ocidentalização da Índia e, para esse fim, funda o Brāhmo Samāj em 1828. Os ideais do Brāhmo Samāj são levados adiante por seus dois chefes sucessivos, Devendranath Tagore (1817-1905) e Keshab Candra Sen (1838-1884). Em 1875, o Swāmī Dayānanda (1824-1883) funda o Ārya Samāj, organização cujo objetivo é preservar as tradições religiosas da Índia mas também divulgá-las pelo mundo inteiro.

O importantíssimo encontro entre Keshab Candra Sen e o místico bengali Rāmakrishna (1836-1886) produz a síntese neovedântica que se torna o rosto da Índia tradicional no Ocidente, tal como é pregada pelo discípulo de Rāmakrishna, Vivekānanda (1863-1902), a partir de 1893, quando ele visitou o Parlamento das Religiões de Chicago.

Foi nesse clima religioso que se formaram o chefe político Mohandas Gandhi (1869-1948) e o místico e iogue Aurobindo Ghosh (1872-1950), de Pondichéry.

17.10 *O hinduísmo popular* possui numerosas festas sazonais ou destinadas a celebrar os principais acontecimentos da vida. As mais importantes festas dos deuses são as dedicadas a Indra (Rākhī-Bandhana), a Kṛṣṇa (Kṛṣṇa-Jayante), a Ganeśa (Ganeśa Caturthī), à Deusa (Navarātra), a Śiva (Mahāśivarātri), etc. Entre as práticas religiosas mais ou menos generalizadas, é preciso incluir as peregrinações aos lugares santos (*tīrthas*), que são as nascentes dos grandes rios e cidades santas como Varanasi, Vṛndavan ou Allahabad e as grandes festas religiosas, como a de Jagannath, em Puri, etc.

O culto religioso doméstico varia segundo a casta, o lugar, a evolução das crenças. Geralmente, um brâmane deve saudar o amanhecer declamando o *gāyatrī mantra*, apresentar a oferenda matinal e as libações aos deuses e aos ancestrais e realizar o *deva-pujana* ou adoração das imagens divinas guardadas numa câmara especial, o *iṣṭadevatā* ou "deus favorito à frente".

Os acontecimentos importantes da vida são marcados por cerimônias especiais (*saṃskāras*): *saisava saṃskāras*, ligadas ao nascimento; *upanayana* (iniciação religiosa do menino); *vivāha* (ritos matrimoniais); e *śraddha* (rito funerário).

17.11 *Bibliografia.* Ver, de modo geral, Eliade, H 1, 64-82, e 2, 135-146; 191-95; A. Hiltebeitel, *Hinduism*, in ER 6, 336-60. Th. J. Hopkins e A. Hiltebeitel, *Indus Valley Religion*, in ER 7, 215-23; D. N. Lorenzen, *Saivism: An Overview*, in ER 13, 6-11; A. Padoux, *Hindu Tantrism*, in ER 14, 274-80; J. T. O'Connell, *Caitanya*, in ER 3, 3-4; K. Singh, *Sikhism*, in ER 13, 315-20.

Algumas obras introdutórias: Louis Renou, *L'Hindouisme*, Paris, 1951; Thomas J. Hopkins, *The Hindu Religious Tradition*, Belmont, 1971; Madeleine Biardeau, *L'Hindouisme: anthropologie d'une civilisation*, Paris, 1981; David R. Kinsley, *Hinduism: A Cultural Perspective*, Englewood Cliffs, 1982. Sobre os vedas, ver Jean Varenne, *Le Véda, premier livre sacré de l'Inde*, 2 vols., Paris, 1967. Para a visão do mundo no hinduísmo antigo, ver Louis Renou e Jean Filliozat, *L'Inde classique*, 2 vols., Paris, 1947-49; Jan Gonda, *Les Religions de l'Inde*, vol. I, Paris, 1962; Madeleine Biardeau e Charles Malamud, *Le Sacrifice dans l'Inde ancienne*, Paris, 1976; Madeleine Biardeau, *Cosmogonies puraniques*, Paris, 1981. Sobre a mitologia indiana, ver Wendy Doniger (O'Flaherty), *Hindu Myths*, Harmondsworth, 1975; *Dreams, Illusions and Other Realities*, Chicago, 1984; *Other Peoples' Myths*, N. York, 1988.

Sobre a yoga, ver M. Eliade, *Le Yoga: Immortalité et liberté*, Paris, 1964.

Sobre os movimentos bhaktis, ver V. Raghavan, *The Great Integrators: The Saint-Singers of India*, Delhi, 1966.

Sobre os sikhs, ver Khushwant Singh, *A History of the Sikhs*, 2 vols., Delhi, 1983.

# 18

## Religiões dos HITITAS

18.1 De meados do segundo milênio a.C. até as invasões do início do século XII a.C., o *império dos hititas* estendia-se por quase toda a Anatólia (Turquia atual). Sua diversidade lingüística e religiosa era devida à diversidade étnica dos povos que o compunham: hathens, hurritas, semitas e hititas (indo-europeus). Grande parte dos mitos que serão examinados aqui não são, pois, de origem hitita, mas foram incorporados à sua língua e ao seu culto. No apogeu do império, a capital era Hatusa (atual Boğazköi), no planalto central da Anatólia. É nas escavações arqueológicas de Boğsköy, que restituíram ao mundo tabuinhas cuneiformes, estátuas, vários templos e o santuário ou tumba talhada em rocha de Yazilikaya, que se baseia grande parte de nosso conhecimento da cultura desse povo.

O panteão divino dos hititas era vastíssimo, mas só havia alguns deuses importantes, que eram venerados em seus templos urbanos. Como em todo o Oriente Próximo antigo, as divindades residiam efetivamente em seus templos, na forma de imagens que os sacerdotes lavavam, vestiam, alimentavam e divertiam. Em certos dias de festas, muito numerosos no calendário hitita, as imagens eram retiradas de seus altares. Além da função religiosa, os templos também desempenhavam uma função econômica. Serviam de entreposto de gêneros alimentares e possuíam suas próprias terras, com seus fazendeiros e artesãos. Os deuses mais importantes eram o deus da Tempestade, cujo nome hurrita era Teshub; seu filho Telepinu e a Grande Deusa de nomes e rostos múltiplos, adorada principalmente como deusa do sol de Arina. Os deuses muitas vezes tinham esposas.

A realeza hitita era uma instituição sagrada. Mesmo em tempos de guerra, os reis regressavam apressados à sua morada para presidirem às cerimônias. Muitas vezes acompanhados por suas rainhas em suas funções de sumo sacerdote, representavam todo o povo ao celebrar os ofícios aos deuses. Depois da morte, transformavam-se em deuses e suas estátuas recebiam honras divinas.

A adivinhação era uma das partes mais importantes do culto oficial. Compreendia numerosos procedimentos, desde a interpretação dos sonhos reais até o extispício ou prognóstico pela configuração das entranhas de uma vítima animal, ao modo dos mesopotâmicos. Também existem testemunhos escritos sobre outras práticas divinatórias, como a observação do vôo dos pássaros, do movimento das serpentes e dos animais sacrificais. A maior parte das técnicas divinatórias consistia numa série de perguntas com resposta binária (sim/não) para traçar um quadro geral da situação. As respostas eram lidas sobre uma estrutura fixa com ladrilhos que representavam a sorte do rei, a passagem do tempo ou a guerra, na qual se movimentava uma estatueta. As consultas oraculares ocorriam regularmente. Além disso, eram feitas sempre que o deus ou a deusa se mostravam encolerizados.

18.2 *Mitologia*. A cólera e o apaziguamento ritual das divindades são o cerne do mito do deus que desaparece. Telepinu eclipsa-se e isso provoca desastres naturais. (Numa situação desse tipo, os sacerdotes determinavam as causas da cólera do deus e tentavam acalmá-lo.) No mito, uma abelha enviada pela deusa encontra Telepinu dormindo num bosque, pica-o e acorda-o sobressaltado. Com cerimônias e fórmulas, a deusa Kamrushepa consegue acalmar Telepinu, que volta a ter disposições pacíficas.

Outro mito de ausência e de retorno de um deus utiliza também o tema do combate entre o deus e o monstro, bem conhecido no Oriente Próximo e na Grécia. A serpente Illuyanka venceu o deus da Tempestade e a deusa Inara propõe ao homem Hupashiya que ataque a serpente. Hupashiya aceita, contanto que a deusa se entregue a ele. Inara prepara um banquete em que Illuyanka e sua família comem e bebem tanto que não conseguem mais descer para seus covis. Hupashiya ataca-as com uma corda e o deus da Tempestade mata-as. A mesma inscrição apresenta outra versão, na qual Illuyanka venceu o deus da Tempestade e tomou-lhe o coração e os olhos. O deus da

Tempestade tem um filho com uma mortal e esse filho casa-se com a filha de Illuyanka. O costume prescreve que o sogro conceda ao genro o presente por este exigido, e, neste caso, o filho do deus da Tempestade pede a restituição do coração e dos olhos do pai. Assim, voltando a ter condições de lutar, o deus da Tempestade vence Illuyanka e mata-o. Mas é também obrigado a matar o filho, que é obrigado a permanecer fiel ao sogro.

Outro mito descreve as lutas de sucessão dos primeiros deuses. O primeiro rei dos deuses foi Alalu, derrubado depois de nove anos por seu escanção Anu. Kumarbi, filho de Alalu, serve Anu durante nove anos, depois o destrona e o impede de fugir para o céu, derrubando-o ao chão e mordendo-lhe os órgãos genitais. Fecundado por Anu depois dessa proeza, Kumarbi dá origem a três deuses, dos quais um será Teshub, deus da Tempestade e sucessor de Kumarbi.

No episódio seguinte do mito, o *Canto de Ullikummi*, Kumarbi esforça-se ao máximo para apoderar-se novamente da realeza dos deuses. Fecundando um grande rochedo, gera o terrível gigante de pedra Ullikummi, que cresce até o céu, ataca e vence Teshub, pondo em perigo a existência dos deuses e dos homens. Obtendo dos antigos deuses a faca que possibilitou há pouco tempo desligar a terra do céu, Ea põe-na à disposição dos deuses amedrontados. Depois de cortar os pés do gigante de pedra, Teshub é capaz de vencê-lo.

18.3 *Bibliografia*. Eliade, H 1, 43-7; H. Hoffner, Jr., *Hittite Religion*, in ER 6, 408-14. Textos traduzidos por M. Vieyra, em R. Labat, *Les Religions du Proche-Orient: Textes et traditions sacrées babyloniennes, ougaritiques et hittites*, Paris, 1970. Obra especial: O. R. Gurney, *The Hittites*, Harmondsworth, 1972 (1952).

# 19

## Religiões dos
## INDO-EUROPEUS

19.1 A noção de *um parentesco lingüístico* entre línguas como o sânscrito, o grego e o latim é bem recente (1786). O termo "indo-europeu" vem sendo usado desde 1816 e o termo "ariano" (de triste memória), desde 1819; finalmente, o termo nacionalista "indo-germânico", que não tem mais sentido que os termos, digamos, "indo-eslavo" ou "indo-grego", iniciou sua carreira em 1823. O primeiro lingüista indo-europeu foi o alemão Franz Bopp (1791-1867).

Os filólogos do século XIX levavam a sério a reconstrução de uma língua indo-européia comum, chamada "proto-indo-europeu" (PIE), como se ela realmente tivesse existido. A maioria dos estudiosos atuais consideram o PIE pura ficção.

19.2 Se os *indo-europeus* nunca tiveram uma língua comum, parece que provêm de uma região comum, que os arqueólogos algumas vezes identificaram com a bacia inferior do rio Volga, de onde tribos seminômades de guerreiros patriarcais dispersam-se em diversas vagas a partir da metade do quinto milênio a.C., formando a chamada cultura dos *kurgans* ou túmulos. Por volta de 3000 a.C., a segunda vaga dos *kurgans* forma um segundo centro de difusão que corresponde mais ou menos ao que a maioria dos lingüistas chama a "pátria dos indo-europeus". Essa zona estende-se, por volta de 2500 a.C., do Ural ao Loire e do Mar do Norte aos Bálcãs. Segundo a teoria de Marija A. Gimbutas, a cultura patriarcal dos indo-europeus destrói uma cultura uniforme, matriarcal e pacífica que se estende por toda a antiga Europa durante vinte mil anos, do paleolítico ao neolítico. A principal característica dessa cultura é a adoração de uma deusa com vários atributos. Na Idade do Bronze (1600-1200 a.C.), a grande maioria dos povos da Europa é de origem indo-européia, sendo a única exceção notável constituída pelos finlandeses, povo fino-úgrico do Ural.

19.3 *As religiões* dos povos indo-europeus apresentam características comuns, observadas pelos especialistas em mitologia comparada do século XIX: Adalbert Kuhn (1812-1881) e Friedrich Max Müller (1823-1900). Uma nova dimensão do estudo comparado foi acrescentada por Georges Dumézil (1899-1986), aluno do lingüista Antoine Meillet (1866-1936) e do sociólogo Émile Durkheim (1858-1917). Em 1938, Georges Dumézil elaborou pela primeira vez a teoria das "três funções" na sociedade primitiva dos indo-europeus: sacerdotal, guerreira e produtiva. Na exposição clássica de sua doutrina (1958), Dumézil afirmava que essas três funções distinguem a sociedade indo-européia de qualquer outra. Esse esquema tripartido baseado nas classes dos sacerdotes, dos guerreiros e dos produtores se refletiria em todos os níveis da cultura e mesmo da psicologia dos povos indo-europeus. G. Dumézil encontra-a nas religiões indiana, iraniana, romana e germânica, concluindo que também deve ter existido entre os celtas, os gregos e os eslavos, mas que os documentos são insuficientes para corroborar sua interpretação.

19.4 *Bibliografia.* Em geral, ver I. P. Couliano, verbete "Ancient European Religion", na *Encyclopaedia Britannica*, nova edição. Sobre a religião matriarcal da antiga Europa, ver Marija Gimbutas, *The Goddesses and Gods of Old Europe 6500-3500 BC. Myths and Cult Images*, Londres, 1982; sobre a dispersão dos indo-europeus, ver sobretudo Edgard C. Polomé (org.), *The Indo-Europeans in the Fourth and Third Millennia*, Ann Arbor, 1982. A teoria clássica de G. Dumézil foi expressa em seu *Idéologie tripartite des Indo-Européens*, Bruxelas, 1958. Ver também J. Bonnet (red.), *Georges Dumézil: Pour un Temps*, Paris, 1981.

# 20

# ISLAMISMO

20.0 *A palavra islã* deriva da quarta forma verbal da raiz *slm*: *aslama*, "submeter-se" e significa "submissão (a Deus)"; *muslim*, muçulmano, é seu particípio presente: "(aquele) que se submete (a Deus)".

Sendo uma das mais importantes religiões da humanidade, o islamismo está hoje presente em todos os continentes. É predominante no Oriente Médio, na Ásia Menor, na região caucasiana e no norte do subcontinente indiano, no sul da Ásia e na Indonésia, na África do norte e do Leste.

20.1 *A Arábia, antes do islamismo*, era território do politeísmo semítico, do judaísmo arabizante e do cristianismo bizantino. As regiões do norte e do leste, atravessadas pelas grandes rotas comerciais, foram profundamente influenciadas pelo helenismo e pelos romanos. No tempo de Maomé, o culto dos deuses tribais havia relegado a segundo plano a antiga religião astral do Sol, da Lua e de Vênus. A principal divindade tribal era adorada sob a forma de uma pedra, talvez meteórica, de uma árvore ou de um bosque. Em sua honra erigiam-se santuários, apresentavam-se oferendas e sacrificavam-se animais. A existência de espíritos onipresentes, às vezes malignos, chamados *djins*, era universalmente admitida antes e depois do advento do islamismo. Alá, "Deus", era venerado ao lado das grandes deusas árabes. As festas, os jejuns e as peregrinações eram as principais práticas religiosas. O henoteísmo e o monoteísmo do culto de al-Raḥmān também eram conhecidos. Grandes e poderosas tribos de judeus haviam-se estabelecido nos centros urbanos, como o do oásis de Yathrib, que mais tarde se chamaria Medina (*Madīna*, "A Cidade"). As missões cristãs haviam feito alguns prosélitos (conhece-se um na família da primeira mulher de Maomé). No século VI d.C., Meca (*Makka*), com seu santuário da Caaba em torno do famoso meteorito negro, já era o centro religioso da Arábia Central e uma importante cidade comercial. Durante toda a vida, Maomé deploraria suas estruturas sociais, a rudeza de seus cidadãos, suas desigualdades econômicas, sua moralidade decadente.

20.2 *Maomé* nasceu numa família de mercadores de Meca (família dos Hashimitas, tribo dos Curaixitas) em cerca de 570. Empobrecido ao morrerem os pais e o avô, lançou-se em empreendimentos comerciais. Aos vinte e cinco anos, casou-se com sua empregadora, uma rica viúva de quarenta anos, chamada Cadija. Por volta de 610, durante uma das meditações solitárias que ele fazia periodicamente nas grutas das proximidades de Meca, começou a ter visões e revelações auditivas. Segundo a tradição, o arcanjo Gabriel apareceu-lhe e mostrou-lhe um livro, convidando-o a ler (*Iqra'!*, "Lê!"). Maomé desculpou-se várias vezes por não saber ler, mas o anjo insistiu e o profeta ou apóstolo (*rasūl*) de Deus conseguiu ler sem dificuldade. Deus revelou-lhe, como aos profetas de Israel, a incomparável grandeza divina e a pequenez dos mortais em geral e dos habitantes de Meca em particular. Durante certo tempo, Maomé só falou sobre suas revelações e sobre sua missão profética às pessoas de sua intimidade, mas o círculo de fiéis foi ficando cada vez maior e a freqüência às reuniões cada vez mais constante. Ao fim de três anos, Maomé começou a pregar publicamente sua mensagem monoteísta, encontrando mais oposição que aprovação, de tal sorte que os membros de seu clã tiveram de dar-lhe proteção.

Nos anos que se seguiram, ele teve inúmeras outras revelações; várias delas iriam constituir a teologia do Corão. Uma das revelações, revogada mais tarde e atribuída a Satã, reservava o papel de intercessoras junto a Alá a três deusas locais muito populares. À medida que Maomé ia ganhando partidários, a oposição à sua mensagem ficava mais intensa. Acusavam-no de mentir, pediam-lhe que fizesse milagres para provar sua qualidade de profeta e sua vida corria perigo. Por isso, procurou novos quartéis para seu movimento, os quais lhe foram fornecidos por clãs de Medina, cidade situada a 400 km ao norte de Meca, que abrigava grande número de judeus. Os partidários de Maomé começaram a mudar-se para lá e, em 622, o próprio Maomé e seu conselheiro Abū-Bakr partiram em segredo para Medina. Esse acontecimento, chamado *Hijra*, "Emigração" (Hégira), marca o início da era islâmica. Mas a transposição para os anos da era cristã não é feita simplesmente pela adição de 622 ao ano da Hégira, pois o calendário religioso islâmico é lunar e só tem trezentos e cinqüenta e quatro dias.

Nos dez anos que passou exilado em Medina, Maomé continuou a receber revelações. Ao lado de suas palavras e ações (*ḥadīth*, que também fazem parte da tradição), essas revelações, fixadas por escrito, constituem o conjunto do código da vida muçulmana. Durante esse período, o governo da vida religiosa de seus partidários continuou ocupando Maomé, que também empreendeu numerosas expedições punitivas contra seus inimigos de Medina e em especial de Meca, cujas caravanas ele tomava de assalto. Essas ações levaram a uma guerra entre as duas cidades, durante a qual foram entabuladas conversações com vistas à conversão dos habitantes de Meca. Finalmente, Maomé e seu exército ocuparam Meca, que se tornou o centro de orientação para a prece (*qiblah*) e lugar de peregrinação (*ḥadj*) de todos os muçulmanos. Depois de transformar o islamismo numa força temível, Maomé morreu em Medina, em 632, sem deixar herdeiro masculino.

20.3 A palavra *Qur'ān* (Corão), de *qara'a*, "ler, declamar", é, para os muçulmanos, a palavra de Deus transmitida por Gabriel ao profeta Maomé, último de uma sucessão de profetas bíblicos. Trata-se, se preferirmos, de um novo "Novo Testamento", que não contradiz mas confirma e supera a Bíblia dos judeus e dos cristãos. Mas o Corão também tem, como Jesus Cristo na interpretação platonizante do Evangelho de João e dos Padres, a função de *logos*, de Verbo eterno do Deus criador. Maomé, porém, não assume essa função: não aceita que ela possa ser revestida por um ser humano, pois, embora eleito e sem faltas, Maomé é inteiramente humano. A maior parte de suas revelações foi redigida por ele e por vários secretários. Depois de sua morte, existia grande número de textos e de testemunhas que lembravam suas palavras. O texto completo do Corão foi constituído sob os primeiros califas e suas variantes foram suprimidas. É composto por 114 capítulos chamados *sūrahs*, que contêm um número variável de versos chamados *āyāts*. Os capítulos não estão dispostos em ordem cronológica ou tópica, mas na ordem inversa à sua extensão, de tal forma que a maior parte das primeiras revelações poéticas de Meca encontra-se no fim da coleção, enquanto as *sūrahs* mais longas estão no começo. Cada *sūrah* tem um título e todas, com exceção de uma, começam com o verso chamado *Basmallah*: "Em nome de Deus, o clemente, o misericordioso" (*Ba-sm-allāh al-raḥmān al raḥīm*). Várias delas estão marcadas com letras simbólicas, que talvez indiquem a coleção à qual pertenceram. O livro é escrito em prosa rimada e contém imagens belas e fortes.

O advento do Corão realizou sua intenção original, que era abrir aos árabes o acesso à comunidade dos "povos do livro", como os judeus e os cristãos, que haviam recebido a Tora e os Evangelhos. Os dois grandes temas do Corão são o monoteísmo e o poder de Deus e a natureza e o destino dos homens em sua relação com Deus. Deus é o único criador do universo, dos homens e dos espíritos; é benévolo e justo. Recebe nomes que lhe descrevem os atributos, como Onisciente e Onipotente. Os seres humanos são os escravos privilegiados do Senhor e têm a possibilidade de ignorar os mandamentos de Deus, sendo muitas vezes induzidos à tentação pelo anjo decaído Iblīs (Satã), expulso do céu por ter-se recusado a adorar Adão (2, 31-33; esse episódio já é encontrado no apócrifo *Vida de Adão e Eva*). No dia do Juízo todos os mortos ressuscitarão, serão julgados e enviados para o inferno ou para o paraíso por toda a eternidade. O Corão reinterpreta vários relatos bíblicos (Adão e Eva, as aventuras de José, o monoteísmo de Abrão e Ismael) e grande número de exortações morais que, com as tradições referentes à vida do profeta, formam a base da lei islâmica (*sharī'ah*). A generosidade e a veracidade são recomendadas, enquanto o egoísmo dos mercadores de Meca é condenado irremediavelmente. As práticas fundamentais da vida religiosa do muçulmano são as preces cotidianas (*ṣalāts*), a esmola, o jejum do Ramadã e a peregrinação a Meca. A fórmula do culto público muçulmano foi fixada no fim do século VII. Cada muçulmano tem de pronunciar as cinco orações diárias, anunciadas pelo *adhān* (convocação) entoado pelo *muezin* do alto do minarete (*manārah*). Não é necessário que o muçulmano esteja na mesquita. Onde quer que esteja, deve primeiro praticar as abluções rituais (*wudū'*) e depois voltar-se para a direção de Meca (*qiblah*), recitar frases do Corão, como a *shahādah* (o credo muçulmano) e o *takbīr* (*Allāhu akbar*, Deus é grande), e prosternar-se duas ou mais vezes (*raka'āt*). Na mesquita, a *qiblah* é marcada por um nicho chamado *mihrāb*. As preces comuns são feitas sob a direção de um *imã*. Cada sexta-feira (*yawm al-*

*jum'ah*), o *khaṭib* (substituto do califa ou de seu governador), que se dirige aos fiéis do alto de um púlpito (*minbar*), pronuncia um sermão (*khuṭbah*) diante da assembléia dos fiéis na mesquita principal. As mesquitas não têm altar, pois não são templos sacrificais, como algumas igrejas cristãs, nem lugares em que são depositados os rolos santos da revelação escrita, como as sinagogas judias. Contudo, a mesquita (*masjid*) é um lugar sagrado; pode conter o túmulo de um santo ou relíquias do Profeta.

À reforma religiosa de Maomé seguiram-se reformas sociais e legais. É assim que a tradição muçulmana forma a base da justiça social, das regras recíprocas de comportamento dos cônjuges, dos pais e das crianças, dos proprietários de escravos, dos muçulmanos em relação aos não-muçulmanos. A usura é proibida; são proclamadas leis alimentares. A situação das mulheres melhora: elas recebem a metade da herança recebida pelos homens. A casuística corânica fixa em quatro o número de esposas permitidas, mas recomenda só ter uma. As interpretações dessa prática feitas pelos estudiosos são contraditórias.

20.4 *Sucessão e secessão.* Ao morrer Maomé (632 d.C.), enquanto seu primo e genro 'Alī-ibn Abī Ṭālib e seu tio Ibn 'Abbās velavam piedosamente o corpo sem vida, os outros partidários se reuniram ao lado para escolher um sucessor ou califa (*Khalīfah*, de *khlf*, "seguir"). Esse título significará daí em diante que o califa reúne em si duas funções que deveriam ficar separadas em qualquer outro ser humano: a função militar de comandar crentes (*amīr al-mu'minīn*) e a função religiosa de imã dos muçulmanos (*imām al-muslimīn*). Ao amanhecer, depois de longas deliberações, a assembléia decidiu que o primeiro sucessor seria Abū-Bakr, sogro do profeta e companheiro da Hégira em Medina, escolhido por Maomé para dirigir, em seu lugar, as orações em comum. Durante os dois anos de seu califado, Abū-Bakr estabeleceu definitivamente o domínio muçulmano na Arábia e empreendeu expedições contra os beduínos revoltosos e contra a Síria bizantina. Sucessor de Abū-Bakr e segundo califa na sucessão sunita, Omar (634-644) conquistou a Síria e boa parte do Egito e da Mesopotâmia. Foi depois de sua morte que começaram as grandes secessões religiosas, que resultariam na formação de seitas cujo número é tradicionalmente fixado em 272. Na verdade, os partidários de Ali, primo e genro do profeta por ter-se casado com sua filha Fátima, esperavam que ele fosse então investido da dignidade de califa, mas o aristocrata Otmã (644-656), da família dos Omíadas de Meca, antigos adversários de Maomé, foi eleito em seu lugar. A ideologia dos *rawāfiḍs* ("os que repudiam [os primeiros califas]") xiitas ("partidários", de *shī'at 'Alī*, "partido de Ali") exige que a sucessão se estabeleça segundo laços de parentesco mais estreitos. Segundo eles, o califa não deve ser apenas curaixita, mas também hashimita e fatímida, ou seja, não apenas da tribo do profeta, mas também de sua família e filho legítimo do casamento de Fátima com 'Alī ibn Abī Ṭālib. Em outras palavras, a *Shī'a* queria formar uma dinastia Álida mas a sorte decide por uma dinastia Omíada.

Em 656, o omíada Otmã é assassinado por um grupo de partidários de Ali, que não renega os assassinos. Eleito califa (quarto na ordem sucessória dos sunitas), Ali deverá enfrentar uma dupla temível que o acusa de cumplicidade no assassinato: o poderoso governador omíada da Síria, Moawia, e seu astuto general 'Amr ibn al-'Ās, conquistador do Egito. Quando Ali estava vencendo a batalha de Siffīn no Eufrates contra Moawia (657), 'Amr ibn al-'Ās mandou pregar folhetos com textos do Corão nas lanças de seus homens e o exército de Ali recuou. O mesmo Amr ibn al-'Ās propôs uma arbitragem entre Ali e Moawia e representou este último com tanta habilidade que os xiitas consideraram-se vencidos. Surgiu então uma nova complicação que cerceou ainda mais Ali em seus nobres escrúpulos: um grupo considerável de seu exército, os carijitas ou "dissidentes" por excelência (de *khrj-*, "sair, partir"), não reconheceu a arbitragem dos homens, pretextando que *lā ḥukmatu illa Allāh*, "não há outro julgamento senão o de Deus". Os carijitas, puritanos do islamismo, não se preocupavam com o estabelecimento de linhagens dinásticas. Queriam que a dignidade do califado fosse eletiva e coubesse ao muçulmano mais devoto, sem distinção de tribo ou de raça: se merecedor, até mesmo um escravo etíope teria mais direitos ao califado que um curaixita. Essa doutrina era repudiada, também por outras características, pela maioria dos muçulmanos, para os quais perder a qualidade de membros da comunidade (*ummah*) dos fiéis era tão grave, se não mais, quanto uma excomunhão na cristandade medieval. Ora, ao contrário dos puritanos cristãos ulteriores, os puritanos muçulmanos sustentavam que a fé não basta, que há necessidade de obras para ter-se certeza da seriedade de um fiel. Por conseguinte, um muçulmano que pecasse deixava de fazer parte da assembléia dos fiéis. Esse respeitável zelo pela pureza moral combinava-se, nos carijitas, com escrúpulo de restabelecer a verdade histórica; eles afirmavam, portanto, que o Corão não é totalmente revelado. Em vez de combater Moawia, Ali voltou-se contra os carijitas que, afastando-se de Moawia, assassinaram Ali em 661. O califado coube a Moawia, fundador da dinastia dos Omíadas de Damasco (661-750).

20.5 *Expansão territorial.* Os quatro primeiros califas (632-661) haviam conquistado o Oriente Próximo, do Irã ao Egito. Damasco caiu em 635; Jerusalém, Antioquia e Basra, em 638. As conquistas se sucediam com rapidez: a Pérsia (637-650), o Egito (639-642). De 661 a 750, os Omíadas de Damasco continuaram a expansão territorial do califado para o leste (Afeganistão) e para o oeste (África do Norte e Espanha). Explorando habilmente o particularismo dos berberes, que, contudo, souberam resistir à conquista manipulando o instrumento do cisma (principalmente carijita), em 711 o exército muçulmano atravessava a Ifriqiya (o norte da África) e chegava até o *Maghrib al-aqsā*, o extremo oeste, o estreito de Gibraltar, prosseguindo, com a provável ajuda do governador bizantino de Ceuta e dos judeus perseguidos dos centros urbanos, a conquista de al-Andalus (de etimologia desconhecida, talvez de *Vandalicia*), o reino dos visigodos da Península Ibérica que compreendia a Espanha e Portugal de hoje. Depois da queda da capital de Toledo, os árabes eram senhores absolutos, até os Pireneus. Seu ímpeto parou nas montanhas, principalmente quando Carlos Martel, em Poitiers (732), freou seu avanço na França. Destronados em 750 pelos Abássidas de Bagdá, os últimos Omíadas encontrariam refúgio em al-Andalus. O esplêndido califado de Córdoba manteve-se de 756 até o período de anarquia dos Reinos de Taifas (do árabe *tawa'if*, "partido", "bandeira"), de 1031 a 1090, quando os estados cristãos do norte da Espanha romperiam decisivamente as linhas dos inimigos, conquistando Toledo em 1085. Ocupada sucessivamente pelas dinastias berberes dos Almorávidas (1090-1145) e dos Almôadas (1157-1223), a Espanha ia sendo pouco a pouco evacuada pelos muçulmanos, que, porém, se mantiveram até 1492 numa faixa territorial estreita na costa mediterrânea: o emirado nazarita de Granada. Em 827, os Aglábidas de Ifriqīya partiram para a conquista da Sicília e do sul da Itália, de onde seriam repelidos pelos bizantinos. A ilha foi ocupada em 902, tornou-se fatímida em 909 e quase independente em 948. Foi tomada pelos normandos em 1091. A partir do século XI, os homens fortes do islamismo são os turcos, islamizados no século X, em especial os Seljúcidas, que se apoderaram do trono dos Abássidas em 1058. Serão derrubados em 1258 pelos mongóis (islamizados em 1300), que ocuparam o Iraque mas foram decisivamente detidos pelos turcos mamelucos que controlariam o Egito até a ocupação otomana em 1517. Do século XIV ao XIX, o islamismo é primordialmente representado pelo poderoso Império Otomano, fundado em 1301 na Ásia Menor. Em 1453, os otomanos apoderam-se de Constantinopla, que se torna sua capital (Istambul). No leste, os turcos mamelucos instalam seu sultanato em Delhi (1206-1526). De 1526 a 1658, o norte da Índia será submetido ao império islâmico dos Grão-Mogóis, descendentes dos mongóis. A Indonésia e a Malásia foram em grande parte convertidas através das rotas comerciais que as uniam aos países muçulmanos. O mesmo ocorreu com certas zonas da África situadas abaixo do Saara.

20.6 *Os cismas* do islã sempre têm três dimensões inextricáveis: genealógica, teológica e política. Apesar de suas divergências, os grandes grupos religiosos não questionam o fato de seus adversários pertencerem ao islã, mas apenas sua ortodoxia. As fronteiras do islamismo só excluem nitidamente certas seitas de *ghulāts*, ou "extremistas", que proclamam a divindade dos imãs e a crença na metensomatose das almas (*tanāsukh al-arwāḥ*).

Fátima teve dois filhos de Ali: Hassan e Hussein. Com a morte de Ali, os xiitas do centro de Kufa, no Iraque, incentivaram Hassan a reclamar o califado, mas ele renunciou publicamente, pagando um preço muito alto, e acabou seus dias em Medina, em 670 ou 678. Com a morte de Moawi em 680, Hussein e seu séquito quiseram unir-se aos seus partidários de Kufa, mas foram interceptados por cavaleiros enviados por Yazīd, filho e sucessor de Moawi. Em 10 de Muḥarram (outubro) de 680, Hussein foi morto numa escaramuça em Karbalā. Até hoje, o *'Āshūrā* ("décimo" [dia de outubro]) é dia de luto para os xiitas. Morto Hussein, as esperanças dos xiitas de Kufa concentraram-se num filho natural de Ali, Mohammed ibn al-Ḥanafīya (filho de Hanafita), que foi proclamado à revelia califa diretamente designado por Deus (*Mahdī*) pelo nobre al-Mukhtār, com o apoio dos "clientes" (*mawālī*), a população autóctone convertida ao islamismo. Mas Mohammed ibn al-Ḥanafīya desligou-se totalmente de al-Mukhtār e continuou vivendo pacificamente em Medina, muito tempo depois do fim sangrento deste. Um partidário de al-Mukhtār, Kaisān, produziu a primeira doutrina xiita, segundo a qual os únicos califas legítimos teriam sido Ali, Hassan, Hussein e Mohammed. Alguns recusaram-se a acreditar na morte deste último e o título de Mahdī começou a designar o califa escondido na montanha, cuja chegada será precedida por sinais escatológicos.

20.6.1 *A doutrina xiita mais influente* contaria os califas segundo a linhagem do mártir de Karbalā', que tinha um filho e um neto, ambos completamente alheios às esperanças da *shī'a*: Ali, cognominado Zain al-'Abidīn, e seu filho Mohamed al-Bāqir. Mais interessado na luta contra os Omíadas, Zaid ibn 'Alī, meio-irmão de Mohamed al-Bāqir, mostrava-se conciliador em relação aos dois primeiros califas, mas negava aos Omíadas o direito de reinar, acreditando que o califado devia ser hashimita e não hereditário. Zaid morreu em 740, quando sua luta mal começava.

Pouco depois, com o apoio dos xiitas, a família do hashimita Ibn'Abbās, tio do profeta, reclamou a dignidade de califa. Em 749, as bandeiras negras dos Abássidas substituíram as bandeiras brancas dos Omíadas em Kufa. Os Abássidas, que se instalaram na nova capital Bagdá, cortaram todos os laços com os xiitas que praticamente os haviam levado ao poder, ao mesmo tempo em que vigiavam atentamente os descendentes de Ali.

Entre eles, a personalidade mais importante na história das duas grandes correntes xiitas é por certo Ja'far al-Ṣādiq (o Justo), que se distanciou nitidamente dos que lhe propunham o califado e dos extremistas que o divinizavam. Ja'far tinha três filhos: 'Abdallāh al-Afṭaḥ, Ismā'īl e Mūsā al-Kāẓim. Ismā'īl (755) morreu antes do pai; 'Abdallāh seguiu-o alguns meses depois (766). Os xiitas chamados *Ithnā'asharīya* ou "duodecimanos" (que reconhecem doze califas), os mais numerosos e poderosos da Pérsia até hoje, passaram o califado de Ja'far para Mūsā, cognominado al-Kāẓim (prisioneiro em Bagdá do Abássida Harūn al-Rashīd), e a seus descendentes: 'Alī al-Riḍā, designado sucessor de al-Mā'mūn em 817, Muḥammad īal-Jawād, 'Alī al-Hādī e Hassan al-'Askarī, que morreu em 873 sem descendentes masculinos. A morte do décimo primeiro imã semeia confusão (*al-ḥaira*) na comunidade xiita. Os duodecimanos proclamam que Hassan ocultava um filho, Muḥammad, o califa oculto (*ṣāmiṭ*), que voltará como *Mahdī* e será o Senhor do Mundo (*Ṣāḥib al-zamān*). O xiismo duodecimano ou "imamismo" foi protegido pela dinastia dos Bujidas (945-1055). O teólogo mais importante da tradição imamita foi Muhammad ibn 'Alī ibn Bābōye al-Qummī (918-991).

20.6.2 Os "extremistas" ou *ghulāts* geralmente associam a divindade do califa à doutrina da metensomatose. Alguns eruditos deram a essa combinação o nome de "gnóstica", o que ela não é. O primeiro extremista parece ter sido certo 'Abdallāh ibn Saba', de Kufa, que adorara Ali como Deus. Apenas dois grupos de *ghulāts* mantiveram-se até hoje: os curdos *'Alī-ilāhī* ("os que divinizam Ali"), autodenominados Ahl-i Ḥaqq ("verdadeiros juízes"), e os nusairitas, cuja doutrina se basearia nas revelações do décimo primeiro califa Hassan al-'Askarī a seu discípulo Ibn Nuṣair. A maioria dos nusairitas (600.000) vive hoje na Síria, país onde tomaram o poder em 1970.

20.6.3 *A denominação ismaelitas dada aos xiitas septimanos*, dos quais um ramo se perpetuou através dos Aga Khans da atualidade, deriva de Ismail, segundo filho de Ja'far al-Ṣādiq, morto antes do pai, em 755. Na sucessão septimana, que começa com Hassan, Ismail é o sexto califa e o sétimo é seu filho Muḥammad, que, originalmente, era o califa oculto (*ṣāmiṭ*) cujo aparecimento (*qiyām*) era esperado como *mahdī* ou Qā'im al-Zamān. Mas, no século IX, certo 'Abdallāh, que se dizia descendente de Ali, lança uma "missão" (*da'wa*) que anunciava a vinda do *mahdī*. Perseguido, retira-se para Salamya, na Síria. Entre os primeiros missionários (*du'āt*, singular *da'ī*), encontra-se certo Ḥamdān Qarmaṭ, que dará seu nome aos ismaelitas iraquianos, ou qarmatianos. No Irã, particularmente em Rey, os ismaelitas atrairão muitos imamitas, em conseqüência da "confusão" que sucedeu à morte de seu décimo primeiro califa. As missões do Iêmen e da Argélia também terão muito sucesso. A doutrina qarmatiana, na época da "ocultação", consiste em séries duplas de profetas, um que fala (*nāṭiq*) e revela o aspecto exotérico (*ẓāhir*) da religião, e outro que é seu "herdeiro" (*waṣī*) e revela a religião esotérica (*bāṭin*). Cada dupla de profetas encarrega-se da instrução de uma "idade" (*daur*) do mundo. Os primeiros profetas são personagens do Antigo e do Novo Testamento. Maomé e seu *waṣī* Ali são os últimos dessa série. Foram sucedidos por seis imãs. O sétimo, Muḥammad ibn Ismā'īl ibn Ja'far, é o *Mahdī* esperado, cuja época será marcada pela abolição das leis (*raf'al-sharā'i'*) e pelo retorno à condição paradisíaca de Adão antes da queda. O quarto *ḥujja* ("responsável") de Salamya autoproclama-se *Mahdī* (899-286). Em seu nome, os missionários, com o apoio da poderosa tribo berbere dos kutamas, partem para a conquista da África do Norte. O *Mahdī* se proclama califa no território conquistado em 910/297, inaugurando assim a dinastia dos

Fatímidas, que durará até 1171. Seu sucessor al-Mui'zz fixará a capital na nova cidade do Cairo, chamada *al-Qāhira* (a Vitoriosa, nome do planeta Marte). O terceiro califa, al-Ḥākim, é divinizado por uma seita de *ghulāts*, os drusos. À morte do quarto califa fatímida, al-Mustanṣir (1094), o *dā'ī* iraniano Hassan-i Ṣabbāḥ toma o partido de um descendente de Nizār, o filho assassinado de al-Mustanṣir, por ele abrigado na fortaleza inexpugnável de Alamūt, nas montanhas Elbrus. Essa é a origem dos ismaelitas nizāris ou assassinos, ancestrais dos Aga Khans. Em 1164, o imã nizāri Hassan II anuncia o advento da *qiyāma* ou ab-rogação da Lei e proclama-se califa. Depois da queda de Alamūt em 1256, os nizāris das diversas províncias ficam sem base e desaparecem, com exceção dos khojas do noroeste da Índia, que desde 1866 reconhecem os Aga Khans como imãs. Em 1978, o número dos Khojas era de aproximadamente vinte milhões.

Ao morrer, o sexto califa fatímida al-Āmir (vítima dos Assassinos em 1130) deixou um sucessor varão, al-Ṭayyib, com a idade de oito meses. Com o desaparecimento deste, o *dā'ī* do Iêmen proclamou-o imã oculto. Essa é a origem dos tayyibitas do Iêmen e da Índia (bohoras), que ainda existem.

20.7 *Sharī'ah* é a lei divina do islamismo, e a interpretação da lei é o *figh* ou jurisprudência. Maomé não fez distinção entre a lei religiosa e a secular. Em cada país muçulmano a aplicação da *sharī'ah* depende do grau de secularização do próprio Estado. A *sharī'ah* é aplicada a todos os setores da vida, inclusive às relações de família, ao direito de sucessão, aos impostos (*zakāt* de 2,5% para os pobres), às abluções, às orações, etc. Os *fuqahā'* regulamentam todas as atividades humanas segundo uma escala que vai de "prescrito" a "proibido", passando por graus intermediários. As quatro fontes aceitas pelos especialistas da lei são o Corão, a *sunnah* (tradição do Profeta), o *ijmā* (consenso) e a analogia (*qiyās*). A jurisprudência xiita é peculiar por insistir nas tradições dos imãs e por ter concepção própria do consenso e do raciocínio independente.

Há quatro escolas clássicas no direito islâmico: hanafita, maliquita, xafiita e hambalita. Cada uma delas tenta resolver o seguinte dilema: em que medida um jurista está autorizado a recorrer ao "julgamento independente" se o caso a ser resolvido não apresenta nenhum precedente na vida do próprio Maomé? Abū Ḥanīfah (m. 676), mercador de Kufa, produziu uma síntese legal que prevaleceria no

Iraque. Mālik ib Anas (m. 795), jurista de Medina, baseava seus julgamentos na reconstituição minuciosa das práticas da comunidade do próprio Profeta, dando prioridade à harmonia coletiva resultante do respeito às obrigações pessoais. Sua escola, rigorosa a ponto de ser literalista, dominou a África do Norte e a Espanha. A tradição legal de Muḥammad ibn Idrīs al-Shāfi'ī (m. 820) baseia-se no Corão e numa seleção de *ḥadīths*, admitindo certo papel ao raciocínio analógico e principalmente à opinião coletiva, em razão do *ḥadīth* que afirma que a comunidade de Maomé nunca sancionaria um erro. Quanto a Aḥmad ibn Ḥanbal (m. 855), sua opinião era de que a palavra do profeta é mais importante que o raciocínio dos juristas.

20.8 *Kalām* significa "palavra". O Corão é *kalām Allāh*, "palavra de Deus". *'Ilm al-kalām* é a teologia dialética do islã, cujas origens devem ser buscadas na tradição apologética e heresiológica. Sua finalidade era criar uma ortodoxia. Incorporou elementos de lógica grega e de racionalismo.

O diálogo com os cristãos de Damasco e de Bagdá, para os quais o islamismo (chamado por eles agarismo ou ismaelismo) era uma heresia, trouxe problemas novos aos teólogos muçulmanos, fazendo-os defrontar com as tradições aristotélicas e neoplatônicas de seus interlocutores. Para os cristãos, Jesus Cristo era o *logos* divino; para os muçulmanos, essa posição é assumida pelo Corão. Para os cristãos, Cristo está intimamente associado ao Pai; para os muçulmanos, essa atitude é qualificada de *shirk*, de politeísmo. Outras controvérsias dizem respeito à realidade, à mutabilidade ou à permanência dos atributos de Deus. O teólogo bizantino João Damasceno (m. *c.* 750) descreve uma polêmica acerca da origem do mal: os cristãos associam-na ao livre-arbítrio, para preservar o atributo da justiça de Deus, enquanto os muçulmanos fazem de Deus o criador do bem e do mal, para preservar-lhe a onipotência. Muito cedo apareceram, no islamismo, controvérsias sobre o papel da predestinação. Os cadaritas e os mutazilitas, em especial, enfatizaram o livre-arbítrio, apesar das afirmações aparentemente contrárias contidas no Corão.

De 827 a 848, no chamado período da *miḥna* (inquisição), o califado abássida tentou, por todos os meios, impor as doutrinas racionalistas dos mutazilitas, que recusam rigorosamente qualquer atribuição de caráter antropomórfico a Deus, ressaltam sua unidade e sua justiça e partilham com os puritanos carijitas a idéia de que apenas a fé não é suficiente para justificar o fiel e de que o pecado leva à privação da qualidade de fiel. Esse período foi seguido por uma reação em sentido inverso. A teologia do mediador entre as duas posições, Abū'l-Hassan al-Ash'arī (874-935), triunfou e tornou-se a ortodoxia sunita. Ele aceitou, contrariamente aos mutazilitas, a predestinação, a eternidade do Corão, o perdão divino aos pecados, a realidade e a incompreensibilidade dos atributos de Deus.

A ortodoxia e seus defensores, os *fuqahā'* e os *mutakallimūns*, opuseram-se constantemente às escolas filosóficas liberais e às ciências clássicas, introduzidas no islamismo por traduções árabes de textos siríacos traduzidos, por sua vez, do grego (séculos VIII-IX). Apesar da oposição ortodoxa, os pensadores mais brilhantes da época, como o filósofo político al-Farabi (870-950 d.C.) e o médico e filósofo aristotélico e neoplatônico Ibn Sina (Avicena, 980-1037), incorporaram elementos da lógica e da cosmologia gregas na visão islâmica do mundo.

20.9 *O calendário* religioso islâmico é lunar, com trezentos e cinqüenta e quatro dias: as festas, portanto, deslocam-se através das estações. O mês do Ramadã é especialmente importante. Durante o dia, jejua-se e cultivam-se as obras religiosas. No fim do Ramadã, ocorre a comemoração da Noite do Poder, Laylat al-Qadr, quando Maomé recebeu a primeira revelação. Durante essa noite, abrem-se as fronteiras entre o mundo angélico e este mundo. O *'īd al-Fiṭr* marca o fim do jejum.

*Dhū al-Ḥijjah* é o mês da peregrinação a Meca. Em estado de pureza física e ritual (*iḥrām*), os peregrinos andam em torno da Caaba, visitam os túmulos de Agar e Ismael e o poço de Zamzam, percorrem a distância entre dois túmulos em memória de Agar em busca de água, ficam de pé durante uma tarde na planície de Arafat e jogam seixos no pilar de Acaba, em Mina, que representa Satã tentando Abraão e sugerindo-lhe abandonar a imolação do filho Ismael. O grande sacrifício e a distribuição de carne em memória do sacrifício de Abraão ('Īd al-Aḍḥā) terminam o *ḥajdj*. A celebração ocorre em todo o mundo muçulmano.

O islamismo xiita tem suas próprias festas, sendo a mais importante a 'Āshūrā (10 do mês Muḥarram), comemoração do martírio de Hussein (↔ 20.6). Os dias de luto em memória de Hussein compreendem cantos, récitas, representações dramáticas do conflito, que podem degenerar em escaramuças, e procissões de flagelantes que transportam ataúdes de madeira pelas ruas. Os aniversários dos imãs, inclusive o de Ali, são celebrados pelos xiitas. O dia de Maomé (Mawlid al-Nabī, em 12 de Rabī'al-Awwal), comemoração do seu nascimento, e a noite do *mi'rāj* no mês de Rajab, são celebrados por todos os muçulmanos.

20.10 *O sufismo*, aspecto interior ou místico do islamismo, é um modo de vida que busca a realização da unidade e da presença de Deus por meio do amor, do conhecimento baseado na experiência, da ascese e da união extática com o Criador bem-amado.

20.10.1 *Origens*. Os próprios textos sufis revelam que o ascetismo e as atividades devocionais dos monges cristãos, assim como a circulação de idéias neoplatônicas e herméticas, foram importantes em certas épocas da história do sufismo; mas é preciso buscar as verdadeiras origens do movimento no próprio islamismo, principalmente no Corão, nos *ḥadīths* e nas correntes devocionais e ascéticas. Como observa S. H. Nasr, a busca de Deus não é explicada por empréstimos históricos.

Os termos "sufi" (*ṣūfī*) e "sufismo" (*taṣawwuf*) derivam, provavelmente, das roupas de lã (*ṣūf*) usadas pelos ascetas muçulmanos, designados pelo apelativo genérico "pobre" (*faqīr* ou *darvish*).

O sufismo começa com Maomé, pois, em virtude de sua estreita relação com Deus, de sua revelação, de sua ascensão (*mi'rāj*) através dos céus e de sua condição superior entre as criaturas, os sufistas consideram-no um dos seus. As provas de seu sufismo são buscadas nos *ḥadīths* e no próprio Corão, fonte inesgotável de edificação mística, pois comunica o testemunho original da semente de Adão e Eva, reconhecendo Deus como seu Senhor para toda a eternidade, e estabelecendo, assim, um pacto que obriga as duas partes (Surata 7, 172). Outra surata do agrado dos sufistas (50, 16) apresenta Deus como "mais próximo do homem que sua veia jugular". Finalmente, outro elemento que os sufistas reconhecem de bom grado no Corão é a recomendação de praticar o *dhikr*, meditação ou invocação de Deus (13,28; 33,14). Nas práticas dos sufis, o *dhikr* pode ser acompanhado pelo uso de um rosário, pelo controle respiratório, por música e por danças extáticas, como as dos *mawlawīyas* (mevlevis) ou dervixes rodopiantes da tradição de Jalāl al-Dīn Rumī (1207-1273), o grande poeta místico de Konya (Turquia).

Nas tradições referentes à comunidade de Maomé, encontram-se alguns fiéis particularmente rígidos e conservadores que representariam o elemento antimundano da fé nascente. Alguns vêem neles os primeiros sufis. Na época dos primeiros califas e da conquista, erguem-se vozes que protestam contra as transformações dos costumes e das práticas. Outra questão que se apresenta é a de saber se é preciso trilhar o caminho da observância ritual e do legalismo ou o da fé interior e do amor. Deus será um Senhor distante e completamente alheio ou será ele amoroso e acessível? Quando o califado é transferido pelos Omíadas para Damasco, longe da rude península da Arábia, cresce mais a tensão entre a secularização dos costumes e os fundamentalistas que a deploram. Hassan al-Baṣrī (m. 728), um dos primeiros ascetas muçulmanos que sempre têm em mira o julgamento de Deus e invectivam o materialismo do mundo, encontra uma justificação para a sua sisudez no próprio *ḥadīth* do Profeta: "Se soubésseis o que sei, riríeis pouco e choraríeis muito."

20.10.2 *Práticas*. Uma importante figura de transição no sufismo é Rābi'ah al-'Adawīyah (Rábia) (século VIII), uma mulher cujos paradoxos e mística apaixonada elevam para dimensões novas a tradição ascética de que ela faz parte. Um grande número de relatos sobre sua vida contam os feitos de Rábia e demonstram a influência popular do sufismo. Seu amor por Deus era tão absoluto que excluía todo o resto, inclusive o medo do inferno, o desejo do paraíso e o ódio por Satã. Realmente, a piedade dos sufistas parece muitas vezes concentrar-se exclusivamente no amor por Deus, em detrimento do amor por suas criaturas. Amizade, família, lar, alimento e mesmo as belezas da natureza não granjeiam a simpatia dos sufistas, pois contrariam o ideal de despojamento total (*faqr*, qualidade do *faquir*).

No cerne da prática sufista, está a relação entre mestre e discípulo. Um mestre (*shaykh* ou *pīr*) tem poder absoluto sobre o discípulo. Um grande mestre pode acabar sendo considerado santo (*walī allāh*, "amigo de Deus"), caso em que continuará espalhando sua influência benéfica depois da morte e seu túmulo se tornará lugar de peregrinação. Em fins do século VIII, grupos de discípulos começaram a reunir-se em torno dos grandes mestres e as habitações comuns transformaram-se em mosteiros (*ribāṭs* ou *khānqāhs*). Inicialmente esporádicos e temporários, os mosteiros acabaram por representar, no século XII, ricos e poderosos estabelecimentos, com sua hierarquia, suas regras monásticas e sua própria tradição iniciática, atribuída a alguns famosos místicos do passado. A partir do século XII, os sufistas formam ordens e fraternidades que recorrem aos ensinamentos dos grandes mestres: *bektāshīyahs* (bektashis, século XIV); *suhrawardīyahs* (*c.* 1200, influentes na Índia); *rifa'īyahs*, ou dervixes uivantes (século XII); *shādhilīyahs* (shadilis) do Egito; *qādirīyahs* (cadaritas) e *naqshbandīyahs* (naqshbandis). Nas fronteiras do islã as ordens realizavam conversões, mas também assistiu-se à degeneração de *pīrs* locais em pequenos senhores guerreiros. Os *pīrs* indianos, por sua vez, seguiam o modelo dos gurus carismáticos hindus. Muitas vezes, herdavam a posição de seus pais.

O xiismo imamita e o sufismo têm certas características comuns, como a instituição do *walī* (santo), os *aqṭāb* (*quṭb*, "pólo", o líder espiritual geral de cada época), a sucessão de profetas e as etapas para o progresso espiritual. Como o xiismo, o sufismo desenvolve a dimensão esotérica, *bāṭinī*, do islamismo.

As doutrinas e as práticas sufistas freqüentemente ridicularizam os ortodoxos. Estes, por sua vez, lançam anátemas contra o panteísmo dos sufistas, sua libertinagem, seu antinomismo, sua negligência na prece, no jejum e na peregrinação. Certos regimes expulsam-nos e perseguem-nos. Os mendicantes sufistas às vezes eram alvo de suspeitas de charlatanismo e de heresia. O grande sufi Ḥusain ibn Manṣūr al-Ḥallāj (857-922) foi torturado e executado em Bagdá tanto por seu extremismo religioso quanto por suas simpatias políticas. Ficou famoso por ter louvado Iblīs (nome corânico de Satã) em sua recusa de adorar Adão quando Deus ordenara que todas as criaturas o fizessem (Surata 2, 28-34). Mais do que insubordinação, Ḥallāj vê no gesto de Iblīs uma prova de fidelidade ao monoteísmo. Al-Ḥallāj também é conhecido pela seguinte expressão ousada de união extática com Deus: *Anā'l-Ḥaqq*, "Sou a Verdade (= Deus)". Para o ortodoxo, essa afirmação equivalia à pior das blasfêmias, mas também para os sufistas era um erro, pois, ainda que verdadeira, contrariava o princípio do silêncio diante dos não-iniciados. Os indiscretos ditos místicos de Ḥallāj podem ser comparados às declarações de al-Bisṭāmī (m. 874): "Glória a mim mesmo! Como é grande minha majestade!", ou: "Vi a Caaba andando ao meu redor."

Abū Ḥāmid Muḥammad ibn Muḥammad al-Ghazālī (1058-1111) era mestre em jurisprudência, *kalām* (teologia dialética) e filosofia, mas, em virtude de uma crise que ocorreu na metade de sua vida, transformou-se em sufista. Ficou na história como defensor do conhecimento antes pela experiência direta e pela revelação do que pelo raciocínio filosófico. Seu famoso *Tahāfut al-Falāsifah* ("Incoerência dos filósofos"), sua autobiografia e seu *Iḥyā' 'ulūm al-dīn*

("Revitalização das ciências religiosas") são uma defesa convincente da ortodoxia, da legitimidade e da necessidade do misticismo.

A poesia mística, como o *mathnavī* de Mawlānā Jalāl al-Dīn Rumi e o *Manṭiq al-ṭayr* ("Conferência dos pássaros") de Farīd al-Dīn 'Aṭṭār, teve mais sucesso junto ao grande público que os manuais de sufismo. Estes guias muito atentos aos pormenores técnicos são, a um só tempo, abstratos e inacessíveis. As etapas do caminho espiritual são codificadas de várias maneiras, segundo a escola ou a ordem sufista. O número de *maqāmāts*, ou estágios da ascese, e de *aḥwāls*, ou estados místicos, é variável. O *Kitāb al-luma'*, introdução ao sufismo de Abū Naṣr al-Sarrāj (m. 988), enumera sete estágios:

| | | |
|---|---|---|
| 1 | tawabah | arrependimento |
| 2 | wara' | abstinência |
| 3 | zuhd | ascese |
| 4 | faqr | pobreza |
| 5 | ṣabr | paciência |
| 6 | tawakkul | confiança em Deus |
| 7 | riḍā' | satisfação |

Outros estágios freqüentemente mencionados (seu número ultrapassa 100) comportam a conversão (*inābah*), a invocação (*dhikr*), a resignação (*taslīm*), a adoração (*'ibādah*), o conhecimento (*ma'rifah*), a revelação (*kashf*), a aniquilação (*fanā'*) e a permanência em Deus (*baqā'*).

As etapas místicas são mais pessoais e mais vagas que os estágios. Al-Sarrāj enumera dez:

| | | |
|---|---|---|
| 1 | murāqabah | atenção constante |
| 2 | qurb | proximidade |
| 3 | maḥabbah | amor |
| 4 | khawf | medo |
| 5 | rajā' | esperança |
| 6 | shawq | desejo |
| 7 | uns | familiaridade |
| 8 | iṭmi' nān | tranqüilidade |
| 9 | mushāhdah | contemplação |
| 10 | yaqīn | certeza |

A intervenção da graça, um bom mestre espiritual, a iniciação, a purificação interior, a intuição da presença divina (*dhawq* ou "gosto") podem levar à obtenção do *tawḥīd*, a união absoluta com Deus.

A escola do iraniano Shihāb al-Dīn Yaḥyā Suhrawardī (1153-1191 d.C.), inspirando-se em seu *Ḥikmat al-ishrāq* ("Sabedoria da Iluminação"), concebe a essência de Deus em termos de Luz difundida por toda a sua criação.

Duas doutrinas sufistas principais estão presentes nos textos do místico extraordinário que foi Abū Bakr Muḥammad ibn al-'Arabī de Múrcia (1165-1240), chamado *Muḥyī al-Dīn* ("Reanimador da Religião") e *al-Shaykh al-Akbar* ("Grande Mestre"), *quṭb* ou "pólo" do sufismo de seu tempo. Esse poeta, peregrino e mestre de almas andaluz foi também um escritor prolífico cujas produções trazem muitas vezes o cunho da inspiração e da revelação súbitas. Suas obras mais famosas são *Tarjumān al-ashwāq* ("O Intérprete dos Desejos"), *Fuṣūṣ al-ḥikam* ("Os Engastes da Sabedoria") e o gigantesco *Al-Futūḥāt al-Makkīya* ("Revelações de Meca"). Escreveu também dois tratados que contêm as biografias de sessenta e um sufistas andaluzes: *Ruḥ al-quds* ("Espírito de Santidade") e *Dhurrat al-fākhirah* ("A Pérola Preciosa").

A doutrina da "unidade do ser" (*waḥdat al-wujūd*) é fundamental no sistema de Ibn'Arabī. Deus é o único a existir realmente, em Sua inefável transcendência. Ele tem necessidade da criação para que esta lhe sirva de espelho a fim de que ele possa conhecer-se. Somos os atributos de Deus. Essa doutrina não é nem panteísta nem puramente monista.

Uma segunda teoria de Ibn'Arabī diz respeito ao Homem Perfeito (*al-insān al-kāmil*), ponto culminante da criação divina. Esse ser tem várias dimensões: pode ser uma hipóstase cosmológica, pedra de fundação da criação; pode ser um pólo (*quṭb*) espiritual que guia a sua época; pode ser a essência dos profetas, de Adão a Maomé. O homem é o microcosmo; o universo é o macrocosmo. Essa relação especular pode ser explorada para a completa transformação do místico. Ápice da criação, o homem é a imagem mais distinta do divino no espelho da criação, capaz de romper o véu de ilusão que torna a criação tão real quanto seu Criador.

20.11 *Bibliografia*. Obra de referência indispensável: *The Encyclopedia of Islam*, segunda edição, Leiden, 1954, seis volumes publicados. Um dos melhores estudos completos da história do islamismo é de Marshall G. S. Hodgson, *The Venture of Islam: Conscience and History in a World Civilization*, 3 vols., Chicago, 1974. D. Sourdel, *L'Islam médiéval*, Paris, 1979, e *Histoire des arabes*, Paris, 1985, 3ª ed.; A. Miquel, *L'Islam et sa civilisation*: *VII*e*-XX*e *siècle*, Paris,

1977, 2ª ed.; C. Cohen, *Les Peuples musulmans dans l'histoire médiévale*, Damasco, 1977; M. Gaudefroy-Demombynes, *Les Institutions musulmanes*, Paris, 1946, 3ª ed.; E. Lévi-Provencal, *Histoire de l'Espagne musulmane*, Paris, 1950-1953, 3 vols. Sobre o califado dos Abássidas, ver o belo livro de Francesco Gabrieli e outros, *Il Califfato di Baghdad*, Milão, 1988.

Sobre as seitas islâmicas, ver Henri Laoust, *Les Schismes dans l'islam*, Paris, 1983. Os melhores estudos sobre as seitas estão contidos na trilogia de Heinz Halm, *Kosmologie und Heilslehre der frühen Isma 'iliya*, Wiesbaden, 1978; *Die islamische Gnosis*, Munique, 1982; *Die Schia,* Darmstadt, 1988. Halm acredita, porém, na absorção das idéias "gnósticas" pelo islamismo, o que não tem nenhum fundamento. Sobre o ismaelismo, ver S. H. Nasr (org.), *Isma'ili Contributions to Islamic Culture*, Teerã, 1977. Sobre a ordem dos Assassinos, ver M. G. S. Hodgson, *The Order of the Assassins*, Haia, 1955, e Bernard Lewis, *The Assassins*, Londres, 1967. O livro de Jean-Claude Frère, *L'Ordre des Assassins*, Paris, 1973, contém elucubrações ridículas e perigosas, infelizmente retomadas na obra de Philippe Aziz, *Les Sectes secrètes de l'Islam: de l'ordre des Assassins aux Frères musulmans*, Paris, 1983. Sobre os drusos, a antiga obra de Sylvestre de Sacy continua indispensável: *Exposé de la Religion des Druzes tiré des livres religieux de cette secte, et précédé d'une Introduction et de la Vie du khalife Hakem-Biamr-Allah* (1837), reimpressão, Paris/Amsterdam, 1964.

Sobre a mística muçulmana, ver Annemarie Schimmel, *Mystical Dimensions of Islam*, Chapel Hill, 1975; G.-C. Anawati e Louis Gardet, *Mystique musulmane*, Paris, 1961; S. H. Nasr, *Sufi essays*, Albany, 1972; J. Spencer Trimingham, *The Sufi Orders in Islam*, Oxford, 1971. Entre os estudos clássicos sobre o sufismo, é preciso assinalar Louis Massignon, *La Passion d'al-Hosayn ibn Mansur al-Hallaj*, Paris, 1922, e *Essai sur les origines du lexique technique de la mystique musulmane*, Paris, 1922, 1954; Reynold A. Nicholson, *Studies in Islamic Mysticism*, Cambridge, 1921. Nicholson traduziu para o inglês o *Mathnawi* de Rumi: *The Mathnawi of Jalalu 'ddin Rumi*, 8 vol., Londres, 1925-1971. Existem traduções parciais de Ibn'Arabī para o francês, como *La Sagesse des Prophètes*, tr. de Titus Burkhardt, Paris, 1955. Outros textos acessíveis do sufismo são 'Abd-ar Rahman Al Jami, *Vies des soufis ou les Haleines de la familiarité*, traduzido do persa por Sylvestre de Sacy (1831), Paris, 1977; Ibn 'Arabī, *les Soufis d'Andalousie* (*Ruh al-quds* e *ad-Durrat al-fakirah*). Introdução, tradução de R. W. J. Austin, trad. francesa de G. Leconte, Paris, 1979.

# 21

# JAINISMO

21.0 O termo jainismo deriva do cognome *Jina* ("Conquistador"), dado ao fundador da religião.

21.1 *Fontes*. A literatura dos jainas é enorme. Divide-se em dois ramos, segundo as duas tradições ou "seitas" jainistas: digambaras ("vestidos de céu", ou seja, "nus") e śvetāmbaras ("vestidos de branco"). Os textos dos śvetāmbaras estão reunidos num cânon doutrinário que compreende algumas dezenas de tratados agrupados em seis seções, cuja parte mais antiga está redigida em prácrito (língua do fundador), o restante em sânscrito. Os digambaras sobressaem em tratados sistemáticos ( *prakaraṇas*); os mais antigos remontam ao século I d.C.

21.2 *Mahāvīra* ("Grande Herói") é o fundador do jainismo. Seu verdadeiro nome era Vardhamāna ("Próspero") e foi contemporâneo de Buda. Sua biografia mítica está no cerne da tradição śvetāmbara; foi transformada segundo o paradigma indiano da personagem divina (*mahāpuruṣa*). Concebido em Bihar, numa família de brâmanes, seu embrião teria sido transferido pelo deus Indra para o útero da princesa Triśala, para que a criança nascesse numa família real. A mãe é avisada por catorze ou dezesseis sonhos do nascimento prodigioso. O príncipe, que não espera sair do ventre materno para realizar prodígios, será criado segundo os preceitos religiosos de Pārśva, ao qual a tradição jainista reserva o título de vigésimo terceiro *tīrthaṃkara*, o que significa "fazedor de vaus" (para que os outros possam atravessar a água), um pouco como a palavra *pontifex* parece significar "fazedor de pontes".

Mahāvīra é o vigésimo quarto deles. Como no caso do Buda, cuja biografia, aliás, Mahāvīra parece repetir, o fundador, segundo algumas fontes, teve uma esposa e uma filha cujo marido teria sido o principal responsável pelo cisma do jainismo. De qualquer modo, com trinta anos, depois da morte dos pais, Vardhamāna abandona seus bens e junta-se aos excêntricos *śrāmaṇas*, especialistas muitas vezes espetaculares numa ascese multifacetada, que praticavam a nudez e cinco preceitos que se tornariam os cinco Grandes Votos (*mahāvratas*) do monge jainista: renunciar a matar, a mentir, a roubar, a ter relações sexuais e a acumular bens transitórios. Mahāvīra passou mais de doze anos no caminho árduo do ascetismo. Foi colhido pela iluminação sob uma árvore chamada sāl, durante uma noite de verão, às margens de um rio. Atingiu uma completa onisciência (ou Gnose Perfeita: *kevala-jñāna*) de todas as coisas que foram, são e serão em todos os mundos. Esse estado, que é o de *kevalin*, representa o equivalente do *arhat* budista. Também existe no jainismo uma tradição que afirma estar o *kevalin* liberto de todas as injunções da natureza humana, e outra que não lhe atribui nada mais além de estar acima da mácula produzida pelo exercício dessas injunções (ingestão, excreção, etc.). Depois da obtenção da Gnose Perfeita, o Jina divulgou a verdade ao seu redor e fundou a comunidade jaina, constituída por religiosos e laicos dos dois sexos. Segundo a tradição, ele passou para o *nirvāṇa* com a idade de setenta e dois anos (numerologia mística: $2^3 \times 3^2$) em 527 a.C. (data a ser corrigida, provavelmente, para 467). Assim como o ensinamento de Buda pode ser resumido nas fórmulas da Via Óctupla, que começam todas com a palavra *samyak-* ("conforme"), o de Jina está condensado nas Três Jóias (*triratnas*) da Visão do Mundo Conforme (*samyagdarśana*), da Gnose Conforme (*samyagjñāna*) e da Conduta Conforme (*samyakcaritra*).

21.3 Segundo a lenda, Mahāvīra transmitiu a direção da comunidade a onze discípulos (*gaṇadharas*), cujo chefe era Gautama Indrabhūti. Em 79 d.C., a comunidade cindiu-se: de um lado os partidários da tradição liberal (os *Śvetāmbaras*) e, de outro, os da tradição conservadora, heróica, os nudistas integrais "vestidos de céu" (*Dighambaras*). Do nordeste da Índia (Magadha, hoje Bihar), o movimento propagou-se no sul e no leste. Teve períodos de expansão. Hoje, concentrados em si mesmos, o número de adeptos do jainismo não parece exceder três milhões. Uma ética econômica que predispõe ao sucesso no comércio garante relativa riqueza à comunidade. Intelectualmente, os jainistas sempre ocuparam posição de primeiro plano na vida social indiana. Sua contribuição para o movimento espiritual de Mohandas Gandhi foi capital.

21.4 *A visão do mundo (darśana)* dos jainistas pode ser resumida nos Grandes Votos (*mahāvratas*) dos religiosos e nos Pequenos Votos (*aṇuvratas*) dos laicos: *ahiṃsā* (não-violência), *satya* (honestidade), *asteya* (retidão), *brahma* (continência; aqui, abstenção das relações sexuais ilícitas), *aparigraha* (renúncia ao acúmulo de riquezas).

O jainismo tem em comum com o hinduísmo tradicional e com certas escolas do budismo a idéia da reencarnação da parte viva (*jīva*) do ser humano em todos os reinos animados, sob a influência do "corpo cármico", que é o resultado das ações passadas. O jaina iluminado tenta entravar esse processo natural por uma reação constante (*saṃvara*). Trata-se de observar, a cada instante, longuíssimas listas de renúncias mentais, verbais ou corporais e de submeter-se às provas da vida religiosa. É tal o dualismo ético da doutrina jaina que o suicídio pelo jejum (*saṃlekhanā*) é recomendado. E no entanto essa despreocupação extremada pela própria vida só é igualada pela preocupação ainda mais escrupulosa pela vida do próximo. Realmente, os jainas devem respeitar qualquer vida, seja ela de uma pulga ou de uma formiga; portanto, eles não só praticam o vegetarianismo mais estrito (que vai até a esterilização da água) como também se esforçam ao máximo para nunca prejudicar nenhuma espécie animada. Os religiosos, por exemplo, têm o cuidado de não comer durante a noite, por temerem engolir insetos acidentalmente.

Apenas a ascese (*tapas*) complexa, tal como é praticada na comunidade dos monges (*nirgrantha*), é capaz de produzir a libertação do *saṃvāra*. Quando o *saṃvāra* do monge chega à libertação dos vínculos do *karma*, ele atinge o ideal de perfeição (*siddhi*).

Embora muitíssimo organizada, a cosmologia jaina retoma os dados bramânicos tradicionais, da mesma forma que a biografia mítica de Mahāvīra retomava dados de outros Mahāpuruṣas, os Grandes Homens da Índia.

21.5 *As grutas* parecem ter sido a habitação preferida dos monges jainas em épocas remotas. Foram transformadas em locais de adoração que os novos santuários escavados em paredes rochosas (Badani, Ellore) tentavam imitar. Sem respeitar sempre essa estrutura, os templos jainas muitas vezes consistem numa imagem central do *Tīrthaṃkara* "com quatro faces" (*catur-mukha*), para onde levam quatro vias de acesso. Os templos jainas mais célebres estão situados no oeste da Índia, em Monte Abu e nas colinas de Aravalli.

21.6 *Bibliografia*. Eliade, H 2, 152-3; C. Caillat, *Jainism*, in ER 7, 507-14, e *Mahavira*, ER 9, 128-31. Ver também Walther Schubring, *The Doctrine of the Jainas*, Delhi, 1962; Colette Caillat, *La Cosmologie jaïna*, Paris, 1981.

# 22

# JUDAÍSMO

22.1 *O povo judeu* surge na história depois do ano 2000 a.C. Descende em parte dos amoritas ou "ocidentais" que se instalam na Mesopotâmia no fim do III milênio. Identifica-se talvez parcialmente com os habirus mencionados nas fontes da metade do segundo milênio. Segundo a Bíblia, os ancestrais de Israel chegaram ao Egito como homens livres, mas depois foram escravizados. Milhares saíram de lá em cerca de 1260 a.C., acompanhando o profeta Moisés, cujo nome é de origem egípcia. Instalaram-se em Canaã e lá formaram doze tribos. Por volta de 1050, o *shofet* (juiz) e vidente Samuel nomeou Saul rei de Israel para combater os filisteus. Depois da morte de Saul, Davi foi designado rei pela tribo meridional de Judá. Pacificou a região e transformou Jerusalém em centro religioso, depositário da Arca da Aliança. Davi foi sucedido pelo filho Salomão (*c.* 961-922), rei lendário pela sabedoria, que mandou construir o Templo de Jerusalém para nele depositar a Arca. Depois da morte de Salomão, o Estado cindiu-se em reino do Norte (Israel) e reino do Sul (Judéia). Em 722 a.C., Israel foi conquistado pelo Império Assírio. Em 587, o imperador babilônico Nebucadnezzar (Nabucodonosor) mandou destruir o primeiro Templo de Jerusalém. A população da Judéia tomou o caminho da Babilônia; foi libertada do cativeiro babilônico por Ciro, imperador persa que ocupou a Mesopotâmia em 539. Os judeus voltaram a Jerusalém e reconstruíram o Templo com o apoio de Ciro. Depois da morte de Alexandre (323 a.C.), a Judéia passou a fazer parte do território dos Ptolomeus, que de sua capital Alexandria, cidade que continha grande número de judeus, governavam o Egito. Em 198, a Judéia passou para o império dos Selêucidas. Em 167, Antíoco IV mandou abolir a Lei judaica e profanou o Templo, instalando nele uma estátua do deus Zeus. Essa situação deu origem à revolta dos macabeus. O Templo foi ocupado e purificado pelos revoltosos em 164; em memória desse acontecimento, foi instituída a festa de oito dias da *chanukah* (nova dedicatória). Em 140, Simão, o último dos irmãos macabeus, foi proclamado Sumo Sacerdote e etnarca (chefe do povo). Assim começou a dinastia dos Vasmoneus que ainda manteve função religiosa sob o protetorado romano (60 a.C.). Em 40 a.C., Herodes, filho de Antípater, administrador da Judéia para os romanos, foi proclamado rei dos judeus em Roma. A partir do ano 6 d.C., a Judéia foi administrada diretamente por um prefeito, depois por um procurador romano. Em 66, em resposta às provocações do procurador Floro, rebentou uma revolta popular apoiada pelos zelotes (*sicarii*), patriotas judeus que não hesitavam em recorrer à violência contra os judeus romanizados. O general Vespasiano, proclamado imperador em 69, transferiu para o filho Tito a tarefa de terminar a campanha iniciada na Judéia. Em 28 de agosto do ano 70, o Segundo Templo foi destruído pelas chamas e em setembro Jerusalém foi arrasada pelo exército imperial. Os últimos resistentes foram esmagados em 74 na fortaleza de Masada. Se não é exato que depois dessa data a religião judaica deixou de ser reconhecida pelos romanos, é certo, porém, que a queda do Templo favoreceu a diáspora, fenômeno já muito antigo. Em 133, rebentou uma revolta sob a égide do messias Bar Kochba, apoiado pela autoridade religiosa de Rabbi Akiva (*c.* 50-135). Sua feroz repressão acarretou a devastação da Judéia e seu despovoamento, mas a proibição das práticas religiosas judaicas só vigorou durante alguns anos, e as condições gerais dos judeus e da administração local (reservada a um príncipe – *nasi* – indígena) melhoraram sensivelmente no início do século III d.C. Foi só mais tarde, quando o cristianismo se tornou religião única do Império Romano (fim do século IV), que os judeus perderam seus privilégios e foram excluídos de qualquer emprego público; essa situação perdurou, em geral, até o século XVIII em todos os Estados cristãos, assim como nos Estados muçulmanos depois do advento do islamismo, com raríssimas exceções na Espanha muçulmana que confirmam a regra. Acuados de início pelos fundamentalistas muçulmanos e depois expulsos pelos conquistadores cristãos em 1492, os judeus sefarditas (Espanha e Portugal) refugiaram-se na África do Norte, na Ásia Menor, na Holanda e em todos os lugares em que fossem acolhidos pelas autoridades. Este esboço sumaríssimo da história do povo judeu era imprescindível para que se compreendesse a dimensão histórica do judaísmo. Outros dados serão fornecidos à medida que formos avançando até a principal tragédia do povo judeu, o holocausto que fez seis milhões de vítimas de 1937 a 1944. Mas diga-se já de início que, se em suas primeiras fases o judaísmo parece efetivamente interpretar, através de uma leitura histórica, os cultos sazonais cananeus, por outro lado constitui uma das religiões que (segundo mostraram eruditos como R. J. Zwi Werblowski, Jonathan Z. Smithe, Moshe Idel e outros) mais resistem ao contato com a história, preservando estruturas intemporais.

22.2 Graças às escavações arqueológicas recentes, *o substrato religioso comum da região de Canaã* pode ser definido com mais precisão. A utilização da Bíblia como fonte histórica foi muitas vezes questionada. Pode-se, porém, estimar que pelo menos uma parte das narrativas bíblicas tem base histórica.

A escritura sagrada dos judeus é a *Torah nebi'im we ketuvim* (abreviado para *Tanakh*), "a Lei, os Profetas e os Escritos", e, como indica esse título, é composta por três divisões fundamentais: a Tora propriamente dita ou Pentateuco (cinco livros), os Profetas e os outros textos. A parte mais antiga do Pentateuco data do século X a.C.; as partes mais recentes dos *Ketuvim* datam apenas do século II a.C.

Constituem o Pentateuco: o Gênese (*Bereshit*), o Êxodo (*Shemot*), o Levítico (*Vayikra*), os Números (*Be-Midbar*) e o Deuteronômio (*Devarim*). A Tora foi constituída a partir de quatro textos de épocas diferentes: J ou Javista, que utiliza o nome de JHVH para Deus (século X a.C.); E ou Elohista, que utiliza o nome Elohim (plural) para Deus (século VIII); D, que está na base da redação de uma parte do Deuteronômio (622 a.C.); e P, redigida por um grupo de sacerdotes, que está na base do Levítico e de certas partes de outros textos. A diversidade das fontes também implica a diversidade das concepções de Deus e dos mitos de fundação do cosmo e do homem. Parece evidente que a figura de YHVH, Deus do céu, não era de feição a satisfazer as exigências do racionalismo helenístico. Surgem contradições cada vez que se pensa no problema de sua onipotência, de sua onisciência, etc. Estamos, porém, seguros de sua soberania divina.

Os profetas se dividem em "antigos" e "novos". Os "antigos" aparecem em seis livros de textos históricos: *Josué, Juízes, 1 e 2*

*Samuel, 1 e 2 Reis*, cujos heróis são Josué, sucessor de Moisés, Samuel, Saul, Davi, os profetas Elias e Eliseu, até a conquista babilônica em 587. Os "novos" profetas agrupam os oráculos e visões de Isaías, Jeremias, Ezequiel e os "doze" (Oséias, Joel, Amós, Jonas, Zacarias, etc.). Os *Ketuvim*, finalmente, são textos variados que datam de épocas diversas, como os *Salmos* (150 hinos e orações), os *Provérbios*, *Jó*, os cinco *megillot* (Cântico dos Cânticos, Rute, Lamentações, Eclesiástico, Ester), *Daniel, Esdras, Neemias, 1 e 2 Crônicas*.

A primeira coletânea completa da Bíblia é a versão grega chamada Septuaginta ou dos Setenta (número mítico dos sábios que contribuíram para a tradução), concluída no século II a.C. A Septuaginta contém materiais (chamados "Apócrifos") que não serão incluídos no cânon bíblico em hebreu. A constituição deste é obra paciente dos massoretas.

A partir do século III a.C., a religião judaica foi enriquecida com numerosos textos apocalípticos, que descrevem quer ascensões celestes (como o ciclo de Enoc), quer o advento de um novo éon (como *4 Esdras* e *2 Baruc*), quer uma combinação de ascensão celeste (vertical) com profecia escatológica (horizontal). Em fins do século I d.C., aparecem dois tipos de misticismo judaico: um que trata de especulações em torno do Gênese (*ma'aseh bereshit*) e o outro (*ma'aseh merkabah* ou "obra do carro") que utiliza a descrição do carro (*merkabah*) celeste que transporta o trono de Deus na visão do profeta Ezequiel. Um ramo da "mística do *merkabah*"), a "literatura hecalótica", descreve os palácios celestes (*hekhalot*) atravessados pelo místico em sua viagem até o trono de Deus.

O judaísmo helenístico produz o grande filósofo Fílon de Alexandria (*c.* 20 a.C.-45 d.C.), que se esforça por harmonizar a Bíblia com Platão. A tarefa parece arriscada até o momento em que se percebe que o espírito de textos bíblicos como o Gênese é, no fundo, muito "platônico". De fato, como o próprio Platão, a Bíblia proclama que o mundo foi criado por um demiurgo bom e que é bom, já que Deus mesmo o afirma (Gn. 1, 10.18.25.31, etc.). Quanto à queda, ela diz respeito à parte essencial do homem, antes que ele fosse vestido pela "túnica de pele" (Gn. 3, 21), que Fílon pode facilmente interpretar como o corpo material que encerra a alma como uma prisão (Platão, *Crátilo*, 400c).

Uma seita judaica ascética, que professava crenças dualistas, era a dos essênios, que viviam no deserto da Judéia, perto do Mar Morto, de aproximadamente 150 a.C. até sua destruição pelo exército romano em 68 d.C. Uma parte de sua literatura – manuscritos do Mar Morto – foi encontrada em onze grutas em Qumrān, em 1947.

Mas o *corpus* mais vasto da literatura judaica é constituído pelo Mishnah e sua seqüência, os dois Talmudes (de Jerusalém e da Babilônia).

O Mishnah é quase inteiramente uma obra de *halakhah*, ou legalista, em contraposição ao *haggadah* (teologia e lendas). Concluído por volta de 200 d.C., contém 63 tratados agrupados em seis seções (*sedarim*): *Zeaim* (Sementes), *Moed* (Festas), *Nashim* (Mulheres), *Nezikim* (Prejuízos), *Kodashim* (Coisas Santas), *Teharot* (Purificações). As tradições não incluídas no Mishnah (as *beraitot*) foram reunidas num suplemento (*Tosefta*). Os mestres mencionados no Mishnah são chamados *tannaim*, enquanto os rabinos palestinos e babilônicos mais tardios, cinco vezes mais numerosos, mencionados no Talmude, são os *amoraim* (*tanna*, como *amora*, significa "mestre").

O Talmude palestino, mais antigo e três vezes mais curto, mas menos esmerado, é concluído no início do século V d.C.; o Talmude babilônico, por volta do ano 500. Obra dos *amoraim*, os dois *corpus* contêm textos mishnaicos com um longo comentário chamado *gemara*.

O *corpus* haláquico do Talmude constitui apenas uma parte da literatura rabínica, sendo a outra constituída pelos comentários do gênero *midrash*, que tanto podem ser haláquicos como hagádicos. Os midrashim haláquicos referem-se ao Êxodo (*Mekhilta*), ao Levítico (*Sifra*), aos Números e ao Deuteronômio (*Sifrei*). Os midrashim hagádicos formam numerosas coletâneas de épocas diversas (até o século XIII d.C.). Entre essas coletâneas, as mais importantes são o Midrash Rabbah (Grande Midrash), que contém o comentário do Gênese (*Bereshit Rabbah*); o *Pesikta de Rav Kahana* (literatura litúrgica e homilética); o Midrash Tanhuma (rabino palestino do século IV), etc.

22.3 A composição do Gênese é animada por um processo que inicialmente se prende à monolatria mas que mais tarde se transformará em *monoteísmo*. Estudiosos como Jon Levenson descobrem nele várias concepções da criação, que só é possível de compreender por uma oposição dialética aos mitos babilônicos e cananeus que inspiram os autores bíblicos. Mas em outra parte, no Salmo 82 e em várias passagens dos profetas, reconhecem-se ainda vestígios do *Enuma elish* babilônico e das narrativas ugaríticas.

A oposição ao contexto cananeu é uma das chaves que sempre permitiram aos estudiosos confirmar a indiscutível originalidade do judaísmo. Foi por isso que se quis transformar o judaísmo em "religião da história", a partir da observação, certamente exata em certos limites, de que os judeus conservaram as festas cananéias mas mudaram-lhes completamente o significado, relacionando-as com acontecimentos definidos como históricos pela Bíblia.

22.3.1 Examinemos brevemente as *festas* judaicas. As mais importantes são o Ano Novo (*Rosh Hashanah*), a Expiação (*Yom Kippur*), a festa dos Tabernáculos (*Sukkot*), a Dedicatória (*Chanukkah*) (↔ 22.1), *Purim*, Páscoa e Pentecostes (*Shavu'ot*).

O *Rosh Hashanah*, celebrado no primeiro dia do mês outonal de Tishri, é apenas a primeira solenidade de uma série que compreende o *Kippur* (10 de Tishri), *os Sukkot* (15 a 22 de Tishri) e a festa mais recente da Tora (23 de Tishri), no encerramento do ano agrícola.

Os participantes reúnem-se ao som do *shofar*, instrumento feito de chifre de carneiro, que dispersa os demônios. Encontrando-se perto da água, celebram o rito chamado *tashlik* ("atirar"), cujo objetivo é a libertação do pecado, "atirado" para o fundo da água. À noite, comem beterrabas (*silqa'*, "expulsar"), alho-porro (*karate*, "extirpados"), tâmaras (*temarim*, "exterminados"), etc., fazendo trocadilhos com as palavras: "Queira Deus que nossos inimigos sejam *expulsos, extirpados, exterminados*, etc."

Mais profundamente expiatórias são as cerimônias do Yom Kippur, que começam com um jejum noturno e lamentações fúnebres.

Antigamente, terminavam com a transferência dos pecados para um bode expiatório, que era enxotado no deserto. Muitos desses usos lembram os do Ano Novo babilônico (Akitu).

Um exemplo de transformação de uma festa agrícola em comemoração de um acontecimento bíblico é a festa dos Tabernáculos (*Sukkot*), cujo objetivo original era agradecer a Deus pela colheita. O Levítico 23,43 é um testemunho de sua transformação em comemoração da saída do Egito e da edificação das tendas no deserto.

Outro tipo de transformação é a que sofreu a festa de Purim, ou seja, da "sorte", cujo nome representa uma alusão às adivinhações anuais comuns aos povos do Oriente Próximo. Ela celebra a heroína bíblica Ester, que salvou o povo de um massacre (Ester 13,6), em 13 de Adar.

É possível acompanhar até certo ponto as transformações sofridas pelas duas festas (originalmente separadas) da Páscoa e dos ázimos, reunidas depois para comemorar a saída do Egito. O cordeiro pascal indica que, na origem, esse festival celebrado à lua cheia do dia 14 de Nisan era uma festa das primícias. Seu simbolismo foi modificado para lembrar a décima praga enviada por Deus aos egípcios (Êxodo, 11) e a salvação dos primogênitos hebreus, que foram poupados porque suas portas estavam marcadas com o sangue dos cordeiros imolados. O Êxodo (cap. 12) também prescreve que a Páscoa seja seguida por uma semana em que o consumo de pão levedado será proscrito; mas, no mesmo capítulo, a ausência do fermento é relacionada com a pressa em partir do Egito. Tudo isso parece indicar que o simbolismo religioso judaico às vezes é produto de uma exegese de um gênero particular, que remete na maioria das vezes aos acontecimentos narrados pelos textos bíblicos, que constituem uma história santa do povo judeu. Essa história tem caráter "linear" e não cíclico; ocorreu "na origem" e codifica, portanto, o passado mítico dos judeus. Nesse sentido, é muito difícil aceitar uma distinção entre as "religiões bíblicas" e as outras, distinção essa que repousaria no fato de estas últimas encararem o tempo como a repetição de um ciclo da criação e um rejuvenescimento periódico do mundo, ao passo que as primeiras (judaísmo e cristianismo) seriam religiões "da história", do temporal linear sem repetição. Na realidade, o ciclo das festas judaicas indica uma estreita relação com os acontecimentos dos mitos bíblicos de fundação da aliança (*berit*) de Deus com o povo eleito e da renovação dessa aliança na história primordial desse povo. Isso também vale para o cristianismo: o fato de Jesus Cristo ter vivido "sob Pôncio Pilatos" não passa de uma indicação histórica sem conseqüências para quem celebra sua ressurreição e, aliás, tende a relegá-la a um passado mítico.

22.4 *O profetismo* judaico representa, provavelmente, o resultado da fusão da instituição judaica dos *ro'ehim* ("videntes") com a dos *nabiim* palestinos. A palavra *nabi* designa os profetas bíblicos "clássicos", como Amós, Oséias, Isaías, Jeremias, Ezequiel, etc., precedidos por Elias e seu discípulo Eliseu (século IX), taumaturgos que demonstram a superioridade do YHVH bíblico sobre Baal, o deus cananeu. A mensagem geral do profetismo é moral e condena as práticas dos cultos cananeus, como a prostituição e o sacrifício sangrento. Diante da corrupção do povo, os profetas pregam a compostura e ameaçam proclamando que, caso contrário, Deus afligirá seus servidores infiéis com todos os males.

22.5 *A literatura apocalíptica judaica* é, de modo geral, extrabíblica, com exceção do livro de Daniel. "Apocalipse" significa "revelação". Trata-se, realmente, de narrativas de revelações obtidas de várias maneiras, sendo as mais importantes, segundo J. J. Collins, a viagem para o além, a visão, o diálogo e o "livro celeste". Os Apocalipses têm dimensão histórica, "horizontal", referente ao fim dos tempos, e uma dimensão visionária, vertical, referente à estrutura do universo e à residência de Deus. Os textos apocalípticos judaicos mais antigos, cujos fragmentos foram encontrados entre os manuscritos do Mar Morto (Qumrān), consistem nos capítulos 1-36 e 72-82 de Enoc (*1 Enoc*, cuja única versão integral é etíope). O *Livro dos Jubileus* (século II) foi influenciado por ele. O *Livro de Daniel* é constituído por vários relatos que se situam num contexto narrativo comum no século II, na época da revolta dos macabeus. Os *Oráculos Sibilinos* são composições judaicas e cristãs de diversas épocas. Entre os outros escritos apocalípticos, cumpre mencionar os *Testamentos dos Doze Patriarcas* (século II a.C.), a *Vida de Adão e Eva*, o *Apocalipse de Abraão*, o *Testamento de Abraão*, *2 Enoc* ou Enoc eslavo, *4 Esdras*, *2 Baruc* ou Baruc sírio, todos compostos por volta de 70 a 135 d.C. A maioria das narrativas partilha a crença, comum no judaísmo helenístico, em "dois éons": o histórico e o escatológico; o primeiro é marcado pelas vicissitudes da Jerusalém terrestre, continuamente ameaçada pelo pecado e pelos inimigos; o segundo, pelo advento da Jerusalém celeste, onde os Justos reencontram as coroas, os tronos e as vestes de glória que lá estão, guardados para eles, desde a criação do mundo.

22.5.1 *A mística do Trono* ou Carro (*merkabah*) celeste, da visão do profeta Ezequiel (cap. 1), representa um gênero especial de literatura visionária, cujos primeiros elementos constitutivos aparecem já por volta do século II a.C. De modo geral, o *merkabah* é contemplado no fim de uma viagem através de sete palácios (*hekhalot*) habitados por seres celestiais. É aí que se encontra às vezes o famoso anjo Metátron, que nada mais é senão a personagem bíblica Enoc (Gn. 5, 18-24), promovido à categoria de anjo. Enoc, porém, manteve certos atributos humanos, como o de ter articulações (que os anjos não têm). É por esse motivo que no Talmude babilônico (*Hagigah* 15 a) dele se diz que induziu em erro o extático Elisha ben Abuya por não se ter erguido de seu trono. Elisha tomou-o pelo próprio Deus, tornando-se, assim, herético. Essa é uma das razões que lhe valeram o apelido *Aher*, "Outro". Típico da literatura hecalótica é o Enoc hebreu (*3 Enoc*), redigido durante a segunda metade do século III d.C. ou depois.

22.5.2 *Os manuscritos de Qumrān*, encontrados de 1947 a 1977 em onze grutas próximas ao Mar Morto, provavelmente pertencem à seita ascética dos essênios, embora vários estudiosos (como Norman Golb) tenham recentemente contestado essa atribuição inicialmente unânime. A comunidade se estabelecera no deserto da Judéia no século II a.C. e lá se manteve até ser destruída pelo exército romano, provavelmente em 68 d.C. Lá foram encontradas duas categorias de documentos: fragmentos mais ou menos importantes de textos bíblicos ou parabíblicos (como *1 Enoc*) e textos pertencentes à própria seita, aos quais cumpre acrescentar o *Documento de Damasco*, encontrado no início do século no Cairo. Entre estes últimos, os mais importantes são a *Regra da Comunidade* (*1Q Serek*); os *pesharim*, ou comentários bíblicos, dos quais o mais conhecido é o comentário do profeta Habacuc, e o *Pergaminho da Guerra* (*1Q Milhamah*). Uma figura domina a doutrina essênia: o Mestre de Justiça, cuja existência, assim como a de seu inimigo, o Sacerdote Ímpio, parece histórica. Contudo, os estudiosos não estão de acordo sobre a época em que ele viveu.

Segundo os documentos encontrados, os essênios eram dualistas, ou seja, acreditavam na existência de dois espíritos, um bom e outro mau, que repartiram entre si as gerações dos vivos. Acreditavam na vitória salutar do bem sobre o mal, após um combate entre os "filhos da luz" e os "filhos das trevas". Como esse combate não parece ter-se desenrolado no passado, poderia traduzir a convicção de que o poder espiritual dos essênios sem armas prevalecerá contra os romanos fortemente armados. Se for esse o caso, sua decepção não poderia ter sido mais cruel quando a comunidade foi invadida e destruída pelo exército de Vespasiano.

22.6 *Depois do ano 70 d.C., o judaísmo rabínico desenvolve-se* a partir da corrente dos fariseus (adversários tradicionais da corrente conservadora dos saduceus) e principalmente da escola do famoso rabino Hillel, que prevalece sobre a de Shamai, mais legalista. Realmente, Hillel reduzira o judaísmo a uma "regra de ouro": "Não faças a teu próximo o que não queres que ele te faça." Depois de 70, o rabi (título do Nasi ou chefe da assembléia) Yohannan b. Zakkai, seguido pelo rabi Gamaliel II, organizou o sinédrio ou concílio rabínico de Yavneh na Judéia. Essa geração produziu mestres (*tannaim*) ilustres: Eliezer b. Hyrcanus, Eleazar b. Azariah, Josué b. Hananiah, Ismael b. Elisha, Akiva b. Joseph, etc. Depois da repressão da revolta de Bar Kochba e do martírio de Akiva, o sinédrio foi transferido para a Galiléia. Esse período produziu seus grandes mestres, como Simeão bar Yohai e Meir. A Mishnah foi composta sob o rabi Judas ha-Nasi. Mais tarde, os centros do judaísmo rabínico converter-se-ão nas academias (*yeshivot*) de Sura e Pumbedita, na Mesopotâmia, onde uma importante comunidade judaica, submetida à autoridade de um exilarca, mantivera-se sob o domínio persa. Depois da conquista muçulmana, os judeus tornaram-se "súditos" (*dhimmis*) do novo poder, o que implicava o pagamento de uma taxa sobre a religião e o reconhecimento da autoridade do Estado islâmico. Segundo o conjunto de regras denominado "Pacto de Omar" (*c*. 800), os judeus (e os cristãos) estavam excluídos da administração, não tinham o direito de fazer prosélitos, de construir novas sinagogas (ou igrejas), etc. No século X, os *yeshivot* babilônicos, cujo dirigente chamava-se Gaon, foram definitivamente transferidos para Bagdá, capital do califado dos Abássidas. O Gaon mais famoso de um dos *yeshivot* do Iraque foi Saadia b. Josef (882-942), defensor da luta contra os puritanos fundamentalistas, chamados caraítas. Quando os árabes conquistaram a Espanha em 711, encontraram nos judeus sefarditas aliados preciosos, recompensados com uma taxação menos onerosa que a imposta aos cristãos moçárabes. O "Pacto de Omar", entretanto, continuou vigorando na Espanha. Durante o califado omíada de Córdova (756-1031), a capital da Andaluzia torna-se o centro intelectual dos judeus, em que pese à *yeshiva* de Lucena não superar em esplendor as de Bagdá, de Jerusalém ou do Cairo. Ainda que seus méritos não tenham sido reconhecidos pelos judeus contemporâneos, o maior filósofo de Córdova é o platônico Salomão ibn Gabirol (*c*. 1020-1057), autor do tratado *Mekor Hayyim* ("Fonte da Vida"), cuja única tradução latina (*Fons vitae*) chegou até nós. Ibn Gabirol, que escrevia na maioria das vezes em árabe, como todos os grandes pensadores judeus da época, também se exercitou em fazer versos em hebreu, no poema de ressonância cabalista, *Keter malkhut* ("Coroa do Rei"). Outro platônico eminente é Bahia ibn Paquda (século XI). Em contrapartida, Abraham ibn Daud (*c.* 1111-1180) é aristotélico e Judah Halevi (*c.* 1075-1144), antiaristotélico. A conquista almorávida da Espanha (1086-1147) e sobretudo a forte ocupação almôada (*c.* 1150-1250) produziram uma deterioração completa das condições dos judeus (e dos cristãos) espanhóis, que precisaram refugiar-se em territórios mais acolhedores. Foi o que aconteceu ao maior intelectual judeu da época, Moisés ibn Maimun (Maimônides, 1135-1204), nascido em Córdova, que foi morar no Cairo. Maimônides, filósofo aristotélico, autor de *More nebohim* ("Guia para os perplexos") e de um código legal que exercerá influência decisiva no desenvolvimento da interpretação haláquica, ganhou a vida como médico na corte dos últimos Fatímidas do Egito. Os intelectuais judeus mais importantes serão encontrados em território cristão: Levi b. Gerson (Gersônides, 1288-1344) na Provença, Hasdai Crescas (*c.* 1340-1412) em Saragoça. Submetidos em todos os lugares a perseguições periódicas, os judeus serão expulsos da Espanha cristã em 1492; de Portugal, em 1497. Numerosos emigrantes se estabelecerão no império otomano, na Ásia Menor, nos Bálcãs (como Josef Caro, 1488-1575, grande autor haláquico) ou em Safed, na Palestina, localidade que se tornará o centro intelectual dos judeus durante a segunda metade do século XVI, abrigando o cabalista sefardita Moisés Cordovero (1522-1570) e a escola do cabalista asquenazita Isaac Luria (1534-1572) (↔ 22.7). Foi ainda no império otomano que nasceu o movimento messiânico de Shabetai Tzevi (1626-1676), cujo profeta foi o cabalista Nathan de Gaza. O sabetaianismo fixou-se na Polônia através da atividade de Jacob Frank (1726-1791). Desde então, os centros do judaísmo mudam de lugar, do sul para o norte: Vilna, na *yeshiva* do Gaon Salomão Zalman (1720-1797); Podólia (Ucrânia polonesa) onde o Baal Shem Tov ("Mestre do Bom Nome [de Deus]"), Israel b. Eleazar (1700-1760), dá origem ao poderoso movimento hassídico na Polônia central onde o movimento se estabelece.

Perseguidos e expulsos segundo o arbítrio dos soberanos reinantes, os judeus angariarão, porém, grande número de defensores na época das Luzes. No fim do século XVIII, sua assimilação foi possível na Alemanha (1781-87) e na França (1790), mas sua situação continuou precária na Rússia e na sua zona de influência até o fim do século XIX, época em que Benjamin Disraeli era primeiro-ministro da Grã-Bretanha. As Luzes tiveram profunda influência sobre o próprio judaísmo ortodoxo. Moses Mendelssohn (1729-1786) é o pai dos *maskilim* (singular *maskil*, representante das Luzes) e do fenômeno conhecido com o nome de *haskalah*, a modernização da literatura judaica. Como todos os povos ocidentais, os judeus redescobrem as profundezas de suas próprias tradições no início do século XIX (Samuel David Luzzato, 1800-1865) e elaboram uma filosofia da história na qual o monoteísmo torna-se o símbolo de Israel (Nahman Krochmal, 1785-1840). O judaísmo reformista opõe-se ao conservador.

No fim do século XIX recrudesce o anti-semitismo em todos os países europeus, mais especialmente na Rússia, mas também desponta o movimento sionista, cujos fundadores foram Leon Pinkster (1821-1891) e Theodor Herzl (1860-1904). Contudo, antes da colonização da Palestina e da formação do Estado de Israel, subseqüentemente à Segunda Guerra Mundial e à exterminação maciça dos judeus nos campos de concentração nazistas, os Estados Unidos da América, que haviam abrigado milhões de judeus europeus, tornar-se-ão o centro do judaísmo e dos debates entre os partidários da Reforma, os judeus neo-ortodoxos, e os conservadores, como Solomon Schechter (1848-1915), chefe do Jewish Theological Seminary de Nova York.

22.7 *A cabala* é uma forma do misticismo judeu cujas raízes estão mergulhadas, por um lado, nas antigas especulações gramatológicas e numerológicas cujo produto foi o *Sefer Yetsirah* ou "Livro da Criação" (século IV d.C.?), e, por outro, na literatura hecalótica. Moshe Idel distingue na cabala uma fórmula "teosófico-litúrgica" de uma fórmula "extática".

O *Sefer Yetsirah* já elabora um esquema cosmológico que será característico da cabala: os 10 *sephirot*, correspondentes, provavelmente, aos dez mandamentos, e os 22 caminhos que os unem, correspondentes às 22 letras do alfabeto hebraico. Foi assim que a criação ocorreu a partir desses 32 elementos primordiais. O *Sefer Yetsirah* e a literatura hecalótica estão no cerne do pensamento do "pietismo dos judeus alemães" (*Hasidei Ashkenaz*), entre os quais se destacam os representantes da família Kalonymus: Samuel ben Kalonymus de Speyer (século XII), seu filho Judas ben Samuel (*c.* 1150-1217) e o discípulo deste último, Eleazar de Worms (1165-1230). Todavia, a cabala não surgiu entre os asquenazitas, mas entre os sefarditas da Provença, autores do *Sefer ha-Bahir* ("Livro da Claridade"), no qual os *sefirot* assumem, pela primeira vez, o aspecto de atributos divinos. O primeiro místico judeu provençal que conheceu o *Bahir* foi Isaac, o Cego (*c.* 1160-1235), filho do rabino Abraham ben David de Posquières (*c.* 1120-1198). Da Provença, a cabala propagou-se para a Catalunha, onde floresceu no círculo de Gerona, cujos representantes foram os rabinos Ezra ben Solomon, Azriel e -- o mais famoso – Moisés ben Nahman (Namânides, 1195-1270). Em Castela, os precursores imediatos do autor do *Zohar* foram os irmãos Jacob e Isaac Cohen. Os cabalistas desse período aperfeiçoam as técnicas de permutação e combinação das letras do alfabeto e da numerologia mística (*temurah*, *gematria* e *notarikon*), cujos protótipos parecem helenísticos.

Abraham ben Samuel Abulafia, o grande místico sefardita do século XIII, é o representante mais notável da cabala extática, cujo objetivo é o *devekut* ou *unio mystica* com Deus. Sua geração conta duas outras figuras maiores da cabala clássica: Josef ben Abraham Gikatilla (1248-1305) e Moisés de Leão (1250-1305), autor do texto pseudo-epigráfico *Sefer ha-Zohar* (*Livro do Esplendor*), atribuído ao mestre tanaíta Simeão bar Yohai (século II).

A cabala clássica integra a cosmologia hecalótica num dos quatro universos espirituais que são o prolongamento um do outro, de alto a baixo: *atsilut, beriyah, yetzirah* e *asiyah.* O universo *atsilut* (emanação) compreende os dez *sefirot* (*Keter, Hokhman, Binah, Gedullah/ Hesed, Geburah/Din, Tiferet/Rahamin, Netsah, Hod, Yesod/Tsaddik, Malkhut/Shekhinah*), que formam Adão Kadmon, o ântropos primordial. O universo *beriyah* (criação) compreende os sete *hekhalot* e o *merkabah.* O universo *yetsirah* (formação) compreende os exércitos angélicos. O universo *asiyah* (fabricação) é o arquétipo do mundo visível. Nele, a presença dos dez *sefirot* manifesta-se no arco-íris, nas ondas do mar, na aurora, na relva e nas árvores. Mas o cabalista cria muitos outros processos místicos (por exemplo, a visualização de cores, etc.) para atingir o mundo *atsilut.* O acesso é difícil devido à presença do mal -- chamado *sitra ahra*, "o outro lado" – em *asiyah.* Contudo, é importantíssimo compreender que a cabala não adota sistematicamente o dualismo platônico alma/corpo e o desprezo pelo mundo físico. Por conseguinte, a sexualidade é boa na medida em que representa um processo de reintegração de entidades separadas quando da descida das almas para os corpos. Todas as ações do cabalista estão na dependência de uma das três metas que se propõem: *tikkun* ou restauração da harmonia e da unidade primordiais, na pessoa do praticante e no mundo; *kavvanah*, ou meditação contemplativa; e, finalmente, *devekut*, ou união extática com as essências.

Eruditos como Moshe Idel acreditam no caráter constante e inamovível das doutrinas centrais da cabala. Contudo, a síntese de Isaac Luria, *Ari ha-Kadosh*, o Santo Leão de Safed (*Ari*, Leão, é o acrônimo de "Ashkenazi Rabbi Ishaq") e de seus discípulos, entre os quais o mais importante foi Hayyim Vital (1543-1620), é revolucionária por considerar a criação um processo de contração (*tsimtsum*) de Deus em si mesmo e o mal como uma presença ativa de resíduos ("cascas" ou *qelippot*) espirituais caídos em conseqüência do "rompimento dos vasos" (*shevirat hakelim*) que deviam contê-los. Esse drama cósmico assemelha-se ao acontecimento conhecido como "queda de Sophia" no gnosticismo dos primeiros séculos cristãos, prova de que Luria percorrera o mesmo itinerário intelectual dos gnósticos. Como certos grupos gnósticos, ele valorizou positivamente a metensomatose (reencarnação da alma), que permite ao sábio adquirir um número suplementar de almas (ou de "centelhas de almas") ilustres.

22.8 A identificação de *Shabetai Tzevi* (1626-1676) com o Messias esperado é em grande parte obra do cabalista luriano Nathan de Gaza (Abraham Nathan b. Elisha Hayyim Ashkenazi, 1643/44-1680), que descobre no místico de Esmirna todos os sinais do eleito, inclusive as fraquezas e as tentações devidas aos *qelippot*. Em seu monumento de erudição (*Sabbatai Sevi: The Mystical Messiah*, 1973), Gershom Scholem reconstruiu minuciosamente a história do sabetaianismo. A partir de 1665 o Messias é revelado e Nathan toma uma atitude antinomista, revogando as práticas de luto e substituindo-as por festas de regozijo em honra de Shabetai. Também prediz que o Messias tomará posse da coroa do sultão, mas em fevereiro de 1666, quando ele chega a Istambul, o sultão manda prendê-lo e, em 16 de setembro, ele é obrigado a escolher entre abjurar ao judaísmo, convertendo-se ao islamismo, e morrer. Escolhe a primeira alternativa, perdendo assim grande número de simpatizantes. Nathan e vários grupos no império turco permaneceram fiéis a ele. Houve apostasias e conversões *pro forma* ao islamismo, e as práticas antinomistas prosseguiram. O repúdio messiânico à Tora foi pregado na Polônia pelo sabetaianista radical Jacob Frank (1726-1791), que se acreditava a reencarnação do próprio Shabetai.

22.9 *O hassidismo polonês* representa uma das sínteses mais recentes e mais ricas do misticismo judeu, reunindo elementos de todas as correntes históricas. Seu fundador é o taumaturgo Israel b. Eliezer, apelidado Baal Shem Tov (acrônimo Besht), seguido pelo *maggid* ou profeta itinerante Dov Baer (1710-1772). O movimento conquista grande número de partidários, para tristeza das autoridades judaicas (*kehillah*), que formam o movimento de oposição dos *mitnagdim*. Depois de um século de luta entre as duas facções, as diferenças se atenuam, os hassidistas perdem muito de seu ímpeto revolucionário e os *mitnagdim* assimilam sua lição de ética. Ao contrário do pietismo tradicional dos asquenazitas, que consiste numa ascese feroz, o hassidismo de Besht e de seus partidários, que acabarão por constituir verdadeiras dinastias, ressalta a alegria da onipresença de Deus, perdendo-se no *devekut*, que é a ascensão da alma (*aliyat haneshamah*) para a luz divina. Os hassidistas reconhecem a presença de Deus nas mais humildes atividades de seu corpo e praticam a "adoração física" (*avodah ba-gashmiyut*), ou seja, o louvor a Deus não só na prece ou nas cerimônias "sacras", mas também em meio às atividades mais profanas, como a união sexual, as refeições e o sono. É a intenção que conta, e, se ao praticar o ato a pessoa visar ao *devekut*, o resultado será o êxtase. Danças, cantos e até rodopios como os dos dervixes rodopiantes são feitos com essa intenção. O hassidista consumado desce das alturas contemplativas para soerguer a comunidade, praticando a *yeridah le-tsorekh aliyah*, "descida com a finalidade de ascensão". Os hassidistas deixaram-nos inúmeras lendas cuja mensagem é profunda.

22.10 *Bibliografia.* Em geral, ver Robert M. Seltzer, *Jewish People, Jewish Thought: The Jewish Experience in History*, N. York/Londres, 1980; Geoffrey Wigoder (org.), *The Encyclopedia of Judaism*, N. York, 1989; Isidore Epstein, *Judaism*, Harmondsworth, 1959; Julius Guttmann, *Philosophies of Judaism*, N. York, 1964. A melhor coletânea de textos traduzidos para uma língua européia é: Samuel Avisar, *Tremila anni di litteratura ebraica*, 2 vols., Roma, 1980-82. Uma excelente introdução às escrituras judaicas é fornecida pelo volume redigido por Barry W. Holtz, *Back to the Sources: Reading the Classic Jewish Texts*, N. York, 1984.

Sobre a arqueologia da antiga Palestina, ver Gösta W. Ahlstrom, *An Archaeological Picture of Iron Age Religions in Ancient Palestine*, in *Studia Orientalia* 55 (1984), 1-31; Roland de Vaux, *Histoire ancienne d'Israël, des origines à l'installation en Canaan*, Paris, 1971.

Sobre a criação na Tora, ver Jon D. Levenson, *Creation and the Persistence of Evil*, San Francisco, 1988.

Sobre os profetas, ver Joseph Blenkinsopp, *A History of Prophecy in Israel: From the Settlement in the Land to the Hellenistic Period*, Filadélfia, 1983.

Sobre as festas judaicas, ver Julius H. Greenstone, *Jewish Feasts and Fasts*, Filadélfia, 1945.

Sobre a literatura apocalíptica judaica, ver John J. Collins, *The Apocalyptic Imagination: An Introduction to the Jewish Matrix of Christianity*, N. York, 1984; Michael E. Stone, *Scriptures, Sects and Visions*, Filadélfia, 1980; idem (red.), *Jewish Writings of the Second Temple*, Assen/Filadélfia, 1984; David Hellholm (red.), *Apocalypticism in the Mediterranean World and the Near East*, Tübingen, 1983.

Uma das melhores introduções à literatura essênia de Qumrān se deve a Mathias Delcor e Florentino García Martinez, *Introducción a la literatura esenia de Qumrān*, Madri, 1982 (excelentes notas bibliográficas). A hipótese de uma origem não essênia dos manuscritos de Qumrān foi aventada por Norman Golb, *"The Problem of Origin and Identification of the Dead Sea Scrolls"*, in *Proceedings of the American Philosophical Society* 124 (1980), 1-24.

Ao lado das magníficas apresentações das grandes etapas do misticismo judaico devidas a Gershom Scholem, é preciso consultar atualmente obras mais especializadas, como as de Ithamar Gruenwald sobre a mística do Trono (*Apocalyptic and Merkavah Mysticism*, Leiden/Colônia, 1980, e *From Apocalypticism to Gnosticism*, Frankfurt, 1988).

Sobre os primórdios da cabala, ver a coletânea *The Early Kabbalah*, organizada e apresentada por Joseph Dan, textos traduzidos por Ronald C. Kiener, prefácio de Moshe Idel, N. York, 1986. A melhor síntese recente sobre a cabala é de Moshe Idel, *Kabbalah, New Perspectives*, N. Haven/Londres, 1988. Sobre Safed, ver principalmente R. J. Zwi Werblowski, *Joseph Caro, Lawyer and Mystic*, Filadélfia, 1977 (1962).

A melhor obra sobre Shabetai Tzevi é a de Gershom Scholem, *Sabbatai Sevi. The Mystical Messiah, 1626-1676*, Princeton, 1973.

# 23

## Religiões da
# MESOPOTÂMIA

23.1 No VII milênio a.C., a região situada em torno dos rios Tigre e Eufrates, o Iraque de hoje, era habitada por pastores e agricultores. Por volta de 3500 a.C., o desenvolvimento da escrita marca a passagem da pré-história para a história. Entre os objetos encontrados nas escavações de Ubaid e Uruk, descobre-se fina cerâmica pintada, estatuetas e edifícios cuja arquitetura e decoração apresentam complexidade crescente. Encontram-se exemplos da língua indígena na toponímia da região meridional, onde surgirão os sumerianos, trazendo sua própria língua e um sistema para marcar e numerar os rebanhos, que se tornará sua primeira escrita. Os acadianos, que falavam uma língua semítica, preservaram e reinterpretaram as tradições e as divindades sumerianas durante séculos de guerra entre as cidades-estados e de invasões vindas de todas as direções. Desde o século XVIII a.C., pode-se falar de duas entidades territoriais: a Assíria, ao norte, e a Babilônia, ao sul. Os arquivos reais do período assírio-babilônico, mais especialmente dos séculos VII e VI, fornecem-nos mitos e materiais épicos já muito antigos na época em que foram copiados.

23.2 *Os deuses.* Na época mais remota da religião mesopotâmica a que temos acesso, as forças divinas são as forças da natureza. Cada deus sumeriano tem seu território, inerente à divindade. A propriedade imobiliária dos antigos templos pertence ao deus, as pessoas são seus servos, os sacerdotes são seus intendentes e domésticos. Os rios e os prados tinham seus deuses locais, cuja essência naquela época ainda estava intimamente ligada à dos fenômenos naturais. As forças dinâmicas da natureza eram supostamente provocadas e ao mesmo tempo manifestadas por deuses como Ishkur/Adad presente no raio; Amaushumgalna, que produzia a germinação das tamareiras; e Inana, deusa dos depósitos repletos de frutas.

As deidades primordiais foram assumindo progressivamente as formas humanas e os papéis sociais que lhes eram atribuídos pelos sacerdotes e escribas. À testa do panteão nascente estava An, o céu, pai dos deuses, cujo nome é ao mesmo tempo símbolo do céu e da divindade. Quando a história escrita começa na Suméria, por volta de 3500 a.C., An já era um *deus otiosus*. Papel mais ativo de chefe da assembléia divina cabia a Enlil, cujo templo principal ficava no centro religioso de Nipur. Quase todos os deuses afinal conquistariam uma esposa, mas a Grande Deusa mesopotâmica era Inana, que os acadianos assimilaram a Ishtar. Importante em grande número de mitos, ela era o planeta Vênus e seus domínios eram a fertilidade, o amor e a guerra. Seu pai era o deus lunar Nana (Sin) e seu irmão, o deus solar Utu (Shamash). Enki (Ea) é o astucioso deus da água de irrigação que ajudou os homens a criarem técnicas e a sobreviverem ao grande dilúvio enviado para eliminá-los. Dumuzi (Tamuz) é o deus da fertilidade e do crescimento de certos animais e de certas plantas em diversos mitos; desempenha o trágico papel daquele que morre jovem. Nergal tornara-se, por aliança, o deus do mundo infernal.

Em todas as épocas, a personalidade dos deuses era pouco definida. Era possível a troca de traços de caráter entre eles. Mesmo com a antropomorfização dos deuses, as hierofanias não deixaram de manifestar-se na natureza. O nome de rios geralmente eram escritos em seguida ao sinal que indicava *deus*. Os indivíduos muitas vezes tinham deuses pessoais como protetores; nos sinetes cilíndricos eles são vistos a abrirem as portas dos grandes deuses.

23.3 *Utilização política da religião*. O templo sumeriano era uma instituição simultaneamente religiosa, política e administrativa. As cidades tinham assembléias de anciãos dedicadas à arbitragem e à eleição de comandantes e generais em tempo de guerra. Estes, com o crescimento de sua riqueza e de seu poder, foram transformados em reis e em dinastias reais. Os reis tinham todo o interesse em serem representados como favoritos dos deuses. O primeiro rei a apropriar-se da iconografia divina foi Naram Sin (*c.* 2254-2218 a.C.), neto do grande rei e conquistador acadiano Sargão. É mostrado numa estela usando os chifres exclusivos da divindade e dominando seus homens no campo de batalha.

Achados mais recentes mostram que se recorria à adivinhação antes das campanhas militares e que grande número de reis acreditava serem certos deuses os causadores e beneficiários de seu sucesso. A ascensão da cidade santa de Babilônia era a ascensão de seu deus; realmente, no *Enuma Elish* babilônico vê-se Marduk alçar-se ao pináculo do panteão e substituir Enlil. Na versão assíria, o deus epônimo de Assur toma o lugar de Marduk.

A religião da realeza utilizava um sistema complexo de adivinhação. Observações astronômicas precisas, base da disciplina universal em que se converterá a astrologia, indicavam os sentimentos dos deuses e predizia secas, guerras ou crises na existência pessoal do rei. Rituais que consistiam em oração, purificação e aplacamento dos deuses eram realizados em resposta aos prognósticos extraídos do extispício (exame das vísceras dos animais) ou da interpretação dos sonhos (oniromancia). O festival do Ano Novo exigia a participação do rei, presente também no rito do matrimônio sagrado em Uruk, onde desposava a deusa Inana para garantir a prosperidade do país durante o ano seguinte.

23.4 *Práticas populares*. Os grandes complexos de templos tinham a seu serviço toda uma burocracia formada por sacerdotes, escribas, astrólogos e artesãos profissionais. Sacerdotes especializados ocupavam-se com os cuidados cotidianos dispensados às imagens divinas, alimentando-as, lavando-as, vestindo-as e divertindo-as. A maioria dos praticantes podia fazer oferendas de alimentos ou de estatuetas votivas diante do altar do deus e participar das festividades e das representações do mito que acompanhavam as festas divinas. O povo também recorria às fórmulas mágicas e encantamentos, com a finalidade de curar doenças, garantir a fertilidade dos casais, enfeitiçar e desenfeitiçar. Os encantamentos curativos invocavam freqüentemente um ou vários deuses, imploravam seu perdão para ofensas conhecidas ou ignoradas e, nas versões escritas, continham espaços em branco para a inserção do nome do beneficiário. Muito populares eram as estatuetas de terracota de deuses e espíritos que, "animados" por mágicos profissionais, eram guardadas nas casas ou enterradas no seu interior para garantir proteção. Os nomes próprios, na maioria teóforos, mostram que as pessoas confiavam em seus deuses pessoais para obterem saúde e prosperidade.

23.5 *Enuma Elish* ("Quando no alto"), o poema babilônico da criação, está associado às festas de ano novo (Akitu), celebradas todas as primaveras na cidade de Babilônia. A narrativa exalta Marduk como o maior dos deuses; isso indica que provavelmente foi composto, no século XII a.C., quando a estátua de Marduk fora levada de volta a Babilônia e a supremacia política da cidade era considerada um triunfo mítico de seu deus.

A primeira das sete tabuinhas do poema revela as condições primordiais do universo, quando existiam apenas a água doce (Apsu, macho) e a água salgada (Tiamat, fêmea). As novas gerações de deuses perturbam as antigas com seu barulho. Apsu declara-lhes guerra, mas é morto por Ea, que produz um filho, Marduk. Tiamat deseja vingar Apsu, e entre os jovens deuses apenas Marduk ousa desafiar o monstro feminino. Obtém o reinado dos deuses e leva consigo seus ventos e raios para o combate. Os ventos precipitam-se para dentro da boca aberta de Tiamat e ela é morta por uma flechada. Seus aliados são cercados e capturados e entre os troféus da vitória figuram as tábuas do destino roubadas por Kingu, esposo de Tiamat.

Marduk cortou o corpo de Tiamat em duas metades simétricas e criou assim o mundo. Do sangue de Kingu, fabricou os homens para servirem aos deuses. Como recompensa, recebeu a soberania divina e foi-lhe dedicado um grande templo em Babilônia. Vários elementos dessas narrativas têm correspondências no Gênese e nas imagens de Javé vitorioso nos Salmos e no Livro de Jó.

23.6 *Gilgamesh*, rei de Uruk, talvez tenha sido um rei das dinastias antigas e conservaram-se algumas narrativas sobre ele em língua sumeriana. O poema acadiano que chegou até nós foi redigido e desenvolvido por um escriba, provavelmente na metade do período babilônico, com o acréscimo do relato do dilúvio de Atrahasis. Essa versão mais completa da lenda inicia-se com o louvor às grandes construções de Uruk, cidade famosa por seu templo a Inana e por seus muros monumentais de tijolos. Gilgamesh, rei que era dois terços divino e um terço humano, tiranizava seu povo com exigências excessivas de trabalho e um direito de senhor que ele fazia respeitar à risca. Os deuses criaram Enkidu, selvagem que vivia em paz com os animais. Enviaram-lhe uma prostituta para humanizá-lo e ela o levou consigo para Uruk, onde Enquidu enfrentou Gilgamesh. Seguiu-se um combate terrível, ao fim do qual os dois rivais tornaram-se ótimos amigos e dirigiram-se juntos para as montanhas de cedros a fim de matar o monstro Humbaba. Convidado por Ishtar a desposá-la, Gilgamesh insulta-a lembrando-lhe que todos os seus amantes haviam tomado o caminho dos Infernos. A vingança de Ishtar não tarda: ela envia ao encalço de Gilgamesh o terrível touro celeste, mas Gilgamesh e Enkidu matam-no. Os deuses decidem punir os dois tirando a vida de Enkidu. O destino de Gilgamesh parece selado, mas o herói vai até as fontes dos rios para encontrar-se com o único homem que conquistara a imortalidade, o distante Utnapishtim. Chegando às montanhas perfumadas pelas portas do Sol, Gilgamesh encontra o assustador homem-escorpião e sua esposa, que o deixam penetrar no túnel. Chegando ao mar do fim do mundo, ele encontra a ninfa Siduri, que tenta dissuadi-lo de sua proeza, mas Gilgamesh prossegue em sua busca além das águas da morte, onde encontra Utnapishtim e lhe pede o segredo da imortalidade. Nesse ponto o redator da narrativa insere o episódio do dilúvio: advertido por Ea da iminência do cataclismo, Utnapishtim construíra uma arca e a enchera, após o que ele e a mulher foram transformados em deuses e instalados naquelas paragens distantes. Aí está uma variante abreviada de histórias do dilúvio, como a do rei Ziusudra, que foi incentivado por Enki a construir uma arca para escapar do dilúvio cujo objetivo era destruir a raça barulhenta e ingrata dos homens. A história de Atrahasis ("o sapientíssimo") representa a versão acadiana do mesmo relato. Gilgamesh não tem êxito na conquista da imortalidade, quer por não ter sido capaz de resistir à prova do sono, quer por ter perdido a planta que lhe conferiria a juventude eterna. De volta a Uruk, deverá consolar-se com a perenidade dos monumentos da cidade.

23.7 *Bibliografia.* Eliade, H 1, 16-24; T. Jacobsen, *Mesopotamian Religions: An Overview*, in ER 9, 447-66.

Textos trad. para o francês, em J. B. Pritchard (org.), *Ancient Near Eastern Texts relating to the Old Testament*, Princeton, 1969. Existem várias introduções às religiões mesopotâmicas, como as de Edouard Dhorme, *Les Religions de Babylonie et d'Assyrie*, Paris, 1945; Jean Bottéro, *La Religion babylonienne*, Paris, 1952; S. N. Kramer, *The Sumerians*, Chicago, 1963; Thorkild Jacobsen, *The Treasures of Darkness: A History of Mesopotamian Religion*, New Haven, 1976.

# 24

## Religiões de
# MISTÉRIOS

24.0 O termo "mistérios" tem um significado técnico bastante preciso e refere-se a uma instituição capaz de garantir a iniciação. A ideologia dos mistérios tem duas origens: as iniciações arcaicas e as sociedades secretas, por um lado, e, por outro, uma antiga religiosidade agrária mediterrânea. Do ponto de vista mitológico, foram registradas pelo etnólogo Ad. E. Jensen (↔ 2.1) duas variantes de um mito das origens, estreitamente ligado às civilizações agrícolas. Entre os marind-anim da Nova Guiné, as divindades criadoras e os outros seres dos tempos primordiais são chamados *demas*. O primeiro relato mítico é o da condenação à morte de uma divindade *dema* pelos outros *demas*. A divindade morta representa a passagem do tempo primordial para o tempo histórico, caracterizado pela morte, pela necessidade de alimentar-se e de procriar sexualmente. A divindade sacrificada é o "primeiro morto"; transforma-se em todas as plantas úteis e na lua. O culto é uma representação dramática da condenação à morte do *dema*, comemorada pela mastigação ritual de alimentos. Jensen dá a esse mitologema o nome de Hainuwele, divindade morta dos wemale da ilha de Ceram, e vincula-o à cultura de vegetais, especialmente das plantas tuberosas. O outro mitologema, que ele vincula à cultura dos cereais, comporta o roubo dos cereais aos céus e está associado a Prometeu. Na realidade, os dois mitos aparecem em áreas geográficas muito diferentes para explicarem tanto o aparecimento dos tubérculos quanto o dos cereais.

24.1 *Mistérios gregos*. Não existem mistérios iranianos, babilônicos ou egípcios. Trata-se de um fenômeno helênico. Na idade clássica grega, os mistérios mais típicos são os de Elêusis, em torno dos quais Dioniso já gravita em época remota, sem, contudo, ter mistérios próprios. Os órficos e os pitagóricos tampouco possuem instituições iniciáticas. As coisas mudam de figura quando se trata dos Cabiros e de Cibele e Átis. Este é a unica "divindade morredoura" do Oriente Próximo (Tamuz, Adônis, Osíris) integrada num culto iniciático organizado.

O complexo dos mistérios de Deméter e de sua filha Core-Perséfone baseia-se numa ideologia agrícola e num enredo mitológico muito parecido com o que gira em torno de Hainuwele, a Core das Molucas. Como ela, Perséfone desaparece nas profundezas da terra, é assimilada à Lua e preside aos destinos da vegetação, sobretudo dos cereais. Exatamente como Hainuwele, seu animal sacrifical é o porco.

Os mistérios de Elêusis eram a instituição iniciática coletiva por excelência do Estado ateniense. Seu segredo foi bem guardado, mas, mesmo na falta de informações completas, podemos supor que o roteiro da iniciação correspondia, de alguma forma, ao objetivo supremo da ideologia dos mistérios, que era a confirmação ritual do destino do neófito à vicissitude do deus.

24.2 *Na época imperial*, novas divindades, de origem oriental ou não, têm seus mistérios: Dioniso, Ísis, Mithra, Serápis, Sabázio, Júpiter Doliquenos, o Cavaleiro Dácio. A iniciação nesses mistérios era secreta e um não excluía o outro, de tal maneira que um participante podia acumular todas as iniciações que o sexo, a posição social e os meios financeiros eram capazes de lhe proporcionar. Além disso, o perfil de certas divindades mistéricas é impreciso e seus atributos solares e nomes comuns (Zeus, Júpiter, Hélio, Sol, Sol Invictus) indicam forte amálgama, às vezes definido como "sincretismo solar". No século IV, todas essas divindades (inclusive Cibele) são celestes, identificam-se freqüentemente com o Sol e são consideradas supremas, sem incidir necessariamente em contradição. Em certas exegeses, a diversidade de nomes apenas oculta sua identidade essencial.

24.2.1 As estruturas institucionais que transformavam Dioniso em divindade de mistérios aparecem em fins do século I d.C. *O culto de Dioniso*, nessa época, é particularmente rico em símbolos escatológicos. A esperança póstuma dos iniciados dionisíacos é descrita pelo filósofo platônico Plutarco de Queronéia (*c*. 45-125) e por numerosas representações alegóricas. As almas gozavam de um estado permanente de alegria e de inebriamento celestiais.

24.2.2 As etapas de iniciação nos mistérios da *deusa egípcia Ísis*, cujos elementos autenticamente egípcios foram ressaltados nos últimos tempos pelos estudiosos, são mencionadas, a bem da verdade de forma incompleta e confusa, pelo escritor latino Apuleio de Madaura (*c.* 125-162) em seu romance fantástico conhecido com os nomes de *Metamorfoses* ou *O Asno de Ouro*. Depois de uma iniciação noturna cujo conteúdo ele está proibido de revelar, Lúcio, o herói do romance, recebe as doze estolas do iniciado, é posto sobre um pedestal de madeira diante da estátua de Ísis, vestido com a *stola olympiaca*, segura uma tocha na mão direita e usa uma coroa de palmas na cabeça. Que façanha lhe teria valido toda essa mascarada que simboliza a divinização? Isso é dito numa passagem enigmática: "Atravessei a fronteira da morte e, transpondo o umbral de Prosérpina, voltei, transportado através de todos os elementos; vi, no meio da noite, o sol ofuscante, resplandecente de luz; cheguei diante dos deuses inferiores e superiores e adorei-os de perto" (trad. de I. P. Couliano). Os estudiosos interpretaram as alusões contidas nesse trecho quer como uma referência a uma encenação muito dispendiosa, quer como uma prova iniciática que conferia invulnerabilidade, quer, enfim, como uma ascensão celeste.

24.2.3 Muito importantes nos meios militares do Império e dotados de uma hierarquia versada nos segredos da astrologia, *os mistérios do deus Mithra* (de nome iraniano, mas conteúdo helenístico) eram celebrados em templos especiais chamados *mithraea*, construídos em momentos propícios, imitando gruta. A iniciação tinha sete graus, tutelados por sete planetas:

| | |
|---|---|
| korax (corvo) | Mercúrio |
| nymphus | Vênus |
| miles (soldado) | Marte |
| leo (leão) | Júpiter |
| Perses (persa) | Lua |
| Heliodromus | Sol |
| Pater | Saturno |

Entre os monumentos alegóricos da religião de Mithra, a cena do tauróbolo, que representa Mithra matando o touro, cercado por animais simbólicos (serpente, cão, escorpião, etc.), presta-se a interpretações astrológicas.

Um objeto simbólico – a "escada com sete portas" – é atribuído aos mistérios de Mithra pelo filósofo pagão do século II, Celso, em seu *Discurso Verdadeiro*, resumido pelo apologeta cristão Orígenes. Segundo Celso, a escada era considerada a representação da passagem da alma através das esferas planetárias.

24.2.4 *Os mistérios do Cavaleiro Dácio*, nos quais figura uma deusa com peixe e durante os quais provavelmente era imolado um carneiro, são uma simplificação do mitraísmo com a integração de certos elementos religiosos provenientes das províncias danubianas do Império. Conservaram-se apenas três graus iniciáticos: Áries (Carneiro), Miles (Soldado) e Leo (Leão), sendo os dois primeiros tutelados por Marte e o último pelo Sol.

24.2.5 *Sabázios* era um antigo deus trácio e frígio que se tornou patrono dos mistérios no século II d.C. Segundo o escritor cristão Clemente de Alexandria (m. a. 215), o momento mais importante da iniciação nesses mistérios consistia no contato do adepto com uma serpente dourada, que lhe era introduzida pelo peito (*per sinum*) e saía por baixo.

24.2.6 *Sarápis ou Serápis* é um deus artificial (Osíris + Ápis), cuja teologia nasce em Mênfis e se desenvolve em Alexandria sob os Ptolomeus. O principal *serapeum* é o de Alexandria, mas o deus é venerado em grande número de cidades gregas por sociedades de *Sarapiastais*.

24.2.7 *Jupiter Optimus Maximus Dolichenus* é uma divindade imperial dos mistérios que recebe o nome de chefe dos deuses; este figura correntemente entre os epítetos de outros deuses dos mistérios, como Sabázios e Sarápis. É o deus celeste de Dólique, na Ásia Menor, transformado pelos gregos em Zeus-Oromasdes e importado para Roma pelos soldados da província de Comagena.

24.3 *Bibliografia.* Sobre as religiões de mistérios, ver especialmente os volumes de Ugo Bianchi (org.), *Mysteria Mithrae*, Leiden, 1979; U. Bianchi e M. J. Vermaseren (orgs.), *La soteriologia dei culti orientali nell'impero romano*, Leiden, 1982; ambos com bibliografia atualizada. Ver também I. P. Couliano, *Expériences de l'extase*, Paris, 1984; I. P. Couliano e C. Poghirc, *Dacian Rider*, in ER 4, 195-6; *Sabazios*, in ER 12, 499-500.

# 25

## Religiões da
# OCEANIA

25.0 *As ilhas do Oceano Pacífico* foram tradicionalmente agrupadas em três áreas: Micronésia, Melanésia (compreendendo a Nova Guiné, as Ilhas Salomão, as Ilhas do Almirantado, Trobriand, Fiji, Nova Caledônia, Santa Cruz, Tikopia, Vanuatu-Novas Hébridas, etc.) e Polinésia (Nova Zelândia, Samoa, Tonga, Taiti, Marquesas, Havaí, Ilha de Páscoa, etc.). A distinção é bastante artificial, pois apenas a Micronésia apresenta características culturais específicas devidas às influências asiáticas. A Micronésia compreende quatro grupos de ilhas (Marianas, Carolinas, Marshall e Gilbert), com uma população total de 140.000 habitantes, de línguas malaio-polinésias. A Melanésia é mais povoada e tem fascinante riqueza cultural. Quanto à Polinésia, distingue-se por sua enorme extensão e pelos milhares de ilhas que a compõem. A maioria das línguas dos habitantes da Micronésia e da Polinésia pertence ao grupo austronesiano; na Melanésia, a maioria das línguas são não austronesianas, aparentadas com as dos aborígines australianos.

25.1 Numerosos conceitos elaborados pela etnologia ocidental baseiam-se na interpretação (errônea) das religiões oceânicas. Assim, por exemplo, a grande popularidade da noção de *mana* deve-se, em última instância, aos trabalhos do missionário inglês R. H. Codrington (1830-1922), nas Novas Hébridas (Vanuatu). Codrington e, depois dele, R. R. Marett definiam o *mana* como uma espécie de energia-substância que, como a eletricidade, pode ser acumulada e consumida proveitosamente para a obtenção de vantagens de todos os tipos. Na realidade, *mana* parece ser mais uma propriedade conferida pelos deuses a pessoas, lugares e coisas. Na sociedade, está associado à posição social e a realizações espetaculares.

Do mesmo modo, o conceito de tabu (do polinésio *tapu*), tão caro a etnólogos e a psicanalistas, é, em primeiro lugar, tomado de empréstimo aos maoris da Nova Zelândia. *Tapu* está estreitamente vinculado a *mana* e significa influência divina, sobretudo em seus efeitos negativos, que tornam certos lugares, certas pessoas e certos objetos inabordáveis ou perigosos. Existem certos domínios de ação em que os conceitos de *mana* e *tapu* se sobrepõem, mas em geral *mana* designa uma influência intransmissível de longa duração, ao passo que *tapu* restringe-se aos estados de possessão passageira e pode ser contagioso. O sangue menstrual, por exemplo, é *tapu*, isto é, contaminado; a mulher menstruada não deve preparar a alimentação de ninguém, exceto a dela mesma, para não transmitir a propriedade patogênica. Uma das funções dos sacerdotes é purificar os lugares infectados pelo *tapu*.

Para o público ocidental, a Oceania está, em primeiro lugar, associada a pesquisas como as do etnólogo funcionalista inglês Bronislaw Malinowski (1884-1942) na Ilha de Trobriand (1915-1918), ou as do missionário francês Maurice Leenhardt na Nova Caledônia (*Do Kamo*, 1947).

25.2 *Por volta de 1500 a.C.*, a imensa área da Polinésia começou a ser habitada por navegantes provenientes da Indonésia e das Filipinas (cultura lapita), que chegaram à ilha da Páscoa antes de 500 d.C. Aproximadamente em 1200, a Polinésia oriental estava colonizada. No século XVI, a vida religiosa da região era dominada pelo culto do deus Oro, filho da divindade celeste Ta(ng)aroa, na ilha de Raiatea. Lá foi fundada a sociedade xamânica dos Arioi, conhecida principalmente por sua influência (e seus excessos) no Taiti, centro religioso no início do século XIX. O culto divino realizava-se em pátios retangulares chamados *maraes*, encimados por uma plataforma freqüentemente piramidal (*ahu*). Nas ilhas de Páscoa, nas Marquesas e em Raivavae elevam-se estátuas monumentais de pedra. A civilização da ilha de Páscoa, completamente destruída pela chegada dos traficantes de escravos do Peru, no século XIX, representa um enigma da História. Seus habitantes haviam estabelecido contatos com os incas antes de 1500 e utilizavam uma escrita chamada *rongorongo*, em bustrofédon, que não foi completamente decifrada.

25.3 *A unidade religiosa oceânica* é apenas aproximativa, mas a idéia de que a maioria dos deuses são ancestrais que habitam outro mundo e visitam freqüentemente os vivos é muito difundida na região. O deus celeste criador é inacessível, mas suas façanhas são contadas pelos mitos. Tangaroa enlaçou tão estreitamente a Terra que seus filhos tiveram de separá-los à força para tornar o espaço habitável. O deus Tane dos maoris da Nova Zelândia e seus irmãos modelaram uma mulher de terra. Tane insuflou-lhe vida, mas sem saber qual era o orifício apropriado à procriação; por cautela, fecundou-os todos. Finalmente, houve dela uma filha, que ele desposou. Esta gerou os ancestrais do gênero humano. O herói cultural Maui, que também é um Trapaceiro (*Trickster*), fixou a duração do dia e da noite e apanhou na rede numerosos peixes que se tornaram as ilhas da Polinésia. Depois disso, decidiu obter a vida eterna matando o monstro feminino Hine-nui-te-po. Mas, quando se preparava para penetrar em sua vagina para sair pela boca, seus companheiros pássaros não conseguiram segurar o riso, e a morte adormecida despertou, esmagando Maui.

A multidão de deuses tem influência decisiva sobre os assuntos humanos. Sua vontade pode ser conhecida pela adivinhação, que exige conhecimentos especiais, ou pela possessão espírita. Os sacerdotes do Taiti e do Havaí praticavam o extispício (leitura das entranhas de uma vítima sacrifical). Os feiticeiros manipulavam a vontade dos deuses para fazer o bem e o mal, invocando-os ritualmente e convidando-os a instalar-se em objetos, geralmente estátuas rudimentares esculpidas para esse fim, ou bastões apanha-deuses. Quando os deuses estavam presentes, eram-lhes oferecidos sacrifícios (muitas vezes humanos) para deles se obter aquilo pelo que haviam sido convocados. A presença dos deuses inaugurava um estado definido como *tapu*; eram necessários ritos especiais de aspersão e de tratamento pelo fogo ou pela presença de uma mulher para mandar o deus embora e restabelecer a normalidade ou o estado de *noa*.

A morte é cercada de cerimônias especiais longuíssimas. Durante esse tempo, o morto supostamente encontra o caminho para o reino subterrâneo de onde continuará visitando os vivos, seja para assombrá-los, seja para responder-lhes as perguntas, quando por eles invocados.

25.4 *Bibliografia*. J. Guiard, *Oceanic Religions: An Overview* e *Missionary Movements*, in ER 11, 40-49; D.W. Jorgensen, *History of Study*, in ER 11, 49-53; W. A. Leesa, *Micronesian Religions: An Overview*, in ER 9, 499-505; K. Louomala, *Mythic Themes*, in ER 9, 505-9; A. Chowning, *Melanesian Religions: An Overview*, in ER 9, 350-9; F. J. Porter Poole, *Mythic Themes*, in ER 11, 359-65; F. Allan Hanson, *Polynesian Religions: An Overview*, in ER 11, 423-31; A.L. Kaeppler, *Mythic Themes*, in ER 11, 432-5.

Sobre a pré-história da Polinésia, ver Peter Bellwood, *The Polynesians: Prehistory of an Island People*, Londres, 1987.

# 26

## Religiões da
# PRÉ-HISTÓRIA

26.1 O termo "pré-história" abrange o imenso período que vai do aparecimento dos primeiros ancestrais do homem (pelo menos seis milhões de anos) até o surgimento local da escrita. Na prática, os vestígios mais antigos da pré-história, passíveis de serem interpretados em termos religiosos, foram datados de cerca de 60000 a.C. Geralmente foram adotados dois métodos: a aplicação de modelos análogos pertencentes às religiões conhecidas de povos sem escrita e o repúdio a qualquer modelo. O primeiro método, por mais imperfeito que seja, é o único utilizável em história das religiões. Tenta reconstituir o horizonte mental dos povos da pré-história a partir do sentido dado pelos diferentes povos estudados pelos etnógrafos a práticas comprovadas arqueologicamente, como, por exemplo, o enterro em posição embrionária ou o enterro dos mortos puro e simples. É efetivamente legítimo e mesmo obrigatório pensar que nenhuma ação humana existiria se não tivesse um sentido. Toda prática funerária deve, pois, corresponder a uma crença que a torna necessária. Como temos todo um repertório de noções que explicam o enterro (ele garante o crescimento de um novo ser, um destino "vegetal" que implica a sobrevivência no além, a ressurreição, etc.), é provável que o homem pré-histórico lhe atribuísse um significado análogo aos que conhecemos. Evidentemente, o uso de modelos análogos tem seus limites, e nunca nos permitirá ter acesso direto ao universo pré-histórico.

26.2 A espécie humanóide conhecida pelo nome de *Neanderthal*, desaparecida por volta de 30000 a.C., certamente acreditava numa espécie de sobrevivência dos mortos, que eram enterrados sobre o flanco direito, com a cabeça para o leste. Nas sepulturas do paleolítico médio foram encontrados instrumentos primitivos, quartzo e almagre. As deformações apresentadas por alguns crânios sugerem a extração do cérebro.

A chamada "arte" do paleolítico superior consiste nas célebres Vênus esteatopígicas, que freqüentemente apresentavam órgãos sexuais acentuados, e nas pinturas rupestres, geralmente zoomorfas e ideomorfas, sem, contudo, excluírem-se os motivos antropormorfos. Nas personagens mascaradas das grutas franco-cantábricas viu-se uma referência a "sessões xamânicas" (↔ 31.1).

É no mesolítico, quando a principal forma de economia parece ser a caça, que tem início a domesticação de animais e a descoberta do valor alimentar dos cereais selvagens. Também do mesolítico proviriam as instituições tipicamente masculinas nas quais o homem imita o comportamento dos carnívoros. Ainda no início da década de 1970 apareceu uma ficção etológica segundo a qual esse comportamento seria bem mais antigo e teria contribuído para a "hominização". Certos etólogos acreditavam mesmo que a agressividade assassina teria sido a fatalidade de nossa raça. Na verdade, trata-se de hipóteses sem outro fundamento além das crenças pessoais de certos eruditos em certas épocas. Adquirido recentemente, o comportamento dos caçadores não poderia marcar definitivamente a história humana. Etólogos como Konrad Lorenz levavam sua desconfiança sobre o homem até o ponto de atribuirem-lhe – apenas a ele entre os animais – a qualidade relativa de não ter inibições que lhe impediriam matar seus congêneres. Essa posição foi rejeitada no próprio seio da sociobiologia por estudiosos como E. O. Wilson.

O mesolítico está associado a várias invenções importantes: arco, corda, rede, barco. Se acreditarmos, como ainda o fazem os sociobiólogos neodarwinistas, na especialização econômica dos sexos, então o mérito da descoberta da agricultura caberá exclusivamente às mulheres. A "revolução neolítica" ocorre por volta de 8000 a.C. Aproximadamente em 7000, uma nova economia baseada na cultura dos cereais aparece na bacia mediterrânea, na Itália, em Creta, na Grécia, na Anatólia meridional, na Síria e na Palestina (o "Crescente Fértil"). Com a agricultura, os ritmos da vida e as crenças religiosas mudam radicalmente. Entre os caçadores, o destino humano está intimamente ligado ao da caça; entre os agricultores, o objeto de solidariedade mística passa a ser a vegetação: os cereais na bacia mediterrânea e na América Central e as plantas tuberosas no Sudeste Asiático e na América tropical. Com a agricultura, a religião passa a girar em torno dos mistérios da mulher: ela é comparada à terra nutriz, sua gestação é o símbolo da vida oculta da semente e da regeneração; seu ciclo menstrual passa a ser vinculado a todos os ciclos naturais, como o da lua, das marés, das plantas e das estações. A religião é centrada nas deusas, descendentes das Vênus esteatopígicas do paleolítico. Estatuetas suas foram encontradas nas escavações de Hacilar, Çatal Hüyük, Jericó (por volta de 7000 a.C.), mas elas se multiplicam durante o período que Marija A. Gimbutas chama de "Europa antiga", que vai de 6500 a.C. até as invasões dos indo-europeus. Mas a estudiosa báltico-americana acredita que na Europa antiga uma cultura matrilocal pacífica teria perdurado vinte mil anos, do paleolítico ao neolítico e ao calcolítico. As deusas são muitas vezes representadas como mulheres-pássaros ou serpentes, têm traseiro avantajado (que com bastante freqüência serve para representar os testículos em estatuetas fálicas) e seus companheiros são diversos animais, como o touro, o urso, o bode, o cervo, o sapo, a tartaruga, etc. Os indo-europeus, nômades, patriarcais e violentos, teriam destruído os valores religiosos das regiões conquistadas, sem, porém, conseguir suprimir as antigas deusas que, com os nomes de Ártemis, Hécate ou Kubaba/Kybele, teriam continuado a ter culto e fiéis.

A Idade do Ferro traz, com a nova tecnologia, uma rica mitologia que submete os metais a um tratamento "agrícola", atribuindo-lhes um processo de gestação e de amadurecimento no ventre da terra. Aqui encontramos o embrião da ideologia alquímica.

26.3 *As culturas matrilocais e eventualmente ginecocráticas* do neolítico produziram os cerca de 50.000 monumentos megalíticos encontrados em Portugal, na Espanha, na França, na Inglaterra, no norte da Alemanha, na Suécia, etc. Compreendem templos, túmulos, menires, estelas. Em sua leitura da morfologia dos monumentos e da estrutura simbólica dos petroglifos, Marija Gimbutas chegou à conclusão de que eles sempre fazem referência à Grande Deusa, vista freqüentemente com o aspecto terrível de Rainha dos Mortos. A interpretação é sugestiva, mas não foi unanimemente aceita.

26.4 *Bibliografia*. Eliade, H 1/1-15; M. Edwardsen e J. Waller, *Prehistoric Religions: An Overview*, in ER 11, 505-6; M. Gimbutas, *Old Europe*, in ER 11, 505-15, e *Megalithic Religion: Prehistoric Evidence*, in ER 9, 336-44; B. A. Litvinskii, *The Eurasian Steppes and Inner Asia*, in ER 11, 516-22; K. J. Nartr, *Palaeolithic Religion*, in ER 11, 149-59; D. Srejovic, *Neolithic Religion*, in ER 10, 352-60; J. S. Lansing, *Historical Cultures*, in ER 9, 344-6.

Muitos temas referentes às religiões da pré-história foram discutidos no volume redigido por Emmanuel Anati, *The Intellectual Expressions of Prehistoric Man: Art and Religion*, Capo di Ponte/Milão, 1983.

# 27

## Religião dos
## ROMANOS

27.0 *A península itálica antes da unificação romana* abrigava povos de origem diversa, sendo os mais importantes os gregos das colônias meridionais, os latinos do centro e os etruscos ao norte do Tibre. Estes últimos são provavelmente de origem asiática. Eram famosos desde o fim da República (início do século I a.C.) por seus *libri augurales*, interpretações de oráculos, e, mais especificamente, pelos aruspícios (exame das entranhas da vítima sacrifical). Nenhum desses textos chegou até nós. As fontes arqueológicas não são suficientes para dar-nos uma idéia satisfatória sobre as crenças dos etruscos.

27.1 *Os latinos, povo indo-europeu* instalado inicialmente na região central chamada Latium Vetus (Velho Lácio), fundam a cidade (*urbs*) de Roma em 21 de abril de 753 a.C. No século VI a.C., os romanos iniciam sua expansão territorial a expensas dos outros latinos e das tribos vizinhas. Uma série de sete reis mais ou menos míticos, os quatro primeiros latinos e os três últimos etruscos, reina sobre Roma. O último rei, Tarquínio Soberbo, teria sido expulso em 510 pela população de Roma, que se transforma em República. A República continua sua política expansionista na bacia mediterrânea, donde a importância crescente do papel político dos comandantes militares, que tendem a acumular as funções capitais do Estado. Um deles, César, general particularmente talentoso, proclama-se *dictator perpetuus* e *imperator* em 45 a.C., antes de ser assassinado por um grupo de senadores republicanos (15 de março de 44). Seu sobrinho

Otaviano, que recebe o título honorífico de Augusto, tornar-se-á efetivamente imperador em 27, sem contudo abolir as instituições republicanas, mantidas *pro forma*. Augusto morre aos setenta e seis anos, em 14 d.C., e é divinizado postumamente. O império romano, que, no século II d.C., se estende por toda a bacia mediterrânea, pela Europa ocidental, central e sul-oriental e pela Ásia Menor, será dividido em 395 em Império Ocidental, conquistado em 476 pelos germanos, e Império Oriental ou Bizantino (segundo o nome de sua capital Constantinopla/Bizâncio, fundada por Constantino I em 330), conquistado pelos turcos otomanos em 1453.

27.2 *A religião romana arcaica* está fundada num panteão divino e numa mitologia fortemente influenciados pelas crenças gregas. Por outro lado, uma infinidade de divindades autóctones e de rituais fossilizados, às vezes enigmáticos, deixam entrever a herança indo-européia autêntica dos romanos, submetidos a uma interpretação que Georges Dumézil definiu como "historicizante". (Assim, Dumézil observa, por exemplo, que a descrição feita pelo historiador Tito Lívio [64 ou 59 a.C.-17 d.C.] da guerra entre romanos e sabinos corresponde, em outros povos indo-europeus, a episódios puramente mitológicos.) Foi também Dumézil que ressaltou a existência de uma "ideologia tripartida" indo-européia na tríade romana Júpiter (soberania), Marte (função guerreira) e Quirino (função nutritiva e protetora). O antigo sacerdócio romano compreende o rei (*rex sacrorum*, função cujo aspecto religioso será mantido na República), os *flamines* dos três deuses (ou *flamines maiores: flamen Dialis, flamen Martialis, flamen Quirinalis*) e o *pontifex maximus* ou sumo sacerdote, função que, já com César, acabará pertencendo ao imperador.

Muitas vezes comparada ao judaísmo (↔) ou ao confucionismo (↔), a religião romana tem em comum com o primeiro o interesse pelo acontecimento concreto, histórico; e, com o segundo, o respeito religioso pela tradição e pelo dever social expresso pelo conceito de *pietas*.

27.2.1 *Roma*, cujo caráter religioso de sua fundação foi inúmeras vezes ressaltado, reservava para os altares das divindades autóctones um círculo interior marcado com pedras e chamado *pomerium*. O Campo de Marte, onde a cada cinco anos a cidade era purificada pelo sacrifício de um touro, de um javali e de um carneiro, situava-se fora dessa zona íntima onde o poder militar (*imperium militiae*) não era admitido. As divindades mais recentes, mesmo as mais importantes como Juno Regina, eram colocadas *extra pomerium*, em geral no monte Aventino (exceção feita ao templo de Castor, instalado no perímetro do *pomerium* pelo ditador Aulo Postúmio no século V). As divindades arcaicas situadas dentro do *pomerium* têm, freqüentemente, nomes, características e festas bizarras: Angerona, deusa do equinócio da primavera, Matuta, deusa das matronas, etc.

A antiga tríade Júpiter-Marte-Quirino, ladeada por Jano Bifronte e pela deusa ctoniana Vesta, é substituída, no tempo dos Tarquínios, pela nova tríade Jupiter Optimus Maximus-Juno-Minerva. Os deuses, que correspondem a Zeus, Hera e Atena, passam a ter estátuas. O ditador Aulo Postúmio institui uma nova tríade no Aventino: Ceres (Deméter), Líber (Dioniso) e Líbera (Core) (↔ 15.3). Os romanos iam incorporando cultos locais à medida que ocupavam o território dos deuses vizinhos. Entre os mais célebres está a deusa lunar Diana de Nemi, padroeira dos escravos fugitivos, que será transferida para o Aventino.

27.2.2 *O culto doméstico*, cujo centro era o lar, consistia em sacrifícios de animais e oferendas de alimentos e flores aos ancestrais, Lares e Penates, e ao gênio protetor do lugar. O matrimônio era celebrado no lar sob os auspícios das divindades femininas (Telo, Ceres). Mais tarde, passou-se a fazer o juramento conjugal em nome de Juno. Duas vezes por ano a cidade festejava os espíritos dos mortos, os Manes e os Lêmures, que voltavam à terra e saciavam a fome com os alimentos que tinham sido postos sobre os túmulos.

A partir de 399 a.C., os romanos começaram a oferecer cada vez mais sacrifícios, chamados *lectisternia*, a deuses agrupados em pares e cujas estátuas ficavam expostas nos templos (Apolo/Latona, Hércules/Diana, Mercúrio/Netuno).

27.2.3 *Os sacerdotes romanos* formavam o colégio pontifical, que compreendia o *rex sacrorum*; os *pontifices* com seu superior, o *pontifex maximus*; os *flamines maiores*, em número de três; e os *flamines minores*, em número de doze. Ao colégio pontifical estavam ligadas as seis vestais, escolhidas com a idade de seis a dez anos para um período de trinta anos, durante o qual elas deviam conservar a virgindade. Em caso de contravenção, eram emparedadas vivas. Instituição semelhante é verificada no império dos incas. A função das vestais era manter o fogo sagrado.

O colégio augural utilizava livros etruscos (*libri haruspicini, libri rituales* e *libri fulgurales*) e gregos (oráculos sibilinos, dos quais existem contrafações judaicas e cristãs), a fim de determinar as ocasiões fastas e nefastas. Em Roma existiam outros grupos religiosos especializados, como os Feciais; os sacerdotes Sálios; os *Fratres Arvales*, protetores dos campos; os *Luperci*, que celebravam as Lupercálias em 15 de fevereiro batendo nas mulheres com correias de couro de bode para garantir sua fertilidade (*Lupa*, loba, sinônimo de "prostituta", designava a sexualidade desenfreada; Rômulo, fundador mítico de Roma, e seu irmão Remo tinham sido criados por uma "loba").

27.3 *O fervor religioso dos romanos* aumenta sensivelmente na época imperial, como observa muito bem Arnaldo Momigliano. César e Augusto são divinizados postumamente. Ainda que seus sucessores não tenham sido divinizados automaticamente, isso criou um precedente abundantemente explorado mais tarde, quando o imperador e mesmo seus amigos foram muitas vezes divinizados em vida. César inaugura também a acumulação, que se tornará indissolúvel, da função de *imperator* e de chefe religioso, *pontifex maximus*. Exatamente como o culto dos antigos deuses, o do imperador tinha seus sacerdotes e suas cerimônias. A eles eram dedicados templos, quer exclusivos, quer associados a algum venerável predecessor ou à recente divindade Roma, que tinha na cidade seu epônimo. No século III, os imperadores tendem a identificar-se com dois deuses: Sétimo Severo e sua esposa Júlia Domna fazem-se adorar como Júpiter e Juno.

27.4 *O culto imperial* é uma inovação que marca o fim da religião romana tradicional, sua etapa ultrapassada ou *kitsch*. Se, nessa época, há algo de vital, trata-se das sínteses intelectuais helenísticas, por um lado (↔ 16), e dos mistérios (↔ 24), por outro. Para frear a expansão maciça do cristianismo, os escritores pagãos recorrerão à exegese platônica dos antigos mitos, conferindo-lhes, assim, um simbolismo poderoso. Celso, no século II; Porfírio, no século III; o imperador Juliano; o "partido pagão" de Símaco; e os platônicos Macróbio e Sérvio, no fim do século IV, oporão ao totalitarismo cristão uma visão religiosa pluralista, com hermenêutica platônica, esforçando-se por recuperar e enobrecer todas as crenças do passado, mesmo as que, à primeira vista, eram mais avessas à razão. A elite romana ainda será alimentada por essas crenças até a queda do Império, após o que elas continuarão sua existência subterrânea em Bizâncio.

27.5 *Bibliografia.* Eliade, H 2/161-68; R. Schilling, *Roman Religion: The Early Period*, in ER 13, 445-61; A. Momigliano, *The Imperial Period*, in ER 13, 462-71, que contém vasta bibliografia.

# 28

# TAOÍSMO

28.1 *Fontes*. Os clássicos do taoísmo são o *Tao-te king*, atribuído ao fundador mítico do caminho (= Tao), Lao-tse, e o *Chuang-tse*, que tem esse nome devido a seu suposto autor. A lenda situa o nascimento de Lao-tse entre 604 e 571 a.C. A datação do *Tao-te king* ("Clássico do Caminho e da Virtude") é controvertida; alguns estudiosos adotam a versão tradicional, enquanto outros, como Arthur Waley, atribuem-lhe uma data de composição muito recente, 240 a.C. Quanto a *Chuang-tse*, teria vivido no século IV a.C.

Mas reduzir o taoísmo a esses dois textos seria mais grave que reduzir o cristianismo aos quatro Evangelhos. Pois o esoterismo filosófico-médico e alquímico, bem como ritual, do mais popular ao mais elaborado, forma a parte imersa desse gigantesco iceberg. Em certo sentido, o taoísmo só é comparável à tradição platônica de mil faces, que ora toma o aspecto do misticismo judeu de Fílon, ora o do ritual teúrgico dos *Oráculos Caldeus*, ora o do gnosticismo, ora o do purismo filosófico de Plotino, ora o da mito-magia luxuriante do neoplatonismo tardio, ora o da doutrina ortodoxa dos Padres da Igreja.

O cânon taoísta (*tao-tsang*) foi impresso em 1926 em Xangai, em 1.120 fascículos. Em seu livro *The Parting of the Way* (1957), Holmes Welch contava 36 traduções inglesas do *Tao-te king*, enquanto não existia nenhuma síntese completa sobre o taoísmo. A situação praticamente não mudou até hoje, mas foram feitos alguns progressos decisivos pelas novas gerações de sinólogos no estudo dos aspectos esotéricos do taoísmo.

28.2 *Antigas mitologias.* Ao cabo de dez épocas míticas de que somos informados por uma crônica antiga, o imperador amarelo Huang Ti (*c.* 2600 a.C.), associado ao elemento Terra e à fabricação da seda, inaugura a época da China histórica. Herói cultural e xamã, supõe-se que o imperador amarelo seja capaz das proezas que o historiador das religiões espera de uma personagem como ele: como os iatromantes gregos, Huang Ti entra freqüentemente em estado de catalepsia e visita as províncias dos espíritos incombustíveis que, tais como os habitantes das ilhas Bem-aventuradas de Platão, caminham pelo ar e deitam-se sobre o espaço vazio como num leito. A mitologia dos Imortais está, assim, ligada à idade de ouro do imperador amarelo, sábio e justo governador. Os Imortais (Hsien) mantêm uma relação misteriosa com o povo feliz das Fadas, a ponto de às vezes serem confundidos com elas. O Hsien King, ou território dos Imortais, é a Montanha (Hsien Shan) ou os Nove Palácios (Chin Kung), talvez os nove cimos do monte mítico Chin I. Seu país às vezes é descrito como simultaneamente montanhoso e insular, e as três ilhas dos Bem-aventurados nos mares do Oriente são designadas como San Hsien Shan (Montanhas Insulares). O imperador Shih Huang-ti teria para lá enviado, em 217 a.C., uma expedição em busca do elixir da longa vida; seis mil jovens teriam desaparecido nas vagas.

Hsi Wang Mu, mãe das Fadas, gratificou o imperador Wu Ti, da dinastia Han (202 a.C.-220 d.C.), com quatro pêssegos que tinham um sabor especial e só brotam a cada três mil anos. Os pêssegos são às vezes o símbolo dos Imortais, raça que está na mesma categoria dos Perfeitos (Chen Jen) e dos Santos (Shen). Matam a sede com um vinho celeste (*t'en-chin*), caminham pelo ar e usam o vento como veículo. Se fingem morrer, ao se abrir seu ataúde não se encontra vestígio algum do cadáver, mas apenas algum objeto simbólico.

Mais tarde, o taoísmo desenvolve várias doutrinas referentes aos homens deificados, símbolos eternos do Caminho e penhores do seu sucesso. Sob a influência do budismo, os Imortais tornam-se uma hierarquia celeste. Mas, segundo outra tradição, continuam vivendo nas Cinco Montanhas Sagradas, para onde são feitas peregrinações, sendo a mais imponente T'ai Shan, em Chan-Tung. A aspiração suprema do adepto é unir-se um dia aos Imortais da Montanha Ocidental K'un-lun, país da feliz rainha Hsi Wang Mu, que cavalga os gansos e os dragões; alimentar-se com a planta de imortalidade e abeberar-se no Rio de Cinábrio, que é preciso atravessar para chegar ao além, tal como o Aqueronte do mito platônico do *Fédon*. A Montanha e as Grutas Celestes iluminadas pela sua luz interior, como a caverna da *Viagem ao centro da terra* de Júlio Verne, são o território fantástico da busca do adepto, que nelas penetra munido de amuletos e fórmulas mágicas, à procura da droga, do elixir, da panacéia. Penetrando na Montanha, o taoísta penetra em si mesmo e descobre a leveza do ser que o torna imponderável. Desvencilha-se de todas as convenções, sociais e lingüísticas, e altera sua consciência de maneira que expulsa dela os hábitos e as obrigações adquiridas. Como Chuang-tse, sonha que é uma borboleta e, ao despertar, se pergunta se foi ele que sonhou ser borboleta ou se foi a borboleta que sonhou ser Chuang-tse. O mundo é um edifício irreal construído de sonhos nos quais os seres sonhados engendram o sonhador, exatamente como as mãos de Escher desenham-se uma à outra para poder desenhar.

28.3 A idéia da leveza do ser, que não é circunscrito por suas pesadas obrigações para com o Estado, não era de feição a agradar o confucionismo, elevado pela dinastia Han à categoria de ideologia oficial, posição essa que conservaria até 1911. Quando o budismo aparece na China (↔ 6.8), as *Três Religiões* precisarão disputar o coração dos fiéis. E isso será feito às vezes com métodos excessivamente duros, sobretudo no fim da dinastia Tang (618-907), quando a religião mais perseguida será também a mais poderosa da época: o budismo (↔ 6.8). A partir da chegada do budismo, o taoísmo passa a sofrer de complexo de inferioridade. Por um lado, o confucionismo obriga-o a renegar as práticas ocultas e os deuses populares; por outro, o budismo submete-o a uma pressão intelectual à qual ele é incapaz de responder. Mas, como já sabemos, a imponderabilidade essencial do ser taoísta abriga o fermento da utopia e da revolta. Só uma organização poderosa pode contê-lo e esta, submetida a um Mestre Celestial, aparece depois da queda da dinastia Han (220 d.C.) e mantém-se até hoje, tentando ainda ter credibilidade aos olhos do Estado.

Se, como demonstra Judith Berling em *The Syncretic Religion of Lin Chao-en* (1980), a partir do século XI, aproximadamente, a vida religiosa dos chineses é dominada por uma síntese intelectual das Três Religiões, isso não significa que as relações políticas entre taoísmo, confucionismo e budismo tenham sido pacíficas. Os imperadores que favorecem o budismo geralmente perseguem o taoísmo, e vice-versa. Foi sob a influência do budismo que os taoístas adotaram a via monástica. De 666 a 1911, seus mosteiros mistos são subvencionados pelo Estado; é provável que os antigos rituais sexuais realizados nas comunidades taoístas continuem sendo praticados durante uma parte da época monástica, a despeito da moral budista professada pelos religiosos. Contudo, o movimento monástico jamais atingirá, entre os taoístas, a popularidade que tinha no budismo. Em contrapartida, a corte imperial adotará de bom grado o espírito universalista do taoísmo, sua liturgia minuciosa e complexa, seus rituais ocultos, suas invocações mágicas.

Na época Ming (1368-1644), o intelectual confuciano Lin Chao-en (1517-1598) vê a necessidade de proclamar a unidade das Três Religiões e elabora uma síntese na qual os procedimentos da alquimia interior taoísta desempenham papel importante.

O taoísmo é praticado ainda hoje. Duas obras recentes, *The Teachings of Taoist Master Chuang* (1978), de Michael Saso (sobre o Mestre Chuang-chen Teng-yun, de Hsin-chu em Taiwan, morto em 1976) e *Taoist Ritual in Chinese Society and History* (1987), de John Lagerwey (sobre Mestre Chen Jung-sheng, de Tainan em Taiwan), dão-nos indicações preciosas sobre as práticas contemporâneas em Taiwan.

28.4 *Doutrina e prática.* Embora o *Tao-te king* proclame incessantemente a supremacia do nada sobre o ser, do vazio sobre o pleno, isso não deve ser entendido no termo simplista de uma negação da vida. Ao contrário, o objetivo último do taoísmo é a obtenção da imortalidade. Esse objetivo insere-se numa teoria complexa da economia do corpo cósmico. O ser humano é a imagem do universo, animado por um sopro primordial dividido em *yin* e *yang*, feminino e masculino, Terra e Céu. O fenômeno da vida identifica-se com esse sopro oculto por trás de suas manifestações. Se for preservado e alimentado, o ser humano será capaz de atingir a imortalidade. Há numerosos procedimentos para alimentar o princípio vital: ginástica, dietética, técnicas respiratórias e sexuais, absorção de drogas, alquimia interior, etc. A meditação é parte integrante do taoísmo e anterior ao budismo. Consiste na determinação de uma topografia interna muito precisa, feita de "palácios" em que o adepto coloca os deuses, visita-os, homenageia-os e com eles conversa. Henri Maspero deixou-nos uma descrição notável dessas antigas técnicas taoístas, que vão perdendo progressivamente a importância devido à padronização, ao seu caráter cada vez mais uniforme e monótono.

Ao contrário, as técnicas de *t'ai hsi*, ou respiração embrionária, que consistem na prática de uma apnéia cuja duração é cada vez mais longa (como no *prāṇāyāma* da yoga), e do *fang-chung shu*, ou "arte do dormitório", que consiste no bloqueio do conduto seminal para impedir a ejaculação, prosperarão enquanto não suscitarem as desconfianças do puritanismo confuciano. Nos dois casos, a intenção é atingir a imortalidade e nos dois casos os sopros (respiração no *t'ai hsi* e sopro espermático no *fang-chung*) são redistribuídos de forma que se conserve ou revitalize o princípio vital. Em sua *Vie sexuelle en Chine ancienne* (1961), Robert van Gulik acredita que o *fang-chung* é adotado pela nobreza confuciana mesmo na ausência de qualquer outra referência à ideologia taoísta, em virtude dos casamentos poligâmicos que impõem ao marido um desempenho sexual superior a suas capacidades normais. Numerosos textos populares vulgarizaram a idéia desse "vampirismo sexual" que forma a base de muitas crenças chinesas e que, habitualmente exercido pela mulher, pode ser revertido em proveito do homem ou dos dois parceiros ao mesmo tempo, com vistas a obter o rejuvenescimento.

O objetivo da alquimia taoísta é a fabricação do elixir da imortalidade. Nas técnicas exteriores, o elixir é uma substância potável; na alquimia interior (*nei-tan*), que começa na época Tang (618-907), é o mesmo princípio vital que todos os procedimentos taoístas mencionados acima tentam isolar, avivar, aumentar. O vocabulário é alquímico, mas o resultado é o mesmo procurado na respiração embrionária e no *fang-chung*: ao termo das operações *nei-tan*, o elixir dourado sobe ao cérebro e daí desce para a boca. Ingurgitado, torna-se um Santo Embrião que, depois de dez meses de gestação, faz o adepto renascer como Imortal Terrestre. Depois de nove anos de prática, o Imortal estará pronto. Os clássicos da alquimia interior são as coleções *Tao-shu* ("Eixo do tao", cerca de 1140) e *Hsiu-chen shih-shu* ("Dez escritos sobre a cultura da perfeição", após 1200). Mestre Chuang, de Taiwan, conhecia ainda os segredos do *nei-tan*, mas também os da magia taoísta, que consiste na invocação dos espíritos das estrelas de um modo que lembra o de Agripa de Nettesheim (século XVI) e os manuais de magia popular do Renascimento. Desses espíritos, cujos nomes e aspecto exterior lhe são conhecidos, Mestre Chuang pode exigir coisas extraordinárias, mas limita-se a exortá-los a respeitar o Tao celeste. Mestre Chuang também praticava a Magia do Trovão, muito em voga na época Song (960-1279), que, na realidade, é uma forma de alquimia interior.

28.5 *Bibliografia*. Em geral, D. S. Nivison, *Chinese Philosophy*, in ER 3, 245-57; D. L. Overmyer, *Chinese Religion: An Overview*, in ER 3, 257-89; A. P. Cohen, *Popular Religion*, in ER 3, 289-96; N. J. Girardot, *Mythic Themes*, in ER 3, 296-305, *Hsien*, in ER 6, 475-7, e *History of Study*, in ER 3, 312-23; Wing-Tsit Chan, *Religious and philosophical Texts*, in ER 3, 305-12; L. G. Thompson, *Chinese Religious Year*, in ER 3, 323-28; D. S. Nivison, *Tao & Te*, in ER 14, 283-86; F. Baldrian, *Taoism: An Overview*, in ER 14, 288-306; J. Lagerwey, *The Taoist Religious Community*, in ER 14, 306-17; J. Magee Boltz, *Taoist Literature*, in ER 14, 317-29; T. H. Barrett, *History of Study*, in ER 14, 329-32.

As obras clássicas sobre o taoísmo continuam sendo: Henri Maspero, *Le Taoïsme*, Paris, 1971; e Max Kaltenmark, *Lao Tseu et le Taoïsme*, Paris, 1965. Sobre a alquimia chinesa, o melhor trabalho é de Joseph Needham, *Science and Civilization in China*, 5 vols., Cambridge, 1954-1983.

Entre as obras recentes, assinalamos: Michael Saso, *The Teachings of Taoist Master Chuang*, New Haven, 1978; Isabelle Robinet, *Méditation taoïste*, Paris, 1979; Judith A. Berling, *The Syncretic Religion of Lin Chao-en*, N. York, 1980; Kristofer Schipper, *Le Corps taoïste*, Paris, 1982; Michel Strickmann (org.), *Tantric and Taoist Studies in Honor of R. A. Stein*, 2 vols., Bruxelas, 1983; F. Baldrian-Hussein, *Procédés secrets du Joyau magique: Traité d'alchimie taoïste du onzième siècle*, Paris, 1984; Judith Magee Boltz, *A Survey of Taoist Literature, Xth to XVIIth centuries*, Berkeley, 1986; John Lagerwey, *Taoist Ritual in Chinese Society and History*, N. York, 1987.

# 29

## Religião do TIBETE

29.1 É bem recente a mudança de perspectiva na interpretação da antiga religião do Tibete, que os estudiosos tradicionalmente identificavam com o *Bon* (↔ 6.10). Na realidade, a religião autóctone, chamada "religião dos homens" (*mi-chos*), precedeu o Bon e o advento do budismo, designados pela expressão "religião dos deuses" (*lha-chos*). As fontes para conhecimento do *mi-chos* são bastante escassas: fragmentos de mitos, de rituais e de técnicas de adivinhação, inscrições, refutações da antiga religião redigidas pelos budistas e crônicas chinesas da dinastia Tang (618-907). Antigas práticas foram assimiladas pelo budismo e pelo Bon, mas é extremamente difícil isolá-las das novas estruturas nas quais foram inseridas.

29.2 A instituição principal da antiga religião era a realeza sagrada. O primeiro rei era tido como um ser descido do céu por uma montanha, uma corda ou uma escada; os reis arcaicos voltavam fisicamente ao céu, como os Imortais taoístas (↔ 28.2), sem deixar cadáver atrás de si. Mas o sétimo rei foi morto e para sua morte foram instituídos os primeiros ritos funerários, que previam o sacrifício de vários animais que servem de guias para o morto no caminho para o outro mundo. Na era dos reis imortais, os protótipos celestes de plantas e de animais foram transferidos para a terra, para servirem à raça humana. Mas a humanidade é constantemente obrigada a escolher entre os mandamentos dos deuses celestes e a invasão dos demônios infernais (*klus*), que já causaram a degradação do mundo. Depois da destruição de um mundo, ocorre um novo ciclo, que parte novamente do zero. É impossível precisar a antiguidade dessas crenças; certos estudiosos estimam que elas não existiam antes do século VI ou VII e que representam uma justificação do culto real tomado de empréstimo à China imperial.

29.3 Embora a antiga religião fosse comumente designada pelo termo *Bon*, é consenso atualmente reservar esse nome apenas ao *Bon-po*, que não se constitui como religião antes do século XI, mas que tem alguns elementos pré-budistas. O fundador do Bon seria Shenrab ni-bo, vindo de uma região ocidental denominada Zhang-shung, ou Tazig. Seu nascimento e sua trajetória são miraculosos. Quando se retira para o Nirvāṇa, Shenrab deixa um filho, que prega a doutrina durante três anos. Os textos atribuídos a Shenrab e pretensamente traduzidos da língua do Zhang-shung foram inseridos no *Kanjur* e no *Tanjur* no século XV, com forma nitidamente influenciada pelo budismo.

29.4 *Bibliografia.* Eliade, H 3/312-14; P. Kvaerne, *Tibetan Religions: An Overview*, in ER 14, 497-504; M. L. Walter, *History of Study*, in ER 14, 504-7.

# 30

## Religião dos TRÁCIOS

30.1 *População*. A palavra grega *thrakes* designava os habitantes do nordeste da Península Balcânica, que compreendia cerca de duzentas tribos comprimidas entre os citas a leste; os panônios, os dálmatas e os ilírios a oeste; os bálticos e os celtas ao norte. Ao sul do Danúbio passa a linha de demarcação de duas áreas lingüísticas e culturais: os trácios do sul e os trácios do norte (geto-dácios).

30.2 *Fontes*. Não é certo que os trácios tenham conhecido a escrita. Se conheceram, não estamos em condições de decifrar os poucos vestígios que chegaram até nós. As inscrições votivas em grego fornecem cerca de 160 nomes e epítetos de divindades da Trácia meridional. Quanto ao restante, dependemos inteiramente das informações dos escritores gregos e latinos, desde Heródoto e Platão (século V a.C.) até Jordanes (século VI d.C.), o historiador dos godos, que nasceu na costa ocidental do Mar Negro (antiga província dos getas) e, portanto, tinha interesse em transformar os piedosos getas em ancestrais dos godos.

30.3 *A religião* divide-se de acordo com a mesma linha de demarcação que separa o norte do sul. O motivo é aquilo a que poderíamos chamar a reforma de Zálmoxis, que marca profundamente as crenças e as instituições do norte. Mas os deuses conhecidos pelos gregos no século V a.C. (Sabázios, Bêndis, Cótis), tanto quanto personagens como Dioniso e Orfeu, aos quais se atribuía origem trácia, certamente provinham da Trácia meridional.

30.3.1 Segundo Heródoto, os trácios adoravam quatro divindades correspondentes a Ares, Dioniso, Ártemis e Hermes, estando o culto destes últimos reservado aos reis. Ares-Marte é documentado por Jordanes, mas seu nome não é conhecido. Os outros três também não puderam ser identificados com precisão.

Bêndis, cultuada em Atenas no início do século V a.C., era uma deusa do matrimônio. Foi identificada com Ártemis e com Hécate.

Sabázios é um deus trácio que cedo se implanta na Frígia (Ásia Menor). É conhecido em Atenas desde o século V a.C., onde suas cerimônias noturnas compreendiam uma purificação por fricção com lama. No século IV a.C., chega até a África, onde se torna deus celestial, certamente por identificação com o Baal semítico. Recebe o epíteto de *hypsistos* (supremo). É impossível saber se subsiste algo de trácio nos mistérios de Sabázios na época romana (↔ 24.2).

Quanto a Cótis, ou Cotito, sabe-se que eram feitas orgias em sua honra, durante as quais os homens se fantasiavam de mulher.

Uma divindade celeste masculina é importante entre os trácios do norte; entre os do sul, essa divindade é feminina, pois se identifica com Hera.

Duas práticas são comprovadas tanto no norte quanto no sul: a tatuagem e o enterro ou cremação das viúvas ao lado do marido morto (os trácios eram polígamos). Mas a tatuagem tem vários valores simbólicos: no sul, são os nobres que se tatuam; no norte, as mulheres e os escravos, em memória de um sofrimento infligido a Zálmoxis.

Todos os trácios praticavam o enterro ou a incineração dos cadáveres. No norte, preferia-se a cremação. A morte era festejada como acontecimento feliz, mas as motivações da alegria variam segundo as fontes. No norte, a reforma de Zálmoxis fornece uma versão bastante coerente para isso.

30.3.2 A informação do geógrafo Estrabão sobre o vegetarianismo e a continência dos *theosebeis* ("adoradores dos deuses"), *ktiastais* ("fundadores") e *abiois* (lit. "sem vida"), que se alimentavam exclusivamente de queijo, leite e mel, parece referir-se exclusivamente aos getas que habitavam a província de Mésia. Alguns trácios, cognominados *kapnobatais* ("que andam sobre a fumaça"), utilizavam, provavelmente, a fumaça do cânhamo como agente alucinógeno.

30.4 *A religião dos trácios* é relativamente mais conhecida graças ao reformador Zálmoxis, que mais tarde foi divinizado. Na Grécia, no século V a.C., Zálmoxis era associado a Pitágoras e à medicina psicossomática, muitíssimo apreciada por Platão (*Carmides* 156d-57c).

30.4.1 Segundo a interpretação grega, Zálmoxis pertence à categoria especial dos videntes e curandeiros apolíneos conhecidos com o nome técnico de "iatromantes" (↔ 15.3.2). Os princípios da sua religião – imortalidade da alma, vegetarianismo, etc. – realmente estão próximos do pitagorismo. Na origem, Zálmoxis parece ter sido um profeta e associado do rei geta. Sua lenda comporta uma história de ocultação e epifania vagamente semelhante à das divindades morredouras como Átis, Osíris e Adônis.

Com o nome de Gebeleizis, Zálmoxis era, porém, um deus celeste. A cada quatro anos, os getas enviavam-lhe uma mensagem por intermédio da alma de um guerreiro jogado sobre as pontas de três lanças. Se o mensageiro não morresse, era preciso recomeçar. Os guerreiros getas não temiam a morte. É provável que Zálmoxis lhes tivesse falado sobre a imortalidade da alma do guerreiro num paraíso cuja descrição não possuímos.

30.4.2 O culto de Zálmoxis estava ligado ao reinado geto-dácio e à aristocracia. Os sacerdotes de Zálmoxis, dos quais o historiador godo Jordanes nos fornece uma lista que vai de aproximadamente 80 a.C. até 106 d.C., muitas vezes eram reis. O mais importante deles, Deceneu, foi conselheiro do rei geta Burebista (*c.* 80-44 a.C.). Ele ensinou cosmologia, astrologia e astronomia aos getas, além das regras de um misterioso calendário que foi encontrado nas ruínas da antiga capital do rei dácio Decébalo (m. 106 d.C.), Sarmizegetusa Regia (atual Gradistea Muncelului, no sudeste da Romênia). Outro templo, pertencente às mesmas ruínas, contém uma grande sala subterrânea que provavelmente lembrava a câmara para a qual Zálmoxis se retirara durante três anos, simulando o desaparecimento.

30.4.3 O historiador judeu Flávio Josefo (século I d.C.) já conhecia a reputação de santidade de certos dácios, que ele comparava com a seita dos essênios. O nome *pleistois* que lhes aplicava indica provavelmente que eles usavam gorros, o que é confirmado por Jordanes, segundo o qual os aristocratas getas usavam algo para cobrir a cabeça (*pilleus*), ao passo que os plebeus andavam de cabeça descoberta. Sabe-se que o sacerdócio geto-dácio estava intimamente vinculado à aristocracia guerreira e à realeza, a tal que ponto que dois dos sucessores de Deceneu, os sacerdotes Comosicus e Corilo, provavelmente predecessor ou pai de Decébalo, haviam sido reis.

30.5 *Bibliografia*. Bibliografia recente e discussão sobre documentos e hipóteses da pesquisa em: I. P. Couliano e C. Poghirc, *Geto-Dacian Religion*, in ER 5, 537-40, *Thracian Religion*, in ER 14, 494-7, e *Zalmoxis*, in ER 15, 551-4.

# 31

# XAMANISMO

31.0 *O xamanismo* não é propriamente uma religião, mas um conjunto de métodos extáticos e terapêuticos cujo objetivo é obter o contato com o universo paralelo, mas invisível, dos espíritos e o apoio destes últimos na gestão dos assuntos humanos. Em que pese ter-se manifestado nas religiões de praticamente todos os continentes e em todos os níveis culturais, o xamanismo "fez da Ásia Central e Setentrional sua terra de eleição" (Jean-Paul Roux, *Religion des Turcs et Mongols*, p. 61). O termo "xamã" é de origem tungue e significa "feiticeiro". A palavra turca comum para designar o xamã é *kam*. Iacutos, kirghiz, uzbeks, kazaks e mongóis utilizam outros termos. O grande xamã na época das invasões mongóis é *beki* que, provavelmente, originou o turco *beg*, "senhor", que se tornou *bey*. Os historiadores muçulmanos atribuem poderes xamânicos ao próprio Gengis Khan.

31.1 *Xamanismo asiático*. Os turcos, os mongóis e os tungúsios-manchus pertencem à família lingüística altaica, que sucede a família mais antiga uralo-altaica, da qual também faziam parte os finlandeses, os húngaros, os estonianos e vários outros povos asiáticos. Muitos desses povos converteram-se mais tarde a alguma religião ou até, com o passar do tempo, a várias religiões universais (budismo, cristianismo, islamismo, judaísmo, maniqueísmo, zoroastrismo). A instituição do xamanismo deve ser buscada no seu passado histórico ou em relíquias renegadas de data mais recente. Jean-Paul Roux fez um excelente bosquejo dos testemunhos antigos sobre o xamanismo turco e mongol (*Rel. Turcs. et Mon.*, pp. 61-98). Hoje, a tendência de grande número de estudiosos de etnologia e de semiótica é atribuir origens xamânicas às pinturas rupestres da Sibéria (cerca de 1000 a.C.), com base em traços distintivos que elas apresentam em comum com o costume e os rituais xamânicos comprovados pelos etnógrafos (↔ 26.1). Esses dados são corroborados por fontes gregas a partir do século VI a.C., que também sugerem que no século V a.C. ainda existia na Grécia um tipo de xamã autóctone. Uma vez que observações semelhantes também são válidas para outras religiões de povos arcaicos que conhecem a escrita (iranianos, chineses, tibetanos, etc.), tanto quanto para povos sem escrita cuja história se desenrolou em condições de relativo isolamento, como os aborígines australianos, não se exclui a possibilidade de que a perspectiva histórico-cultural seja mais proveitosa ao estudo do xamanismo que a perspectiva história pura e simples. Algum dia, quando já estiver constituída, a disciplina de psicologia histórica nos fornecerá conceitos-chave que ainda fazem falta para a pesquisa do xamanismo. Mesmo constatando que o xamanismo autêntico floresceu na Ásia Central e Setentrional (povos turco-mongóis, himalaios, fino-úgricos e árticos), a maioria dos especialistas concorda em incluir na área do xamanismo a Coréia, o Japão, a Indochina e as duas Américas.

31.1.1 *Entre os povos de caçadores e pescadores da Sibéria Setentrional*, o xamã tem função clânica (iucagires, evenkis), local (ngarasanis) ou sem suporte social (tchukchus, koriaques). No sul agrícola (iacutos, buriatos, tuvinianos, khakases, evenkis, etc.), a instituição do xamanismo é mais complexa e o *status* do xamã varia segundo seus poderes pessoais. O xamã siberiano, mesmo quando herda a função do pai, deve submeter-se a uma iniciação individual cujos elementos são em parte tradicionais (transmissão de conhecimentos) e em parte sobrenaturais (obtenção de auxiliares entre os espíritos). Visitado pelos espíritos, o xamã inicialmente é tomado por uma doença psíquica que só desaparece quando, atravessando o território desértico da morte e voltando à vida, ele aprende a manipular seus visitantes para realizar viagens extáticas cujo objetivo será, na maioria das vezes, curativo. Nas sessões, o xamã utiliza vários objetos que simbolizam suas faculdades particulares e o ajudam a pôr-se a caminho para a terra dos espíritos: o tambor fabricado com a madeira de uma árvore que simboliza a árvore cósmica, a coifa, o traje que associa seu dono aos espíritos e ao mesmo tempo lembra um esqueleto, símbolo da morte e da ressurreição iniciática. Durante a sessão, o xamã chama seus espíritos auxiliares e depois, em estado de transe (que não é necessariamente associado ao consumo de alucinógenos ou de produtos tóxicos), viaja para a terra dos espíritos. Na Sibéria Central e Oriental (iucaguirs, evenkis, iacutos, manchus, nanays, orotchis), o xamã é muitas vezes possuído pelos espíritos, que falam através dele.

31.1.2 *O complexo xamânico existe entre todos os povos árticos*, que pertencem a vários grupos lingüísticos: urálo, que compreende os saamis ou lapões, os komis (zirianos), os samoiedos (nentsis-iuracos e nganasanis-tavgis) e os dois povos úgricos: khantis (ostíacos) e mansis (voguis); tungue, que compreende os evenkis e os evenis; turco, que compreende principalmente os iacutos (e os dolganos, tribo tungus); iucagir (os iucagires, aparentados aos fino-úgricos); paleossiberiano, que compreende os chukchus, os koriaques e os itelmanos; inuit (esquimós), que compreende os aleútes. Embora menos complexas que no sul da Sibéria, as sessões xamânicas dos povos árticos são, porém, mais intensas. Entre alguns deles, como os índios algonquinos da América do Norte, o xamã deixa-se amarrar numa tenda fechada, que é violentamente sacudida pelos espíritos (*shaking-tent ceremony*), que o libertarão das amarras.

A maioria dos inuits vive na Groenlândia, no Canadá e no Alasca. Entre eles, a obtenção dos poderes xamânicos caracteriza-se pela fortíssima experiência da morte iniciática. Eles praticam a cura das doenças pela sucção e pela técnica de adivinhação chamada *qilaneq*, pela variação do peso de um objeto seguro na mão ao serem feitas diversas perguntas aos espíritos. *Quamaneq*, ou visualização do esqueleto, é uma técnica muito difundida, que caracteriza o estágio de obtenção dos poderes xamânicos.

31.1.3 *Na Coréia e no Japão* o xamanismo geralmente é praticado pelas mulheres. A cegueira é sinal de eleição. No norte da Coréia, a mulher-xamã é procurada pelos espíritos; no sul ela herda a função dos pais. A doença iniciática não lhe é poupada; ela pode ser visitada por um espírito apaixonado e, nesse caso, a vida conjugal torna-se-lhe intolerável.

31.1.4 O xamanismo está presente entre os povos das zonas fronteiriças entre o Tibete, a China e a Índia (miaus, na-shis, nagas, lushai-kukis, khasias, etc.), assim como entre os povos da Indochina (hmongs, khmers, laos, etc.), da Indonésia e da Oceania.

31.1.5 *O xamanismo norte-americano*, como o ártico, em suas origens não utiliza substâncias alucinógenas. Os poderes xamânicos são obtidos de diversas maneiras, sendo as mais comuns a solidão e o sofrimento. Em várias regiões os xamãs tendem a formar associações profissionais. Os membros da Sociedade da Grande Medicina (Midewiwin) das tribos dos Grandes Lagos iniciam um novo membro "matando-o" ("fuzilando-o" com cauris ou outros objetos simbólicos que supostamente penetram em seu corpo) e "ressuscitando-o" na cabana medicinal. A extração do espírito da doença por sucção é muito difundida.

31.1.6 *O xamanismo sul-americano* apresenta os mesmos motivos das outras regiões culturais: doença iniciática, visualização do esqueleto, casamento com um espírito, cura por sucção, etc. Além disso, o xamanismo sul-americano caracteriza-se pelo emprego de substâncias alucinógenas (*banisteriopsis caapi* ou iajé são as mais conhecidas) ou tóxicas (como o tabaco) e pela presença de cerimônias coletivas de iniciação. A utilização do chocalho para invocar os espíritos é mais generalizada que a do tambor. Os espíritos muitas vezes são ornitomorfos. O xamã pode freqüentemente transformar-se em jaguar.

31.2 *Bibliografia*. M. Eliade, *Shamanism: An Overview*, in ER 13, 201-8; A.-L. Siikala, *Siberian and Inner Asian Shamanism*, in ER 13, 208-15; S. D. Gill, *North American Shamanism*, in Er 13, 16-9; P. T. Furst, *South American Shamanism*, in ER 13, 19-23; A. Hultkranz, *Arctic Religions: An Overview*, in ER 1, 393-400; I. Kleivan, *Inuit Religion*, in ER 7, 271-73.

Em geral, ver Mircea Eliade, *Le Chamanisme et les techniques archaïques de l'extase*, Paris, 1964; Matthias Hermanns, *Schamanen, Pseudoschamanen, Erlöser und Heilbringer*, vols. 1 e 2, Wiesbaden, 1970; Jean-Paul Roux, *La Religion des Turcs et des Mongols*, Paris, 1984.

# 32

# XINTOÍSMO

32.1 A religião nacional do Japão é um vasto complexo de crenças, costumes e práticas que recebeu tardiamente o nome de xintó (*shinto*), para ser distinguido das religiões provenientes da China: budismo (*butondo*) (↔ 6.9) e confucionismo (↔ 9). Com o cristianismo, que aporta no Japão depois de 1549, temos um conjunto de quatro religiões no arquipélago nipônico que subsistem até hoje.

A palavra *xintó* significa "Caminho (*to*, chinês *tao*) dos *kamis*" ou divindades tutelares de todas as coisas.

32.2 A fonte mais antiga referente às tradições étnicas do Japão é o *Kojiki* ("história das coisas antigas"), constituído por volta de 712 pelo oficial Ono-Yasumaro a pedido da imperatriz Gemmei, segundo as informações obtidas de um chantre dotado de memória infalível. O *Kojiki* conta a história do Japão desde a criação do mundo até 628.

O *Nihongi* ("Crônica do Japão"), em trinta e um volumes dos quais ainda subsistem trinta, é uma vasta compilação terminada em 720. Outros dados sobre as crenças nipônicas primordiais estão contidos no *Fudoki* (século VIII), no *Kogo-Shui* (807-8), no *Shojiroku* e no *Engi-Shiki* (927). Os documentos chineses escritos a partir dos Wei (220-265) também representam uma fonte de informações preciosas sobre o Japão antigo.

A arqueologia revela-nos a existência de uma cultura neolítica (*Jomon*) caracterizada por estatuetas femininas de argila (*dogus*) e cilindros (fálicos?) de pedra polida (*seribo*). Em época posterior

(*Yayoi*), os japoneses praticavam a escapulomancia e a adivinhação com casco de tartaruga. Depois, a inumação de cadáveres de cócoras da era Kofun apresenta problemas insolúveis de interpretação para a história das religiões.

32.3 Mas não são os únicos que o exegeta enfrenta. *A antiga mitologia do Japão* aparece como uma variante combinatória de mitologias encontradas em outros lugares. Apesar das tentativas de autores antigos e modernos, de Agostinho a Claude Lévi-Strauss, nenhuma explicação realmente convincente sobre a unidade fundamental de todas as mitologias foi dada até hoje. (Dizer que ela repousa na constância das operações lógicas é engenhoso mas pouco verossímil; isso implicaria, aliás, um sistema oculto de orientação do mecanismo de classificação binária, uma espécie de dispositivo mitopoético do cérebro.)

As cinco primeiras divindades do xintoísmo surgem espontaneamente do caos. Após vários acasalamentos nascem Izanagi (Aquele-que-convida) e sua irmã Izanami (Aquela-que-convida), os quais, a partir da ponte flutuante celeste, criam, por agitação, a primeira ilha nas águas salgadas do mar. Descem para essa ilha e descobrem a sexualidade e seu uso observando uma alvéloa. O produto de seu acasalamento, durante o qual é cometido um erro, é Hiruko (sanguessuga), que não os satisfaz, pois, com a idade de três anos, é incapaz de erguer-se (mitologema do primogênito malformado). Acasalando-se de novo, eles geram as ilhas do Japão e os Kamis, até que o Kami do fogo queima a vagina da mãe e a mata. Furioso, Izanagi decapita o desastrado, cujo sangue dá origem a muitos outros Kamis. Como Orfeu, ele parte em seguida para os Infernos (País-da-Fonte-Amarela) para recuperar Izanami, que lá está detida por ter degustado os alimentos infernais (mito de Perséfone). Não obstante, ela conta com a cooperação do Kami do lugar, contanto que Izanagi não a vá procurar durante a noite. Mas Izanagi não cumpre a promessa e, à luz de uma tocha improvisada, percebe que sua esposa não passa de um cadáver apodrecido e coberto de vermes. Oito fúrias, as Pavorosas-Megeras-do-País-da-Noite, perseguem Izanagi, mas este joga para trás o seu chapéu, que se transforma em videira. As fúrias atrasam-se para devorar as uvas. O episódio, como nos contos do mundo inteiro, repete-se por três vezes, sendo os obstáculos seguintes brotos de bambu e um rio. Depois que Izanagi escapuliu, a própria Izanami parte à sua procura, acompanhada pelos oito Kamis do Trovão e pelos mil e quinhentos Guerreiros do País da Noite. Mas Izanagi bloqueia com um rochedo a passagem entre os dois territórios, e as duras palavras da separação serão pronunciadas por sobre esse rochedo: Izanami levará todos os dias mil vivos para o seu reino, mas Izanagi causará a procriação de mil e quinhentos seres vivos por dia, para que o mundo não se despovoe. Purificando-se da mácula do contato com a morte, Izanagi dá origem ao Kami mais importante do panteão xintoísta, a deusa do Sol Amaterasu (Grande Luminária Celeste), e ao deus astucioso Sosa-no-o.

Inúmeras gerações de Kamis vão enchendo sucessivamente a distância que separa as divindades das origens dos seres humanos. Certos Kamis estão no cerne de ciclos míticos, sendo os mais importantes Izumo e Kyushu. São os homens de Kyushu que, migrando para o país (mítico?) de Yamato, tornar-se-ão os primeiros imperadores do Japão.

32.4 *O xintoísmo antigo* comporta uma reverência especial pelos Kamis, manifestações onipresentes do sagrado. Na origem, os Kamis – sejam eles forças da natureza, ancestrais venerados ou simplesmente conceitos – não tinham santuários. Seu território era marcado apenas nas celebrações de ritos em sua honra. Sendo a agricultura o sistema produtivo tradicional do Japão, esses ritos e festas são sazonais. Além das cerimônias coletivas, também existe um culto xintoísta individual. A instituição do xamanismo (↔ 31) e os cultos de possessão são antigos. A cosmologia subjacente a essas crenças é primária. Ela comporta ora uma tripartição vertical (céu - terra - mundo subterrâneo dos mortos), ora uma bipartição horizontal (terra - Tokoyo ou "mundo perpétuo") do cosmo.

Na origem, cada grupo humano estruturado possui seu próprio Kami. Mas a unificação imperial acarreta o imperialismo do Kami do imperador, a deusa Amaterasu Omikami. No século VII, por influência do sistema político chinês, um escritório central dos Kamis cuida de registrar todos os Kamis do império, para que o governo central lhes construa santuários e os reverencie devidamente. No século X, o governo mantém cerca de três mil santuários.

O budismo, introduzido no Japão em 538 e incentivado pelo Estado no século VIII, produzirá sínteses interessantes com o xintoísmo. Numa primeira etapa, os Kamis foram identificados com os *devas* (deuses) do budismo; mais tarde, foi-lhes atribuído o papel superior de avatares dos próprios Bodhisattvas. Um intercâmbio ativo de representações alegóricas entre Budas e Kamis afetou as duas religiões. Durante o xogunato dos Kamakura (1185-1333), marcado pela extraordinária criatividade do pensamento budista japonês, aparecem um Tendai Shintō e um xintoísmo tântrico (Shingon). Um movimento contrário de desvinculação do xintoísmo ocorrerá nos séculos seguintes (Watarai e Yoshida Shintō). Na Era Edo (Tóquio, 1603-1867) opera-se uma síntese do xintoísmo com o confucionismo (Suiga Shintō). Embora o Renascimento (Fukko) xintó de Motoari Norinaga (século XVII) vise à restauração do xintoísmo em sua pureza integral, criticando o amálgama com o budismo e o confucionismo, o movimento acabará por aceitar a idéia católica da Trindade e a teologia dos jesuítas. Enquanto no período Tokugawa (Edo, 1603-1867) a síntese xintoísmo-budismo se torna religião de Estado, na posterior Era Meiji (depois de 1868) o xintoísmo puro passa a ser religião oficial.

32.5 *A reforma religiosa dos Meiji* provocou a distinção de quatro tipos de xintoísmo: Koshitsu ou xintó imperial, Jinja ou xintó praticado nos santuários, Kyoha ou xintó sectário, e Minkan ou xintó popular.

Os ritos imperiais são privados, mas exerceram influência considerável sobre o xintoísmo dos santuários. Foi a religião oficial do Japão de 1868 a 1946. Atualmente está sob a tutela de uma associação centralizada (*Jinja honcho*).

O santuário xintoísta é a habitação do Kami, que está ligado a uma parte da natureza: uma montanha, um bosque, uma cascata. Entretanto, quando não é construído num sítio natural, é imprescindível que encerre uma paisagem simbólica. O templo é uma estrutura simples de madeira (como em Ise ou Izumo), às vezes enriquecida com elementos arquitetônicos chineses. Tradicionalmente, o edifício deve ser reconstruído a cada vinte anos.

Os ritos de purificação são essenciais ao xintoísmo. Consistem em certas abstinências, que precedem as grandes cerimônias ou acompanham a menstruação e a morte, praticadas originalmente por todos os fiéis – hoje apenas pelo sacerdote. Este tem o direito exclusivo de celebrar o *harai* ou rito de purificação por meio de uma vareta (*haraigushi*). As purificações são seguidas por oferenda de brotos da árvore sagrada *sakaki*, símbolo da colheita. Oferendas de arroz, saquê, etc., acompanhadas de música, dança e orações (*norito*) ao Kami, são o essencial da cerimônia.

O Kami é representado simbolicamente no santuário por um emblema (por exemplo, um espelho que simboliza Amaterasu), ou, por influência do budismo, por uma estatueta. Na cerimônia chamada *shinko* ou circundação da paróquia, o emblema do Kami é levado em procissão pelo bairro. Uma cerimônia propiciatória (*jichin-sai*) ocorre no local de uma nova construção. Nela está presente a idéia de que os inúmeros Kamis podem ser perigosos e de que é necessário aplacá-los em certos momentos. A prática do xintoísmo, tanto coletiva quanto individual, é designada pelo termo *matsuri*. Tradicionalmente, uma casa japonesa possuía um *kamidana*, ou altar privado, no meio do qual se erguia um templo em miniatura. Nele, a presença do Kami era evocada por objetos simbólicos.

32.6 *Na época do xintoísmo de Estado* (1868-1946), quando os sacerdotes eram funcionários dependentes do Jingikan ou Departamento do Xintoísmo, o governo foi, por outro lado, obrigado a conceder a liberdade religiosa no Japão, o que significou, em primeiro lugar, a cessação da proscrição do cristianismo. Mas a Constituição Meiji de 1896 também foi objeto de interpretação política negativa, na medida em que uma religião só tinha direito a existir se fosse oficialmente reconhecida pelo Estado. O Jingikan teve de resolver o problema, por vezes difícil, da classificação das novas religiões que surgiram a partir da segunda metade do século XIX. Embora muitas vezes suas relações com o xintoísmo fossem superficiais e problemáticas, treze novos cultos (doze fundados entre 1876 e 1908) foram inventariados como "seitas xintoístas": Shintō Taikyo (sem fundador, reconhecido em 1886), Kurozumikyo (fundado por Kurozumi Munetada em 1814), Shintō Shuseiha (fundado por Nitta Kuniteru em 1873), Izumo Oyashirokyo (fundado por Senge Takatomi em 1873), Fusokyo (fundado por Shishino Nakaba em 1875), Jikkokyo (fundado por Shibata Hanamori, reconhecido em 1882), Shintō Taiseikyo (fundado por Hirayama Shosai, reconhecido em 1882), Shinshukyo (fundado por Yoshimura Masamochi em 1880), Ontakekyo (fundado por Shimoyama Osuka, reconhecido em 1882), Shinrikyo (fundado por Sano Tsunehiko, reconhecido em 1894), Misogikyo (fundado pelos discípulos de Inone Masakane em 1875), Konkokyo (fundado por Kawate Bunjiro em 1859) e Tenrikyo (fundado por uma mulher, Nakayama Miki, em 1838, reconhecido em 1908, separado do xintoísmo em 1970; a seita Honmichi deriva desta). A partir de 1945 surgiu grande número de "seitas novas" (uma estatística de 1971 contava 47).

O xamanismo japonês era tradicionalmente exercido pelas mulheres. Por conseguinte, várias religiões recentes reservam para as mulheres carismas especiais.

32.7 *A "religião popular" (minkan shinko)* do Japão, embora tenha muitos pontos em comum com o xintoísmo popular, é diferente deste. Representa um conjunto de ritos propiciatórios, sazonais e especiais tomados de empréstimo às três grandes religiões do Japão. Por isso, é comum dizer-se que o japonês vive como confucionista, casa-se como xintoísta e morre como budista. Em casa, ele possui um altar xintoísta e um budista. Respeita as proibições geomânticas (a entrada das casas nunca deve estar voltada para nordeste, etc.) e o calendários dos dias fastos e nefastos. Quanto aos costumes respeitados, os mais importantes estão ligados ao Ano Novo (*shogatsu*), à primavera (*setsubun*, 3 de fevereiro), à Festa das Bonecas (*hana matsuri*, 8 de abril), ao Dia dos Meninos (*tango no sekku*, 5 de maio), à Festa do Kami da Água (*suijin matsuri*, 15 de junho), à Festa da Estrela (*tanabata*, 7 de julho), à Festa dos Mortos (*bon*, 13-16 de julho), ao equinócio do outono (*aki no higan*), etc.

A unidade social que participa desses ritos é às vezes a família ampliada (*dozoku*), às vezes uma comunidade baseada na vizinhança (*kumi*).

32.8 *Bibliografia.* J. M. Kitagawa, *Japanese Religion: An Overview*, in ER 7, 520-38; H. Naofusa, *Shinto*, in ER 13, 280-94; A. L. Miller, *Popular Religion*, in ER 7, 538-45; M. Takeshi, *Mythical Themes*, in ER 7, 544-52; H. P. Varley, *Religious Documents*, in ER 7, 552-7.

Os textos xintoístas são traduzidos e apresentados em Post Wheeler, *The Sacred Scriptures of the Japanese*, N. York, 1952.

A melhor obra sobre as religiões japonesas são de Joseph Mitsuo Kitagawa, *Religion in Japanese History*, N. York/Londres, 1966. A revista *History of Religions* dedicou um número ao xintoísmo (1988, vol. 27, nº 3): *Shinto as Religion and as Ideology: Perspectives from the History of Religions*, que contém artigos de J. M. Kitagawa e outros.

Sobre a política religiosa no Japão atual, ver *Japanese Religion. A Survey by the Agency for Cultural Affairs*, Tóquio/N. York/S.Francisco, 1972.

# 33

# ZOROASTRISMO

33.1 *Religião pré-Zaratustra*. A religião do Irã antes da reforma de Zaratustra não é fácil de decifrar. Ao lado de elementos originais, apresenta traços comuns com a Índia védica, como, por exemplo, o sacrifício (*yaz*, cf. sânscr. *yajña*) de animais cujo espírito reúne-se com a entidade divina chamada Geush Urvan ("Alma do Touro") e o uso da bebida *haoma* (sânscr. *soma*), com propriedades alucinógenas. Os seres divinos pertenciam a duas classes: *ahuras* ("senhores"; cf. sânscr. *asuras*) e *daivas* ("deuses"; sânscr. *devas*), ambas positivas.

Essa religião correspondia a uma sociedade dominada pela aristocracia guerreira e por suas confrarias iniciáticas, cujas práticas violentas culminavam no estado de "furor" (*aêshma*). Os sacrifícios de animais como o boi (*gav*) e o consumo de *haoma* (mencionado em *Yasna* 48.10, 32.14 como bebida que consistia na urina eliminada depois da ingestão de uma droga) constituíam a parte principal do culto.

33.2 *Zaratustra*. É difícil situar a reforma de Zaratustra (grego Zoroaster) no tempo. Tudo leva a crer que o reformador viveu em algum lugar do Irã Oriental, por volta de 1000 a.C. A mensagem original de Zaratustra opunha-se de várias maneiras à experiência religiosa anterior: condenava os sacrifícios sangrentos e o uso do *haoma*, propondo também uma mudança total do panteão, que se tornava, assim, *monoteísta* e *dualista*. A nova religião, cujo caráter seria modificado pela própria evolução subseqüente, é comumente chamada *zoroastrismo*.

33.3 *Zoroastrismo antigo.*

33.3.1 *As fontes* do zoroastrismo foram redigidas a partir do século IV ou VI d.C., mas são constituídas por vários estratos. O *Avesta* é formado por várias divisões: *Yasna* (Sacrifícios), *Yasht* (Hinos às divindades), *Vendidad* (regras de pureza), *Vispered* (culto), *Nyāyushu* e *Gâh* (orações), *Khorda* ou Pequeno Avesta (orações cotidianas), *Hadhōkht Nask* (Livro das Escrituras), *Aogemadaēchā* (Nós aceitamos), que contêm instruções sobre o além e o *Nirangistān* (normas culturais). Consta que a parte mais antiga dos *Yasnas*, os *Gāthās* (Hinos), remontaria ao próprio Zaratustra.

Tão importantes quanto as fontes avésticas são os escritos em pálavi (persa médio), cuja maior parte foi redigida no século IX: *Zand* (Interpretação do Avesta), *Bundahishn* (Gênese zoroastriana), *Dēnkard* (coletânea de informações sobre a religião), *Seleções* do sacerdote Zātspram, *Dādistān i Denig* do sacerdote Mānushcihr, o texto sapiencial *Dādistān i Mēnōg i Khrad*, o texto apologético *Shkand-gumānig Vizār* (Destruição sistemática de todas as dúvidas) e o Livro (*Nāmag*) de Ardā Virāz, sacerdote que viaja para o além. Textos zoroastrianos mais recentes são redigidos em persa, em gujarati, em sânscrito e até em inglês.

Encontram-se numerosos monumentos alegóricos iranianos, inscrições dos Aquemênidas (Dario I, 522-486; Xerxes, 486-465; Artaxerxes II, 402-359 a.C.), até as dos soberanos Sassânidas (Shapur I, 241-272, e Narses, 292-302 d.C.). Mesmo não sendo tipicamente religiosas, permitem-nos lançar algumas luzes sobre o estatuto e o caráter da religião nessas diferentes épocas. Mais importantes são as inscrições do Sumo Sacerdote (*mobād*) Kerdir, no início do período sassânida.

Gregos, cristãos e árabes também nos fornecem informações preciosas sobre o zoroastrismo, repartidas por um período que vai do século V a.C. ao século X d.C.

33.3.2 *A reforma zoroastriana* representa, como já vimos, uma reação contra o culto orgiástico das confrarias iniciáticas de homens guerreiros. Assiste-se a uma revolução puritana de costumes, comparável, de alguma forma, à revolução órfica na Grécia antiga, que visa a uma reforma radical das orgias antropofágicas dionisíacas. No plano estritamente religioso a inovação mais extraordinária de Zaratustra consiste num sistema que combina monoteísmo e dualismo numa síntese original. É preciso deixar claro que os termos do problema da teodicéia permanecem os mesmos em todas as religiões e que o dualismo representa apenas uma das diversas soluções possíveis. O interessante no zoroastrismo é o recurso à idéia do livre-arbítrio cuja forma rudimentar não consegue esquivar-se à contradição lógica: de fato, Ahura Mazdā, o Senhor Supremo, é o criador de todos os contrastes (*Yasna* 44.3-5), mas seus dois filhos gêmeos, Spenta Mainyu (Espírito Benfazejo) e Angra Mainyu (Espírito Negador), devem escolher entre a ordem da verdade (*asha*) e a mentira (*druj*), consistindo ambas em pensamentos, palavras e atos bons ou maus. Isso, evidentemente, faz de Ahura Mazdā o criador do mal em duplo sentido: porque *druj* precede a escolha de Angra Mainyu e porque este é seu filho. Por outro lado, esse dualismo ético também apresenta aspectos teológicos, cosmológicos e antropológicos.

Na época indo-iraniana comum, assim como na religião pré-zoroastriana, os *daivas* (sânscr. *devas*) e os *ahuras* (sânscr. *asuras*) eram seres divinos. No zoroastrismo, eles sofrem uma evolução inversa à que lhes ocorre na Índia: os *ahuras* são os deuses que escolhem *asha* e os *daivas* são os demônios que escolhem *druj*.

A função de intermediários entre o Espírito Benéfico e a humanidade continuamente submetida à escolha moral é desempenhada pelos sete Amesha Spentas, os "Imortais Benfazejos" *Vohu Manah* (Bom Pensamento), *Asha Vahishta* (Verdade Perfeita), *Khshathra Vairyia* (Senhoria Desejável), *Spenta Armaiti* (Devoção Benfazeja), *Haurvatāt* (Plenitude) e *Ameretāt* (Imortalidade). Os sete Imortais Benfazejos representam, ao mesmo tempo, o cortejo das virtudes de Ahura Mazdā e os atributos dos mortais que seguem a ordem da verdade, *asha*. O ser de verdade (*ashavan*), ao atingir um estado especial chamado *maga*, será capaz de unir-se aos Imortais Benfazejos e de tornar-se uno com o Espírito Benfazejo.

33.3.3 *Síntese sacerdotal*. Os sacerdotes avésticos orientais, chamados *âthravans* (cf. sânscr. *atharvans*), e depois os sacerdotes ocidentais (medas), conhecidos com o nome de Magos, submeteram a mensagem puritana de Zaratustra a uma reinterpretação que traria de volta a vigência dos usos pré-zoroastrianos e sistematizaria os dados já então tradicionais. A síntese sacerdotal foi feita sobre todo um patrimônio antigo. Chegou a recuperar o costume dos sacrifícios sangrentos e o uso do alucinógeno *haoma*. Transformou os Amesha Spentas, que eram apenas os atributos de Ahura Mazdā e ao mesmo tempo do *ashavan*, em *yazatas* ou divindades plenas. Recuperou antigos deuses, como Mitra, e transformou outros, como Indra, em demônios. É provavelmente a essa síntese que se devem as divindades masdeístas mencionadas nos *Yashts* do Avesta, Ardvī Sūrā Anāhitā e Mithra, deuses muito importantes durante o domínio dos Aquemênidas, oriundos da reinterpretação de uma deusa indo-iraniana que os indianos chamavam Sarasvatī (por influência de uma deusa do Oriente Próximo) e do deus indo-iraniano Mitra. No panteão masdeísta, Mithra preside, com Sraosha e Rashnu, ao julgamento da alma depois da morte. Outras *yazatas* ou divindades são Verethragna, que rege as vitórias; Vāyu, que rege o vento; Daēnā ou a imagem da religião realizada; Khvarenah ou Esplendor Real; haoma, etc.

## 33.4 *Zurvanismo*

33.4.1 *O problema*. Sob o domínio dos Sassânidas (século III d.C.), produz-se um renascimento religioso que parece desenrolar-se sob o signo da intolerância. É difícil definir se a ortodoxia, à época, é masdeísta ou zurvanista (do nome Zurvan, protagonista de certos mitos dualistas). Parece provável, como crê R. C. Zaehner, que o masdeísmo seja muito mais forte, mas que o zurvanismo predomine em certas épocas.

Ardashīr (Artaxerxes) é o restaurador do zoroastrismo, mas tratar-se-á do masdeísmo ou do zurvanismo? Shāpūr I, ao que tudo indica zurvanista, tem grande simpatia por Mani (↔ 11.5); seus dois irmãos Mihrshāh e Pērōz convertem-se ao maniqueísmo. Seu sucessor Hormizd I é favorável aos maniqueus, mas Bahrām I, secundado pelo temível Kerdīr, *mobadān mōbad* ou superior dos sacerdotes do fogo, manda prender Mani, que morre na prisão, e persegue seus adeptos. Shāpūr II, que sobe ao poder em 309 d.C., continua a política intolerante de Kerdīr. Segundo Zaehner, essa situação perdura até a época de Yezdigird I, chamado "o Pecador", cuja tolerância é louvada tanto pelos cristãos quanto pelos pagãos. No fim de seu reinado, seu Primeiro Ministro Mihr-Narsē projeta uma missão à Armênia. É possível que o mito de Zurvan, que nos é transmitido por dois autores armênios (Elishē Vardapet e Eznik de Kolb) e dois autores sírios (Teodoro bar Kōnai e Yohannān bar Penkayē), tenha algo a ver com a propaganda de Mihr-Narsē na Armênia, admitindo-se que Yezdigird I e os dois outros protetores de Mihr-Narsē, Bahrām V e Yezdigird II, fossem zurvanistas. O primogênito de Mihr-Narsē, que exerceu a função de sumo sacerdote (*hērbādan hērbad*), chama-se Zurvāndād; se ele for o mesmo "herético" (*sāstār*) mencionado com esse nome no *Vidēvdāt* (4.49), é então possível atribuir a esses três imperadores uma inclinação pelo zurvanismo. O imperador Kavād inflama-se com as idéias "comunistas" de Mazdak, mas seu sucessor Xosrau I volta à ortodoxia mandando massacrar Mazdak e os seus, restaura o masdeísmo e aprisiona os heréticos para convertê-los, matando sem piedade os reincidentes. Depois de Xosrau I, o Império persa entra em declínio; a conquista árabe está próxima.

33.4.2 *O mito*. Na versão do autor armênio Eznik de Kolb, a mais completa das quatro existentes, o mito principal do zurvanismo é assim exposto: Zurvan, ser provavelmente andrógino, cujo nome seria traduzido por Sorte ou Fortuna, existia antes de todas as outras coisas. Desejando ter um filho, oferece sacrifícios durante mil anos, após o que tem dúvidas sobre a utilidade desses sacrifícios. Nesse momento, dois filhos são concebidos em seu seio "materno": Ohrmazd, em virtude do sacrifício, e Ahriman, em virtude da dúvida. Zurvan promete que tornará rei o primeiro que chegar até ele. Ohrmazd revela esse desígnio a Ahriman, que se apressa em "varar o seio" de Zurvan e apresentar-se diante do pai. Zurvan não o reconhece: "Meu filho, diz ele, é perfumado e luminoso e tu és tenebroso e mal-cheiroso." Nisso Ohrmazd nasceu "em sua hora, luminoso e perfumado". Zurvan foi, portanto, obrigado pelo juramento a conceder a realeza a Ahriman, mas apenas por nove mil anos; depois disso Ohrmazd "reinará, e tudo o que quiser fazer, fará". Cada um dos dois irmãos começa a criar: "E tudo o que Ohrmazd criava era bom e reto, e o que Ahriman fazia era mau e tortuoso."

Outro mito zurvanista está muito próximo da atmosfera dos contos do demiurgo astuto, daquela personagem extremamente complexa, cômica e trágica ao mesmo tempo, que muitas vezes se revela mais sensata que o criador. Esse é o caso de Ahriman, que conhece um segredo de fabricação ignorado por Ohrmazd: ele sabe como fazer as luminárias para alumiar o mundo. Falando diante de seus demônios, Ahriman revela-lhes que Ohrmazd poderia fazer o sol mediante um acasalamento sexual com sua mãe e a lua, acasalando-se com sua irmã (alusão à prática do *xwētwodatih*, avéstico *xvetuk das*, que, em seu contexto, é muito honroso). O demônio Mahmi vai correndo até Ohrmazd e informa-o disso.

Um terceiro mito, finalmente, descreve um conflito de propriedade entre Ohrmazd e Ahriman: toda a água pertence a Ahriman, mas é com ela que os animais de Ohrmazd (cão, porco, asno e boi) matam a sede. Quando Ahriman proíbe-lhes tocar em sua água, Ohrmazd não sabe o que fazer, mas um dos demônios de Ahriman aconselha-o a dizer ao vizinho malvado: "Então retira a água de minha terra!" A astúcia não tem o resultado esperado, pois Ahriman incita uma de suas criaturas, o sapo, a engolir toda a água da propriedade de Ohrmazd. Novamente este cruza os braços até que outro partidário de Ahriman, a mosca, penetra no nariz do sapo, obrigando-o, assim, a soltar a água.

33.4.3 *Interpretações do zurvanismo.* É evidente que a reconstrução de um sistema zurvanista único e coerente é impossível, apesar das reiteradas tentativas de H. S. Nyberg, E. Benveniste, etc., que culminam a obra fundamental de R. C. Zaehner. É incontestável que o zurvanismo existiu, representando, talvez, um conjunto de teologias sectárias oficializadas na época dos Sassânidas. Mas, mesmo em presença de várias versões e de múltiplas alusões aos mitos zurvanistas, o argumento mais sólido quanto à existência dessas doutrinas continua sendo de ordem puramente negativa: deduzimo-la do silêncio voluntário dos textos pálavis tardios. Se não houvesse esse silêncio, não haveria prova alguma da força histórica real do zurvanismo; pois é negando-lhe existência que o masdeísmo tardio reconhece-lhe força. Evidentemente, surge então um problema histórico muitíssimo complexo: a polêmica dos textos maniqueístas contra o zurvanismo referir-se-á a uma hostilidade original entre as duas religiões? Ou será possível pensar numa estreita relação entre maniqueísmo e zurvanismo na época de Shapur I, o que poderia explicar a adoção do nome Zurvan na cosmogonia maniqueísta?

33.5 *Masdeísmo dos textos pálavis.* É lamentável que o único masdeísmo coerente de que dispomos, o dos textos pálavis, tenha sido redigido em data tão tardia. Quando nesses textos aparecem motivos míticos que já figuraram em escritos maniqueístas ou judeu-cristãos anteriores, os estudiosos do passado apressaram-se em concluir pela origem iraniana destes últimos. Ora, é muito mais provável que eles provenham do maniqueísmo ou do judeu-cristianismo. É possível que grande número de temas míticos dos escritos pálavis remontem ao Avesta e mesmo às divisões mais antigas deste. Mas os detalhes e as narrativas coerentes sobre a cosmogonia e a escatologia são-nos fornecidos exclusivamente pelos textos pálavis.

33.5.1 *Cosmologia*. A gênese masdeísta (*Bundahishn*) ocorre em duas formas de existência: o estado *mēnōk* ou "espiritual", que é por sua vez o embrião do estado *gētig*, ou físico. Este último não é absolutamente negativo, como são os corpos em Platão ou a matéria na tradição platônica tardia. Mas caracteriza-se pela "mistura" (*gumēčishn*) provocada pela ação de Ahriman, o mau espírito. Este mata o Touro e o Homem primordiais (Gaw-ī-ēw-dād e Gayōmard), cuja semente, porém, está na origem dos bons animais, mas também do primeiro casal humano, Mashya e Mashyānag.

As partes do mundo são criadas em seis etapas, a partir do céu de cristal até os homens. No centro da Terra está a montanha Harā e, em torno da Terra, a cadeia de montanhas Harburz (av. Harā Berezaiti). Os homens só habitam um dos sete setores (*kēshwar*) desse círculo, o Khvaniratha, ao sul do qual descem correntes de água do Harā, formando o mar Vurukasha, cujo centro é uma montanha de substância celeste (cristal), sobre a qual se encontra o protótipo de todas as Árvores, assim como a Árvore de Imortalidade ou Haoma Branco. Dois rios partem do mar Vurukasha, delimitando Khwaniratha a leste e a oeste.

33.5.2 *Escatologia coletiva*. O estado *gumēčishn* deverá ter fim com a separação (*wisārishn*) das criações dos dois Espíritos. A história do cosmo desenvolve-se em três etapas: o passado, dominado por Gayōmard e sua morte; o presente, dominado por Zaratustra e sua mensagem; e o futuro, dominado pelo Salvador ou Sōshans (av. Saoshyant).

Segundo o *Bundahishn*, a história do universo compreende quatro etapas de três mil anos cada uma, doze mil anos ao todo. Durante os primeiros três mil anos, Ohrmazd cria o mundo no estado *mēnōk* e Ahriman começa sua atividade destruidora. Os nove mil anos seguintes são marcados por uma trégua entre os dois deuses e a mistura de suas criações no estado *gētig*. Mas depois de três mil anos Ahriman ataca o mundo criado por Ohrmazd; é quando este cria a *fravashi*, ou "alma" de Zaratustra. Depois de mais uma vez três mil anos, o Profeta revela-se e a Boa Religião começa sua marcha triunfal no mundo.

Os três mil anos que restam serão governados por três Sōshans ou três filhos de Zaratustra; cada um deles aparecerá no início de um novo milênio: Ukshyatereta, Ukshyatnemah, Astvatereta.

A partir dos próprios Gāthās, o fim do mundo será marcado pela purificação no fogo e pela transfiguração da vida (Frashōkereti, pál. Frashgird). Um rio de fogo separará os justos dos ímpios. Os mortos ressuscitarão em corpos indestrutíveis depois de um sacrifício realizado pelo Salvador. Este nascerá da semente de Zaratustra depositada num lago, a oriente.

33.5.3 *Escatologia individual.* O julgamento da alma individual é um motivo antigo, mas seus detalhes se definem no Avesta recente e sobretudo nos textos em pálavi. Três dias depois da separação do corpo, as almas chegam à Ponte Cinvat, onde a realização da Boa Religião lhes aparecerá sob a forma de sua Daēnā, uma virgem de quinze anos para os bons masdeístas e uma horrível megera para os maus. Depois do julgamento dos deuses Mitra, Sraosha e Rashnu, as almas dos bons adeptos da religião atravessarão a ponte; os maus adeptos serão precipitados no inferno e os "tíbios", os que não foram nem bons nem maus, chegarão ao purgatório Hamestagan. O motivo da ponte que se alarga para permitir a passagem dos justos e se estreita para precipitar os ímpios no inferno representa um empréstimo recente ao cristianismo, no qual já estava em voga no século VI d.C.

A alma eleva-se ao céu em três etapas: há as estrelas, que correspondem aos "bons pensamentos" (*humata*); a Lua, que corresponde às "boas palavras" (*hūkhta*); e o Sol, que corresponde às boas ações (*hvashta*), para chegar, enfim, ao reino das Luzes Infinitas (*Anagra raosha*).

33.6 *Ritual.* O zoroastrismo tem, no início, um caráter anti-ritualista, mas acaba por reintegrar o sacrifício de animais e o culto do *haoma* contra os quais se erguera. Desconhecem-se templos e estátuas até a época de Artaxerxes II, que, sob a influência do Oriente Próximo, erige estátuas a Anāhitā. As "casas do fogo" servem para celebrar numerosos rituais centrados no fogo; o mais importante é o sacrifício do *haoma*, realizado por dois sacerdotes, o *rāpsī* e o *zōt* (av. *zaotar*, cf. sânscr. *hotr*), que declamam o texto dos *Yasnas* do Avesta.

Outros rituais seguem o calendário, que se inicia com o Ano Novo (*Nō Rūz*), festa consagrada às almas (*fravashis*). As grandes festas estão vinculadas aos dois soltícios e aos dois equinócios.

33.7 *Masdeísmo depois da conquista islâmica.* O zoroastrismo mantém-se no Irã depois da conquista árabe, como atesta a literatura pálavi. No século X, em decorrência de tentativas de rebelião contra os mulçumanos, a maioria dos zoroastrianos deixa o Irã, indo para o norte da Índia (Bombaim), onde formam até hoje a comunidade fechada e rica dos parses. Os masdeístas que ficaram no Irã são, ao contrário, pobres e oprimidos.

Atualmente, o total de zoroastrianos no mundo é de cerca de 130.000 (recenseamento de 1976), dos quais 77.000 estão na Índia, 25.000 no Irã, 5.000 no Paquistão e 23.000 nos Estados Unidos.

33.8 *Bibliografia.* Eliade, H 1, 100-112; 2, 212-17; G. Gnoli, *Zoroastrianism*, in ER 15, 578-91; *Zarathustra*, in ER 15, 556-59; *Iranian Religions*, in ER 7, 277-80; *Zurvanism*, in ER 15, 595-6. R. C. Zaehner, *Zurvan: A Zoroastrian Dilemma*, Oxford, 1955.

# SEGUNDA PARTE

# ÍNDICE COMENTADO

Aarão: Irmão mais velho e porta-voz de Moisés; primeiro sacerdote dos israelitas (*Êxodo, Números*). Capitulou diante da vontade do povo e mandou construir o ídolo de um bezerro de ouro (Ex. 32).

Abássidas: 20.5

Abelardo, Pedro: 10.4.9

Abhidharma: 6.1; 6.4

Abhinavagupta (*c.* 975-1025 d.C.), grande filósofo tântrico (śaiva) de Caxemira, autor do *Tantrāloka*. Professa um "não-dualismo supremo" (*paramadvayavāda*) que excede o não-dualismo védico (*advaita vedānta*).

Abissínia: 1.5.1

Abraão: Patriarca judeu, pai de Isaac e avô de Jacó e de Ismael, beneficiário de uma aliança com Deus que o torna ancestral do povo judeu, segundo o Gênese bíblico. Pilar do monoteísmo jeovista, viaja com a mulher Sara de Ur, na Mesopotâmia, para Haran, e daí para a Terra Prometida, Canaã.

Abraham b. David: 22.7

Abraham ibn Daud: 22.6

Abū Bakr: 20.2

Abū Ḥanīfah: 20.7

Abū Ma'shar: 16.1.2

Abulafia, Abraão b. Samuel: 22.7

Achanti: 1.1.2

Acholi: 1.2

Adad: 7.1; 23.2. Deus assírio-babilônico da tempestade, associado ao sumeriano Ishkur e ao deus Dagon dos semitas ocidentais.

Adão: Primeiro homem segundo o Gênese bíblico (caps. 1 e 2). Em Gn. 2,7 ele é feito de argila (hebreu *adamah*) e Deus insufla-lhe o sopro da vida pelas narinas. Paradigma da humanidade, Adão foi banido do Jardim do Éden com sua mulher Eva, viveu novecentos e trinta anos e gerou Caim, Abel e Set.

Adivinhação: 1.0; 1.1.1; 1.2; 2.11

Adônis: 24.1. Belo amante de Afrodite/Vênus, mutilado e morto por um javali (situação análoga à do mesopotâmico Dumuzi/Tamuz e do anatoliano Átis).

Advaitavāda: 17.6

Aēshma: 33.1

Afkodrê: 1.5.3

Afrodite: 15.3.4

Aga Khans: 20.6.3

Agamas: 17.7; 17.7.2; 17.7.4.

Aglábidas: 20.5

Agni: 17.2

Agostinho (santo): 1.0; 6.9; 10.4.7

Aher: 22.5.1

Ahiṃsā: 21.4. Palavra sânscrita que significa "não-violência". Conceito fundamental entre os jainas, os budistas e os hindus, popularizado no Ocidente no século XIX pelo filósofo alemão Arthur Schopenhauer; retomado pelo hinduísmo ocidentalizante e pelo movimento de independência de Mohandas Gandhi (1869-1948).

Ahl-i Ḥaqq: 20.6.2

Ahriman: 33.4.2; 33.5.1; 33.5.2 (pálavi; avéstico Angra-Mainyu); "Mau Espírito", deus zoroastriano do mal e da mentira, filho do monarca divino Ahura Mazdā e irmão de Spenta Mainyu ("Bom Espírito") no masdeísmo clássico; irmão de Ohrmazd no zurvanismo da época sassânida.

Ahu: 25.2

Ahuras: 33.3.2 (avéstico para "Senhores"), classe de seres divinos do zoroastrismo, que tem um protótipo indo-iraniano. Na índia, os *asuras* evoluem entretanto para uma classe de demônios (↔ 17.2).

Aiye: 1.1.1

Aimarás: 4.0

Ainos (Religião dos): Religião tribal xamânica dos indígenas ainos das ilhas do norte do Japão. Entre suas divindades encontram-se as deusas do sol, da lua e do fogo. A água, os bosques e as montanhas têm seus seres divinos que visitam o mundo humano disfarçados em animais. O principal ritual dos ainos consiste no sacrifício propiciatório de um urso domesticado. Os ainos respeitam todas as criaturas animadas. Os ritos funerários têm a finalidade de apaziguar a alma e impedir que ela volte na forma de mau espírito. (Cf. J. M. Kitagawa, *"Ainu Bear Festival (Iyomante)"*, in *History of Religions* 1/1961, 95-151.)

Akans: 1.1.2

Akas: 1.3.2

Akhenaton: 12.5. Amenófis IV da XVIII dinastia, rei do Egito (*c.* 1360-1344 a.C.), realizador de uma reforma religiosa de curta duração que converteu o deus solar Áton em deus supremo do panteão egípcio. A reforma também teve uma dimensão política, artística (novo naturalismo) e lingüística (promoção da língua vernacular).

Akitu: 23.5. Antiga festa mesopotâmica muito difundida, encontrada já em documentos escritos por volta de 2000 a.C. (Ur III). Na Babilônia, no primeiro milênio a.C., a festa é uma celebração do Ano Novo durante o mês primaveril de Nisan. Exalta a soberania do deus da cidade, Marduk, e comemora sua vitória sobre o monstro marinho Tiamat, descrita no poema *Enuma Elish*, e seu casamento com a deusa Sarpanitu.

Akiva ben Joseph: 22.1; 22.6 (*c.* 50-135 d.C.). Rabino tanaíta torturado e morto pelas autoridades romanas durante a revolta político-religiosa de Bar Kochba. Famoso por suas técnicas exegéticas inspiradas e sua influência sobre a Mishna, a Tosefta e o judaísmo ulterior.
Alá: 20 *passim*
Alacatufes: 4.4
Alalu: 18.2
Alasca: 3.3
Alberto Magno: 10.4.9
Albigenses: 10.4.9
Albumasar: 16.1.2
Alchera (alcheringa): 5
Alcuíno: 10.4.8
Aleútes: 31.1.2
Alexandre: 16.0; 22.1
Algonquinos: 3.1; 3.4; 31.1.2
Ali: 20.4; 20.6
'Alī-ilāhī: 20.6.2
Aliiam: 7.1; 7.3
'Alī Zain al-'Abidīn: 20.6.1
Allen, Prudence: 10.8
Almôadas: 20.5
Almorávidas: 20.5
Alquimia: 16.1.5
Amarghin: 8.4
Amaterasu Omikami: 28.4. Deusa do sol, dispensadora da vida na antiga mitologia japonesa. Sua retirada para uma gruta mergulhou o mundo na escuridão até que os outros deuses conseguissem fazê-la sair. Associada aos espelhos, objetos que revelam os espíritos.
Amaushumgalna: 23.2
Ambedkar, B. R.: (1891-1956). Reformador indiano educado no Ocidente. Nascido na casta dos intocáveis, lutou pela abolição dessa instituição. Em 1951 fundou a Sociedade Budista da Índia e antes de morrer tornou-se budista (1956). Graças a seus esforços, milhões de intocáveis converteram-se ao budismo.
Ambrósio de Alexandria: 10.4.3
Ambrósio de Milão: 10.4.6
Amenófis IV: 12.5
American Colonization Society: 1.5.4
American Muslim Mission: 1.5.4
Amesha Spentas: 33.3.2 (avéstico para "Imortais Benfazejos"). Sete intermediários entre o Espírito Benfazejo (Spenta Mainyu), filho do Senhor supremo Ahura Mazdā, e a humanidade. Os sete são, ao mesmo tempo, atributos de Ahura Mazdā e das realizações interiores dos que seguem a ordem de verdade explicitada no zoroastrismo.

Amidismo: 6.8-9

Amitābha: 6.8-9. No budismo mahāyāna é o Buda do paraíso ocidental Sukhāvati. O amidismo ou budismo da Terra Pura, que exalta o poder benéfico do nome Amitābha, difundiu-se, a partir do século VI d.C., da China para a Coréia e o Japão (↔ 6.8).

Amma: 1.1.3

Amon: 12.4-5

Amônio Sacas: 10.4.3

Amoraim: 22.2 (do aramaico *amora*, "aquele que fala; mestre"). Denominação dos rabinos babilônicos (e palestinos) (séculos III-V), autores de comentários à Tanakh em aramaico que formarão o *gemara* do Talmude e os *midrashim*.

Amoritas: 22.1

Amós: 22.2; 22.4. Profeta de Israel sob o reinado de Jeroboão (*c.* 787-747 a.C.). O livro bíblico de Amós contém as lamentações do profeta contra os excessos e a hipocrisia dos ricos e a incúria na observância da religião e dos cultos.

'Amr ibn al-'As: 20.4

An: 23.2

Anabatistas: 10.4.13. Seita protestante que se separou do movimento de Ulrich Zwingli em Zurique depois de 1520, formando vários grupos. Os anabatistas queriam imitar diretamente a vida de Jesus e os preceitos dos Evangelhos, rejeitavam a intromissão do Estado nos assuntos da Igreja, não confiavam no mundo e batizavam os adultos. Os anabatistas mais importantes, que se mantêm até hoje, são os menonistas, grupo fundado por Meno Simonis (1496-1561); e os Irmãos Hutterianos, grupo fundado por Jacob Hutter (m. 1536), em 1528.

Anāhitā: 33.3.3. Grande deusa iraniana, aparentada a Ishtar e às outras deusas do Oriente Próximo. Associada às águas, rege a fertilidade e o sucesso na guerra. Importante na sagração do rei.

Analectos: 9.1

Ānanda: 6.3

Anaṇyakas: 17.3

Anat: 7.1-3

al-Andalus: 20.5

Andes: 4.0; 4.1; 4.1.1

Angela de Foligno: 10.9

Angerona: 27.2.1

Anglicana (Igreja): 10.4.13. Em 1534, o rei Henrique VIII proclamou-se chefe supremo da Igreja da Inglaterra, sancionando assim a separação da Igreja Anglicana (ou episcopal) de Roma. Sua filha Elizabeth I (1558-1603) impôs definitivamente a autoridade real a esse credo, na qual se encontram elementos católicos, protestantes e locais. A Igreja Anglicana atualmente

faz parte do Conselho Mundial das Igrejas e assinala-se pela atividade ecumênica.
Angra Mainyu: 33.3.2
Antestéria: 15.5
Antônio: 10.4.8
Anu: 18.2
Anúbis: Antiga divindade funerária egípcia. Embalsamador de cadáveres e guardião dos mortos, esse deus originário do Médio Egito tem forma de cão ou de chacal que se alimenta de cadáveres.
Anuvrata: 21.4
Apaches: 3.1
Apo: 1.1.2
Apolinário de Laodicéia: 10.7.3
Apolo: 15.3; 15.7
Apolônio de Tiana: 16.1.4
Apsu: 23.5
Apuleio: 16.1.3; 24.2.2
Aqhat: 7.3
Arauaques: 4.0; 4.2; 4.3
Araucanos: 4.0
Ardā Virāz: 33.3.1
Ardvī Sūrā Anāhitā: 33.3.3
Arhat: 6.3-4 (sânscr.; páli *arhant*; "digno"). Nos Vedas essa palavra designa a pessoa ou o deus que tem méritos especiais. No budismo hīnayāna tem o significado técnico de adepto que atingiu a libertação. No jainismo (↔) o *arhat* é um *tīrthaṃkara*, um "fazedor de pontes" ou revelador da religião.
Aricaras: 3.1
Ário: 10.7.2
Arioi: 25.2
Aristeu de Proconeso: 15.3.2
Aristóteles: 16.1
Arjuna: 17.5. Terceiro irmão Pāndava na epopéia indiana *Mahābhārata*, filho do deus Indra e de Kuntī. Durante a batalha que opõe os Pāṇḍavas aos Kauravas, Arjuna torna-se discípulo de Kṛṣṇa (avatar do deus Viṣṇu), que lhe dá uma lição de ascetismo intramundano no episódio conhecido como *Bhagavadgītā*, "Canto do Bem-aventurado".
Ars wa-Shamem: 7.1
Ārya Samāj: 17.9
Aryadeva: (1) Dialético do budismo mādhyamaka, ativo na Índia meridional (*c.* séculos III-IV), discípulo de Nāgārjuna. (2) Mestre do budismo tântrico, professor na universidade de Nālaṇḍā, no norte da Índia (século VIII). Nos cânons tibetano e chinês as biografias e bibliografias de ambos estão em grande parte fundidas.

Asanas: 17.4.2
Asaṅga: 6.5. Mestre budista do norte da Índia, fundador da escola Iogācāra (*c.* 315-90).
Asantehene: 1.1.2
Asase Yaa: 1.1.2
Asclépio: (lat. Aesculapius), deus da medicina e da cura no mundo greco-romano. É reconhecido pelo rosto suave, barbudo, pela serpente ctoniana que o acompanha e, às vezes, pela presença de sua mulher e suas filhas. Em seus recintos sagrados que continham águas termais, como os de Epidauro ou da ilha Tiberina, os doentes eram curados por uma aparição de Asclépio (Esculápio) nos sonhos.
Ases: 14.2.3; 14.3.1; 14.3.3
Asgardhr: 14.2.1
Asha: 33.3.2
al-Ash'arī, Abū al-Hasan: 20.8 (874-935 d.C.), teólogo muçulmano, viveu em Basra e depois em Bagdá. Fundador de *al-Ash 'arīyah*, a escola teológica mais importante do islamismo, que domina a ortodoxia sunita até hoje. Renunciando ao racionalismo mutazilita, al-Ash'arī tomou o Corão e a *sunnah* como base de uma doutrina que se abre para os paradoxos que escapam ao raciocínio humano.
Ashavan: 33.3.2
Asherah: 7.1
Ashtart: 7.1
'Āshūrā: 20.9. Dia de luto no islamismo xiita pelo martírio do imã Hussein, filho de Ali e neto do Profeta, morto em Karbalā, no Iraque, a 10 do mês Muḥarram de 61 H (10 de outubro de 680 d.C.).
Aśoka: 6.3-4; 6.7. Imperador indiano (*c.* 270-232 a.C.), da dinastia Maurya. Converteu-se ao budismo e tornou-se defensor da não-violência, de certa tolerância e do vegetarianismo. Especialmente conhecido pelos editos que mandou gravar em pedra durante seu reinado.
Āśrama: 17.4
Assassinos: 10.4.9; 20.6.3.
Assiniboines: 3.1
Aṣṭapāda: 6.2
Astecas: 2.0-1; 2.2; 2.2.1; 4.1.3
Astrologia: 16.1.2.
Asumans: 1.1.2
Asuras: 17.2; 33.1
Atapascos: 3.1
Atárgatis: 7.1
Atauallpa: 2.2; 4.1.2
Atena: 15.3.4

Atharvaveda: 17.2
Athirat: 7.1-2
Átis: 24.1
Atīśa: 6.10 (982-1054). Monge budista tântrico de Bengala. Viveu mais tarde no Tibete. Devoto da deusa Tārā, trabalhou por uma reforma do monaquismo tântrico. Escreveu e traduziu textos e fundou o mosteiro de Rwa-sgren.
Atlas: 15.3.4
Ātman: 6.4; 17.3
Áton: 12.5
Atrahasis: 23.6
'Aṭṭar, Farīd al-Dīn: 20.10.2 (*c*. 1145-1220). Sufi e poeta persa de Nishapur, conhecido principalmente por seu *Manṭiq al-ṭayr* ("Conversa dos pássaros"), alegoria espiritual na qual trinta pássaros (*sī murgh*) viajam através de sete vales que simbolizam as etapas da busca espiritual, à procura de seu divino rei Simurgh.
Atum: 12.2
Audhumla: 14.2.1
Aurobindo Ghose: 17.9 (1872-1950). Escritor e filósofo indiano. Depois da infância passada na Inglaterra e da juventude dedicada à causa do nacionalismo indiano, Aurobindo desenvolveu uma filosofia da evolução da consciência baseada no método da "yoga integral". Seus escritos conquistaram adeptos no Oriente e no Ocidente.
Aurr: 14.2.2
Avalokiteśvara: Bodhisattva da compaixão no budismo mahāyāna, conhecido pelo nome de Kuan-yin na China, Kwanon no Japão (onde é mulher) e Spyan-ras-gzigs no Tibete. Reside na montanha mítica Potalaka, de onde ouve, vê e intervém para ajudar os sofredores. É invocado nos sutras mais importantes do mahāyāna.
Avatāra: 17.5. Manifestação terrestre de um deus hindu (geralmente Viṣṇu), sob a forma de homem ou de animal.
Averróis: 4.2
Avesta: 33.3.1. Coletânea de antigos textos sagrados do zoroastrismo, redigidos do século III d.C. ao VII. Contém os *Gāthās*, atribuídos ao próprio fundador Zaratustra.
Avicena: 20.8
Avidyā: 17.3; 17.6-7
Ayurveda: Arte da cura na Índia, baseada no equilíbrio de três humores: vento (*vāta*), bile (*pitta*) e fleuma (*kapha*). Segundo suas diversas proporções, esses humores determinam a constituição do organismo. Em função desta, o prático administra alimentos, plantas medicinais, purgantes e rituais tradicionais recomendados pelos textos do I milênio d.C.
Azandes: 1.0; 1.2
Azriel: 22.7

Baal: 7.1-3
Baal Shem Tov: 22.9 (hebreu: "Mestre do Bom Nome [de Deus]"); Israel Ben Eliezer (1700-1760), conhecido também pelo acrônimo Besht. Taumaturgo e líder espiritual judeu, fundador do hassidismo polonês, movimento ético e extático malvisto pelas autoridades judias que preferiam a ideologia das Luzes.
Baco: 15.6
Bādarāyaṇa: 17.6
Bahir: 22.7
Bahuśrutīyas: 6.4
Bahya ibn Paquda: 22.6. Grande filósofo judeu da Espanha (século XI) cujo livro, escrito em árabe, *Guia para os deveres do coração*, introduz temas do sufismo na tradição teológica judia fundada por Saadia Gaon (882-942).
Bakas: 1.3.2
Baldr: 14.3.2
Bambaras: 1.0; 1.1.3
Banisteriopsis caapi: 31.1.6
Bantos: 1.0; 1.2; 1.3.1
Bar Kochba: 22.6
Baraka: 1.0
Baru: 4.1.3
Baruc: 22.5
Basílio de Cesaréia: 10.4.5
Basmallah: 20.3
Bāṭin: 20.6.3
Beavers: 3.1
Beki: 31.0
Bektashīyah: 20.10.2
Bell, Rudolph: 10.8-9
Bellacoolas: 3.1; 3.6
Belobog: 13.2
Bemba: 1.1.3
Bêndis: 30.3
Benim: 1.1.1
Bento de Núrsia: 10.4.8
Benveniste, Emile: 33.4.3
Benvenuta Boiano: 10.9
Berberes: 1.0; 20.5
Bereshit: 22.2
Bergelmir: 14.2.1
Bering (estreito de): 3.1
Berit: 22.3.1

Berling, Judith: 28.3
Berserkr: 14.4.2 (lit. "com pele de urso"); diz-se do estado de furor assassino dos guerreiros do deus germânico Odim, que imitam o comportamento das feras.
Besht: 22.9
Bestla: 14.2.1
Bhadrayanīyas: 6.4
Bhagavadgītā: 17.5 (sânscrito, "Canção do Bem-aventurado"), divisão incorporada na epopéia indiana *Mahābhārata* por volta do século III d.C., livro sagrado de grande número de hindus. Diálogo entre o guerreiro Arjuna e Kṛṣṇa, avatar do deus Viṣṇu, disfarçado em cocheiro. Kṛṣṇa dá a Arjuna uma lição de yoga, recomendando-lhe o ascetismo sem abandonar o mundo. Esse texto impressionou o Ocidente do século XIX, habituado já à lição protestante da "ascese intramundana".
Bhakti: 6.5; 17.6-7; 17.7.1
Bianchi, Ugo: 11.1
Big Drum Dance: 1.5.1
Bka-brgyud-pa: 6.10
Bka-gdams-pa: 6.10
Black Elk (Alce Preto): (1863-1950). Visionário dos índios lakotas, conhecido através de dois livros que contam sua biografia num pano de fundo de opressão dos índios, do movimento *Ghost Dance* (↔ 3.5) e dos poderes xamânicos de seu povo.
Blackfeet: 3.1; 3.5
Blavatsky, Helena Petrovna: (1831-1891). De origem russa, fundadora da teosofia e (nos Estados Unidos) da Sociedade Teosófica cuja sede foi mais tarde transferida para a Índia.
Boas, Franz: 3.0
Boaventura de Bagnoreggio: 10.9
Boccaccio, Giovanni: 10.4.11
Bodhidharma: 6.8 (*c.* 480-520). Mestre budista indiano, fundador do budismo chinês Ch'an (japonês Zen); personagem principal de toda uma tradição lendária.
Bodhisattva: 6.5; 6.9. No budismo indiano, sobretudo mahāyāna, um ser que, depois de ter chegado à Iluminação que lhe permitiria abandonar para sempre o mundo dos fenômenos, decide, por compaixão, retardar sua partida e trabalhar pela salvação de todos os seres animados.
Boécio (475-525). Filósofo neoplatônico latino, autor de *A consolação da filosofia*, e teólogo cristão. Traduziu para o latim algumas obras de lógica de Aristóteles.
Böhme, Jakob: 10.9 (1575-1624). Místico luterano alemão, autor de uma teologia original e complexa que teve grande influência sobre a espiritualidade alemã e o esoterismo europeu do século XVIII.
Bogazköi: 18.1
Bogomilos: 10.4.9; 11.7

Bolthorn: 14.2.1

Bon: 6.10; 29.1; 29.3

Bonhoeffer, Dietrich: (1906-1945). Teólogo evangélico alemão que defendeu a participação direta do cristão nas obras de justiça, contrariando o intimismo pietista corrente. Ilustrou sua posição opondo-se à injustiça dos nazistas, que o prenderam e executaram.

Bonifácio, Úlfila: 10.5

Borr: 14.2.1

Bosquímanos: 1.0

Bozo: 1.1.3

Brahmā: 17.8.1. Deus criador hindu, mais importante na mitologia que no culto. Com Viṣṇu (Aquele que preserva) e Śiva (Aquele que destrói), constitui às vezes uma trindade (Trimurti).

Brahman: 17.6

Brāhmaṇas: 17.3

Brahmo Samāj: 17.9

Brandon, S. G. F.: 10.2

Brasil: 1.5; 1.5.2

Brigit: 8.3

Buber, Martin: (1878-1965). Filósofo judeu e autor prolífico de obras sobre a religião, marcado pelo movimento hassídico, pelo movimento nacionalista judaico do qual participou e pelas duas guerras mundiais, de que foi testemunha.

Buda: 6 *passim*

al-Bukhārī, Muhammad ibn Ismā'īl: (810-870). Grande compilador de *ḥadīth* ou tradições referentes à vida e às palavras do Profeta.

Bundahishn: 33.3.1

Búri: 14.2.1

Buriatos: 31.1.1

Buridan, Jean: 10.4.10

Bu-ston: (1290-1364). Monge budista tibetano, tradutor de textos budistas do sânscrito e mestre do pensamento tântrico.

Caaba: 20.9 (árabe: "cubo"). Habitáculo de granito da Pedra Negra de Meca, centro da oração muçulmana (*ṣalāt*) e da peregrinação (*ḥadj*); os fiéis dão-lhe a volta e tocam-na.

Cabala: 22.7

Cabiros: 24.1

Cadaritas: 20.10.2

Cadija: 20.2

Cadoanos: 3.1

Caim e Abel: Gênese, cap. 4: os dois primeiros filhos de Adão e Eva. Caim, agricultor cuja oferenda fora rejeitada por Deus, mata Abel, o pastor.

Caitanya: 17.7.1
Cakchiquel: 2.1
Calakmul: 2.1
Calame-Griaule, G.: 1.1.3
Califa: 20.4
Calvino, João: 10.4.13
Campanella, Tommaso: 4.3
Candomblé: 1.5.2
Caraíbas: 4.0; 4.2
Caraítas: 22.6. Seita fundamentalista judaica do século IX d.C., que só reconhece a lei mosaica. Qualquer interpretação ulterior carece da menor autoridade.
Carga (cultos de). Movimento milenarista complexo dos povos da Melanésia (↔ 25), surgido depois da introdução de mercadorias (*cargos*) ocidentais nas ilhas, a partir de 1871. Os indígenas esperavam o retorno da divindade da carga, cujos favores haviam sido monopolizados pelos ocidentais.
Caribe: 1.5
Carijitas: 20.4
Carlos Magno: 10.4.8
Carlos Martel: 20.5
Cassiano, João: (365-435). Monge bizantino da Cítia Menor (Dobrudja, Romênia), que emigra primeiramente para a Palestina, depois para o Egito e finalmente para Marselha (415), onde funda os dois primeiros mosteiros ocidentais para religiosos dos dois sexos. Seus textos latinos compreendem a primeira regra monástica ocidental (*Instituições dos cenobitas*, 420), redigida cem anos antes da regra de Bento de Núrsia (480-547) (↔ 10.4.8) para o mosteiro de Montecassino (*c.* 525).
Cassiodoro: 10.4.8
Castañeda, Carlos: 3.0; 3.5
Castor: 27.2.1
Catarina de Siena: 10.9
Cátaros: 10.4.9; 11.8
Cavaleiro dácio: 24.2; 24.2.4
Cei: 8.5
Celso: 27.4
Ceres: 27.2.1
Cernunnos: 8.3
César, Júlio: 8.1-3; 27.2-3
Chacra: 17.4.2 (sânscrito, "roda"). Na yoga, centros "sutis" de energia distribuídos ao longo do eixo vertical do corpo, da base da coluna vertebral ao ápice do crânio; visualizados na meditação na forma de lótus de diversas cores.
Chacravartin: 6.7

Chacs: 2.1.1
Ch'an: 6.8-9
Chanchán: 4.1.1
Chang Tse: 9.4
Chanukah: 22.1 (hebreu, "dedicatória"). Festa de oito dias a partir de 25 Kislev, que comemora a consagração do Segundo Templo de Jerusalém sob Judas Macabeu, em 165 a.C.
Chavin: 4.1.1
Chen Jen: 28.2
Ch'eng Hao: 9.4
Ch'eng I: 9.4
Chen-yen: 6.9
Cherokees: 3.0; 3.4
Cheyennes: 3.1
Chichén Itzá: 2.1
Chih-i: 6.8
Chilam Balam: 2.1.1
Chimu: 4.1.1
Chin I: 28.2
Chin Kung: 28.2
Chinuks: 3.6
Chipewyan: 3.1
Chiwer: 3.1
Chol: 2.1
Chon Tun-i: 9.4
Chontal: 2.1
Chrétien de Troyes: 8.5
Christian Science: Seita cristã com menos de meio milhão de membros, fundada em 1879 pela americana Mary Baker Eddy (1821-1910), autora de *Ciência e Saúde com a Chave das Escrituras* (1875). A doença é causada pelas limitações do espírito humano; as realidades espirituais imanentes e a divina Razão privam a doença de sua força.
Chu Hsi: 9.4
Chuang-tse: 28.1-2
Chukchus: 31.1.1
Cibele: 24.1
Cirilo: 10.5
Cirilo de Alexandria: 10.6; 10.7.3
Ciro: 22.1
Cisma do Ocidente: 10.6
Cisma do Oriente: 10.6
Clara de Assis: 10.9

Clastres, P.: 4.5
Clemente de Alexandria: 10.4.2; 24.2.5
Clímaco, João: 10.9
Cnossos: 15.1
Coatlicue: 2.2
Codrington, R. H.: 25.1
Collins, J. J.: 22.5
Colomba di Rieti: 10.9
Comanches: 3.1
Comosicus: 30.4.3
Conchobar: 8.4.2
Confúcio: 9.1-2
Congo-Kordofan: 1.0
Constantino I: 10.4.4
Coos: 3.6
Copán: 2.1
Corão: 20.3
Core: 1.1.3
Coriaques: 31.1.1; 31.1.2
Corilo: 30.4.3
Cornford, F. M.: 15.3.3
Cortés, Hernán: 2.2-3
Corvo: 3.6
Cosme de Medici: 10.4.12
Costa do Marfim: 1.0; 1.1.2
Cótis: 30.3.1
Cree: 3.1
Crescente Fértil: 2.0
Crono: 15.3.4
Crow: 3.1
Cuchulainn: 8.4.2
Curaixitas: 20.2

Daēnā: 33.5.3
Dagda: 8.4
Dagon: 7. 1-2
Daimon: 15.3.6
Daivas: 17-2; 33.1; 33.3.2
Dakotas: 3.1
Dana: 8.4
Daniel: 22.5. Herói visionário do livro bíblico de Daniel, obra bilíngüe em hebreu e aramaico, redigida na época helenística, quadro dos triunfos dos judeus sobre a opressão e o martírio.

Dante Alighieri: 4.2; 10.4.9

Darśanas: 17.4; 17.4.2

Datura stramonium: 3.7

Davi: 22.1. Rei de Israel e de Judá (início do século X a.C.). Conquista Jerusalém e repele os filisteus. Deus promete-lhe descendência eterna. Seu filho Salomão construiu o Templo de Jerusalém. A tradição atribui-lhe a redação dos Salmos.

Da'wa: 20.6.3

Dayānanda: 17.9

Dazhbog: 13.2

Decébalo: 30.4.3

Deceneu: 30.4.3

Deísmo: Esse termo designa uma posição do racionalismo ocidental (fim do séc. XVI, séc. XVIII) que, embora aceitando a existência de Deus, mostra-se cética quanto aos rituais religiosos, ao além e à intervenção divina nos assuntos do mundo. Os maiores intelectuais do século XVIII eram deístas.

Delfos: 15.3; 15.7

Dema: 2.1.1; 4.2-3; 4.5; 24.0

Deméter: 15.3.4; 15.6; 24.1

Deus: *passim*

Deus otiosus: 1.0; 1.1.1; 4.2; 23.2

Devadatta: 6.2

Devas: 17.2; 33.1; 33.3.2

Devekut: 22.7; 22.9

Devī: 17.7.3

Dge-Lugs-Pa: (tibetano, "caminho da virtude"). Seita do budismo tibetano fundada por volta de 1400. Os monges Dge-Lugs-Pa recebem uma educação baseada no estudo das escrituras, nas práticas cultuais e no aperfeiçoamento intelectual.

Dharma: 6.2; 6.4; 17.4.3

Dharmakīrti: (*c.* 600-660 d.C.). Filósofo budista da Índia meridional, autor de importantes tratados sobre a percepção, o conhecimento e a epistemologia, na tradição de Dignāga (*c.* 480-540).

Dharmottariyas: 6.4

Dhegihas: 3.1

Dhikr: 20.10.1. Invocação de Deus prescrito pelo Corão aos muçulmanos. Praticado pelos sufis, que repetem os nomes de Deus e meditam sobre eles, a fim de atingirem a união com Deus.

Dhyāna: 6.8-9; 17.4.2

Diana de Nemi: 27.2.1

Dieterlen, Germaine: 1.1.3

Digambara: 21.1

Digger: 3.0

Dignāga: (*c.* 480-540 d.C.). Filósofo budista da Índia meridional, pertencente à escola Yogācāra. Seus tratados de lógica tratam dos mecanismos da causalidade e de silogismos.
Dinka: 1.0; 1.2
Dionísio, o Areopagita (Pseudo): 10.9 (*c.* 500 d.C.). Pseudônimo de um escritor cristão anônimo, autor de tratados místicos em grego fortemente influenciados pelo neoplatonismo ateniense. Utiliza a teologia negativa (ou apofática) para ressaltar o caráter inefável e incognoscível de Deus, mas, em contrapartida, descreve as hierarquias celestiais segundo um esquema neoplatônico (ver, por exemplo, o tratado de Jâmblico sobre os *Mistérios do Egito*), que se tornará um clássico do cristianismo, tanto no Oriente quanto no Ocidente.
Dioniso: 1.0; 15.3.5; 15.3.6; 15.5; 24.1.2
Djangawwul: 5
Djins: 20.1
Docetismo: 12.3
Dōgen: 6.9 (1200-1253). Mestre japonês do budismo zen, fundador da escola Sōtō, autor do *Shōbōgenzō*, coletânea de sermões e discursos. A tradição de Dōgen ressalta a possibilidade de se atingir a iluminação pela prática da meditação *zazen*. A natureza do Buda está presente na impermanência do mundo e de seus habitantes.
Dogon: 1.1.3
Domingos (Domingo de Guzmán): 10.4.9
Dominicanos: 10.4.9
Doniger, Wendy: 17.5
Douglas, Mary: 1.3.1
Dov Baer: 22.9
Drew, Timothy: 1.5.4
Druj: 33.3.2
Drusos: 20.6.3
Duḥkha: 6.2
Dumézil, Georges: 19.3;27.2
Dumuzi (Tamuz): 23.2. Antigo deus sumeriano, conhecido já em torno de 3500 a.C.; Tamuz é seu nome acadiano. Possui um mês no calendário acadiano, cujo nome passou para o calendário judeu. Em Uruk, Dumuzi estava associado aos botões da tamareira. Seu principal mito é o de uma jovem divindade morredoura. Amante da deusa Inana, esta se faz substituir por ele no inferno da deusa Ereshkigal; sua irmã Geshtinanna ou Amageshtin, deusa da vinha, leva-o de volta à terra durante meio ano, tomando seu lugar no inferno. No culto, a partida de Tamuz era ocasião de prantos e lamentações; seu retorno era motivo de alegria.
Duns Scot, John: 10.4.10
Durkheim, Émile: 19.3
Dyows: 1.1.3

Ea: 23.6

Ecatl: 2.2.1

Eckhart, Mestre: 10.9

Edda: 14.1; 14.3.1

Édipo: 15.3.6

Edwards, Jonathan: (1703-1758). Ministro presbiteriano da Nova Inglaterra, famoso por seus sermões apocalípticos, nos quais apresentava em cores sombrias os pecados humanos e ressaltava o poder salutar da graça divina.

Egungun: 1.1.1

Eisai: 6.9

Ekavyāvahārika: 6.4

El: 7.1; 7.3

Eleazar b. Azariah: 22.6

Eleazar de Worms: 22.7

Elêusis: 15.3.1; 15.6; 24.1

Elias: 22.2; 22.4. Profeta judeu do século IX a.C. Opôs-se ao culto do deus cananeu Baal, instituído por Jezabel, mulher de Acab, e proclamou o poder de Jeová, que o levou para o céu num carro de fogo. Elias e Enoc são as duas personagens bíblicas que não morrem. A tradição judaica faz de Enoc um residente do céu, enquanto Elias passeia pela terra, desvenda as doutrinas ocultas e anuncia o advento do Messias. Segundo os Evangelhos, a crença popular associava-o a João Batista e ao próprio Jesus.

Elias (Santo): 13.2

Eliezer ben Hyrcanus: 22.6 (séc. I-II d.C.). Mestre judeu da *halakhah* (lei), professor de Akiva (↔). A *Mishnah* fala de seus pontos de vista extremamente conservadores, que lhe valeram a rejeição de seus colegas.

Elijah Muhammad: 1.5.4

Eliseu: 22.2; 22.4

Elisha ben Abuya: 22.5.1 (chamado Aher, "Outro"). Mestre (*tanna*) palestino do século II, que se tornou apóstata e perseguidor dos judeus; no Talmude, é apresentado como o herético por excelência.

Elohim: 22.2

Empédocles de Agrigento: 15.3.2

Enki: 23.2; 23.6

Enkidu: 23.6

Enlil; 23.2; 23.3

Enoc: 22.2; 22.5

Enuma Elish: 7.4; 23.3; 23.5

Epimênides de Creta: 15.3.2

Épona: 8.4.1; 8.5

Er: 15.3.3

Esdras: 22.2; 22.5

Esquimós: 3.1; 3.2; 31.1.2

Essênios: 22.5; 30.4.3
Ester: 22.2; 22.3.1. No livro bíblico epônimo, ela é a mulher judia do rei persa Assuero.
Etiópia: 1.5.1
Eucaristia: 10.9
Europa antiga: 26.2
Eustachia de Messina: 10.9
Eutíquio de Constantinopla: 10.7.3
Evans-Pritchard, E. E.: 1.2
Evenkis: 31.1.1
Exu: 1.1.1
Ezequiel: 22.2; 22.4; 22.5.1. Profeta bíblico, deportado para a Babilônia. Grande visionário, contemplou o trono celeste de Deus, situado sobre um carro (*Merkabah*, cap. 1). Deus concedeu-lhe inúmeras experiências misteriosas; numa delas (cap. 37), ele obteve o poder de fazer ressurgir a carne sobre esqueletos poeirentos.
Ezra b. Salomon: 22.7

Fang-chung: 28.4
Fantasiasma: 11.4
Faqr: 20.10.2
Faquir: 20.10.2
al-Fārābī: 20.8
Fariseus: 22.7
Fard, Wallace D.: 1.5.4
Faro: 1.1.3
Farrakhan, Louis: 1.5.4
Fátima: 20.4; 20.6
Fatímidas: 20.6.3; 22.6
Febo: 15.3
Fenrir: 14.3.1
Ferreiros: 1.1.3
Ficino, Marsilio: 10.4.12; 15.3.3; 16.1.1
Filha da Lua: 4.1.3
Filho do Homem: 10.2
Filho do Sol: 4.1.3
Filioque: 10.4.13; 10.6
Filisteus: 22.1
Fílon de Alexandria: 16.1.1; 22.2
Fionn mac Cumhail: 8.4.2
Fiqh: 20.7
Flamines: 27.2

Fomóiré: 8.4. Antiga raça de demônios de além-mar na mitologia irlandesa, vencida pelos Tuathas Dê Danann na segunda batalha de Magh Tuiredh e obrigada a abandonar a Irlanda para sempre.

Fox, George: (1624-1691). Fundador do movimento dos Quakers, na Inglaterra e na América do Norte. Partidário da não-violência e do contato do ser humano com o divino nele existente.

Francesca Bussa: 10.9

Franciscanos: 10.4.9

Francisco de Assis: 10.4.9; 10.9

Frank, Jacob: 22.8

Frashgird: 33.5.2

Frashōkereti: 33.5.2. Na escatologia coletiva zoroastriana, juízo final, ressurreição dos mortos e evicção final do mal.

Fravashi: 33.5.2

Frederico II: 10.4.9

Freya: 14.2.3. Deusa germânica da fertilidade, dispensadora da prosperidade. Irmã de Freyr e mulher de Odr, é associada aos gatos, às jóias e à magia.

Freyr: 14.2.3. Deus germânico da fertilidade; rei e guerreiro lendário. Filho de Njordr e irmão de Freya. Seu culto compreendia práticas sexuais e sacrifícios de animais e, talvez, de seres humanos.

Fujiwara Seika: 11.5

Fukahā': 20.7

Gabriel: 20.2

Gamaliel II: 22.6

Gana: 1.1.2

Gandas: 1.2

Gandhi, Mohandas Karamchand: 17.9 (1869-1948). Advogado, teósofo e estadista indiano, líder do movimento pacífico que conquistou a independência da Índia. Influenciado pelo hinduísmo ocidentalizante, pelo jainismo e pela teosofia, sua ação foi inspirada pelo conceito jainista da "não-violência" (*aiṃsā*).

Ganeśa: Deus indiano com cabeça de elefante, filho de Śiva e Pârvatî. Rege o sucesso em diversas atividades humanas, as vias de acesso e os obstáculos.

Gaṅgā: Deusa epônima do Ganges, na Índia setentrional.

Gāthās: 33.3.1

Gauḍapāda: (*c.* séculos V-VIII). Filósofo indiano não dualista, autor presuntivo de *Āgama Sāstra* e mestre de Śaṅkara. Considera ilusórias a causalidade e a diversidade dos fenômenos.

Gautama: 6.2

Gayōmard: 33.5.1

Genesia: 15.4

Gengis Khan: 31.0

Genshin: (942-1017). Grande pensador do budismo japonês da Terra Pura, autor dos *Fundamentos do renascimento (ôjôyôshû) na Terra Pura*. Elaborou a cosmogologia da Terra Pura e a meditação amidista por meio do mantra *nembutsu*.

Geomancia: 1.0; 1.1.1

Geraldo de Cremona: 10.4.9

Gérard de Cambrai: 8.4.1

Gersônides: 22.6

Gētig: 33.5.1

al-Ghazālī, Abū Hamid: 20.10.2 (1058-1111 d.C.). Pensador religioso muçulmano nascido no Irã oriental. Dominava a jurisprudência, filosofia e teologia. Em sua busca pessoal da verdade, abraçou o misticismo sufi e compôs uma refutação dos filósofos de seu tempo.

*Ghost Dance*: 3.0; 3.5. Movimento milenarista surgido por volta de 1870 entre os índios paiutes das planícies da América do Norte que se propagou por várias outras tribos, dentre elas a dos sioux. Os indígenas entregavam-se a uma dança circular para apressar o retorno dos espíritos dos mortos e a restauração das mesmas condições de vida existentes antes da chegada dos colonizadores. Acreditavam que os últimos pereceriam num cataclismo. Expectativas messiânicas, visões xamânicas e conflitos com os colonizadores caracterizaram certos períodos da Ghost Dance.

Ghulāt: 20.6

Gikatilla, Josefo ben Abraão: 22.7

Gilgamesh: 23.6. Provavelmente antigo rei de Uruk (*c.* 2700 a.C.), que se tornou herói de uma epopéia sumério-babilônica da busca da imortalidade.

Gimbutas, Marija A.: 26.2

Gisu: 1.2

Gnosticismo: 11.3

Gobind Rāi: 17.8.2

Gogo: 1.2

Gokulikas: 6.4

Golb, Norman: 22.5.2

Gopis: 17.7.1

Gosāla, Maskalin: (*c.* séculos VI-V a.C.). Asceta do norte da Índia, contemporâneo de Buda, fundador da seita dos *ajīvikas*. Nega totalmente a existência do livre-arbítrio. Budistas e jainistas opuseram-se às suas doutrinas.

Granada (Ilha): 1.5.1

Grande Bacia: 3.1

Grande Deusa: 26.3

Grandes Lagos: 3.1

Grant, R. M.: 10.4.4

Granth: 17.8.2
Greenberg, Joseph: 1.0
Gregório VII: 10.4.8
Gregório de Nazianzo: 10.4.5
Gregório de Nissa: 10.4.5
Gregório Palamas: 10.9
Gromovnik: 13.2
Gros-Ventre: 3.1
Gter-ma: 6.10
Guilherme de Ockham: 10.4.10
Guiné: 1.0
Gumēcishn: 33.5.1
Gunas: 17.4.2

Gurdjieff, G.I.: (*c.* 1877-1949). Mestre espiritual russo. Viajou para o Oriente e convenceu o jornalista Pavel Demianovitch Uspensky de seus pontos de vista. Depois da guerra, Uspensky ajuda Gurdjieff a mudar-se para Paris.

Gurus (sikh): 17.8.1; 17.8.2; 20.10
Gwdyon: 8.5
Gylfaginning: 14.1.1; 14.2.1

Habirus: 22.1
Hades: 15.6; 16.1.1

Ḥadīth: 20.2. Tradições das palavras e das ações do Profeta Maomé e de certos muçulmanos da comunidade do Profeta, transmitidas oralmente e reunidas mais tarde em volumes para a edificação dos fiéis. Cada *ḥadīth* é acompanhado por uma lista (*isnād*, "corrente") que menciona as etapas da transmissão. A ciência dos *ḥadīths* desenvolveu-se muito cedo, para distinguir as tradições verdadeiras das falsas.

Hadj: 20.2
Haggadah: 22.2
Haidas: 3.1; 3.6
Hailé Selassié: 1.5.2
Hainuwele: 24.1
Haisla: 3.6
Haiti: 1.5.1
Hako: 3.5
Halach Uinic: 2.1.1

Halakhah: 22.2 (hebreu, "lei"). Tradição jurídica judaica baseada na interpretação das fontes escritas e orais e dos costumes. O Talmude, a Tosefta, uma

parte dos *midrashim* e grande número de obras teóricas e práticas de épocas diversas constituem o imenso *corpus* da *halakhah*.
al-Ḥallāj: 20.10.2
Han Yu: 9.4
Ḥanbal, Aḥmad ibn: 20.7
Hanumān: 17.5 Deus hindu em forma de macaco, importante na epopéia *Rāmāyaṇa*.
Haoma: 33.1-2; 33.3.3 (avéstico; sânscrito, *soma*). Planta não identificada, personificada por um deus, cujo suco era especialmente importante nos antigos rituais indo-iranianos.
Har Mandar: 17.8.2
Harappa: 17.1
Harivamśa: 17.5
Hasdai Crescas: 22.6
Hassan: 20.6; 20.6.3
Hassan al-Baṣrī: 20.10.1
Hassan ibn Ṣabbāḥ: 20.6.3
Hashimitas: 20.2
Hasidei Ashkenaz: 22.7
Haskins, Charles Homer: 10.4.9
Hassidismo: 22.9
Hatha-yoga: Sistema de exercícios físicos da yoga, que consiste principalmente em certas posições (*āsanas*) e técnicas respiratórias (*prāṇāyāma*), cujo objetivo é despertar as energias latentes do corpo.
Hayashi Razan: 9.5
Head shrinking: 4.2
Hécate: Deusa grega da fertilidade, das encruzilhadas e dos mortos, associada à lua, à noite, aos espíritos dos mortos e à magia.
Heimskringla: 14.1.1
Hekhaloth: 22.2
Hel: 14.2.2; 14.3.2
Helena: 15.3.7
Hera: 15.3.4
Heraclides do Ponto: 16.1.1
Hērbad: 33.4.1
Hermes: 16.1.5
Hermetismo: 16.1.6
Hermótimo de Clazômenas: 15.3.2
Heródoto: 30.3.1
Hesicasma: 10.9
Hesíodo: 15.3.4; 15.4
Hidatsa: 3.1
Hijra: 20.2
Hildegarda de Bingen: 10.9

Hillel: 22.6. Rabino de Jerusalém e intérprete da lei, no fim do século I d.C. Sua escola (Beth Hillel), que se opunha à de seu colega Shammai, perpetuou seus ensinamentos baseados no amor ao próximo e na tolerância.
Hīnayāna: 6.3-4
Hine-nui-te-po: 25.3
Hinton, Charles Howard: 6.5
Hipólito de Roma: 10.4.2
Hirayama Shosai: 32.6
Hmong: 31.1.4
Hodhr: 14.3.4
Hoenir: 14.2.1; 14.2.3
Holas, B.: 1.0
Homero: 15.3.4
Honen: 6.9
Honmichi: 32.6
Hopis: 3.1; 3.8
Hospitalários (ordem dos): 10.4.9
Hórus: 12.1
Hotentotes: 1.0
Hsi Wang Mu: 28.2
Hsien: 28.2
Hsien King: 28.2
Hsien Shan: 28.2
Hsi-yu chi: 6.8
Hsuan-tsang: 6.8
Hsun-tseu: 9.4
Huaca: 4.1.3
Huang-ti: 28.2
Huascar: 4.1.2
Huayna Capac: 4.1.2
Huitzilopochtli: 2.2.1. Deus solar dos astecas, padroeiro de Tenochtitlán, cujo culto exigia sacrifícios humanos.
Hui-yuan: 6.8
Ḥujja: 20.6.3
Hungwe: 1.4
Hupa: 3.6
Hupashiya: 18.2
Hurões: 3.4
Hus, Jan: 10.4.13
Hussein: 20.6

Iacutos: 31.1.1; 31.1.2
Iagãs: 4.4

Iajé: 31.1.6
Iamanas: 4.4
Iemanjá: 1.1.1
Iarovit: 13.2
Iatromantes: 15.3.2
Ibn 'Abbās: 20.6.1
Ibn al-'Arabī: 20.10.2
Ibn Rushd (Averróis): 4.2
Ibn Sīnā (Avicena): 20.8
Idel, Moshe: 22.1; 22.7
Ifa: 1.1.1
Ifriqīya: 20.5
Inácio: 10.4.4
Inácio de Loyola: 10.4.13
Ile: 1.1.1
Illapa: 4.1
Illuyanka: 18.2
Ilmarinen: Deus finês das condições meteorológicas do mar, mais importante na mitologia que no culto.
Iluminação: 6.2; 6.6; 6.9
Inana: 23.3
Inara: 18.2
Incas: 4.1; 4.1.3
Índios das Planícies: 3.5
Indra: 17.2; 21.2; 33.3.3
Inone Masakane: 32.6
Inos: 1.2
Inquisição: 10.4.9
Inti: Deus solar dos incas, considerado pai do rei. O milho e o ouro eram particularmente importantes em seu culto, cuja sede era o templo dourado (Corincancha) de Cuzco, com seus poderosos sacerdotes.
Inuit: 3.2; 31.1.2
Iorubas: 1.0; 1.1.1; 1.5.1
Irineu de Leão: 10.4.2
Iroqueses: 3.1; 3.4
Isaac: Segundo o Gênese bíblico, filho de Abraão e de Sara, marido de Rebeca, pai de Jacó e de Esaú. Deus exigiu que Abraão sacrificasse Isaac (Gn. 22,2); quando Abraão se preparava para cumprir essa ordem, Deus o deteve e a vítima humana foi substituída por um carneiro.
Isaac, o Cego: 22.7
Isaac Cohen: 22.7
Isaías: 22.2; 22.4. Profeta judeu do Templo de Jerusalém, no século VIII a.C. Sua mulher também era profetisa. Ele critica o relaxamento religioso e as insti-

tuições políticas e prevê o desastre por causa do esquecimento de Deus. Suas profecias messiânicas foram muito bem utilizadas pelos exegetas cristãos.
Ishkur: 23.2
Ishtar: 23.2; 23.6
Ísis: 12.2; 24.2.2. Deusa egípcia, esposa fiel de Osíris, que reuniu os pedaços do corpo esquartejado do marido e concebeu Hórus. Na época romana, Ísis se torna uma deusa dos mistérios.
Islamismo: 20 *passim*
Ismael: 22.6. Filho de Abraão e da escrava egípcia Agar, nascido durante o período de infecundidade de Sara, que precede o nascimento de Isaac. Sara mandará expulsar mãe e filho (Gn. 21). Segundo as tradições judaicas e muçulmanas, Ismael é o ancestral dos árabes.
Ismaelitas: 20.6.1; 20.6.3
Ismail: 20.6.1
Ituri: 1.3.2
Itzan Na: 2.1.1
Iucagires: 31.1.1-2
Iucatecos: 2.1.1
Iucateque: 2.1.1
Iuroks: 3.6
Izanagi: 32.3
Izanami: 32.3
Izumo Orashirokyo: 32.6

Jacó: Patriarca judeu, filho de Isaac e de Rebeca, pai de José (Gn., 25-50). Com astúcia, Jacó obtém do pai a herança reservada ao irmão mais velho Esaú. Ancestral dos judeus, luta com um anjo de Deus e muda seu nome para Israel (o que luta com Deus: Gn., 32,29).
Jacob Cohen: 22.7
Jacob Frank: 22.6
Ja'far al-Ṣādiq: 20.6.1
Jalāl al-Dīn Rūmī: 20.10.1
Jamaica: 1.5.1
Jâmblico: 15.3.7; 16.1.4
Jano: 27.2.1
Jātakas: 6.1-2
Jen: 9.2
Jensen, Ad. E.: 2.1; 4.2; 24.0
Jeová (testemunhas de): Seita cristã missionária que conta mais de dois milhões de adeptos no mundo inteiro; foi fundada em 1872 na Pensilvânia por Charles Taze Russell. As Testemunhas esperam a vinda iminente de Cristo como juiz escatológico, que porá fim ao reino atual de Satã e inaugurará o paraíso eterno para os justos.

Jeremias: 22.2; 22.4
Jerônimo: 10.4.7
Jerusalém: 10.4.9; 22.1; 22.5. Adotada como capital pelo rei Davi (século X a.C.), Jerusalém tornou-se a cidade sagrada dos judeus após a construção do Templo de Salomão, depositário da Arca da Aliança entre o povo de Israel e Deus. Para os cristãos, é a cidade santa da paixão e ressurreição de Jesus Cristo. Para os muçulmanos, enfim, Jerusalém foi o primeiro *qiblah* (centro de orientação para a prece), e a Cúpula do Rochedo sobre o Monte do Templo marca o lugar de onde Maomé subiu ao céu durante a noite do *mi'râj*.
Jesus Cristo: 10.2; 10.7
JHVH: 22.2
Jikkokyo: 32.6
Jina: 21.0
Jingikan: 32.6
Jinja: 32.5
Jinja honcho: 32.5
Jīvanmukti: (sânscrito, "libertação de um vivo"). No pensamento hindu, designa a condição excepcional daquele que obteve a libertação do ciclo de reencarnações sucessivas durante a vida.
Jivaros: 4.2
Jñāna: 17.3
Jó: 22.2; 23.5. No livro bíblico de que é protagonista, que contém o que deve ser um conto edificante do II milênio a.C., Jó é submetido a duras provas por Deus, para verificar se ele é realmente justo. Apesar de ser censurado por sua mulher e pelos três amigos Elifaz, Baldad e Sofar, e de ser afligido por todos os males, Jó não perde a confiança em Deus.
João Batista: 10.2
João Damasceno: 20.8
João da Cruz: 10.9 (1542-1591). Místico carmelita espanhol, conhecido por seus poemas, nos quais descreve as etapas da experiência da união com Deus. A etapa da privação de deus, a *noche oscura*, é particularmente importante.
João de Lugio: 10.4.9
João (Evangelho de): 10.1
João XXIII: 10.6
Joaquim de Fiore: 10.4.9
Jōdō shinshū: 6.9
Jōdō shū: 6.9
Joel: 22.2
Jomon: 32.2
Jonas: 22.2. Profeta epônimo do livro bíblico (*c.* século IV a.C.) que narra suas aventuras extraordinárias. Ninguém pode fugir à vontade divina e Jonas

não escapa a essa lei quando quer abandonar sua missão profética em Nínive. É engolido e regurgitado por um peixe. Os habitantes de Nínive serão levados à conversão.
Jordanes: 30.4.2; 31.4.3
José: 10.2. Filho de Jacó e Raquel. Traído pelos irmãos, sua carreira na corte do faraó egípcio será extraordinária (Gn., 37-50).
Josefo Caro: 22.6
Josefo, Flávio: 30.4.3
Josué: 22.2
Josué b. Hananiah: 22.6
Judá Halevi: 22.6
Judas b. Samuel: 22.7
Judas ha-Nasi: 22.6
Juliana de Norwich: 10.9
Juliano, o Apóstata: 27.4
Juliano, o Caldeu: 16.1.4
Juliano, o Teurgo: 16.1.4
Juno: 27.2.1; 27.2.2; 27.3. Esposa do rei dos deuses, Júpiter, deusa do nascimento, dos começos, da juventude. Acumula as características da deusa grega Hera e da deusa etrusca Uni.
Júpiter: 27.2; 27.2.1; 27.3 (do indo-europeu *dyeus* pater*, pai da luz celeste), deus supremo dos romanos, rei celeste do universo. Nos tempos arcaicos, formava uma tríade com Marte e Quirino.
Júpiter Dolichenus: 24.2.7
Jurupari. Herói cultural amazônico, patrono das iniciações masculinas.
Justino, o Mártir: 10.4.1

Ka: 12.0; 12.6
Kabīr: 17.7.1
Kachinas: 3.8
Kaguru: 1.2
Kaisān: 20.6
Kakases: 31.1.1
Kalām: 20.8; 20.10.2
Kam: 31.0
Kamba: 1.2
Kami: 32.1
Kanjur: 6.1
Karanga: 1.4
Karbalā: 20.6
Karma-pa: 6.10
Karman: 17.3
Karoks: 3.6

Karu-sakairê: 4.2
Kaska: 3.1
Kāśyapīya: 6.4
Kawate Bunjiro: 32.6
Kele: 1.5.1
Kenos: 4.4
Kerdīr: 33.3.1; 33.4.1
Keshab Candra Sen: 17.9
Ketuvim: 22.2
Kevalin: 21.2
Key: 8.5
Khantis: 31.1.2
Khasias: 31.1.4
Khatīb: 20.3
Khmers: 31.1.4
Khojas: 20.6.3
Khors: 13.2
Kikuyus: 1.2
King, Noel Q.: 1.0
Kingu: 23.5
Kirta: 7.3
Kiva: 3.8
Koan: 6.9
Kojiki: 32.2
Komi: 31.1.2
K'ong Fu-tse: 9.2
Konkokyo: 32.6
Koshitsu: 32.5
Kothar: 7.1; 7.3
Krochmal, Nahman: 22.6
Kromanti: 1.5.1
Kṛṣṇa: 17.5; 17.7.1
Kuhn, Adalbert: 19.3
Kukai: 6.9
Kuksu: 3.7
Kukulkán: 2.1
Kules: 1.1.3
Kumārajīva: 6.8-9. Monge budista do século IV d.C. Distingue-se por sua atividade de tradução de textos do budismo mādhyāmika do sânscrito para o chinês. Fundador da escola budista San-lun (Mādhyāmika).
Kumarbi: 18.2
Kumina: 1.5.1

Kunapipi: 5
Kurahus: 3.5
Kurgans: 19.2
Kurozumi Munetada: 32.6
Kurumbas: 1.1.3
Kuruzumikyo: 32.6
Kwakiutl: 3.1; 3.6
Kyo: 6.9
Kyoha: 32.5

Lacandón 2.1
Lagerwey, John: 28.3
Lakota: 3.1; 3.5
Lama: 6.10
Laos: 31.1.4
Lao tse: 28.1
Lapões: 31.1.2
Laylat al-Qadr: 20.9
Le Goff, Jacques: 10.8
Lectisternia: 27.2.2
Leenhardt, Maurice: 25.1
Leles: 1.3
Lêmures: 27.2.2
Leto: 15.3.4
Levenson, John: 22.2
Levi b. Gerson: 22.6
Lévi-Strauss, Claude: 4.2; 32.3
Líber: 27.2.1
Líbera: 27.2.1
Lienhardt, Godfrey: 1.2

Lilith: Demônio feminino, súcubo sumeriano e babilônico que também assume características do demônio Lamashtu, matador de crianças. Na tradição judaica pós-bíblica, Lilith desempenha esses dois papéis. Segundo um *midrash* (*Alfabeto de Ben Sira*, século VII-X), ela é a primeira mulher de Adão, criada à sua semelhança, que foge para não ser submetida ao domínio do homem. Será substituída por Eva.

Lin Chao-en: 28.3

Liṅga: (sânscrito, "falo"). Objeto fálico que geralmente evoca o deus Śiva. Presta-se a diversos simbolismos.

Livro dos Mortos: 12.6
Llwyd: 8.5
Lodhur: 14.2.1

Lokasenna: 14.3.1
Loki: 14.3.1
Lokottara: 6.4
Lombardo, Pedro: 10.4.9
Lophophoria williamsii: 3.5
Lorenz, Dagmar: 10.8
Lushei-kuki: 31.1.4
Lovedu: 1.4
Lu Hsiang-shan: 9.4
Lucas (Evangelho de): 10.1
Lúcio: 24.2.2
Lugh: 8.4
Lúlio, Raimundo: (*c.* 1232-1316). Místico e missionário catalão que utilizou os conhecimentos da cabala judia na mnemotécnica mística e na criptografia. Como a maioria dos intelectuais de seu tempo, tem atitude ambivalente para com os muçulmanos. São-lhe atribuídas numerosas obras que ele não compôs, principalmente de alquimia.
Lupa: 27.2.3
Lupercălias: 27.2.3. Festa romana de purificação celebrada em 15 de fevereiro. Nela eram sacrificados um bode e um cão. Um grupo de homens chamados Lupercos (homens-lobos) subia correndo o Palatino, batendo nas mulheres com correias para torná-las férteis.
Luria, Isaac de: 22.6; 22.7 (1534-1572). Genial cabalista e místico asquenazita de Safed, na Palestina, conhecido pelas diversas doutrinas sobre a criação e a metensomatose, difundidas através dos escritos de seu discípulo Hayyim Vital.
Lutero, Martinho: 10.1; 10.4.13 (1483-1546). Monge agostiniano e teólogo alemão, professor na universidade de Wittenberg. Sua oposição às doutrinas e às práticas religiosas correntes em seu tempo foi o ponto de partida da Reforma Protestante.
Luzzato, Samuel David: 22.6
Lwa: 1.5.1

Mabinogis: 8.5. Onze narrativas galesas redigidas do século XI ao XIII d.C. que contêm episódios da mitologia céltica.
Macabeus: 22.1
Macróbio: 16.1.1; 27.4
Madhva: 17.6
Mādhyāmika: 6.5
Maga: 33.3.2
Maggid: 22.9
Magh Tuired: 8.4

Maghrib al-aqsā: 20.5
Magli, Ida: 10.8
Magos: 33.3.3. Classe de sacerdotes dos antigos medas. Dirigiam os sacrifícios e expunham os cadáveres aos pássaros predadores e às intempéries. No mundo helenístico, os magos terão a reputação de serem depositários de uma sabedoria oculta.
Mahābhārata: 17.5
Mahādevī: 17.7.3
Mahākāśyapa: 6.3
Mahāpuruṣha: 21.2
Mahāsāṅghika: 6.1; 6.4
Mahāvīra: 21.2
Mahāvrata: 21.2; 21.4
Mahāyāna: 6.3-6; 6.9
Mahāyuga: 17.5
Mahdī: 20.6
Mahmi: 33.4.2
Maia: 15.3.4
Maias: 2.0; 2.1.1; 2.2; 2.21
Maimônides: 22.6
Maitreya: 6.5
Makahs: 3.6
Malcolm X: 1.5.4
Mālik ibn Anas: 20.7
Malunkyaputta: 6.3
Mamelucos (turcos): 20.5
Mana: 25.1
Manchus: 31.1.1; 9.4
Maṇḍala: 17.7.4
Mandan: 3.1; 3.5
Mandês: 1.0
Mandingos: 1.1.3
Manes: 27.2.2
Mani: 6.3; 11.5; 33.4.1
Maniqueísmo: 11.5
Manitó: 3.4
Mansis: 31.1.2
Mantra: 17.7.4. Fórmula utilizada em muitas formas de meditação no hinduísmo e no budismo.
Maomé: 20.1-3; 20.4; 20.7
Māra: 6.2
Marabu: 1.0
Marcião de Sinope: 10.1; 10.4.1; 11.4
Marcos (Evangelho de): 10.1

Marduk: 7.4; 23.3; 23.5
Marett, R. R.: 25.1
Margarida de Cortona: 10.9
Maria: 2.3; 10.2; 10.7.3
Marpa: 6.10
Marranos: (castelhano de origem árabe, "porcos"). Termo pejorativo usado principalmente para designar os judeus ibéricos acusados de se terem formalmente convertido ao cristianismo (*conversos*), mas que continuavam secretamente fiéis às suas crenças e práticas rituais. A existência de um criptojudaísmo generalizado foi contestada (ver Benzion Netanyahu, *The Marranos of Spain from the Late Fourteenth to the Early Sixteenth Century*, N. York, 1966). Em todo o caso, a Inquisição espanhola perseguia zelosamente os suspeitos, submetendo-os a um processo humilhante chamado auto-de-fé. Segundo as estatísticas recentes de Jaime Contreras e Gustav Henningsen (1986), de 1540 a 1700, 4.397 (9,8% do total) suspeitos de judaísmo e 10.817 (24,2% do total) suspeitos de serem criptomuçulmanos foram submetidos ao auto-de-fé. A porcentagem de execuções, porém, ainda é bastante reduzida (1,8% do total geral). (Ver J. Contreras e G. Henningsen, *Forty-four Thousand Cases of the Spanish Inquisition (1540-1700): Analysis of a historical Data Bank*, in G. Henningsen e John Tedeschi, orgs., *The Inquisition in Early Modern Europe*, Dekalb, Il. 1986, pp. 100-129)
Marte: 27.2. Deus romano da guerra. Seu sacerdócio chamava-se *flamen martialis*. O deus recebia um sacrifício tríplice (javali, carneiro, touro). Seu santuário mais importante era a *ara Martis* no Campo de Marte, em Roma.
Masada: 22.1
Masais: 1.0; 1.2
Mashya: 33.5.1
Mashyānag: 33.5.1
Masjid: 20.3
Maskilim: 22.6
Maspero, Henri: 28.4
Massoretas: 22.2
Mateus (Evangelho de): 10.1
Mat'Syra Zemlia: 13.2
Math: 8.5
Matsuri: 32.5; 32.7
Mau-Mau: 1.2
Maui: 25.3
Māyā: 17.6 (sânscrito, "ilusão criadora"). Conceito fundamental do hinduísmo, que pode significar diversas coisas, segundo a época: nos Vedas refere-se ao poder de um deus de criar as formas do mundo; no Vedanta comum

indica um processo ilusório do mesmo tipo. O mundo sensível é *maya* no sentido de que sua multiplicidade, por ser redutível à unidade, tem *status* ontológico limitado. Os neoplatônicos utilizavam o conceito negativo *goeteia*, "feitiçaria", que é semelhante a *māyā* na medida em que os dois se referem à criação de edifícios ilusórios.

Mayapán: 2.1

Masdaquismo: 33.4.1. Religião comunista e pacifista fundada por certo Mazdak, na época do soberano iraniano sassânida Kawād (488-531). Inicialmente incentivado por Kawād, o masdaquismo foi abandonado devido à pressão da aristocracia. Os masdaquistas foram massacrados por Cosroés I (531-579).

Mbutis: 1.3.2
Medhbh: 8.4.2
Megillot: 22.2
Meillet, Antoine: 19.3
Melanchthon, Filipe: 10.4.13

Melcarte (fenício, "deus da cidade"). Deus padroeiro da cidade fenícia de Tiro. Seu culto, provavelmente introduzido em Israel por Acab e Jezabel (I Reis 16), encontrou a oposição do profeta Elias (I Reis 17).

Mêncio: 9.4
Menelau: 15.3.7

Meng-tseu: 9.4 (Mêncio). Filósofo confuciano (*c*. 391-308 a.C.), a quem se atribui um livro epônimo em sete partes. Ele insiste na educação interior do confuciano, que deve saber reprimir o egoísmo.

Menonitas: 10.4.13
Mérida: 2.1
Merkabah: 22.2; 22.5.1

Merlin: 8.5. Mágico e profeta da corte lendária do rei Artur. Seu nome é tardio (Godofredo de Monmouth, século XII, *Vita Merlini*) e seu protótipo é celta.

Meslin, Michel: 10.9
Messias: 10.2
Metátron: 22.5.1
Metensomatose: 3.6. 15.3.3; 17.3
Metódio: 10.5
México: 2.1
Mialistas: 1.5.1
Miasma: 15.4
Miau: 31.1.4
Midewiwin: 3.4; 31.1.5
Midhard: 14.3.1
Midhgardhr: 14.2.1
Midrash: 22.2
Miḥna: 20.8

Mi-la-ras-pa: 6.10 (ou Milarepa, 1040-1123). Grande asceta budista tibetano, discípulo de Mar-pa o Tradutor, um dos mestres venerados pela escola Bka-brgyud-pa. Sua biografia, redigida no século XV por Tsang Nyon Heruka, é um dos grandes textos do budismo tibetano.
Mīmāṃsā: 17.4.2
Mímir: 14.2.2-3
Minerva: Deusa romana das artes e ofícios. Adotada pelo panteão romano no século VI a.C.; inspirada em Atenas.
Miniankas: 1.0
Minkan Shintō: 32.5; 32.7
Minos: 15.1
Mi'rāj: 20.9
Mishnah: 22.2
Misogikyo: 32.6
Mistecas: 2.0
Mithra: 10.8; 24.2; 24.2.3; 33.3.3; 33.5.3
Mitra: 17.2; 33.3.3
Moawia: 20.4; 20.6
Mobād: 33.3.1
Moches: 4.1.1
Mogóis: 20.5
Mohamed al-Bāqir: 20.6.1
Moḥenjo daro: 17.1
Moisés: 22.1-2 (hebreu Mosheh). Nos livros do Pentateuco, com exceção do Gênese, libertador do povo judeu da escravidão egípcia e mediador entre Deus e os hebreus. Deus revela-lhe a Lei no monte Sinai (Ex. 19-20; Dt. 4-5).
Moisés Cordovero: 22.6
Moisés de Leão: 22.7
Mokosh: 13.2
Mokṣa: 17.4.3
Mokysha: 13.2
Molay, Jacques de: 10.4.9
Moma: 4.2
Momigliano, Arnaldo: 27.3
Mongóis: 31.1; 20.5
Monofisistas: 10.7.3
Montezuma II: 2.2
Mooney, James: 3.0
Moorish Science Temple: 1.5.4
Morávios (Irmãos): A Sociedade dos Irmãos Morávios (Jednota Bratrská) foi fundada em 1437 na Boêmia, inspirada nos ideais religiosos e nacionalistas do reformador Jan Hus, queimado em 1415. (O movimento de Hus é

hoje interpretado como uma revolta contra a dominação alemã da Boêmia). Perseguidos após a derrota dos protestantes em 1620, continuam sua existência secreta até 1722, quando seu líder Christian David (1690-1751) encontra refúgio junto ao conde pietista alemão Nicolau Zinzendorf (1700-1760). Em 1727, morávios e pietistas se fundem e seu movimento se torna universal.

Mormonismo: A Igreja de Jesus Cristo dos Santos dos Últimos Dias e organizações paralelas têm hoje seis milhões de membros no mundo inteiro. Seu fundador foi Joseph Smith Jr. (1805-1844), cuja Primeira Visão revelou, em 1820, a natureza física de Deus e de seu Filho e, por conseguinte, o erro de todas as outras confissões cristãs do oeste do Estado de Nova York. A escritura santa dos mórmons é o *Livro de Mórmon*; escrito em antigas tábuas de ouro encontradas por Smith com a assistência de Deus, foi por ele traduzido para o inglês. Seu autor, Mórmon, pai de Moroni, conta a história dos descendentes norte-americanos dos israelitas errantes, das guerras dos nefitas e lamanitas (ancestrais dos índios da América), filho de Lehi, e do ministério de Cristo ressuscitado entre eles. Entre os princípios da nova religião, digna de uma nova era dos patriarcas, há o batismo dos mortos, a eternidade do casamento, a materialidade do espírito, a poligamia, o caráter masculino e físico de Deus e de seu Filho, Jesus Cristo, a evolução da humanidade para a divindade, a expectativa do fim do mundo atual, etc. Ao ser morto na prisão por uma multidão em Illinois (1844), Smith era candidato à presidência.

O êxodo dos mórmons perseguidos ocorreu sob a liderança de Brigham Young (1801-1877). Eles formaram o Reino dos Eleitos no Grande Lago Salgado. Em 1850, em Independence, Missouri, constituiu-se um ramo reformador e dinástico que reconhecia como líderes apenas Joseph Smith III e seus descendentes diretos e rejeitava a poligamia. Em 1890, os mórmons de Utah, sob o fogo dos ataques do governo federal, desistiram de suas pretensões políticas e da poligamia. Os mórmons de hoje, definidos pelo historiador Martin Marty como *a nation of behavers* ("uma nação de morigerados" seria a melhor tradução desse trocadilho), formam uma comunidade isolada, que se distingue pela fidelidade à Igreja e à família, por seus costumes e maneiras (visíveis também em suas roupas), pela proibição do consumo de álcool, do fumo e da cafeína.

O sacerdócio é exclusivamente masculino. Depois dos doze anos de idade, os rapazes podem engrossar as fileiras de sacerdotes de Aarão e de Melquisedec, restabelecidas por Joseph Smith, e progredir na hierarquia. Entre os projetos da Igreja atual está o batismo por procuração das gerações passadas. (Ver K .J. Hansen, *Mormonism*, in ER 10,108-13; J. Schipps, *Mormonism*, Urbana/Chicago, 1985; do ponto de vista dos mórmons, L. J. Arrington e D. Bitton, *The Mormon Experience: A History of the Latter-day Saints*, N. York, 1979.)

Moses Mendelssohn: 22.6

Mossis: 1.1.3

Mot: 7.1; 7.3

Mo-tseu (*c.* 470-390 a.C.). Filósofo chinês e cabeça da escola moísta, cujo livro clássico também se chama *Mo-tseu.* O amor universal é a doutrina fundamental de Mo-tseu, que era um pacifista na época da história chinesa chamada "Estados em Guerra" (403-221 a.C.). Meng-tseu (Mêncio) (↔) critica-o por ignorar a obediência que o filho deve ao pai, identificando, implicitamente, o patriarcado com a guerra.

Muçulmano: 20, *passim*

Mudrā: 17.7.4 (sânscrito, "selo"). Posições especiais das mãos na iconografia e em certas práticas (tântricas) do budismo e do hinduísmo; especialmente desenvolvidas na dança indiana, que tem mais de quinhentas dessas posições.

Muhammad ibn al-Hanafīya: 20.6

al-Mukhtār: 20.6

Mūlasarvāstivāda: 6.10

Müller, Fr. Max: 19.3

Munducuru: 4.2

Münzer, Thomas: 10.4.13

Musas: 15.3.4

Muscogis: 3.1

Muso Koroni: 1.1.3

Múspell: 14.2.1

Mutakallimūn': 20.8

Mutazilitas: 20.8

Na khi: 31.1.4

Nabu: Deus babilônico e assírio do I milênio a.C., escriba e finalmente filho de Marduk (↔). Seu templo principal era em Borsippa. Sua importância é maior no império assírio.

Nabucodonosor (Nebucadnezar): 22.1

Nação do Islã: 1.5.4

Nag Hammadi: 11.3. Localidade do Alto Egito, perto do antigo mosteiro pacomiano de Khenoboskion, onde foram descobertos, em dezembro de 1945, treze volumes em língua copta do século IV, que contêm vários textos gnósticos originais.

Naga: 31.1.4

Nāgārjuna: 6.5 (*c.* 150-250). Grande pensador da escola budista Mādhyāmika, no budismo mahāyāna, conhecido por seu ensinamento sobre a "vacuidade" (*śūnyatā*) de toda existência.

Nakayama Miki: 32.6
Nakotas: 3.1
Nālandā: 6.3
Namânides: 22.7
Nāmarūpa: 6.3
Nana: 23.2. Deus lunar sumeriano. Seu equivalente acadiano é Sin.
Nānak: 17.8.1 (1469-1539). Fundador da religião dos sikhs e primeiro na sucessão dos 10 gurus sikhs.
Nanays: 31.1.1
Naqshbandīyah: 20.10.2
Naram Sin: 23.3
Naropa: 6.10
Nasi: 22.6
Nathan de Gaza: 22.8
Náuatle: 2.2-3
Navajos: 3.1
Nawrūz: 33.6 (Nō Rūz). Festa iraniana do Ano Novo celebrada durante doze dias no equinócio da primavera. As *fravashis* (almas) dos mortos estavam presentes no início das festividades. O Nō Rūz continua existindo no Irã islâmico.
Nāyanmārs: 17.7.2
Nazcas: 4.1.1
Ndembos: 1.3.1
N'domo: 1.1.3
Neanderthal: 26.2
Nebi'im: 22.2; 22.4
Néftis: 13.2
Nei-tan: 28.4
Nembutsu: 6.9
Nergal: 23.2. Deus mesopotâmico do mundo infernal. O planeta maléfico Saturno na astrologia babilônica.
Nestorianos: 10.7.2-3
Nestório: 10.6; 10.7.3
Ngarasanis: 31.1.1
Ngunis: 1.4
Nichiren: 6.9
Nicolau de Cusa: 10.4.10
Nicole d'Oresme: 10.4.10
Nidhloggr: 14.3.3
Nigéria: 1.1.1
Nihongi: 32.2

Nilotas: 1.0
Niman: 3.8
Ninhursag: Antiga Grande Deusa mesopotâmica, membro da tríade suprema dos deuses, ao lado de An e Enlil. Mais tarde substituída pela divindade masculina Enqui.
Ninurta: (sumeriano: "senhor da terra"). Deus mesopotâmico da tempestade e da guerra, filho do deus cósmico Enlil, venerado em Nippur e em Lagaṣh.
Nirvāṇa: 6.3-5. Palavra sânscrita cuja etimologia não é bem conhecida. No budismo, descreve a condição inefável do Iluminado e opõe-se a *saṃsāra*, ciclo das reencarnações. Nesse sentido, o *nirvāṇa* é a cessação de tudo o que diz respeito ao mundo dos fenômenos e não pode ter nenhuma descrição positiva.
Nitta Kuniteru: 32.6
Nizārīs: 10.4.9; 20.6.3
Njordr: 14.2.3. Pai de Freyr (↔) e um dos deuses Vanes mais importantes na mitologia germânica. Enviado aos Ases por Freyr como penhor da paz entre os dois povos de deuses. Primeiro rei mítico dos suecos.
Nkores: 1.2
Nō Rūz: 33.6
Noa: 25.3
Noble Drew Ali: 1.5.4
Noé: No Gênese, filho de Lamec e pai de Sem, Cam e Jafé, escolhido por Deus para sobreviver ao dilúvio universal e para preservar, em sua arca, todas as espécies animais que povoavam a terra.
Nossa Senhora: 10.4.9
Novo Testamento: 10 *passim*
Nuada: 8.4
Nuers: 1.0; 1.2
Nuṣairī: 20.6.2
Nut: 13.2
Nutkas: 3.1; 3.6
Nyame: 1.1.2
Nyāya: 17.4.2
Nyberg, H. S.: 33.4.3
Nyoros: 1.2

Obatalá: 1.1.1
Odim: 14.2-4. Principal deus ase da mitologia germânica, patrono dos *jarls* (nobres, em oposição aos *karls*, homens livres). Deus da guerra e das confrarias de guerreiros, dos mortos, da poesia, da magia, das runas.
Odudua: 1.1.1
Ogbonis: 1.1.1

Ogum: 1.1.1
Ohenemmaa: 1.1.2
Ohrmazd: 33.4.2
Ojibwas: 3.1; 3.4-5
Oki: 3.4
Olmecas: 2.0-1
Olodumaré: 1.1.1
Olôkun: 1.1.1
Olorum: 1.1.1
Omar: 20.4
Omíadas: 20.4; 20.6.1
Onas: 4.4
Ongone: termo mongol que se refere a certos objetos nos quais moram os espíritos invocados pelo xamã.
Onila: 1.1.1
Ontakekyo: 32.6
Oráculos caldeus: 16.1.4
Oráculos sibilinos: 22.5. A coletânea de oráculos que tem esse nome contém textos de origem judaica e cristã, a maioria modificados em meio cristão. Existiam em grande parte antes de 300 d.C. Os oráculos de origem judaica foram compostos depois de 70 d.C. Os antigos Livros Sibilinos, propriedade do Estado romano, foram destruídos no início do século V d.C.
Orenda: 3.4
Orfeu (Orfismo): 10.4.12; 15.3.6. Figura mítica associada à Trácia e a uma reforma do culto de Dioniso no século VI a.C. Sua lira encanta os rochedos, as plantas, os pássaros, os peixes e até os temíveis guerreiros trácios; seu canto fala da origem do mundo, dos deuses e dos homens. Outros fragmentos misteriosos do mito falam de sua descida aos Infernos para recuperar sua mulher Eurídice e de seu fim, estraçalhado pelas Mênades trácias como vítima sacrifical dionisíaca, por se ter recusado a elas.
Orígenes: 10.4.3; 10.9
Orixás: 1.1.1; 1.5.1; 1.5.2
Oro: 25.2
Orochis: 31.1.1
Orum: 1.1.1
Orungã: 1.1.1
Oséias: 22.2; 22.4
Osíris: 12.2; 12.6; 24.1. Deus egípcio, filho de Geb ("Terra"), condenado à morte pelo irmão Set. Sua mulher Ísis recolhe os pedaços do morto Osíris, que gera Hórus. Cada faraó morto torna-se Osíris, deus dos mortos.
Ostíacos: 31.1.2
Otmã: 20.4

Otomanos (turcos): 20.5
Oxum: 1.1.1

Pã: Deus grego, originário da Arcádia (Peloponeso), senhor dos animais. Introduzido em Atenas no século V. a.C., assume então seu aspecto típico, que é o de um ser híbrido, metade homem, metade bode.
P'a chi: 2.1.1
Pachacamac: 4.1.3
Pachacuti: 4.1.2
Pachamama: 4.1.3
Pacômio: 10.4.8
Pacto de Omar: 22.6
Padmasambhāva: 6.10. Guru indiano (*c.* século VIII) sobre o qual existe uma tradição lendária no Tibete, onde teria fundado o primeiro mosteiro budista. Ele está, provavelmente, na origem da transmissão do budismo vajrayāna (↔ 6.6) para o Tibete e da seita dos "Anciãos" (Rñin-ma) ou Monges Vermelhos.
Paiutes: 3.1
Pajé: 4.5
Palenque: 2.1
Páli: 6.1
Panatenaia: 15.5
Panos: 4.0; 4.2
Paracas: 4.1.1
Parinirvāṇa: 6.3
Parses: 33.7. Comunidade zoroastriana da Índia ocidental (Gujarat, Bombaim), que depois da conquista muçulmana emigrou do Irã (642 d.C.).
Pārṣva: 21.2
Páscoa: (1) A Pesah judaica é a festa móvel que comemora anualmente (durante sete ou oito dias a partir de 15 de Nisan) a partida dos israelitas do Egito. (2) A Páscoa cristã, festa móvel que comemora a ressurreição de Cristo, deveria ser, teoricamente, celebrada em conjunto com a Pesah judaica. O Concílio de Nicéia (325) decidiu que seria celebrada todos os anos no primeiro domingo depois da lua cheia que sucedesse ao equinócio da primavera. As diferenças no cômputo e nos calendários explicam a distância às vezes considerável das datas das duas Páscoas. As igrejas cristãs orientais utilizam um calendário diferente.
Patañjali: 17.4.2 (1) Provável autor do Yogasūtra (século III d.C.). (2) Gramático indiano (século II a.C.), comentador de Panini.
Paulicianismo: 11.6
Paulo (apóstolo): 10.1; 10.3; 10.9
Paulo de Samósata: 10.4.4

Paulo o Diácono: 10.4.8
Pawnees: 3.1; 3.5
Peiote: 3.5
Pelágio: 6.9; 10.4.7
Penobscots: 3.1
Pentateuco: 22.2
Perkunas: 13.3.1
Perséfone: 8.5; 15.3.4; 15.6; 24.1
Perun: 13.2. Deus do trovão dos antigos eslavos, guardião da ordem e adversário do Deus Negro (Tchernobog). Depois da cristianização dos eslavos, seu culto foi transferido para Santo Elias.
Pesikta: 22.2
Petrarca, Francesco: 10.4.11
Pharmakos: 15.4
Philokalia: 10.9
Pico della Mirandola, João: 10.4.12
Pedro (Apóstolo): 10.1
Pedro de Sicília: 11.6
Pedro, o Venerável: 10.4.9
Pigmeus: 1.3.2
Pimandro: 16.1.6
Pinkster, Leon: 22.6
Pīr: 20.10.2
Pitágoras: 16.1.4. Chefe religioso grego do século VI a.C., nascido na ilha iônica de Samos. Com trinta anos emigrou para Crotona, na Itália meridional, onde organizou uma comunidade religiosa baseada numa doutrina ascética e mística. Segundo a tradição, é um "homem divino" (*theios anēr*), capaz de todos os prodígios.
Pítia: 15.7
Pizarro: 2.3; 4.1.2; 4.1.3; 10.5
Platão: 15.3.3; 15.3.6; 16.1.1; 22.2 (429-347 a.C.). Filósofo grego que, nos mitos contidos em seus diálogos, codificou um saber religioso referente à sobrevivência da alma, à metensomatose, à cosmologia e à cosmogonia.
Plotino: 10.4.3; 16.1.4 (205-270). Filósofo e místico platônico, fundador da corrente chamada neoplatônica que, depois de sua morte, acabará por transformar o platonismo em religião, não completamente desprovida de ritos e mistérios.
Plutarco: 15.3.3; 16.1.1
Pomerium: 27.2.1
Pomos: 3.7
Pontifex: 27.2.3
Popol Vuh: 2.1.1

Porfírio: 16.1.4; 27.4
Poseidon: 8.5. Antigo deus grego, já presente em Micenas. Na época clássica, é o senhor das águas oceânicas.
Potlach: 3.6
Potnia therōn: 15.2; 15.3.4
Powamuy: 3.8
Prajāpati: 17.3 (sânscrito: "senhor das criaturas"). Nos antigos Brāhmaṇas indianos, é o criador do cosmo por auto-sacrifício e seu ato primordial é repetido em cada sacrifício ao fogo (Agni).
Prajñāpāramitā: 6.5
Prajñaptivāda: 6.4
Prakṛti: 17.4.2
Prāṇa: 17.4.2
Pratītya samutpāda: 6.2
Pratyeka Buddha: 6.5
Príapo: Deus menor itifálico dos gregos e dos romanos.
Profeta: 20.3
Prometeu: 15.4. Titã anterior aos deuses olímpicos na mitologia grega, Prometeu é conhecido por suas proezas em favor da raça humana (roubou o fogo do céu, astúcia para reservar aos deuses a parte não comestível dos sacrifícios animais, etc.), pelas quais Zeus o condenará à tortura eterna. Segundo um mito, Héracles é seu libertador.
Provérbios: 22.2
Psellos, Miguel: 15.3.3; 16.1.4 (1018-78). Teólogo bizantino fascinado pelo neoplatonismo. Grande dignitário do Império, abandonou a corte preocupado com a verdade espiritual e morreu na solidão, esquecido por todos.
Ptá: 12.2
Ptolomeu, Cláudio: 16.1
Ptolomeus: 16.1
Pudgala: 6.4
Pueblos: 3.1; 3.8
Pūjā: 17.7. Oferenda às divindades hindus, apresentada diante do altar doméstico ou no templo.
Pulque: 2.2.1
Purá: 4.2
Purāṇas: 17.5. Coleção enciclopédica em sânscrito, que compreende tradicionalmente 18 textos maiores ou *Mahāpurāṇas*, redigidos a partir dos primeiros séculos da nossa era. Contém os grandes mitos do hinduísmo.
Purim: 22.3.1
Puritanos: 10.4.13
Puruṣa: 17.4.2 (sânscrito, "homem"). Primeiro homem da cosmogonia védica (Ṛgveda X 90), na qual desempenha papel de criador da ordem social, e dos antigos Upaniṣads

Pwyll: 8.5

Qiblah: 20.2-3
Qilaneq: 31.1.2
Quamaneq: 31.1.2
Quatro verdades: 6.2
Quênia: 1.2
Quetzal: 2.1
Quetzalcóatl: 2.1 ("Serpente com penas de (pássaro) quetzal"), deus criador asteca de origem tolteca, conhecido pelos maias com o nome de Kukulkán.
Quichés: 2.1; 2.1.1; 2.3
Quíchuas: 4.0
Quileutes: 3.6
Quirino: 27.2
Qumrān: 22.2; 22.5
Qur'ān: 20.3
Quṭb: 20.10.2

Rá: 12.2; 12.6. Antigo deus egípcio do sol, cujo culto estava sediado em Heliópolis.
Rābi'ah al-'Adawīah: 20.10.2
Rādhā: 17.7.1. No hinduísmo vaisanya, jovem pastora loucamente apaixonada por Kṛṣṇa. Mais tarde ela é elevada à categoria de esposa celeste do deus.
Ragnarok: 14.3.3
al-Raḥmān: 20.1
Rājagṛha: 6.3
Rāma: 17.5; 17.7; 17.7.1. Herói da epopéia hindu *Rāmāyana*. Nas partes mais recentes do texto, transforma-se em avatar do deus Viṣṇu.
Ramadā: 20.3; 20.9
Ramakrishna: 17.9 (Gadādhar Chatterjee, 1834/36-1886). Místico hindu bengalês, adorador (*bhakta*) da Grande Mãe e ao mesmo tempo animado pela crença na unidade (com base na experiência mística) de todas as religiões. Sua mensagem é essencialmente vedantina e está no cerne da Ramakrishna Mission, movimento internacional lançado por Vivekananda (m. 1902) no Parlamento das Religiões de Chicago (1893).
Rāmāyana: 17.5
Raposa Branca: 1.1.3
Ras Shamra: 7.0
Rashap: 7.1
Rashnu: 33.3.3

Rastafarianos: 1.5.1
Rasūl: 20.2
Ray, Benjamin: 1.0
Rei do Mundo: 6.2
Remo: 27.2.3
Ṛgveda: 17.2
Rhiannon: 8.4.1; 8.5
Rifā'iyah: 20.10.2
Rinzai zen: 6.9
Rñin-ma-pa: 6.10
Rodrigo Giménez de Rada: 10.4.9
Rômulo: 27.2.3
Rosh Hashanah: 22.3.1
Roux, Jean-Paul: 31.0-1
Roy, Rammohan: 17.9
Ṛṣis: 17.4.1
Rusalkas: 13.2
Russell, J. B.: 10.8
Rute: 22.2
Ruusbbroec, Jan v.: 10.9

Saadia b. Josefo: 22.6
Saami: 31.1.2
Sabázios: 24.2.5; 30.3.1. Deus trácio e frígio, identificado com Dioniso pelos gregos. Possui cerimônias noturnas em Atenas a partir do século V a.C. Na época romana, é o deus dos mistérios.
Sacrifício: 2.1.1; 2.2.1; 15.4
Saddharmapuṇḍarīka: 6.9
Saduceus: 22.6 (do hebreu *Tseduqim*). Teólogos judeus (século II a.C. - século I d.C.) literalistas e conservadores, que não aceitam a tradição oral e a exegese mais livre e intelectual dos fariseus. Não acreditam na imortalidade da alma nem na ressurreição do corpo.
Safo: 15.3.4
Śakti: 17.7.3
Śākya-muni: 6.2
Ṣalāt: 20.3
Salish: 3.1; 3.6
Salmos: 22.2. Coleção de 150 (151) hinos bíblicos, que fazem parte dos Ketuvim (Escritos), dos quais 72 são atribuídos ao rei Davi (século X a.C.).
Salomão: 22.1 (século X a.C.). Filho do rei Davi e terceiro rei de Israel e de Judá (I Reis 1-11).
Salomão ibn Gabirol: 22.6

Samādhi: 6.2; 17.4.2. No budismo, técnica de concentração. Na yoga, etapa suprema da contemplação unitiva.

Samaritanos: Povo da região de Samária, ao norte de Israel. Acreditam ser descendentes das tribos judaicas nórdicas de Efraim e de Manassés. Separaram-se dos judeus depois do retorno do exílio babilônico.

Sāmaveda: 17.2

Saṃgha: 6.3-4. No budismo, comunidade dos fiéis instituída pelo próprio Buda, compreendendo quatro setores (*parisads*): monges (*bhikṣus*), religiosas (*bhikṣunis*), homens laicos (*upāsakas*) e mulheres laicas (*upāsikās*).

Ṣāmiṭ: 20.6.1

Sāṃkhya: 17.4.2. Sistema filosófico hindu, uma das seis escolas (*darśanas*) tradicionais, que forma um par com a ioga.

Sammitiyas: 6.4

Samogos: 1.1.3

Samoiedos: 31.1.2

Saṃsāra: 6.5; 17.3. Metensomatose (encarnação de uma alma preexistente em novos corpos) no hinduísmo tradicional, paradoxalmente aceita pelo budismo. Concebida como negativa. Diversos métodos ascéticos e/ou místicos aparecem ao longo da história religiosa indiana para obter a libertação (*mokṣa*) dos laços cármicos que produzem a repetição das descidas para o corpo. Uma concepção semelhante à metensomatose é aceita por certos pré-socráticos e por Platão. Em outros contextos religiosos, a metensomatose pode ser positiva.

Saṃskāra: 6.3-4; 17.2

Samuel: 22.2. Juiz (*shofet*) e profeta judeu do século XII a.C., protetor de Davi.

Samuel b. Kalonymus: 22.7

Śaṅkara: 17.6. Mestre religioso hindu da índia meridional (século VIII d.C.), comentador dos clássicos e criador do vedanta não dualista (*advaitavedānta*).

Ṣaṇṇagarika: 6.4

Sannyāsa: 17.4.3. Quarto e último estágio (*āśrama*) do caminho da vida tradicional do homem hindu, que marca a renúncia completa ao mundo, depois do retiro na floresta (*vānaprastha*).

Sano Tsunehiko: 32.6

Santa Lúcia: 1.5.1

Santería: 1.5.1

Saoshyant: 33.5.2 (avéstico: pálavi *šoshans*). Salvador do mundo no zoroastrismo. O masdeísmo tardio eleva a três o número de Saoshyants. Nascerão da semente de Zaratustra depositada sob a guarda de 99.999 *fravashis* no lago Kansaoya, quando três virgens imaculadas se banharem na água do lago. O último Saoshyant aparecerá no juízo final (*frashōkereti*) e eliminará definitivamente os inimigos da ordem da verdade (*asha*).

Sara: (Sarai, Deus muda seu nome para Sara). Bela meio-irmã e mulher de Abraão no Gênese bíblico. Inicialmente estéril, finalmente gera Isaac.

Sarasvatī: 33.3.3

al-Sarrāj: 20.10.2

Sarvāstivāda: 6.1; 6.4. Seita budista que se desliga do tronco de Sthāviravāda (↔ 6.4) na época do imperador Aśoka (século III a.C.) e dá origem a três outras seitas do Hīnayāna: Sautrāntikas, Mūlasarvāstivādas e Dharmaguptakas.

Saso, Michael: 28.3

Śāstra: 6.1

Saul: 22.1-2

Saule: 13.3.1

Savitar: 17.2

Saxo Grammaticus (*c.* 1150-1216). Historiador dinamarquês, autor dos *Gesta Danorum*, um dos repertórios mais importantes da mitologia nórdica.

Schmidt, Wilhelm: 1.3.2

Scholem, Gershom: 22.8

Sedna: Deusa marinha dos animais entre os inuit (esquimós).

Sefarditas: 22.1

Sefer Yetsirah: 22.7 (hebreu, "Livro da Criação"). Texto cosmogônico e primeiro tratado cabalista de data incerta (século II-VIII d.C.).

Seidhr: 14.2.3; 14.4.1

Seljúcidas: 20.5

Selk'nams: 4.4

Sêmele: 15.3.4

Senegal: 1.0

Senge Takatomi: 32.6

Senufos: 1.0

Septimanos: 20.6.3

Septuaginta (Setenta): 22.2

Ser Supremo: 1.0; 2.3; 4.2; 4.3; 4.4

Serápis: 24.2; 24.2.6

Serpente Arco-Íris: 5

Sérvio: 27.4

Set: 12.1-2 (1) Deus egípcio, conhecido por ter matado e desmembrado o irmão Osíris. (2) No Gênese bíblico, terceiro filho de Adão e Eva. Em certos textos gnósticos, é o protoplasta da raça dos eleitos e o protótipo do salvador.

Sgam-po-pa: 6.10

Shabetai Tzevi: 22.6; 22.8 (1627-1676). Messias judeu cujo movimento conquistou grande número de adeptos mas se cindiu após sua passagem para o islamismo. Uma recrudescência do sabetaianismo, em forma antinomista, ocorreu na Polônia e foi propagado por Jacob Frank (1726-1791).

Shadilis: 20.10.2

al-Shāfi'ī: 20.7

Śhaivismo. Corrente devocional hindu centrada no deus Śiva e/ou sua Śakti (esposa). Compreende grande número de seitas, tântricas e não tântricas.
Shakers: (1) Nome popular de uma seita milenarista cristã fundada na Inglaterra em 1747 e proveniente dos Quakers. (2) 1.5.1
Shaking-tent: 3.4; 31.1.2
Shamash: 23.2
Shambhala: 6.10
Shao Yung: 9.4
Sharī'ah: 20.7
Shavu'ot: 22.3.1. Pentecostes dos judeus, celebrado em 6/7 de Sivan, sete semanas depois do sabbath que sucede à Páscoa, em memória da entrega da lei a Moisés no monte Sinai.
Shaykh: 20.10.2
Shekinah (hebreu, "morada"). Presença de Deus no Templo de Jerusalém. Mais tarde, hipóstase feminina de Deus, mediadora entre Deus e o mundo.
Shen: 28.2
Shī'at 'Alī: 20.4
Shibata Hanamori: 32.6
Shih Huang-ti: 28.2
Shiluks: 1.2
Shimoyama Osuka: 32.6
Shingon: 6.9
Shinran: 6.9
Shinrikyo: 32.6
Shinshukyo: 32.6
Shintō Shuseiha: 32.6
Shintō Taiseikyo: 32.6
Shofet: 22.1
Shon: 6.9
Shoshones: 3.0; 3.1
Shotoku: 6.9
Shouters: 1.5.1
Shu: 12.2
Siddhārtha: 6.2
Siddhi: 21.4
Siduri: 23.6
Sikhs: 17.8; 17.8.1; 17.8.2
Simarglu: 29.2
Simeão b. Yohai: 22.6
Sin: 23.2
Sinagoga: (do grego *synagōgē*, "assembléia"). Congregação judaica de culto, surgida no exílio babilônico (século VI a.C.) da necessidade de dar prosseguimento ao culto de Deus fora do Templo de Jerusalém; por extensão, lugar de culto judaico em qualquer outro lugar fora do Templo. Depois da

destruição do segundo Templo, em 70, a sinagoga torna-se o único lugar de prática cultual.
Sinédrio: 22.6 (hebreu e aramaico, proveniente do grego *synedrion*, "assembléia"). Órgão supremo da administração e justiça entre os judeus, desde a ocupação romana (63 a.C.) até o século VI d.C. Sua existência foi contestada.
Sinésio de Cirene: 16.1.4
Sioux: 3.1; 3.5
Sītā: 17.5
Śiva: 17.7.2
Skandha: 6.4
Slaves (índios): 3.1
Sleipnir: 14.3.1; 14.4.1
Smārta: 17.4.3
Smiṛti: 17.4
Snorri Sturluson: 14.1 (1179-1241). Historiador islandês, autor do *Edda* em prosa e da história dos reis da Noruega (*Heimskringla*), fontes importantíssimas da mitologia germânica.
Sócrates: 15.3.3; 15.3.6
Sogas: 1.2
Solomon Schechter: 22.6
Salomão Zalman: 22.6
Soma: 17.2. Deus védico, correspondente a uma planta sacrifical não identificada e a seu suco, que tem, provavelmente, propriedades psicotrópicas, se não psicodélicas.
Sophia: 11.3
Sōshans: 33.5.2
Sothos: 1.4
Sōtō zen: 6.9
Spenta Mainyu: 33.3.2
Śrāmana: 21.2
Sraoshas: 33.5.3
Śri Lankā (Ceilão): 6.3-4; 6.7
Śruti: 17.2; 17.4; 17.4.1
Sthāviravāda: 6.4; 6.7
Stribog: 13.2
Stūpa: Monumento que encerra relíquias de Buda ou de outras personalidades importantes do budismo primitivo, centro de culto. Em torno dos stūpas formaram-se ordens budistas.
Suaíle: 1.2
Sufi: 20.10.1
Sufismo: 10.9; 20.10; 20.10.1
Suhrawardī: 20.10.2

Suhrawardīyah: 20.10.2
Suiko: 6.9
Sukkot: 22.3.1
Sullivan, Lawrence E.: 4.0; 4.2
Sun Dance: 3.5
Sunnah: 20.7
Śūnya: 6.5
Sūrah: 20.3
Suriname: 1.5; 1.5.3
Survasaka: 6.4
Sūrya: 17.2
Sūtras: 6.1; 6.3; 6.5
Svatantrika: 6.5
Śvetāmbaras: 21.2.3; 21.3
Sweat Lodge: 3.5

Taciano: 10.4.4
Tagore, Devendranath: 17.9
Tai Chen: 9.4
Tai hsi: 28.4
Takbir: 20.3
Taliesin: 8.5
Talmude: 22.2
Tamuz: 23.2; 24.1
Tana: 22.2
Tanakh: 22.2
Tane: 25.3
Tangaroa: 25.2-3
Tanhuma: 22.2
Tanjur: 6.1
Tantra: 17.7 (sânscrito; lit. "tecido"). Manual que ensina uma doutrina. No sentido restrito, obra que apresenta certas doutrinas esotéricas do hinduísmo e do budismo, compreendendo em geral práticas ou alusões sexuais.
Tantrismo: 6.6; 6.9; 6.10; 17.7.4
Tanzânia: 1.2; 1.3
Tao: 9.3; 32.1
Tao-te king: 28.1; 28.4
Tapas: 17.3; 21.4 (sânscrito, "calor"). Termo que corresponde, com muita proximidade, à palavra grega *askesis*, que acaba por significar ardores da ascese. A prática do *tapas* produz o acúmulo de *siddhis*, poderes especiais.
Tapu: 25.1
Tārā: Deus budista, especialmente no Tibete, que forma um casal com o Bodhisattva Avalokiteśvara ou com o Buda Amoghasiddhi. Existe uma

Tārā verde, que simboliza a prosperidade, e uma branca, que simboliza o socorro.
Taṣawwuf: 20.10.1
Tattvas: 17.4.2
Tauler, João: 10.9
Tauróbolo: 24.2.3
Tazig: 6.10; 29.3
Tefnut: 12.2
Teg Bahādur: 17.8.2
Tel el Amarna: 7.0
Telepinu: 18.1-2
Temakuel: 4.4
Templários: 10.4.9
Templo de Jerusalém: 22.1
Templo Mayor: 2.2.1
Tendai: 6.8-9
Tengri. Palavra altaica que designava, na origem, o aspecto físico do céu; divindade celeste dos turcos e mongóis.
Tenochtitlán: 2.2.1
Tenrikyo: 32.6
Teófilo de Alexandria: 10.4.4
Teógnis de Mégara: 15.3.4
Teotihuacán: 2.1; 2.2.1
Teotokos: 10.7.2-3
Tepehuas: 2.3
Teresa de Ávila: 10.9
Teresa de Lisieux: 10.9
Terra Pura: 6.5; 6.8; 6.9
Terra sem Mal: 4.5
Tertuliano de Cartago: 10.4.2
Teshub: 18.1.2
Tesmofórias: 15.5. Festa grega do outono em honra a Deméter e Perséfone, que compreende a troca de frases obscenas, flagelação e o envio de carne de porco cozida para as *megaras* ou fendas que levam às entranhas da terra.
Tezcatlipoca: 2.1-2 ("Espelho Escuro"). Deus criador asteca, antagonista de Quetzalcóatl. Grande feiticeiro cujos poderes estão concentrados num espelho mágico de obsidiana.
Theravāda: 6.1; 6.4; 6.7
Thokk: 14.3.2
Thor: 14.2-4; 13.2. Poderoso deus germânico (Ase) guerreiro e da tempestade, dono do martelo Mjollnir, terror dos gigantes. Patrono dos *karls* ("homens livres", opostos aos *jarls*, aristocratas).
Tiamat: 23.5

T'ien-t'ai: 6.8-9
Tikal: 2.1
Tilamuks: 3.6
Tīrthaṃkara: 21.2; 21.5
Titãs: 15.3.4; 15.3.6
Titicaca: 4.3
Tito: 22.1
Tlingits: 3.1; 3.6
Tojolabal: 2.1
Tollán: 2.1
Toloache: 3.7
Tolowas: 3.6
Toltecas: 2.0-1; 2.2.1
Tomás de Aquino: 10.4.9
Tomás de Kempis: 10.9
Tonantzin: 2.3
Topa Inca: 4.1.2
Tora: 22.2
Tosefta: 22.2
Tot. Deus lunar egípcio da sabedoria cujo lugar de culto era Hermópolis no Médio Egito. Os gregos o identificavam com o deus Hermes (na época romana, com Hermes Trismegisto).
Transubstanciação: 10.6
Trapaceiro (*Trickster*): 1.1.1; 1.1.3; 3.3; 3.6; 3.7; 4.3; 11.1; 11.3; 14.3.1; 15.3.4; 15.4; 17.2; 25.3
Trinidad: 1.5.1
Tripiṭaka: 6.1
Triratna: 21.2
Tsimshians: 3.1; 3.6-7
Tsongas: 1.4
Tsong-ka-pa: 6.10
Tswanas: 1.4
Tu Wei-ming: 9.4
Tuathas Dê Danann: 8.3
Tucanos: 4.0; 4.4
Tula: 2.2.1
Tulsīdās: 17.7.1
Tung Chung-shu: 9.3
Tungúsios: 31.1
Tupis: 4.0; 4.2
Tupis-guaranis: 4.5
Turcos: 31.1
Turnbull, Colin: 1.3.2

Turner, Victor: 1.3.1
Tuvinianos: 31.1.1
Tzeltal: 2.1

Uarequenas: 4.2
Uganda: 1.2
Ugarit: 7.0; 7.1-2
Uitotos: 4.2
Ullikumi: 18.2
Umbanda: 1.5.2
Umiliana de'Cerchi: 10.9
Ummah: 20.4
Upali: 6.3
Upaniṣads: 17.3-4; 17.4.1
Urano: 15.3.4
Urdhr: 14.2.2
Uṣas: 17.2
Utes: 3.1
Utnapishtim: 23.6
Utu: 23.2

Vaccha: 6.3
Vaiśālī: 6.3-4
Vaiśeṣika: 17.4.2
Vaiśnavismo: 17.5-6. Culto hindu do deus Viṣṇu e de vários avatares, sendo Kṛṣṇa um dos mais importantes.
Vajrayāna: 6.3; 6.6
Valdenses: 10.4.13
Valholl: 14.4.2
Vallabha (ou Vallabhācārya; 1479-1531). Mestre religioso vaiśnava da Índia central, promotor da devoção *bhakti* e adversário do *advaita vedānta* de Śaṅkara.
Vālmīki: 17.5
Van Gulik, Robert: 28.4
Vanes: 14.2.3
Vardhamāna: 21.2
Varṇas: 17.4
Varuṇa: 17.2. Deus védico do céu noturno, que conhece e julga todas as ações da humanidade.
Vasubandhu: 6.5 (século IV ou V d.C.). Irmão mais novo de Asaṅga (↔), pensador budista da escola Yogācāra.

Vātsīputrīyas: 6.4
Vāyu: 17.2; 33.3.3
Vê: 14.2.1
Vedānta: 17.4.2
Vedas: 17.2
Veles: 13.2; 13.3.1
Vendas: 1.4
Vênus. Deusa romana cujo nome provém da raiz *ven-*, presente no verbo *venerari* (venerar); tomou várias características da Afrodite grega.
Vespasiano: 22.1; 22.5.2
Vestais: 27.2.3
Vibhajyavādins: 6.4
Vili: 14.2.1
Vinaya: 6.1; 6.3
Viracocha: 4.1.2-3
Virgem de Guadalupe: 2.3
Virgens do Sol: 4.1.3
Viṣṇu: 17.2; 17.5; 17.7.1
Vital, Hayyim: 22.7 (1543-1620). Discípulo de Isaac Luria, que redigiu o ensinamento de seu mestre em *Shemonah shearim* (As Oito Portas).
Vivekananda: 17.9 (Narendranath Datta, 1863-1902). Discípulo de Ramakrishna, popularizou no Ocidente o ensinamento deste e o vedānta. Fundador da Vedanta Society de Nova York (1895).
Vladimir de Kiev: 10.5; 13.1
Vodu: 1.5.1. Culto afro-caraíba de possessão no Haiti, que tem sacerdotes homens (*ungans*) e mulheres (*manbos*); seus espíritos geralmente são chamados *lwas* (termo ioruba).
Voguls: 31.1.2
Volos: 13.2

Waley, Arthur: 28.1
Walī: 20.10.2
Walker, Caroline Bynum: 10.9
Wang Yang-ming: 9.4
Wanzo: 1.13
Warithuddin Muhammad: 1.5.4
Wawilak: 5
Welch, Holmes: 28.1
Winti: 1.5.3
Wodan: 14.2.4
Wounded Knee: 3.0; 3.5
Wu Liang: 6.8

Wu-ti: 9.3
Wycliff, John: 10.4.13

Xangô: 1.5.1
Xiitas: 20.4; 20.6.1
Xolotl: 2.2.1

Yajña: 17.2; 17.7
Yajurveda: 17.2
Yama: Primeiro morto nos vedas; depois, deus dos mortos e finalmente sinistra divindade da morte e do inferno.
Yang: 28.4
Yantra: 17.7.4. Figura geométrica de meditação no hinduísmo e no budismo.
Yasht: 33.3.1
Yasna: 33.3.1
Yavneh: 22.6
Yazatas: 33.3.3
Yazīd: 20.6
Yellowknives: 3.1
Yggdrasill: 14.2.2; 14.3.3
YHVH: 22.2
Yin: 28.4
Yishmael b. Elisha: (*c.* 50-135 d.C.). Mestre (*tanna*) palestino, contemporâneo de Akiva.
Ymir: 14.2.1
Ynglingasaga: 14.1.1
Yoga: 17.4.2
Yogācāra: 6.5. Escola do budismo maaiana fundada por Asaṅga (↔).
Yoḥanan b. Zakk'ai: 22.6 (*c.* 1-80 d.C.). Principal líder religioso judaico depois da queda do Templo em 70.
Yom Kippur: 22.3
Yoni. Órgão feminino da geração e símbolo iconográfico do órgão nas religiões indianas, onde desempenha diversas funções.
Yoshimura Masamochi: 32.6
Yu, Anthony C.: 6.8
Yucatán: 2.1
Yurugu: 1.1.3

Zacarias: 22.2
Zaehner, R. C.: 33.4.1; 33.4.3

Zahan, Dominique: 1.1.3
Ẓāhir: 20.6.3
Zaid ibn 'Alī: 20.6.1
Zaire: 1.3.2
Zálmoxis: 30.3-4
Zand: 33.3.1-3; 33.5.2
Zapotecas: 2.0
Zaratustra: 33.2
Zelotes: 10.2; 22.1
Zen: 6.8-9 (do chinês ch'an, proveniente do sânscrito *dhyāna*, "meditação"). Escola do budismo japonês, importada da China com duas variantes: Rinzai e Sōtō.

Zeus: 15.3.4. Divindade celeste da tempestade e deus supremo dos gregos na época arcaica e clássica.

Zhang-shung: 29.3
Zimbabwe: 1.4
Ziusudra: 23.6
Zōhār: 22.7 (*Sefer ha-Zōhār*, "Livro do Esplendor"). Obra clássica da cabala judaica, atribuída ao *tanna* Simeão bar Yohai. Na realidade, foi compilado pelo cabalista castelhano Moisés de Leão (1240-1305). Sua doutrina é extremamente complexa e deriva em geral de princípios neoplatônicos.

Zolla, Elémire: 3.0
Zotzil: 2.1
Zózimo: 16.1.5
Zulus: 1.4
Zuñi: 3.1; 3.8
Zurvan: 33.4.1
Zutuhil: 2.1
Zwingli, Ulrich: 10.4.13

# ÍNDICE

Prefácio .......... 9
Nota bibliográfica e abreviações .......... 13
Introdução: A religião como sistema .......... 17

Primeira parte: AS RELIGIÕES .......... 23

1. África (Religiões da) .......... 27
2. América Central (Religiões da) .......... 39
3. América do Norte (Religiões da) .......... 45
4. América do Sul (Religiões da) .......... 55
5. Austrália (Religiões da) .......... 65
6. Budismo .......... 67
7. Canaã (Religião do) .......... 87
8. Celtas (Religião dos) .......... 91
9. Confucionismo .......... 95
10. Cristianismo .......... 101
11. Dualistas (Religiões) .......... 133
12. Egito (Religião do) .......... 141
13. Eslavos e povos bálticos (Religião dos) .......... 149
14. Germanos (Religião dos) .......... 153
15. Grécia (Religiões da) .......... 159
16. Helenística (Religião) .......... 169
17. Hinduísmo .......... 173
18. Hititas (Religiões dos) .......... 185

19. Indo-europeus (Religiões dos) ........ 189
20. Islamismo ........ 191
21. Jainismo ........ 211
22. Judaísmo ........ 215
23. Mesopotâmia (Religiões da) ........ 231
24. Mistérios (Religiões de) ........ 237
25. Oceania (Religiões da) ........ 241
26. Pré-história (Religiões da) ........ 245
27. Romanos (Religião dos) ........ 249
28. Taoísmo ........ 255
29. Tibete (Religião do) ........ 261
30. Trácios (Religião dos) ........ 263
31. Xamanismo ........ 267
32. Xintoísmo ........ 271
33. Zoroastrismo ........ 277

Segunda parte: ÍNDICE COMENTADO ........ 287